Hebreo Bíblico 1

Editado por Departamento de Educación Teológica de la

Editorial Universitaria Libertad

Copyright © 2015 by Editorial Universitaria Libertad

Madrid, España.

Pág. Web: http://alv36588.wix.com/editorial-libertad

PRESENTACION SOBRE TABLA DE CONTENIDOS

LECCION I

1. El alfabeto

Ejercicios

LECCION II

2. Las vocales
3. Las medias vocales

Ejercicios

LECCION III

4. Máqqēf
5. Signo del complemento directo ta
6. Dagesh forte
7. Shevá muda

Ejercicios

Vocabulario

LECCION IV

8. Los acentos
9. Métég
10. Letras débiles
11. Máppíq
12. Las sílabas

Ejercicios

LECCION V

13. Las guturales
14. El artículo definido

Ejercicios

Vocabulario

LECCION VI

15. Las preposiciones con sustantivos
16. Las conjunción vav

Ejercicios

Vocabulario

LECCION VII

17. Los sustantivos: la derivación
18. Los sustantivos: el género
19. Los sustantivos: el número

Ejercicios

Vocabulario

LECCION VIII

20. Los adjetivos: el género y el número
21. Los adjetivos: el uso atributivo
22. Los adjetivos: él uso predicado

Ejercicios

Vocabulario

LECCION IX

23. Los pronombres personales independientes (lospronombres sujetos)
24. Los pronombres demostrativos

Ejercicios

Vocabulario

LECCION X

25. Los sustantivos: los segolados
26. Los sustantivos: la relación constructa

Ejercicios

Vocabulario

LECCION XI

27. Los sufijos pronominales con las preposiciones y lasparticulas
28. Los sufijos pronominales con sustantivos

Ejercicios

Vocabulario

LECCION XII

29. Los verbos: las características generales
30. Los verbos: el qal perfecto del verbo fuerte
31. Los verbos: el significado del perfecto
32. Los verbos: el orden de las palabras en una oración verbal
33. Los verbos: el uso del léxico

Ejercicios

Vocabulario

LECCION XIII

34. Las oraciones interrogativas
35. Los numerales

Ejercicios

Vocabulario

LECCION XIV

36. Los verbos: los temas restantes
37. Los verbos: los perfectos restantes
38. Los verbos: como identificar y traducir las formas perfectas

Ejercicios

Vocabulario

LECCION XV

39. Los verbos: el qal imperfecto
40. Los verbos: el significado del imperfecto
41. Los verbos: el yusivo y el cohortativo

Ejercicios

Vocabulario

LECCION XVI

42. Los verbos: los imperfectos de los temas restantes
43. Los verbos: los imperfectos con vav consecutiva
44. Je- Directiva (ה)
45. Dagesh forte conjuntiva

Ejercicios

Vocabulario

LECCION XVII

46. Los verbos: los sufijos pronominales con perfectos
47. Los verbos: los sufijos pronominales con imperfectos

Ejercicios

Vocabulario

LECCION XVIII

48. Los verbos: el qal imperativo
49. Los verbos: el nif'al imperativo
50. Los verbos: el pi'el imperativo
51. Los verbos: el hitpa'el imperativo
52. Los verbos: el hif'il imperativo
53. Los verbos: los imperativos con el sufijo ָה
54. Los verbos: los imperativos con la particular an:
55. Los verbos: los mandamientos negativo (prohibiciones)

Ejercicios

Vocabulario

LECCION XIX

56. Los verbos: el infinitivo constructo
57. Los verbos: el infinitivo absoluto

Ejercicios

Vocabulario

LECCION XX

58. Los verbos: una introducción al participio
59. Los verbos: las formas del participio
60. Los verbos: las funciones del participio
61. Los verbos: una sinopsis del verbo fuerte

Ejercicios

Vocabulario

LECCION XXI

62. Los verbos: la puntuación de la conjunción con vav
63. Los verbos: la relación coordinada

Ejercicios

Vocabulario

LECCION XXII

64. Los verbos débiles: su clasificación
65. Las características de las guturales
66. Los verbos débiles: los verbos Pe Gutural

Ejercicios

Vocabulario

LECCION XXIII

67. Los verbos débiles: los verbos Pe 'Alef
68. Las formas pausadas de los verbos fuertemente acentuados

Ejercicios

Vocabulario

LECCION XXIV

69. Los verbos débiles: los verbos 'Ayin Gutural

Ejercicios

Vocabulario

LECCION XXV

70. Los verbos débiles: los verbos Lamed Gutural

Ejercicios

Vocabulario

LECCION XXVI

71. Los verbos débiles: los verbos Lamed 'Alef

Ejercicios

Vocabulario

LECCION XXVII

72. Los verbos débiles: los verbos Lamed Je

Ejercicios

Vocabulario

LECCION XXVIII

73. Los verbos débiles: los verbos Pe Nun

Ejercicios

Vocabulario

LECCION XXIX

74. Los verbos débiles: los verbos 'Ayin Vav/'Ayin Yod

Ejercicios

Vocabulario

LECCION XXX

75. Los verbos débiles: los verbos Pe Vav/Pe Yod

Ejercicios

Vocabulario

LECCION XXXI

76. Los verbos débiles: los verbos Doble 'Ayin

Ejercicios

Vocabulario

VOCABULARIO

TABLA DE VERBOS

1. El verbo fuerte
2. Pe gutural
3. Pe 'Alef
4. 'Ayin gutural
5. Lamed gutural
6. Lamed 'Alef
7. Lamed He
8. Pe Nun
9. 'Ayin Vav/'Ayin Yod
10. Pe Vav/Pe Yod

GLOSARIO

Contenido

Hebreo 9

Prefacio 9

Lección I 11

Lección II 21

Lección III 32

Lección IV 38

Lección V 46

Lección VI 56

Lección VII 68

Lección VIII 79

Lección IX 91

Lección X 99

Lección XI 114

Lección XII 131

Lección XIII 151

Lección XIV 172

Lección XV 198

Lección XVI 211

Lección XVII 228

Lección XVIII 243

Lección XIX 259

Lección XX 276

Lección XXI 294

Lección XXII 310

Lección XXIII 329

Lección XXIV 345

Lección XXV 362

Lección XXVI 378

Lección XXVII 392

Lección XXVIII 413

Lección XXIX 433

Lección XXX 459

Lección XXXI 481

GLOSARIO 565

Hebreo

Prefacio

Este libro es el fruto de cuarenta años de experiencia, enseñando el hebreo a estudiantes de seminarios. En camino, los maestros que me entrenaron han sido de gran ayuda, incluyendo los profesores John J. Owens, Thomas O. Lamdin, y John Emerton.

Mi primera experiencia docente ocurrió en Río de Janeiro. Durante siete años, me tocó enseñar el hebreo bíblico en un seminario brasileño. Esta responsabilidad me convenció de la necesidad de una gramática que sea redactada en lenguaje sencillo, comprensiva del material y con una amplia gama de ejemplos y ejercicios derivados de la Biblia.

La obra presente ha sido diseñado correspondiente a estos criterios. Si puede pretender de ser único en su género, será por la forma en que he conceptualizado los ejemplos y los ejercicios. Hemos invertido incontables horas en examinar la *Hebrew Concordance* de Even-Shoshan en busca de pasajes bíblicos que ejemplifican los principios gramáticos bajo examinación. Hasta donde sea posible, he escogido pasajes que utilizan solo aquel vocabulario y gramática que el estudiante ya habrá encontrado. Es decir, la capacidad del estudiante de enfrentarse exitosamente con los ejercicios de una lección en particular no depende de conocimientos adquiridos en lecciones que él estudiará posteriormente.

Sugiero que el profesor utilice la última parte de cada clase para describir los puntos mayores de la lección que viene. A la vez, puede asignar para los estudiantes algunos o todos de los ejercicios y vocabulario. El estudiante debe estudiar la lección cuidadosamente, pero sin memorizar las reglas gramaticales. Debe llegar lo más ágilmente posible a los ejercicios y luego consultar el *Manual*, de ser necesario. La primera parte de la clase siguiente debe dedicarse a responder a las inquietudes que le quedan a los estudiantes. Aquellos profesores que descubren que este plan es demasiado acelerado puede dividir las lecciones más largas sobre varios períodos de clase. Si existe tiempo adicional para más lectura de la Biblia Hebrea, se sugiere que estas lecturas sean seleccionadas de Génesis, pues he extraído materiales de este libro para efectos de crear los ejercicios y ejemplos.

En la redacción de esta obra, he asumido que el estudiante se ocupará de otras herramientas, además de este libro. Una Biblia y un diccionario son indispensables. Se recomiendan también una concordancia y un libro que trata de la sintaxis. La mejor edición de la Biblia es *Biblia Hebraica Stuttgartensia*, una edición crítica del Códice Leningradensis B19^A(L).

Este libro ha sido usado en varias universidades y seminarios en el transcurso de su elaboración. Mantengo una deuda de gratitud con los estudiantes que bregaron con él durante sus etapas primitivas, y con los profesores e instructores que aceptaron el reto de ponerlo a prueba en sus aulas. En muchas ocasiones, ellos ofrecieron sugerencias que mejoraron el producto. He recibido apoyo y ánimo valioso de parte de Joel F. Drinkard, Jr., Gerald L. Keown, Pamela J. Scalise, Thomas G. Smothers, Marvin E. Tate, y John D.W. Watts, quienes fueron mis colegas en el Departamento de Antiguo Testamento en el Southern Baptist Theological Seminary. Otras personas que hicieron un aporte durante el desarrollo del libro incluyen Trent C. Butler, Tim Crawford, Bob Dunston, J. Kenneth Eakins, David M. Fleming, Marlene R. Gautsch, Walter Harrelson, Harry B. Hunt, Jr., Karen Joines, John Laughlin, M. Pierce Matheney, Jr., Ken Matthews, Gregory Mobley, Gerald P. Morris, Ernest W. Nicholson, Robert Owens, Michael Shockley, William P. Steeger, Robert A. Street, John H. Tullock, Ed Rowell y James W. Watts.

Lección I

1. El alfabeto

Nombre	Forma	Transliteración	Pronunciación	Cursiva	Bloque
	Forma final				
ʾālĕf	א	ʾ	En la práctica, se suele tratar como una letra muda. Lo más acertado es pronunciarla como el comienzo firme de la voz. Corresponde a la parada entre la 'a' y la 'o' en la palabra *a-hogo*, pero es una verdadera consonante. Como tal puede encontrarse al comienzo o al final de una sílaba. Al final de una sílaba, sí es muda.		
bêt	בּ	b	'b' fuerte, de *barco*.		
ב	b̲ o v	'v', de *uva*.		
gîmĕl	ג	g	'g', de *gota*.		

	ג	g o ḡ	También 'g', de *gota*; pero los masoretas registraron una diferencia entre la pronunciación fuerte y la pronunciación suave de gîmĕl.
dálĕt	ד	d	'd', de *dique*.
	ד	ḏ	'd', de *dique* o (según los masoretas) de *boda*.
hē'	ה	h	'j', de *joya* (suave).
vāv	ו	v	'v', de *uva*.
zǎyĭn	ז	z	'z' como el sonido que hacen las abejas cuando vuelan; no es la 'z' castellana.
ḥêt	ח	ḥ	'j' forzada, como *¡jamás!*; o como la 'ch' de Johann Sebastián *Bach*.
ṭêt	ט	ṭ	't', de *tope*.
yôd	י	y	'y', de *yegua*.

kāf	כ	ך	k	'k', de *kiosco*.
	כ		kh o k̲	'ch', como de Johann Sebastián *Bach*.
lămĕd	ל		l	'l', de *lámpara*.
mēm	מ	ם	m	'm', de *mono*.
nûn	נ	ן	n	'n', de *noble*.
sắmĕkh	ס		s	's', de *simple*.
ʿắyĭn	ע		ʿ	la oclusión glótica
pēʾ	פ		p	'p', de *Pedro*.
	פ	ף	f	'f', de *físico*.
ṣắdê	צ	ץ	ṣ	'ts', de *Tsetsé*.
qôf	ק		q	'q' de *quebrar*.
rêš	ר		r	'r' francesa, como la palabra *Rue*. Alternativamente, se puede pronunciar como la 'r' español de *rato*.
śîn	שׂ		ś	's', de *sentir*.
šîn	שׁ		š	'sh', un poco más relajado

			que el 'ch' de *chofer*.
tāv	תּ	t	't' de *Tomás*.
	ת	t o <u>t</u>	't' de *Tomás* (moderno) o 'c' de *Cervantes* en España (masorético)

Apuntes:

1.1 La pronunciación recomendada aquí está basada en el hebreo moderno israelí. Es conocida como la pronunciación Sefardita.

1.2 Se coloca un punto bajo la ḥ cuando sea transliterada la letra ח; bajo la cuando sea transliterada la letra ט; y bajo la ṣ cuando sea transliterada la letra צ. Este punto distingue estas letras de otras que tienen similar sonido.

1.3 Hay veintidós letras en el alfabeto hebreo. Se llega a este número al contar שׁ y שׂ como formas variantes de la misma letra.

1.4 El alfabeto hebreo no tiene vocales, solamente consonantes. Esto se debe a que el hebreo antiguo fue escrito sin vocales. Su pronunciación se basó en la tradición oral pasada de generación en generación. El sistema escrito de vocales fue desarrollado entre el período 500 y 1000 d.C. con el propósito primordial de preservar la tradición oral. Un texto sin vocales es llamado 'texto sin puntuación'. Los rollos leídos en las sinagogas, aún hoy en día, están escritos como textos sin puntuación, al igual que la mayoría de los libros, revistas y periódicos impresos en hebreo moderno. En la Lección II, el estudiante comenzará a estudiar las vocales y su escritura, lo cual es de gran beneficio para estudiantes principiantes.

1.5 La primera letra en el alfabeto es א׳ ́ālĕf. Sin embargo, no debe confundirse con la letra 'a' del español o la 'alfa' (α) del alfabeto griego. Las letras del español y el griego son vocales, pero א siempre es y será consonante.

1.6 El hebreo se escribe y lee de derecha a izquierda. Las letras del alfabeto deberán escribirse como sigue:

א ב ג ד ה ו ז ח ט י כ ל מ נ ס ע פ צ ק ר שׁ שׂ ת

Pero para efectos de esta gramática, deberán ser leídos como sigue: ́ālĕf, bêt, gîmĕl, etc.

1.7 En hebreo no hay mayúsculas.

1.8 Cada letra en el alfabeto hebreo representa la consonante inicial del nombre hebreo de esa letra. Los nombres hebreos (sin vocales) son los siguientes:

(1) אלף

(2) בית

(3) גימל

(4) דלת

(5) הא

(6) וו

(7) זין

(8) חית

(9) טית

(10) יוד

(11) כף

(12) למד

(13) מם

(14) נון

(15) סמך

(16) עין

(17) פא

(18) צדי

(19) קוף

(20) ריש

(21) שִׁין

שִׂין

(22) תּוֹ

1.9 Seis consonantes hebreas (ב, ג, ד, כ, פ, ת) pueden aparecer con o sin un punto en ellas. El nombre del punto es *dagesh lene*. Este punto normalmente se requerirá cuando una de estas letras inicie una nueva palabra. Aún puede requerirse cuando una de éstas letras inicie una nueva sílaba dentro de una palabra. Las reglas que rigen el uso de *dagesh lene* se estudiarán más tarde.

Una forma sencilla para recordar las consonantes que a veces usan *dagesh lene* es memorizar la fórmula llamada BeGaD KeFaT, cuyo nombre se deriva de:

B = ב, G = ג, D = ד, K = כ, F = פ, y T = ת.

En el hebreo moderno, la presencia o ausencia de *dagesh lene* afecta la pronunciación de solamente tres de las letras BeGaD KeFaT, que son ב, כ, y פ. Con *dagesh lene* su pronunciación es fuerte. Sin *dagesh lene*, su pronunciación es suave. Las otras tres consonantes BeGaD KeFaT (ג, ד, y ת) siempre tienen un sonido fuerte, tengan o no tengan *dagesh lene*.

בּ = b, pero ב = v.

כּ = k, pero כ = kh

פּ = p, pero פ = f

גּ = g, y ג = g.

דּ = d, y ד = d.

תּ = t, y ת = t

1.10 Vāv se pronuncia como 'v' en *uva*. Lo mismo sucede con la letra bêt sin *dagesh lene*. Por cierto, otro nombre para la letra vāv es wāw, cuya pronunciación es igual a la de la 'w' del español.

1.11 Cinco letras toman formas especiales cuando se escriben al final de una palabra. Note que cuatro de estas letras se prolongan más abajo de la línea del renglón, lo que no es el caso con las consonantes regulares, excepto cuando se trata de la letra ק.

Formas regulares:	כ	מ	נ	פ	צ
Formas finales:	ך	ם	ן	ף	ץ

1.12 Cinco de las consonantes (א, ה, ח, ע, y a veces ר) son clasificadas como guturales porque originalmente se pronunciaban en la garganta. Sus características distintivas se estudiarán más tarde.

1.13 Ciertas letras se clasifican como sibilantes a causa de su sonido de 's'. Éstas son ז, ס, צ, שׂ, y שׁ. Su presencia en ciertas formas verbales influencia la forma de escritura de las mismas (ver XIV.36.4).

1.14 Cada letra hebrea se escribe por separado, sin unirse a las demás, excepto en su estilo de escritura moderna.

Instrucciones para ejercicios

Los ejercicios incluidos en cada lección están diseñados para ayudar al estudiante a aplicar los principios estudiados en esa lección. Los ejemplos usados en las lecciones y ejercicios, en su mayoría, serán tomados palabra por palabra de la Biblia Hebrea. Esto mostrará las diferentes maneras en que la misma palabra puede ser escrita algunas veces. El estilo del autor y las exigencias del contexto, podrían alterar la forma particular en la cual una palabra aparece.

1. Escriba un renglón completo de cada una de las letras del alfabeto hebreo.

2. Aprenda a pronunciar las letras, en orden correcto, de א a ת.

3. Translitere el siguiente versículo (Ez. 38:12, uno de los veintiséis versículos que contienen todas las letras del alfabeto).

לשלל שלל ולבז בז להשיב ידך על חרבות נושבת ואל עם מאסף מגוים עשׂה מקנה וקנין ישבי על טבור הארץ

4. Practique pronunciando las letras del versículo anterior en el orden en que aparecen, leyéndolas de derecha a izquierda.

5. Localice e identifique las formas finales que aparecen en Ezeq. 38:12.

6. Translitere el nombre hebreo de todas las consonantes como aparecen en el apartado I.1.8.

Ejemplo:　　　　　　　　　　　　אָלֶף = ʾā́lĕf

　　　　　　　　　　　　　　　בֵּית = bêt, etc.

7. Ciertas letras son similares en su forma y fácilmente pueden ser confundidas. Examine las siguientes letras y aprenda a identificar cada una por nombre:

(1) 　　　　　　בּ,　　　　　　כּ,　　　　　　פּ

(2) 　　　　　　ף,　　　　　　ק

(3) 　　　　　　גּ,　　　　　　נ

(4) 　　　　　　ך,　　　　　　ו

(5) 　　　　　　ד,　　　　　　ר

(6) 　　　　　　ו,　　　　　ז,　　　　　　י

(7) 　　　　　　ם,　　　　　　ס

(8) 　　　　　　ט,　　　　　　מ

(9) 　　　ה,　　　　　ח,　　　　　　ת

(10) 　　　ע,　　　　　צ,　　　　　　ץ

8. Ciertas letras tienen un sonido parecido. Aprenda a identificarlas por nombre:

(1) 　　　　　שׂ, ס　　　　　　- s, de sandalia

(2) 　　　　　ק, כּ　　　　　　- k, de kiosco

(3) 　　　　　ת, ט　　　　　　- t, como Tomás

(4) 　　　　　ו, ב　　　　　　-v, de uva

(5) 　　　　　כ, ח　　　　　　- ch, de Johann Sebastián *BaCH*

(6) 　　　　　ע, א　　　　　　- letras mudas

9. ¿Qué tienen en común las siguientes letras?

(1) ב ג ד כ פ ת

(2) ב כ פ

(3) ד ס ו פ ץ

(4) א ה ח ע ר

10. Translitere los siguientes nombres propios y trate de identificarlos a través de sus formas consonantes. Una referencia es dada para indicar donde puede encontrarse cada nombre de la Biblia Hebrea.

(1) בית לחם (Miq. 5:1; Esp. 5:2)

(2) בלק (Núm. 22:2)

(3) בנימין (Gén. 42:4)

(4) גד (Gén. 30:11)

(5) גלגל (Josué 5:9)

(6) גשן (Gén. 46:28)

(7) דוד (1 Sam. 16:23)

(8) הגר (Gén. 16:1)

(9) חזקיה (2 Reyes 18:1)

(10) כנען (Gén. 12:5)

(11) ישראל (Gén. 35:10)

(12) כלב (Núm. 13:6)

(13) לאה (Gén. 29:16)

(14) לָבָן(Gén. 24:29)

(15) מֹשֶׁה(Éx. 2:10)

(16) נְבֻכַדְנֶאצַּר(2 Reyes 24:1)

(17) נָתָן(2 Sam. 7:3)

(18) סְדֹם(Gén. 13:13)

(19) עֵשָׂו(Gén. 25:25)

(20) פָּארָן(Deut. 1:1)

(21) קָדֵשׁ(Gén. 14:7)

(22) רִבְקָה(Gén. 22:23)

(23) רָחֵל(Gén. 29:6)

(24) אַבְרָהָם(Gén. 17:5)

(25) שָׂרָה(Gén. 17:15)

(26) שַׁדְרַךְ(Dan. 1:7)

(27) שְׁכֶם(Jueces 9:6)

(28) שְׁלֹמֹה(2 Sam. 12:24)

(29) שֵׁם(Gén. 9:23)

(30) שָׁפָן(2 Reyes 22:9)

(31) תֵּל אָבִיב(Ezeq. 3:15)

(32) תָּמָר(Gén. 38:6)

11. Practique en voz alta la pronunciación de cada letra de los nombres dados en la lista anterior.

Ejemplo:

בֵּית לֶחֶם, 'bêt-yôd-tāv / lāmĕd-ḥêt-mēm (final)'

Lección II

2. Las vocales

El antiguo hebreo no tenía un sistema escrito de vocales. El idioma se leía y hablaba de acuerdo a la tradición oral pasada de una generación a otra. En un periodo temprano del desarrollo del hebreo, ciertas consonantes comenzaron a funcionar no solo como consonantes, sino también como indicadores de vocales, así:

א y ה se usaron para indicar vocales tipo 'a'.

י se usó para indicar vocales tipo 'e' o 'i'.

ו se usó para indicar vocales tipo 'o' y 'u'.

Los primeros gramáticos hebreos crearon el término *matres lectionis* (literalmente, 'madres de lectura') para designar las letras mencionadas anteriormente. Las dos consonantes más frecuentemente usadas como indicadores vocálicos son: י y ו.

Tabla de vocales completas

Nombre	Signo	Ubicación con consonante	Sonido	Ejemplo
1. qāmĕṣ	ָ	אָ	ā de 'mar'	אָב, padre
2. pătăḥ	ַ	אַ	ă de 'hija'	בַּת, hija
3. ṣērê	ֵ	אֵ	ē de 'dice'	אֵל, Dios
4. ṣērê-yôd	ֵי	אֵי	ê de 'rey'	בֵּית, casa de
5. sᵉgôl	ֶ	אֶ	ĕ de 'dedo'	שֶׁקֶל, shekel

6. ḥîrĕq-yôd	ִי	אִי	î de 'mí'	הִיא, ella
7. ḥîrĕq	ִ	אִ	ĭ de 'Madrid'	עִם, con
8. ḥôlĕm	ֹ	אֹ	ō de 'Oscar'	לֹא, no
9. ḥôlĕm-vāv	וֹ	אוֹ	ô de 'ola'	אוֹר, luz
10. qāmĕṣ-ḥāṭûf	ָ	אָ	ŏ de 'rosa'	כָּל, todo
11. šûrĕq	וּ	אוּ	û de 'salud'	הוּא, él
12. qĭbbûṣ	ֻ	אֻ	û de 'ruta'	שֻׁלְחָן, mesa

(Un mŭnaḥ aparece bajo la palabra שֶׁקֶל para indicar la sílaba que va acentuada. La practica de señalar la acentuación se mantendrá en esta gramática cada vez que una palabra vaya acentuada en una sílaba que no sea la sílaba final).

Notas:

2.1 Las vocales de la tabla anterior son llamadas *vocales completas* para efectos de distinguirlas de las llamadas *medias vocales*, las cuales se enseñaran más tarde.

2.2 Para propósitos gramaticales, *las vocales completas* se dividen en *vocales largas* y *vocales cortas*. Esta distribución será especialmente importante para entender la formación de sustantivos y verbos en el hebreo. Sin embargo, se debe tomar en cuenta que en la pronunciación del español no se distingue entre vocales largas y vocales cortas.

(1) Las vocales largas son: qāmĕṣ, ṣērê, ṣērê-yôd, ḥîrĕq-yôd, ḥôlĕm, ḥôlĕm-vāv, y šûrĕq. Un acento circunflejo se usa para representar el sonido de las vocales largas, cuando la vocal en cuestión incluya una de las *matres lectionis* (letra vocal). Así, ṣērê-yôd (ֵי) es representada como ê, ḥîrĕq-yôd (ִי) es representada como î, ḥôlĕm-vāv (וֹ) es representada como ô, y šûrĕq (וּ) es

representada como ô. Estas vocales largas jamás pueden ser acortadas, por lo cual se dice que son 'inalterablemente largas'.

(2) Las vocales cortas son: păṭăḥ, sᵉgôl, ḥírĕq, qắmĕṣ-ḥāṭûf, y qĭbbûṣ. (Nota: En hebreo moderno, păṭăḥ se pronuncia exactamente igual que qắmĕṣ. Sin embargo, en esta gramática, păṭăḥ se transliterará como 'ă' para distinguirla de qắmĕṣ, que se transliterará como 'ā'.)

2.3 Los sonidos dados en la Tabla de las Vocales Completas se aproximan al sonido del Hebreo hablado. Es común no notar las diferencias en el idioma hablado, como es el caso entre ḥírĕq-yôd y ḥírĕq, o entre šûrĕq y qĭbbûṣ, como sucede al no hacerse distinción entre qắmĕṣ y păṭăḥ.

2.4 La mayoría de las vocales se escriben directamente debajo de las consonantes cuyo sonido afectarán. Las excepciones son: ḥólĕm, ḥólĕm-vāv y šûrĕq.

2.5 Las vocales fueron diseñadas originalmente para ser insertadas dentro del texto consonántico, con el propósito de no aumentar el tamaño del texto. En otras palabras, el texto con puntuación (uno escrito con vocales) de un libro de la Biblia Hebrea debe ser y tendrá exactamente el mismo tamaño que el mismo texto bíblico sin puntuación. Esto significa que las yôd en ṣērê-yôd y ḥírĕq-yôd, así como las vāv en ḥólĕm-vāv y šûrĕq, estaban ya presentes en el texto consonántico de los manuscritos hebreos (como *matres lectionis*), antes de que fuera añadida la puntuación. Fueron las consonantes y no las vocales, que determinaron el tamaño de los textos de la Biblia Hebrea.

2.6 Qắmĕṣ ( ) y qắmĕṣ-ḥāṭûf ( ) tienen la misma forma, pero una representa la vocal 'a' larga y la otra la vocal 'o' corta. En el caso de qắmĕṣ-ḥāṭûf su uso se da también en las siguientes situaciones:

- Cuando una ḥólĕm es acortada, se pone en su lugar una qắmĕṣ-ḥāṭûf (XVII.47.2.[1]).
- Como parte constitutiva de una vocal qắmĕṣ-ḥāṭûf, por ejemplo en los verbos 'Pe Gutural' (XXII.66.3[2][b]).

2.7 Cuando ḥólĕm ( ) precede a la letra שׁ, ésta puede combinarse con el punto sobre el brazo derecho de שׁ, producing así un solo punto que sirve con doble propósito. El nombre de Moisés, por ejemplo, algunas veces se escribe מֹשֶׁה, *Môšĕh*.

Cada vez que ḥólĕm sigue a la letra שׁ, puede combinarse también con el punto sobre el brazo izquierdo de la שׁ. La palabra para 'enemigo', por ejemplo, a veces aparece como שֹׂנֵא.

Algunas ediciones impresas separan la ḥólĕm del punto diacrítico sobre שׁ y שׁ. La *Biblia Hebraica Stuttgartensia* (BHS) es una de tales ediciones. En ella, 'Moisés' y 'enemigo' se escriben como sigue: מֹשֶׁה y שֹׂנֵא.

2.8 Muchas veces ḥólĕm y ḥólĕm-vāv se usan indistintamente. Por ejemplo: el adjetivo plural masculino 'buenos' puede ser escrito טֹבִים, *tō-vîm*, o טוֹבִים, *tô-vîm*.

2.9 Algunas veces se puede encontrar una păṭăḥ-yôd o una qắmĕṣ-yôd al final de una palabra hebrea. Estas dos combinaciones suenan parecido y su pronunciación será como 'ai' en la palabra 'aislado', excepto que la 'ai' siempre tendrá un sonido más largo.

Cada vez que la consonante vāv (ו) se añade a la terminación qắmĕṣ-yôd, como es común en la terminación de sustantivos plurales, el sonido resultante es una 'a' larga seguida por una 'v'. Así la palabra para 'sus hijos', בָּנָיו (Gen. 9:8) es pronunciada bā-nâv. El acento circunflejo sobre la segunda qắmĕṣ indica que ha sido combinada con la yôd para formar una vocal inalterablemente larga. La vāv que le sigue a continuación, funciona como la consonante final en la palabra.

3. Las medias vocales

Además de las vocales completas, el hebreo hace uso de otras vocales cuya mejor descripción es semivocales o medias vocales. Ellas son la representación de vocales completas que han sido abreviadas por propósitos o cuestiones fonéticas. Para entender las medias vocales, debemos comenzar con la šᵉvā (שְׁוָא), a la cual nos referiremos en lo sucesivo como *shevá*.

Existen dos clases de shevá, la *shevá sonora* y la *shevá silenciosa, silente* o *muda*. Por ahora nos referiremos a la primera. La *shevá sonora* se escribe con dos puntos verticales (ְ) situados debajo de la línea del renglón. Ésta se coloca debajo de la consonante, ya sea al principio de la palabra o al principio de una sílaba dentro de una palabra. El primer sonido vocálico en la Biblia Hebrea es el de una *shevá sonora*, בְּרֵאשִׁית, bᵉrēš'ît, 'en (el) principio' (Gen. 1:1).

Note que en el ejemplo anterior, la *shevá sonora* es representada en la transliteración por una 'e' pequeña colocada arriba de la línea del renglón. Esto es porque su sonido es corto y abreviado. La palabra Hebrea para 'pacto', por ejemplo, es בְּרִית, (bᵉrît), pronúnciese como si estuviera escrita 'brit'. Igualmente la palabra Hebrea para 'fruta', פְּרִי (pᵉrî), tiene una pronunciación que suena como 'pri'.

La shevá sonora simple puede ser combinada también con tres de las vocales cortas y así formar las shevás compuestas. Las shevás compuestas también se clasifican como medias vocales y como tales son siempre sonoras y jamás son mudas. Las shevás compuestas surgieron por la dificultad que entra al pronunciar las consonantes guturales (א, ה, ח, ע, y a veces ר) con shevas sonoras simples. Normalmente una shevá sonora simple no aparecerá debajo de una letra gutural, por lo cual será substituida por una de las tres shevas compuestas.

Las tres vocales cortas que se encuentran en las shevás compuestas son: păṭăḥ, sᵉgôl, y qắmĕṣ-ḥāṭûf.

    ַ   más   ְ   =   ֲ   (ḥắṭĕf-păṭăḥ)

    ֶ   más   ְ   =   ֱ   (ḥắṭĕt-segôl)

    ָ   más   ְ   =   ֳ   (ḥắṭĕf-qắmĕṣ)

La ḥăṭĕf-păṭăḥ (ֲ) suena como una păṭăḥ apresurada. La ḥăṭĕf-sᵉgôl (ֱ) suena como una sᵉgôl apresurada. Y la ḥăṭĕf-qāmĕṣ (ֳ) suena como una qāmĕṣ-ḥāṭûf apresurada. (Por favor note que ֳ siempre representa una media vocal de la clase 'o' y nunca una de clase 'a').

Algunos ejemplos de palabras escritas con guturales seguidas de shevás compuestas:

(1) אֲנִי   ᵃnî, traducida como 'yo'

(2) אֱנוֹשׁ   ᵉnôš, traducida como 'hombre' o 'humanidad'

(3) חֳלִי   ḥᵒlî, traducida como 'enfermedad'

EJERCICIOS

1. Escriba cada letra del alfabeto con cada uno de los signos vocálicos dados en la tabla de vocales completas.
Ejemplo:

אָ אַ אֶ אֵ אֵי אִ אִי אֹ אוֹ אֻ אוּ אְ

בָּ בַּ בֶּ בֵּ בֵּי בִּ etc.

2. Practique pronunciando las letras con las vocales hasta que esté familiarizado con los sonidos.

3. Las siguientes combinaciones de letras hebreas y sonidos vocálicos produce monosílabos que usted puede pronunciar. Practique pronunciándolas:

(1) אַג

(2) אָר

(3) בֵּית

(4) בִּיד

(5) בּוֹת

(6) בֵּל

(7) בֵּן

25

(8) גֵּן

(9) גִּיט

(10) דֵּן

(11) דּוֹר

(12) הִיט

(13) הֵג

(14) הוֹל

(15) וִיל

(16) וֶת

(17) טָר

(18) טוּל

(19) יֵט

(20) יוּס

(21) יֵשׁ

(22) כֵּק

(23) כֹּר

(24) כִּיל

(25) לֶת

(26) לִין

(27) מֶט

(28) מִין

(29) מָן

(30) נִיד

(31) נֹת

(32) נֵט

(33) סֶף

(34) סוּן

(35) פִּא

(36) פַּט

(37) רוּת

(38) שֹׁל

(39) שֶׁל

(40) תּוּל

4. Aprendimos que י y ו pueden funcionar no sólo como consonantes, sino también como vocales (*matres lectionis*). Vea si puede determinar cuáles de las siguientes palabras usan ו como una consonante y cuáles como vocal.

(1) לוּן

(2) רוּת

(3) וְשֵׁם

(4) וַיְהִי

(5) מָוֶת

27

(6) בּוֹשׁ

(7) וַיְהִי

(8) קוּם

5. Vea si puede determinar cuál de las siguientes palabras usan י como una consonante y cuales como una vocal.

(1) יָד

(2) יוֹם

(3) אִישׁ

(4) יֵשׁ

(5) בֵּית

(6) שִׂים

6. Escriba en las siguientes palabras las vocales que faltan. Consulte un diccionario Hebreo.

(1) אדמה

(2) אלהים

(3) חלום

(4) חלי

(5) חמור

(6) חצי

(7) נחלה

(8) ערבה

7. Listadas abajo están los nombres de las letras del alfabeto hebreo. Translitere los nombres en hebreo de tales letras y practique pronunciándolas.

Ejemplo: אָלֶף, ʼálĕf; בֵּית; etc. [el acento usado con la palabra אָלֶף y con otras palabras en esta lista está explicado en 8.1(1).]

(1) אָלֶף

(2) בֵּית

(3) גִּימֶל

(4) דָּלֶת

(5) הֵא

(6) וָו

(7) זַיִן

(8) חֵית

(9) טֵית

(10) יוֹד

(11) כַּף

(12) לָמֶד

(13) מֵם

(14) נוּן

(15) סָמֶךְ

(16) עַיִן

(17) פֵּא

(18) צָדִי

(19) קוֹף

(20) רֵישׁ

(21) שִׁין

שִׂין

(22) תָּו

8. He aquí una lista similar de las vocales. Translitérelas y practique pronunciándolas.

(1) קָמֶץ

(2) פַּתַח

(3) צֵרֵי

(4) צֵרֵי יוֹד

(5) סְגוֹל

(6) חִירֶק יוֹד

(7) חִירֶק

(8) חוֹלָם

(9) חוֹלָם וָו

(10) קָמֶץ חָטוּף

(11) שׁוּרֶק

(12) קֻבּוּץ

9. Translitere los nombres propios listados abajo y practique pronunciándolos en Hebreo.

(1) לֶחֶם

(2) גָּד

(3) גֹּשֶׁן

(4) דָּוִד

(5) הָגָר

(6) כְּנַעַן

(7) כָּלֵב

(8) לֵאָה

(9) לָבָן

(10) מֹמֶה

(11) נָתָן

(12) סְדֹם

(13) עֵשָׂו

(14) פָּארָן

(15) קָדֵשׁ

(16) רָחֵל

(17) שָׂרָה

(18) שְׁכֶם

(19) שְׁלֹמֹה

(20) שֵׁם

(21) שָׁפָן

(22) תֵּל אָבִיב

(23) תָּמָר

(24) יִשְׂרָאֵל

Lección III

4. Măqqḗf (מַקֵּף)

Măqqḗf es un pequeño guión horizontal que se usa para unir dos o más palabras dentro de un versículo. Las palabras unidas así se pronuncian como una sola unidad, cayendo el acento primario en la palabra final de la unidad. Por lo tanto, al unirse las palabras con măqqḗf todas ellas pierden su acentuación, y es la última palabra que recibe el acento. En situaciones como ésta, también algunas vocales sufren cambios. Por ejemplo, כֹּל, 'todo', pasa a ser כָּל (con qā́mĕṣ-ḥāṭûf) cuando se escribe delante de măqqḗf, como en Génesis 6:5 (כָּל־הַיּוֹם). Así también מָה, '¿qué …?' se convierte en מַה cuando se une a otra palabra por medio de măqqḗf, como en Génesis 2:19 (מַה־יִּקְרָא־לוֹ).

Măqqḗf aparecerá frecuentemente, uniendo palabras monosílabas como las que siguen a continuación, con otras palabras:

(1) אֶל, a, hacia

(2) אִם si

(3) גַּם y, también

(4) כֹּל todo

(5) לֹא no

(6) מָה ¿qué …?

(7) מִי ¿quién …?

(8) מִן de, desde

(9) עַד hasta

(10) עַל sobre, encima de

(11) עִם, con

(12) פֶּן, a menos que, para que no.

5. El signo del complemento directo (אֵת)

El complemento directo es una palabra que representa a una persona o cosa sobre la cual la acción del verbo es realizada. En otras palabras, el complemento directo es él que recibe el impacto directo del verbo, sea persona o cosa. El complemento directo puede ser definido o indefinido. Si es definido, usualmente será precedido por la partícula אֵת. Esta partícula sirve únicamente para indicar el signo del complemento directo y por lo tanto no tiene traducción. אֵת puede escribirse sola o puede unirse a la siguiente palabra por medio de măqqéf. En caso de que se use măqqéf, ṣérê es acortada a sᵉgôl. Así encontramos אֵת הַשָּׁמַיִם en Génesis 1:1, pero אֶת־הָאוֹר en Génesis 1:4.

6. Dagesh forte

Anteriormente estudiamos que *dagesh lene* es un punto que puede colocarse en seis consonantes (ב, ג, ד, כ, פ, ת) con el propósito de indicar cuándo se les debe dar una pronunciación fuerte. Dagesh forte es idéntico en apariencia a dagesh lene, pero sirve para un propósito completamente diferente. Es un punto que indica la duplicación de la consonante en la que aparece. Dagesh forte puede colocarse en cualquier consonante excepto en las cinco guturales (א, ה, ח, ע, ר).

Hay tres reglas básicas para distinguir cuando se está usando dagesh lene y cuando dagesh forte:

(a) Un punto en cualquier consonante *que no sea* BeGaD KeFaT es dagesh forte e indica la duplicación de la letra.

(b) Un punto en una letra BeGaD KeFaT será dagesh lene siempre y cuando esa letra *no esté precedida* inmediatamente por un sonido vocálico[1].

(c) Un punto en una letra BeGaD KeFaT será dagesh forte cada vez que la letra *está inmediatamente precedida* por un sonido vocálico.

Resumiendo estas reglas en otras palabras, dagesh lene jamás puede ir después de una vocal. Pero dagesh forte siempre va inmediatamente después de una vocal.

Se debe notar con respecto a las seis letras BeGaD KeFaT que dagesh forte tiene el mismo efecto que dagesh lene en dar una pronunciación fuerte a las letras.

---

[1] El sonido vocálico puede ser el de una vocal completa o una media vocal. La media puede ser simple o compuesta.

Así que el dagesh en la palabra בְּרִית es dagesh lene, pues ninguna vocal le precede, y su pronunciación es fuerte (bᵉrît). Por otro lado, el dagesh en la palabra הַבֵּן es dagesh forte, pues una vocal le precede inmediatamente y su pronunciación es también fuerte (hăb/bén).

7. Shevá muda

En un estudio anterior (II.3), aprendimos que el hebreo hace uso de semivocales o medias vocales, conocidas como shevás sonoras. Aprendimos que hay shevás sonoras simples ( ) y shevás sonoras compuestas ( ).

El hebreo también hace uso de la shevá silente o muda, la cual se escribe exactamente igual que la shevá sonora simple ( ), pero para un propósito enteramente diferente. Una shevá sonora, ya sea simple o compuesta, se usará solamente bajo una consonante que *comienza* una sílaba. La shevá muda, por el contrario, va solamente debajo de una consonante que *termina* una sílaba. Por esto, la shevá muda también es conocida como *divisor de sílabas*. Su función es decir: 'aquí termina la primera sílaba y ahora sigue la otra'.

Cada vez que dos shevás aparecen bajo consonantes adyacentes dentro de una palabra, la primera shevá siempre será muda y la segunda siempre será sonora. En otras palabras, la primera shevá marca el final de la sílaba, mientras que la segunda shevá aparece al inicio de la nueva sílaba.

El siguiente poema podría ayudar en la memorización de este fenómeno:

> *Cuando una shevá por otra es acompañada,*
> *La primera es silente,*
> *Le segunda sonada.*

En יִמְשְׁלוּ (yĭm šᵉlṣú), por ejemplo, la primera shevá (מְ) es muda, pero la segunda (שְׁ) es sonora.

Una shevá que aparece bajo una consonante que es duplicada con dagesh forte, siempre será sonora. En קִטְּלוּ (qĭt-tᵉlú), por ejemplo, donde ט tiene dagesh forte, la shevá que aparece bajo ella (טְּ) debe ser clasificada como shevá sonora.

Una particularidad de la kāf final (ךְ) es que normalmente es puntuada con una shevá muda superior (ךְ).

Esto es, quizás, para distinguirla de las otras letras que tienen formas finales.

Ejemplos: לֵךְ, lēkh; מֶלֶךְ, mé-lĕkh

EJERCICIOS

1. En todas las palabras listadas abajo hay letras BeGaD KeFat. Añada dagesh lene a las letras que lo necesiten. Por favor note que las shevás son todas mudas.

(1) אֶכְתֹּב

(2) בֶּגֶד

(3) בַּיִת

(4) גָּדוֹל

(5) דָּבָר

(6) יִגְדַּל

(7) כֶּסֶף

(8) מִדְבָּר

(9) מִשְׁכָּב

(10) קָדוֹשׁ

(11) מִשְׁפָּט

(12) נָבִיא

(13) פָּנִים

(14) נֶפֶשׁ

(15) תּוֹרָה

(16) תִּכְתֹּב

2. Señale, en la siguiente lista de palabras, cual de ellas tiene dagesh forte.

(1) אַתָּה

(2) גִּבּוֹר

(3) דִּבֶּר

35

(4) הִנֵּה

(5) הָיָה

(6) יַרְדֵּן

(7) כִּסֵּא

(8) מִשְׁפָּט

(9) שִׁבֵּר

(10) שִׁשִּׁי

(11) תְּמוּנָה

(12) תְּפִלָּה

3. Translitere las palabras anteriores y practique pronunciándolas.

4. Éxodo 3:1 es reproducido aquí:

וּמֹשֶׁה הָיָה רֹעֶה אֶת־צֹאן יִתְרוֹ חֹתְנוֹ
כֹּהֵן מִדְיָן וַיִּנְהַג אֶת־הַצֹּאן אַחַר
הַמִּדְבָּר וַיָּבֹא אֶל־הַר הָאֱלֹהִים חֹרֵבָה׃

a. Copie las tres palabras en las que todas las letras son guturales.
b. Copie los tres pares de palabras unidas por măqqḗf.
c. Copie la palabra que tiene dagesh lene y dagesh forte en si misma, indicando cuál es cuál.
d. Copie la palabra que contiene una shevá compuesta.

5. Génesis 2:3 es reproducido aquí:

וַיְבָרֶךְ אֱלֹהִים אֶת־יוֹם הַשְּׁבִיעִי
וַיְקַדֵּשׁ אֹתוֹ כִּי בוֹ שָׁבַת מִכָּל־
מְלַאכְתּוֹ אֲשֶׁר־בָּרָא אֱלֹהִים לַעֲשׂוֹת׃

a. Copie las dos palabras que contienen ambos tipos de shevá, una muda y una sonora.
b. Copie la palabra que esta marcada como el complemento directo del verbo.
c. Copie las tres palabras que contienen dagesh forte.
d. Copie las cuatro palabras que contienen shevás compuestas.

e. Copie las tres palabras que contienen letras BeGaD KeFaT con dagesh lene.

VOCABULARIO

Todos los sustantivos listados en este y en los subsecuentes vocabularios serán masculinos, a menos que se indique lo contrario. Todos los sustantivos femeninos serán indicados con una (f) a lado de cada uno de ellos.

(1) אָב (ʾāb) padre, ancestro

(2) אָח (ʾāḥ) hermano

(3) אָחוֹת (ʾā-ḥôt) (f) hermana

(4) אִישׁ (ʾîš) hombre

(5) אִשָּׁה (ʾiš-šāh) (f) mujer

(6) אֵם (ʾēm) (f) madre

(7) אָדָם (ʾā-dām) hombre, humanidad

(8) אֱלֹהִים (ʾᵉlō-hîm) Dios, dioses

(9) בֵּן (bēn) hijo

(10) בַּת (băt) (f) hija

(11) יִשְׂרָאֵל (yĭś-rā-ʾēl) Israel

(12) לֵב (lēb) corazón

(13) עִיר (ʾîr) (f) ciudad

(14) עוֹף (ʾôt) pájaro(s)

(15) עַם (ʾăm) pueblo, gente

(16) קוֹל (qôl) voz, sonido

(17) רֹאשׁ (rōʾš) cabeza

(18) שֵׁם (šēm) nombre

Lección IV

8. Acentos

Los mismos estudiosos que le dieron vocales al texto hebreo, también idearon un sistema de signos de acentuación y los añadieron al texto. Cada palabra en el hebreo bíblico, a menos que vaya unida a la siguiente palabra por medio de măqqḗf, tiene un acento primario marcado en su sílaba tónica. Algunas palabras largas pueden recibir un acento secundario en adición al acento primario. En la BHS hay veintisiete acentos que aparecen en la prosa y veintiún acentos que aparecen en la poesía. Estos últimos aparecen mayormente en los libros de los Salmos, Job y Proverbios. Estos acentos son divididos equitativamente entre aquellos que se escriben sobre la palabra y aquellos que se escriben bajo ella.

8.1 *Los acentos en el hebreo sirven para tres propósitos.*

(1) *Marcan la sílaba tónica (la sílaba acentuada) en una palabra.* Ésta será normalmente la última sílaba en una palabra, pero también puede ser la anterior a la última, o sea, la penúltima.

Por favor note que los signos de acentuación en el hebreo no están impresos en esta gramática. Sin embargo, las palabras acentuadas en cualquier sílaba, aparte de la sílaba final, estarán marcadas con mûnaḫ (̗).

Ejemplos: מֶלֶךְ   זַיִן   דֶּלֶת   אֶלֶף

Si una palabra aparece sin mûnaḫ, se puede asumir que se acentúa en la sílaba final.

Ejemplos: יִשְׂרָאֵל   מֹשֶׁה   דָּוִד   אַתָּה

(2) *Los acentos en hebreo regulan la entonación de los cantos de los textos bíblicos en las sinagogas.* Hay que notar, sin embargo, que los rollos en las sinagogas son escritos sin puntuación, así que las vocales y los acentos son citados de memoria.

(3) *Los acentos en hebreo sirven como marcas de puntuación, mostrando cómo la estructura de la frase era percibida en el tiempo en que los acentos fueron puestos en el texto.* Como marcas de puntuación, los acentos son tanto disyuntivos (separando) como conjuntivos (uniendo), lo cual nos ayuda a identificar las partes componentes de una oración en hebreo. Esto es una ayuda vital para la exégesis.

8.2 *Existen dos acentos disyuntivos mayores dentro de cada versículo u oración hebrea.*

Estos nos indican dónde es que las dos unidades del versículo terminan. El acento que marca el final de la primera unidad del versículo es conocido como ʾăthāḥ () y se coloca bajo la sílaba acentuada de la última palabra en la primera unidad del versículo, como en Génesis 1:1, אֱלֹהִים.

El otro acento disyuntivo es conocido como sĭllûq () y se sitúa bajo la sílaba acentuada en la última palabra en la última unidad del versículo; es decir, bajo la palabra que inmediatamente precede al sôf pāssôq (׃), el cual significa 'fin de la frase'. Véase Génesis 1:1, הָאָרֶץ.

Note que las dos grandes divisiones del versículo están determinadas no por el tamaño de la oración, sino por el sentido de ella. Por lo tanto, las dos unidades del versículo pueden variar grandemente en tamaño. Génesis 1:7 es un buen ejemplo de esto. Localice el ʾătnāḥ y el sĭllûq en este versículo.

8.3 *Una palabra marcada ya sea por ʾătnāḥ o sĭllûq (así como otros ciertos acentos disyuntivos fuertes) se dice que está 'en pausa'.*

Esto significa que existe un rompimiento en la recitación del pasaje en este punto. Es algo parecido a la pausa que se sigue después de una coma, punto seguido o punto final en los lenguajes modernos. Una palabra en pausa debe tener una vocal larga en su sílaba acentuada (tónica). Si la vocal de la sílaba tónica normalmente es corta, deberá ser alargada cuando está puesta en pausa. Las reglas que gobiernan el 'alargamiento' de una vocal corta son complicadas, y no serán estudiadas aquí. Sin embargo, el estudiante no deberá sorprenderse si la vocal cambia, cosa que ocurre frecuentemente cuando las palabras se encuentran 'en pausa'. En seguida se presenta una lista de palabras muy comunes, mostradas en su forma regular y en su forma pausada.

	Forma Regular	*Forma Regular*
(1)	אֲנִי Yo	אָנִי (Jer. 17:18)
(2)	אֶרֶץ tierra	אָרֶץ (Éx. 15:12)
(3)	אַתָּה tú, usted	אָתָּה (Isa. 44:17)
(4)	בַּיִת casa	בָּיִת (1 Cr. 17:12)
(5)	הֶבֶל Abel	הָבֶל (Gén. 4:2)
(6)	יָדְעוּ ellos conocen	יָדָעוּ (Jer. 4:22)
(7)	יַיִן vino	יָיִן (Jer. 35:5)
(8)	יֵשְׁבוּ ellos vivirán	יֵשֵׁבוּ (Ecl. 10:6)
(9)	לֶחֶם pan	לָחֶם (Sal. 37:25)

(10) מַ֫יִם agua מַ֫יִם(Gén. 26:32)

9. Mĕtĕg (מֶ֫תֶג)

9.1 Mĕtĕg es un acento secundario que en algunas ocasiones aparece en adición al acento primario en una palabra. Se escribe exactamente igual que el sîllûq, pero los dos son fácilmente distinguibles, ya que el sîllûq aparece únicamente en la sílaba tónica de la última palabra en un versículo.

9.2 Mĕtĕg sirve para diversos propósitos, de los cuales los siguientes son los más importantes:

(1) Algunas veces es usado para marcar vocales largas que aparecen dos o más sílabas delante de la sílaba tónica de la palabra, con objeto de asegurar que estas vocales largas reciban la tensión propia en la pronunciación.

Ejemplos:

לָֽרָקִ֫יעַ(Gén. 1:8)

הָֽרֹמֶ֫שֶׂת(Gén. 1:21)

לְמִֽינֵהֶם(Gén. 1:21)

(2) Mĕtĕg se usa también con vocales cortas que aparecen inmediatamente antes de shevás compuestas.

Ejemplos:

נַֽעֲשֶׂה(Gén. 1:26)

תַּֽעֲבֹד(Éx. 20:9)

לַֽעֲבֹד(Gén. 3:23)

וְאֶֽעֱשֶׂה(Gén. 35:3)

(3) También puede usarse tanto con vocales largas como con vocales cortas, que aparecen inmediatamente antes de shevás (sonoras) simples.

Ejemplos:

וְחַֽיְתוֹ(Gén. 1:24)

יַֽלְדָה(Gén. 4:22)

40

וַיְהִי(Gén. 1:3)

וַיֵּלְכוּ(Gén. 9:23)

(4) Mĕtĕg también puede usarse con vocales inalterablemente largas que aparecen antes de măqqêf.

Ejemplos:

פְּנֵי־הָאֲדָמָה(Gén. 2:6)

כִּי־עָפָר(Gén. 3:19)

בֵּית־אֵל(Gén. 12:8)

9.3 Note que mĕtĕg se escribe normalmente a la izquierda de la vocal, como en וַיְהִי(Gén. 1:3). Sin embargo, en la BHS algunas veces se escribe del lado derecho de la vocal, como en וַיְהִי(Gén. 1:7). Esto, por supuesto, no altera su función.

10. Letras débiles

א y ה funcionan como consonantes regulares al inicio de las sílabas. Sin embargo, al final de las sílabas, algunas veces pasan a ser mudas, perdiendo así su valor consonántico y permaneciendo únicamente como letras vocales (*matres lectionis*). Cuando esto sucede, ni א ni ה pueden cerrar las sílabas.

א siempre es muda cuando termina una sílaba, cualquiera que sea el caso, ya sea a la mitad de la palabra o al final de la palabra. ה es muda sólo cuando aparece como consonante que termina la palabra.

Ejemplos:

בְּרֵאשִׁית(Gén. 1:1)

הָיְתָה(Gen. 1:2)

תַּדְשֵׁא(Gén. 1:11)

הַיַּבָּשָׁה(Gén. 1:9)

11. Măppîq (מַפִּיק)

Măppîq es un punto que puede ser insertado en una ה final (הּ) para señalarle al lector que es una consonante, y no simplemente una letra vocal. La ה final con măppîq (הּ) es considerada como una letra gutural fuerte, de la misma clase de ח y ע. Por lo tanto, cierra la sílaba en donde aparece.

Ejemplos:

וַיִּגְבַּהּ(1 Sam. 10:23)

לְמִינָהּ(Gén. 1:25)

אַרְצָהּ(Isa. 34:9)

12. Sílabas

12.1 Cada consonante en una palabra hebrea debe ir seguida por un sonido vocálico o por una shevá muda. Una excepción son las consonantes finales. Otra es ה cuando ésta aparece al final de una sílaba o por otro motivo es muda (compare רֹאשׁ). El sonido vocálico puede ser: el de una vocal completa o una media vocal. La media puede ser simple o compuesta.

Ejemplos:

(1) בְּרֵאשִׁית (Gén. 1:1). א es muda al final de la sílaba. Por esto, no tiene ni vocal ni una shevá muda que le siga. ת es final y tampoco tiene una vocal o una shevá muda. Las tres consonantes que quedan tienen sonido vocálico acompañándolas.

(2) אֱלֹהִים (Gén. 1:4). Las primeras tres consonantes tienen sonidos vocálicos que las siguen. La ם final aparece sola, sin una vocal o una shevá muda.

(3) וַיַּבְדֵּל (Gén. 1:4). Esta palabra es un poco más complicada. Contiene cinco consonantes, tres vocales y una shevá muda (divisor de sílabas). La shevá bajo ב tiene que ser silenciosa porque está seguida por una letra BeGaD KeFaT con dagesh lene (דּ). Así que cada una de las letras, excepto la letra final (ל) es apoyada por una vocal o un divisor de sílabas.

12.2 Todas las sílabas en una palabra hebrea deben comenzar con una consonante, que puede ser cualquier consonante en el alfabeto. La única aparente excepción a la regla ocurre cuando una palabra comienza con la vocal וּ, como en וּבֵין (Gén. 1:4). Algunos gramáticos arguyen que aún esto no es una verdadera excepción, ya que ו en una וּ inicial puede tomarse en función a su doble capacidad, como consonante y como vocal, es decir, como una vāv y como una šûrĕq.

(La palabra para 'Jerusalén' presenta especial problema. Cinco veces aparece como (יְרוּשָׁלַיִם), lo cual no es ningún problema. En los otros casos, sin embargo, la encontramos como יְרוּשָׁלַם, sin yôd antes de la ḥîrĕq. Tal vez yôd está implícita en la forma abreviada, o tal vez se trata de una palabra prestada, tomada de otro idioma.)

12.3 Una sílaba en hebreo debe incluir una y solo una vocal completa. Sin embargo, en adición a la vocal completa, también puede contener una media vocal, en cuyo caso la media vocal aparecerá bajo la consonante que comienza la sílaba.

El número de sílabas en una palabra es determinado por el número de vocales completas en esa palabra, independientemente del número de medias vocales que pudieran estar presentes.

Ejemplos:

(1) בְּרֵא / שִׁית - Esta palabra tiene dos vocales completas, por lo tanto tiene dos sílabas. También tiene una media vocal, la cual aparece bajo la consonante que comienza la primera sílaba.

(2) בְּרִית - Esta palabra tiene una vocal completa más una media vocal. Por esto, es considerada como una palabra de una sílaba.

(3) אֱלֹ / הִים - Esta palabra tiene dos vocales completas y por lo tanto dos sílabas. La media vocal bajo la א no constituye una sílaba separada, sino que está unida a la primera sílaba de la palabra.

12.4 Las sílabas en hebreo están clasificadas como sílabas abiertas y sílabas cerradas. Una sílaba abierta es aquella que termina en una vocal. La vocal en una sílaba abierta normalmente será larga. Sin embargo, puede ser una vocal corta si está acentuada o si es seguida por una consonante que esta apoyada por una shevá sonora.

Una sílaba cerrada es aquella que termina en una consonante. Cada vez que dagesh forte aparece en una letra, tal letra se duplica y la sílaba precedente siempre será cerrada. La vocal en una sílaba cerrada normalmente será corta, pero puede ser larga si va acentuada.

Ejemplos:

(1) בְּרֵא / שִׁית La primera sílaba es abierta, porque termina en א. א nunca cierra una sílaba. La segunda sílaba termina en ת y es cerrada. Una consonante final que cierra una sílaba no requiere un divisor de sílabas (shevá muda), excepto en el caso de kāf final (ךְ).

(2) הַשָּׁמַיִם - En esta palabra hay cuatro vocales completas, lo que indica que está compuesta por cuatro sílabas. שׁ está escrita con dagesh forte, lo cual indica la duplicación de la letra. La primera sílaba, en consecuencia, es הַשׁ. Termina en consonante, lo que la hace una sílaba cerrada. La vocal es corta, dado que aparece en sílaba cerrada sin acento.

La segunda sílaba es שָׁ. Termina en una vocal y es, por ende, una sílaba abierta. La vocal es larga, lo cual es algo esperado en una sílaba abierta sin acentuar.

La tercera sílaba es מַ, una sílaba abierta con una vocal corta. La vocal corta no es algo que uno podría esperar en una sílaba abierta, pero esto se explica por el hecho de que la sílaba esta acentuada.

La sílaba final es יִם, una sílaba cerrada sin acentuar con una vocal corta. (Nota: No confunda יִ con יִם. La primera es una consonante yôd regular seguida por una ḥíreq. En la segunda, yôd sigue ḥíreq. Éstas, combinadas, forman una vocal inalterablemente larga, ḥíreq-yôd.

(3) יָלְדָה - Dos vocales completas indican dos sílabas. La shevá bajo ל es una shevá sonora, determinada por la méteg en la vocal anterior y también por la ausencia de dagesh lene en la ד que le sigue. Por consiguiente, la primera sílaba es יָ, una sílaba abierta con una vocal larga. Esto requiere una méteg, dado que es seguida por una shevá sonora. La segunda sílaba es לְדָה, que incluye una media vocal bajo ל y una vocal completa bajo ד. Es una sílaba abierta, dado que ה nunca cierra un sílaba al final de una palabra, a menos que tenga una mappíq (הּ). La segunda sílaba es la sílaba tónica y tiene una vocal larga.

(4) נַעֲשֶׂה - De nuevo dos vocales completas indican dos sílabas. Dado que las shevás compuestas son siempre sonoras, la división en sílabas debe comenzar entre נ y ע. La primera sílaba, por lo tanto, es נַ, una sílaba abierta con una vocal corta que requiere una méteg, ya que precede a una vocal shevá sonora compuesta. Aunque una vocal corta ordinariamente no aparece en una sílaba abierta, puede darse el caso si es seguida por una consonante con una shevá sonora. La segunda sílaba es עֲשֶׂה. Es también abierta ya que la ה final sin mappíq jamás cierra una sílaba. La vocal es corta, pero esto es permitido en una sílaba abierta que sirve como sílaba tónica de la palabra.

Resumen:
Cada sílaba en hebreo debe tener una vocal completa.
Una shevá sonora es una media vocal. Ella acompaña a una vocal completa.
Para el principiante, es más fácil dividir las sílabas comenzando con la última.
Una sílaba siempre tiene que comenzar con una consonante, nunca con una vocal.

EJERCICIOS

1. Vaya a Génesis 1:1–5 en una Biblia Hebrea y copie las palabras de cada versículo que estén acentuadas con una ʾătnāḥ o con sĭllûq.

Ejemplo: אֱלֹהִים (ʾătnāḥ)   הָאָרֶץ (sĭllûq)

Versículo 1:

2. Las siguientes palabras han sido divididas en sílabas. Diga si la sílaba es abierta (A) o cerrada (Ce), y si su vocal es larga (L) o corta (Co). Tenga cuidado de distinguir entre la 'a' larga, qā́meṣ y la 'o' corta, qā́meṣ-ḥāṭûf.

Ejemplo: חָךְ / מָה

חָךְ - es una sílaba cerrada con una vocal corta (porque está sin acentuar).

מָה - es una sílaba abierta con una vocal larga.

(1) חָכְ / מָה

(2) מַל / כָּה

(3) שֶׁל / מֹה

(4) דָּ / וִד

(5) פָּא / רָן

(6) מֹ / שֶׁה

(7) יְרוּ / שָׁ / לַ / יִם

(8) אֶ / עֱשֶׂה

(9) וָ / עֱשֶׂה

(10) קְטֹל

3. Divida las siguientes palabras en sílabas. Diga que clase de sílaba es (abierta o cerrada) y que clase de vocal tiene (larga o corta).

(1) תִּכְתֹּב

(2) כֶּלָה

(3) יָדַיִם

(4) דְּרָכִים

(5) חֹשֶׁךְ

(6) הֶעֱמִיד

(7) יֵשְׁבוּ

(8) בַּדֶּרֶךְ

(9) שָׁלוֹם

(10) מָבוֹא

4. Hay cuatro shevás mudas y once shevas sonoras en la siguiente lista de palabras. Localice e identifique cada una de ellas.

    Ejemplo: בְּ - בְּרִית es sonora.

(1) בְּרִית

(2) נֶעֱבַד

(3) עָבְדוּ

(4) יִכְתְּבוּ

(5) לְךָ

(6) וְדִבַּרְתִּי

(7) תִּלְמְדִי

(8) כְּכוֹכְבֵי

(9) בְּדַבְּרִי

(10) בְּגָדִים

5. Tome cada palabra de Génesis 1:1 y divídala en sílabas. Describa cada sílaba de acuerdo al tipo de sílaba de que se trate y el tipo de vocal que tiene.

6. Practique pronunciando Génesis 1:1.

Lección V

13. Las letras guturales

    Las guturales son א, ה, ח, ע, y algunas veces ר. Ellas tienen ciertas características que las distinguen de otras letras del alfabeto.

13.1 *Las letras guturales no pueden ser duplicadas. Es decir, rechazan dagesh forte.* Al ser rechazado dagesh forte, la vocal corta precedente es dejada en una sílaba abierta sin acentuar y por lo tanto, la vocal debe ser alargada.

(1) Si es pằtăḥ, deberá ser alargada a qā́měṣ.
(2) Si es ḥîrĕq, deberá ser alargada a ṣḗrê.
(3) Si es qĭbbûṣ, deberá ser alargada a ḥôlĕm.

A esta operación se le llama 'alargamiento compensatorio' de una vocal.

Por favor note, sin embargo, que si la gutural que rechaza dagesh forte es ה o ח, el alargamiento de la vocal corta precedente no es necesario. Bajo estas circunstancias, se dice que ה y ח son duplicadas 'por implicación' y la sílaba precedente es tratada como sílaba cerrada.

13.2 *Las letras guturales tienden a tomar las vocales de clase 'a' antes o después de ellas.*

Esta preferencia es especialmente notable con las guturales ה, ח, y ע. Cuando una de estas guturales aparece al final de una palabra y es precedida por una vocal inalterablemente larga que no sea de la clase 'a', entonces otro sonido de 'a' corta debe ser insertado entre esta vocal y la gutural. Este sonido de 'a' corta se llama *pằtăḥ furtiva*, dada su pronunciación apresurada. *pằtăḥ furtiva* no es una vocal completa y no debe considerarse como un aumento del número de sílabas en una palabra. Es representada en la transliteración como una 'a' elevada, igual que en el caso de ḥā́ṭĕf-pằtăḥ.

Ejemplos:

וְרוּחַ (Gén. 1:2) $v^e rû^a ḥ$

רָקִיעַ (Gén. 1:6) $rāqî^a $ ʿ

נֹחַ (Gén. 6:9) $nō^a ḥ$

גָּבֹהַּ (1 Sam. 9:2) $gāvō^a h$

13.3 *Las letras guturales tienden a tomar shevas compuestas en lugar de las shevas simples.* Usualmente esto será una ḥā́ṭĕf-pằtăḥ (). Sin embargo, א inicial, frecuentemente toma una ḥā́ṭĕf-s^egôl (). Solo en raras ocasiones una gutural aparecerá con una ḥā́ṭĕf-qā́měṣ ().

Ejemplos de letras guturales con shevás compuestas:

אֲשֶׁר $^{ă}šĕr$, quien, cual, que

חֲלוֹם $ḥ^{ă}lôm$, sueño

אֱלֹהִים $^{ĕ}lōhîm$, Dios

חֳלִי *ḥᵒlî*, enfermedad

La preferencia de las letras guturales por shevas compuestas es tan fuerte que aún las shevás mudas, que aparecen bajo las guturales, usualmente son cambiadas a shevás compuestas. Cada vez que un cambio así toma lugar, la vocal que precede a la gutural permanecerá como una vocal corta, a pesar de que en esa nueva situación quede como una sílaba abierta sin acentuar. Algunas veces podría recibir un mĕtĕg en orden de asegurar la tensión en su pronunciación. Más allá, la vocal anterior a la letra gutural pertenecerá a la misma clase de las shevás compuestas que siguen a la gutural.

Ejemplos:

נַעֲבֹד *năʿᵃbōd*

מֳעֳמָד *mŏʿᵒmād*

נַחֲלָה *năḥᵃlāh*

אֶעֱשֶׂה *ʾĕʿᵉśĕh*

14. El artículo definido

14.1 El hebreo no tiene artículo indefinido. Es la ausencia del artículo definido lo que indica que un sustantivo es indefinido.

Ejemplos:

אִישׁ *ʾîš*, un hombre

בַּת *băt*, una hija

בֵּן *bēn*, un hijo

יוֹם *yôm*, un día

14.2 El artículo definido nunca aparece sólo sino que es prefijado al sustantivo cuya definición determina. La forma del artículo no es afectada por el género y número del sustantivo al cual es prefijado, pues es igual para todos los géneros y números.

14.3 Las principales reglas a seguir para escribir el artículo definido son las siguientes:

(1) Usualmente se escribe con ה más păt̄ăḥ más dagesh forte en la primera consonante del sustantivo antes de todas las letras no guturales.

Ejemplos:

יָד‎ *yād*, una mano   הַיָּד‎ *hăy-yād*, la mano.

קוֹל‎ *qôl*, una voz   הַקּוֹל‎ *hăq-qôl*, la voz.

לֵב‎ *lēv*, un corazón   הַלֵּב‎ *hăl-lēv*, el corazón.

(2) Cuando el artículo es prefijado a un sustantivo cuya consonante inicial es gutural, la forma del artículo será modificada para compensar el hecho de que las letras guturales no aceptan la duplicación. Deben notarse los siguientes cambios:

(a) Antes de ח y ה, el artículo usualmente se escribe הַ (ה más păṭăḥ, pero *sin* dagesh forte). En esta situación se dice que ח y ה han sido duplicadas 'por implicación', es decir, son 'virtualmente duplicadas'.

Ejemplos:

חֶרֶב‎ (f) *ḥĕ-rĕv*, espada   הַחֶרֶב‎ *hă-ḥĕ-rĕv*, la espada.

הֵיכָל‎ *hê-khāl*, templo   הַהֵיכָל‎ *hă-hê-khāl*, el templo.

(b) Antes de א, ע, y ר, el artículo usualmente se escribe הָ (ה más qāmĕṣ). En este caso, el rechazo de parte de la gutural de dagesh forte provoca que la vocal corta precedente sea aumentada (păṭăḥ a qāmĕṣ). Lo anterior es conocido como el aumento compensatorio de una vocal. Sin la compensación păṭăḥ podría haber sido dejada como una vocal corta en una sílaba abierta sin acentuar.

Ejemplos:

רֹאשׁ‎ *rōʾš*, cabeza   הָרֹאשׁ‎ *hā-rōʾš*, la cabeza

אָב‎ *ʾāv*, padre   הָאָב‎ *hā-ʾāv*, el padre

עִיר‎ *ʿîr*, (f) ciudad   הָעִיר‎ *hā-ʿîr*, la ciudad

(c) Antes de חָ, y antes de הָ sin acentuar o עָ sin acentuar, el artículo se escribe הֶ (ה más *s*ᵉ*gôl*).

Ejemplos:

חָכָם‎ *ḥā-chām*, sabio   הֶחָכָם‎ *hĕ-ḥā-chām*, el sabio

עָפָר‎ *ʿā-fār*, polvo   הֶעָפָר‎ *hĕ-ʿā-fār*, el polvo

הָרִים‎ *hā-rîm*, montañas   הֶהָרִים‎ *hĕ-hā-rîm*, las montañas

(3) Cuando el artículo es prefijado a un sustantivo cuya consonante inicial es yôd, seguida por una shevá simple (יְ), el artículo normalmente se escribirá הַ (ה más páṭăḥ pero sin dagesh forte). La misma regla a veces se aplica cuando los sustantivos comienzan con la consonante מ, seguida por una shevá simple (מְ). Sin embargo, no se aplica en caso de que otras letras del alfabeto aparezcan con una shevá simple.

Ejemplos:

יְלָדִים *yᵉlā-dîm*, niños   הַיְלָדִים *hă-yᵉlā-dîm*, los niños

יְאֹר *yᵉʾōr*, río   הַיְאֹר *hă-yᵉʾōr*, el río

מְסִלָּה *mᵉsîl-lāh*, carretera   הַמְסִלָּה *hâ-mᵉsîl-lāh*, la carretera

Note, sin embargo, las excepciones con מ inicial:

מְלָכִים *mᵉlā-khîm*, reyes   הַמְּלָכִים *ham-mᵉlā-khîm*, los reyes

מְקֹמוֹת *mᵉqō-môt*, lugares   הַמְּקֹמוֹת *hăm-mᵉqō-môt*, los lugares

Fíjese que rige la forma regular, en la cual el artículo es prefijado a otras consonantes que no sean yôd ni mēm, cuando aquellas están apoyadas por una shevá simple:

דְּבָרִים *dᵉvā-rîm*, palabras   הַדְּבָרִים *hăd-dᵉvā-rîm*, las palabras

זְקֵנִים *zᵉqē-nîm*, ancianos   הַזְּקֵנִים *hăz-zᵉqē-nîm*, los ancianos

(4) Algunos sustantivos en su forma singular llevan cambios internos cuando el artículo definido es prefijado a ellos. Los más importantes son los siguientes:

אֶרֶץ *ʾé-reṣ*, tierra   הָאָרֶץ *hā-ʾā́-reṣ*, la tierra

הַר *hăr*, montaña   הָהָר *hā-hār*, la montaña

עַם *ʿăm*, pueblo   הָעָם *hā-ʿām*, el pueblo

גַּן *găn*, jardín   הַגַּן *hăg-gān*, el jardín

פַּר *păr*, toro   הַפָּר *hăp-pār*, el toro

חַג *hăg*, festival   הֶחָג *hĕ-ḥāg*, el festival

אֲרוֹן *ărôn*, arca   הָאָרוֹן *hā-ʾā-rôn*, el arca

Resumen:

*Regla: Hay **tres** pasos para poner el artículo definido:*

    Primero, se pone ה antes de la palabra.

    Segundo, se agrega bajo la ה una pátăḥ.

    Tercero, se pone dagesh forte a la primera consonante con que comienza la palabra.

El artículo definido no tiene vida independiente, es parásito. Siempre tiene que aparecer conectado con otra palabra.

    Excepción principal a la regla: palabras que comienzan con una gutural.

    Se usa alargamiento compensatorio cuando no se puede usar dagesh forte.

EJERCICIOS

1. Un buen método para aprender el vocabulario es preparar 'tarjetas de vocabulario'. Escriba la palabra hebrea en un lado de la tarjeta y la traducción en español en el otro. Consulte estas tarjetas en todas las oportunidades que le sea posible durante el día, y no olvide pronunciar cada palabra en voz alta.

2. Prefije el artículo definido a las siguientes palabras.

(1)   יָד

(2)   יְאֹר

(3)   מִדְבָּר

(4)   בַּיִת

(5)   אִשָּׁה

(6)   עֵת

(7)   עָשָׁן

(8) אֶרֶץ

(9) עַם

(10) חֶרֶב

(11) רוּחַ

(12) בְּרִית

(13) הֵיכָל

(14) הַר

(15) גַּן

(16) חַג

(17) הָרִים

(18) רֹאשׁ

3. Divida las siguientes palabras en sílabas, especificando si las sílabas son abiertas (A) o cerradas (C) y si su vocal es larga (L) o corta (Cr).

Ejemplo: הַחֹשֶׁךְ - la primera sílaba (הַ) es cerrada (ה es duplicada por implicación) y tiene una vocal corta. La segunda sílaba (חֹ) es abierta y tiene una vocal larga. La tercera sílaba (שֶׁךְ) es cerrada y tiene una vocal corta.

(1) הַחֹשֶׁךְ

(2) הֶעָשִׁיר

(3) הַנָּבִיא

(4) הָאָדוֹן

(5) הֶעָנָן

(6) הָאֱלֹהִים

(7) הַשֵּׁם

(8) הַיּוֹם

(9) הַמִּצְוָה

(10) הַדְּבָרִים

4. Todas las palabras en el ejercicio precedente tienen el artículo definido. Prepárese para explicar por qué a cada artículo se le dio la forma que tiene.

5. Marque en la siguiente lista las palabras que son femeninas.

(1) אוֹר

(2) אֶרֶץ

(3) אִישׁ

(4) אִשָּׁה

(5) בַּת

(6) בֵּן

(7) חֹשֶׁךְ

(8) חֶרֶב

(9) רֹאשׁ

(10) עִיר

(11) הַר

(12) שָׁנָה

(13) שָׁלוֹם

(14) בְּרִית

(15) רוּחַ

(16) אָדָם

(17) מֶלֶךְ

(18) בַּיִת

6. Escriba la parte que falta a los artículos definidos en la lista de sustantivos que se presenta a continuación.

(1) הָאָרֶץ

(2) הַיּוֹם

(3) הַצֹּאן

(4) הָאֹהֶל

(5) הָעַם

(6) הֶחָג

(7) הַיְאֹר

(8) הֶעָנָן

(9) הָהָר

(10) הָאֱלֹהִים

(11) הַבְּרִית

(12) הָעֵת

(13) הָרֹאשׁ

(14) הַשָּׁלוֹם

(15) הַלֵּב

(16) הָעִיר

(17) הַבַּיִת

(18) הַשָּׁנָה

VOCABULARIO

Todos los sustantivos listados en este y en los subsecuentes vocabularios serán masculinos, a menos que se indique lo contrario. Todos los sustantivos femeninos serán indicados con una (f) a lado de cada uno de ellos.

(1) אוֹר *ʾôr*, luz

(2) (f) אֶרֶץ *ʾḗ-reṣ*, tierra

(3) אֲשֶׁר *ʾă-šĕr*, quien, cual, que

(4) בַּיִת *bă-yĭt*, casa

(5) (f) בְּרִית *bĕrît*, pacto, alianza

(6) גַּן *găn*, jardín

(7) דָּבָר *dā-vār*, palabra, cosa, asunto

(8) הַר *hăr*, montaña

(9) חַג *hăg*, fiesta, festival

(10) (f) חֶרֶב *ḥḗ-rĕv*, espada

(11) חֹשֶׁךְ *ḥṓ-šĕkh*, oscuridad

(12) טוֹב *tôv*, bueno

(13) יָם *yām*, mar

(14) מַ֫יִם *mă-yîm*, agua

(15) מֶ֫לֶךְ *mě-lěkh*, rey

(16) רוּחַ (f) *rûᵃḥ*, espíritu, viento

(17) שָׁלוֹם *šā-lôm*, paz

(18) שָׁנָה (f) *šā-nāh*, año

Lección VI

15. Preposiciones con sustantivos

En comparación con otros idiomas, el hebreo tiene relativamente pocas preposiciones. Algunas preposiciones hebreas son inseparables y están prefijadas a los sustantivos, hasta cierto punto como el artículo definido. Otras son independientes y funcionan más como las preposiciones en español.

15.1 *El hebreo tiene tres preposiciones inseparables:*

בְּ en, por, con, hacia (más otros significados)

כְּ como, parecido, similar, según, de acuerdo (más otros significados)

לְ a, para, hacia (más otros significados)

Éstas son las reglas que se aplican a las preposiciones inseparables:

(1) *Se escriben con una sheva simple antes de consonantes que tienen vocales completas, excepto en algunos casos cuando la preposición aparece delante de la sílaba tónica de la palabra (ver inciso 5).*

Ejemplos:

בְּשֵׁם en un nombre

לְשָׁלוֹם para paz

כְּדָבָר según una palabra

בְּאָב con un padre

בְּרוּחַ por un espíritu.

בְּבֵן con un hijo.

(2) *Se escriben con una ḥîrĕq cuando van delante de consonantes que tienen la shevá sonora simple.* Esto sucede porque dos shevas sonoras no pueden estar juntas. La sheva de la preposición, siendo la primera de las dos vocales en ese caso se cambia a ḥîrĕq.

Ejemplos:

כִּבְרִית según un pacto

בִּדְבָרִים con palabras

לִפְרִי por fruto.

בִּשְׁאוֹל en Seol.

Fíjese, sin embargo, que si la preposición es prefijada a un sustantivo cuya consonante inicial es yôd apoyada por una sheva simple (יְ), otros cambios son necesarios. Primero, la shevá de la preposición cambia a ḥîrĕq, como en los ejemplos anteriores. Esta ḥîrĕq combinada con la yōd forma una ḥîrĕq-yôd. Esto provoca que la yôd pierda su valor consonántico y la shevá bajo la yôd es quitada.

Ejemplos:

| בִּירוּשָׁלַיִם en Jerusalén | בְּ = | יְרוּשָׁלַיִם más |
| בִּיהוּדָה en Judá | בְּ = | יְהוּדָה más |

(3) *Cuando una preposición inseparable es prefijada a un sustantivo cuya consonante inicial es apoyada por una shevá compuesta, la preposición tomará la vocal corta que corresponde a la de la shevá compuesta.* Antes de ḥăṭēf-păṭăḥ, se pondrá păṭăḥ. Antes de ḥăṭēf-segôl, se pondrá sᵉgôl. Antes de ḥăṭēf-qămĕṣ, se pondrá qămĕṣ-ḥāṭûf. La vocal antes de una shevá compuesta comúnmente se escribirá con mĕtĕg.

Ejemplos:

כַּאֲשֶׁר de acuerdo con

בֶּאֱמֶת en verdad

לָחֳלִי por enfermedad.

Note, sin embargo, que ocasionalmente antes de una א que tenga ḥăṭēf-sᵉgôl (אֱ), la preposición se escribe con ṣērê y la ḥăṭēf-sᵉgôl de la א se quita.

Ejemplos:

לֵאלֹהִים para Dios = (לֶ)אֱלֹהִים

לֵאמֹר decir, diciendo = (לֶ)אֱמֹר

(4) *Cuando una preposición inseparable es prefijada a un sustantivo que tiene el artículo definido, la ה del artículo desaparece y se substituye por la consonante de la preposición.*

Ejemplos:

(a) אִישׁ un hombre   לְאִישׁ para un hombre

הָאִישׁ el hombre   לָאִישׁ para el hombre

(b) בְּרִית un pacto   כִּבְרִית de acuerdo a un pacto

הַבְּרִית el pacto   כַּבְּרִית de acuerdo al pacto

(c) הֵיכָל un templo   בְּהֵיכָל en un templo

הַהֵיכָל el templo   בַּהֵיכָל en el templo

(5) *Cuando la preposición inseparable es prefijada a la sílaba tónica (sílaba acentuada) de un sustantivo, la vocal de la preposición algunas veces será qāmeṣ. Esta regla se aplica especialmente a palabras de una sílaba con vocales de la clase 'a'.*

Ejemplos:

לָעַד a la eternidad

לָמַיִם al agua

15.2 *Existen otras preposiciones llamadas independientes.* Funcionan muy parecido a las preposiciones en español. Entre las más comunes están las siguientes:

אֶל a, en, hacia

עַל sobre, arriba, cerca de

עִם con

בֵּין entre

עַד a, hasta

לִפְנֵי antes, ante, enfrente de

מִן de, fuera de

תַּחַת debajo de, en lugar de

אַחֲרֵי detrás, tras

אֵצֶל al lado de, cerca de

15.3 *La preposición* מִן, *'de, desde', requiere más explicación. Las reglas para su correcta escritura son diferentes de las reglas para otras preposiciones independientes:*

(1) *Antes de sustantivos con el artículo definido, en la mayoría de los casos la preposición* מִן *aparece en su forma completa y está normalmente unida a la siguiente palabra por măqqḗf.*

Ejemplos:

מִן־הָאָרֶץ de la tierra   מִן־הַיּוֹם del día

מִן־הַבַּיִת de la casa   מִן־הָעֵץ del árbol

(2) *Antes de sustantivos indefinidos (sustantivos sin artículo) que tienen una letra no gutural como su consonante inicial, la preposición* מִן *se escribe mēm más ḥîrĕq más dagesh forte en la consonante siguiente.*

Ejemplos:

מִן antes de   בַּיִת pasa a ser   מִבַּיִת de una casa

מִן antes de   מֶלֶךְ pasa a ser   מִמֶּלֶךְ de un rey

מִן antes de   יוֹם pasa a ser   מִיּוֹם de un día.

Note, sin embargo, que מִן antes de una yōd con shevá simple se contrae a מִי, como en מִיהוּדָה de Judá y מִירוּשָׁלַיִם, 'de Jerusalén'.

(3) Delante de sustantivos indefinidos cuya consonante inicial es una gutural, la preposición מֵ se escribe con mēm más ṣērê. En este caso, ḥîrĕq es aumentada a ṣērê para compensar el hecho de que las guturales no aceptan la duplicación.

Ejemplos:

מִן antes de	בַּיִת pasa a ser	מִבַּיִת de una casa
מִן antes de	מֶלֶךְ pasa a ser	מִמֶּלֶךְ de un rey
מִן antes de	יוֹם pasa a ser	מִיּוֹם de un día.

(4) *La preposición מִן puede usarse también para expresar comparación.*

Ejemplos:

טוֹב הָאוֹר מִן־הַחֹשֶׁךְ Mejor (es) la luz que las tinieblas.

טוֹב הַבֹּקֶר מִן־הָעֶרֶב Mejor (es) la mañana que la tarde.

16. La conjunción vāv

La conjunción 'y' no aparece sola en el hebreo, pues es prefijada a la palabra siguiente. Tiene un parecido cercano a las preposiciones inseparables en que su forma es determinada por las consonantes que aparecen al principio de la palabra a la cual es prefijada. Las reglas para escribir la conjunción vāv son las siguientes:

16.1 *Usualmente se escribe וְ (vāv más una shevá simple) delante de consonantes que tienen vocales completas, a menos que las consonantes sean ב, מ, o פ.*

Ejemplos:

וְהָאָרֶץ y la tierra

וְחֹשֶׁךְ y obscuridad

וְלַחֹשֶׁךְ y a la obscuridad.

16.2 *Es escrita como וּ delante de las labiales ב, מ, פ (consonantes articuladas con los labios), y antes de todas las consonantes que llevan shevás simples, excepto cuando la consonante sea una vāv.*

Ejemplos:

וּנְקֵבָה y hembra

וּבֵין y entre

וּמָן y de

וּבְרִית y un pacto.

וּפְרִי y fruta

16.3 *Antes de יְ (yōd más shevá simple) la וְ se contrae con יְ para formar וִי (vāv más ḥîrĕq-yōd).*

Ejemplos:

וִירוּשָׁלַיִם y Jerusalén   וִירוּשָׁלַיִם pasa a ser

וִיהוּדָה y Judá   וִיהוּדָה pasa a ser

וִיהִי y que haya   וִיהִי pasa a ser

16.4 *Antes de una consonante con una shevá compuesta, la conjunción vāv toma la vocal corta que corresponde a la de la shevá compuesta. Fíjese que mĕtĕg es puesto usualmente al lado de la vocal que inmediatamente precede a la sheva compuesta.*

Ejemplos:

וַאֲנִי y yo (Gén. 6:17)

וֶאֱמֶת y verdad (Gén 24:49)

וָחֳלִי y enfermedad (Ecl. 6:2)

16.5 *Antes de palabras monosílabas o antes de sílabas acentuadas en palabras con dos o mas sílabas, la conjunción vāv regularmente se escribirá וָ (vāv más qāmĕṣ). וָ usualmente une dos palabras de la misma clase (casi siempre sustantivos) y tiende a reflejar una relación cercana entre los dos.*

Ejemplos:

טוֹב וָרָע del bien y del mal (Gén 2:9)

61

תֹהוּ וָבֹהוּ desordenada y vacía (RV Gén. 1:2)

בְּהֵמָה וָרֶמֶשׂ ganado y seres que se arrastran (Gén. 1:24)

16.6 *Se aplican reglas especiales cuando la conjunción vāv es prefijada a nombres divinos.*

Las dos designaciones más frecuentemente usadas para la deidad en la Biblia Hebrea son אֱלֹהִים, 'Dios' y יהוה, YHVH, 'Señor'.

אֱלֹהִים es plural en su forma, pero normalmente funciona como un sustantivo singular. Sin embargo, puede también funcionar como un sustantivo plural, acompañado por formas verbales plurales modificadas. Esto usualmente ocurre cuando se hace referencia a los 'dioses' de las naciones. אֱלֹהִים puede aparecer con o sin el artículo definido (הָאֱלֹהִים).

Cuando la conjunción vāv es prefijada a אֱלֹהִים (וֶאֱלֹהִים), la א se vuelve muda (cesa su función como una consonante) y pierde su shevá compuesta resultando en la forma וֵאלֹהִים. Dado que א nunca cierra una sílaba, la vocal precedente, la cual aparece en una sílaba abierta sin acentuar, debe aumentarse de s^{e}gôl a ṣērê. La forma resultante es וֵאלֹהִים, 'y Dios'.

יהוה es el nombre del Dios del Pacto de Israel. Desde épocas muy tempranas en la historia judía este nombre no se pronunciaba por considerarlo sagrado. Los lectores píos evitaban pronunciar el Nombre, substituyéndolo por la palabra אֲדֹנָי, que significa 'mi Señor'. Cuando los estudiosos masoretas comenzaron a suplir los puntos vocálicos al texto consonántico de los libros bíblicos, aplicaron las vocales de אֲדֹנָי a las consonantes de יהוה. Con la modificación de la sheva compuesta a sheva simple bajo la no gutural yo3d, la forma resultante fue יְהֹוָה (o simplemente יְהוָה), el cual siempre fue pronunciado como ^{a}dōnāy.

Si no hubiera existido la necesidad de evitar la pronunciación de יהוה, probablemente se habría puntuado vocalmente como יַהְוֶה, 'Yahveh'. La curiosa intención de transliterar la forma híbrida de יְהֹוָה como 'Yehovah' (o 'Jehovah', dado que 'y' no existe en el idioma alemán) se hizo hasta el tiempo de la Reforma Protestante.

Ocasionalmente los dos nombres divinos אֲדֹנָי יהוה aparecen juntos en el texto hebreo (véase Amos 1:8). Dado que su lectura sería ^{a}dōnāy ^{a}dōnāy, los Masoretas eligieron puntuar יהוה con las vocales modificadas de אֱלֹהִים, lo que dio por resultado la forma יֱהֹוִה, más tarde simplificado a יְהוִה, el cual debe pronunciarse como si estuviera escrito אֱלֹהִים. Así יְהוָה (puntuada con las vocales modificadas de אֲדֹנָי) es traducido como 'Señor' con mayúscula. Igualmente יְהוִה (puntuada con las vocales modificadas de אֱלֹהִים) es traducido como 'Dios' con mayúscula, אֲדֹנָי יְהוִה es traducido como 'Señor Dios'. Los traductores consistentemente hacen notar cualquier forma de יהוה con letras mayúsculas, con el propósito de alertar a los lectores de la presencia del nombre divino en el texto hebreo.

Cuando la conjunción vāv es prefijada a יְהוָה, ésta se escribe como וַיהוָה (Gén. 19:24) y se pronuncia como si estuviera escrito וַאדֹנָי, *vă'-dō-nāy* (2 R. 7:6).

EJERCICIOS

1. Prefije la preposición לְ a las siguientes palabras, primero sin el artículo, después con él. Haga los cambios necesarios cuando se vean involucradas las letras BeGaD KeFaT. Translitere las dos formas de cada palabra.

Ejemplo: לְבֵן־בֵּן a un hijo   לַבֵּן־הַבֵּן al hijo.

(1) שָׁלוֹם

(2) דָּבָר

(3) רוּחַ

(4) אִשָּׁה

(5) פְּרִי

(6) בְּרִית

(7) מָקוֹם

(8) אֱמֶת

(9) הֵיכָל

2. Prefije la preposición מִן a las siguientes palabras.

(1) בַּיִת

(2) הַבַּיִת

(3) אֱמֶת

(4) אִשָּׁה

(5) יְרוּשָׁלַיִם

(6) אֱלֹהִים

(7) פְּרִי

(8) יָד

(9) הַר

(10) רֹאשׁ

(11) אֶרֶץ

(12) הָאָרֶץ

(13) חֹשֶׁךְ

(14) הַחֹשֶׁךְ

(15) הָעִיר

(16) הַהֵיכָל

(17) רוּחַ

(18) הָרוּחַ

3. Ubique la conjunción vāv en las palabras o frases siguientes y dé la traducción de cada forma completa.

    Ejemplo: וּבְשֵׁם, בְּשֵׁם y por un nombre

(1) בְּשֵׁם

(2) כִּדְבַר

(3) כַּדָּבָר

(4) בְּרִית

(5) לִבְרִית

(6) יְהוּדָה

(7) בִּיהוּדָה

(8) אֱמֶת

(9) מֵאֱמֶת

(10) לְאִשָּׁה

(11) בַּהֵיכָל

(12) מִמֶּלֶךְ

(13) מִן־הָעֵץ

(14) פְּרִי

(15) שָׁלוֹם

(16) אֱלֹהִים

(17) בְּלֵב

(18) הַשָּׁנָה

4. Translitere las siguientes frases:
(1) אִישׁ וְאִשָּׁה

(2) שָׁלוֹם בָּאָרֶץ

(3) הָאוֹר וְהַחֹשֶׁךְ

(4) בֵּין הָאוֹר וּבֵין הַחֹשֶׁךְ

(5) יוֹם וָלַיְלָה

(6) בַּיּוֹם וּבַלַּיְלָה

(7) אָדָם וֵאלֹהִים

(8) מַיִם וּמֵאֶרֶץ

(9) אֶל־יְרוּשָׁלַיִם

(10) פְּרִי מִן־הָעֵץ

(11) בָּעִיר וּבַהֵיכָל

(12) בְּאָדָם וּבֵאלֹהִים

(13) אֵצֶל הָהָר

(14) עַד־הָעֶרֶב

(15) יָד וָשֵׁם

(16) שָׁלוֹם וֶאֱמֶת

(17) טוֹב וָרָע

(18) מִבֵּן וּמִבַּת

5. Traduzca las siguientes frases:

    Ejemplo: אֵין פְּרִי בַגָּן No hay fruto en el jardín.

(1) אֵין אִשָּׁה בַּבַּיִת

(2) אֵין אִישׁ בָּעִיר

(3) אֵין בֵּן לָאָדָם

(4) אֵין בְּרִית עִם־הָעָם

(5) אֵין שָׁלוֹם בָּאָרֶץ

(6) הָעִיר עַל־הָהָר

(7) אֵין בַּת לָאִשָּׁה

(8) אֵין אוֹר לָעָם

(9) הַגַּן אֵצֶל הַבַּיִת

(10) טוֹב הָאוֹר מִן־הַחֹשֶׁךְ

(11) טוֹב הַיּוֹם מִן־הַלַּיְלָה

(12) אֵין מַיִם בַּמָּקוֹם

VOCABULARIO

(1) אַחֲרֵי — después, detrás

(2) אֶל — a, dentro de, hacia

(3) בֵּין — entre

(4) לִפְנֵי — delante, en la presencia de

(5) מִן — de, desde

(6) עַד — hasta, a

(7) עִם — con

(8) עַל — sobre, en, encima de

(9) תַּחַת — debajo de, en vez de

(10) אֵין — no hay

(11) בֹּקֶר — mañana

67

(12) יָד mano

(13) יוֹם día

(14) יֵשׁ hay

(15) לֹא no

(16) לַיְלָה noche

(17) מָקוֹם lugar

(18) עֵץ árbol

(19) עֶרֶב tarde

(20) פְּרִי fruta, fruto

Lección VII

17. Derivación de sustantivos

De acuerdo a su origen o derivación, los sustantivos hebreos pueden dividirse dentro de tres clases.

17.1 *Sustantivos primitivos son aquellos para los cuales no existen derivaciones conocidas. El número de dichos sustantivos es muy pequeño.*

Ejemplos:

אָב padre   אֵם madre   דָּם sangre

יוֹם día   לַיְלָה noche   פֶּה boca

בֵּן hijo   יָד mano   שֵׁם nombre

17.2 *La vasta mayoría de sustantivos hebreos son derivados de verbos.*

Ejemplos:

דָּבָר 'palabra'   de   דִּבֶּר 'él habló'

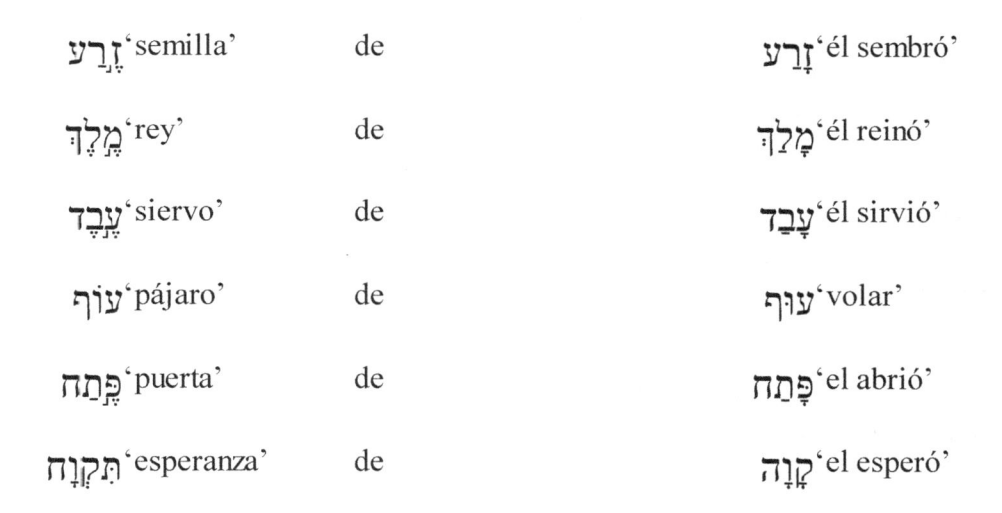

זֶרַע 'semilla'	de	זָרַע 'él sembró'
מֶלֶךְ 'rey'	de	מָלַךְ 'él reinó'
עֶבֶד 'siervo'	de	עָבַד 'él sirvió'
עוֹף 'pájaro'	de	עוּף 'volar'
פֶּתַח 'puerta'	de	פָּתַח 'el abrió'
תִּקְוָה 'esperanza'	de	קִוָּה 'el esperó'

17.3 *Algunos sustantivos hebreos se derivan de otros sustantivos.* La primera palabra de Génesis cae en esta categoría. Ella es la palabra בְּרֵאשִׁית 'principio' del sustantivo רֹאשׁ 'cabeza'.

Otros ejemplos son los siguientes:

בּוֹקֵר 'pastor, ganadero' (de ganado o manada) de בָּקָר 'una manada'

כֹּרֵם 'viñador'	de	כֶּרֶם 'viña, viñedo'
יִשְׂרָאֵלִי 'israelita'	de	יִשְׂרָאֵל 'Israel'
מִצְרִי 'egipcio'	de	מִצְרַיִם 'Egipto'

18. El género en los sustantivos

18.1 *Cada sustantivo hebreo es masculino o femenino.* La única forma absoluta de determinar el género de un sustantivo es buscándolo en un diccionario. Los sustantivos masculinos son los mas difíciles de identificar dado que no siguen ningún patrón establecido.

18.2 Los sustantivos femeninos son algo más fáciles de identificar. Las siguientes instrucciones podrán proveer ayuda en esta labor.

(1) *Sustantivos que se refieren a personas femeninas o animales hembras, serán femeninos.*

Ejemplos:

אֵם (f) madre   אִשָּׁה (f) mujer   סוּסָה (f) yegua.

בַּת (f) hija   מַלְכָּה (f) reina

(2) *Sustantivos terminados en* הָ *normalmente serán femeninos en género.*

Ejemplos:

אֲדָמָה (f) tierra   אָכְלָה (f) comida   שָׁנָה (f) año

בְּהֵמָה (f) ganado   יַבָּשָׁה (f) tierra seca   תּוֹרָה (f) ley, instrucción

(3) *Algunos sustantivos se hacen femeninos con la adición de* הָ *a la forma masculina del sustantivo.*

Ejemplos:

מֶלֶךְ rey   מַלְכָּה (f) reina

נָבִיא profeta   נְבִיאָה (f) profetisa

נַעַר joven   נַעֲרָה (f) doncella

סוּס caballo   סוּסָה (f) yegua

שַׂר príncipe   שָׂרָה (f) princesa

(4) *Sustantivos terminados en* ת *ordinariamente serán femeninos.*

Ejemplos:

אָחוֹת (f) hermana   אֱמֶת (f) verdad   בְּרִית (f) pacto

בַּת (f) hija   דֶּלֶת (f) puerta   דְּמוּת (f) imagen

דַּעַת (f) conocimiento   חַטָּאת (f) pecado   מַלְכוּת (f) reino

עֵת (f) tiempo   קֶשֶׁת (f) arco   שְׁאֵרִית (f) remanente

(5) *Sustantivos que se refieren a partes del cuerpo, cuando éstas van en pares, usualmente son femeninos.*

Ejemplos:

יָד (f) mano

עַיִן (f) ojo

רֶגֶל (f) pie

19. El número de los sustantivos

Hay tres categorías en cuanto al número que deben ser consideradas en conexión con los sustantivos hebreos. Estos son: singular, plural y dual.

19.1 La mayoría de los sustantivos en singular no son identificables por su terminación, como vemos en los ejemplos citados anteriormente bajo la explicación del genero.

19.2 Los sustantivos plurales tienen terminaciones especiales que generalmente corresponden a su género. Desafortunadamente, el plural no se forma simplemente por añadir terminaciones especiales a las formas singulares, pues las mismas formas singulares continuamente llevan cambios cuando son añadidas terminaciones en plural. Estos cambios podrían parecer arbitrarios al estudiante principiante, pero se harán más fáciles de entender al ir aprendiendo acerca de las leyes que gobiernan la vocalización de las palabras.

(1) *Terminaciones plurales masculinas*

(a) *La mayoría de los sustantivos plurales masculinos terminan en* ים *(ḥîrĕq-yôd seguida por mēm final).* Los siguientes ejemplos mostrarán los tipos de cambios que sufren formas singulares cuando la terminación plural es añadida:

Singular	Plural
סוּס caballo	סוּסִים caballos
עֵץ árbol	עֵצִים árboles
הַר montaña	הָרִים montañas
דָּבָר palabra	דְּבָרִים palabras
סֵפֶר libro	סְפָרִים libros
מֶלֶךְ rey	מְלָכִים reyes
אִישׁ hombre	אֲנָשִׁים hombres
יוֹם día	יָמִים días
בֵּן hijo	בָּנִים hijos

(b) *Algunos sustantivos masculinos forman su plural con terminación en* וֹת *(ḥṓlĕm-vāv seguida por tāv), la cual es una terminación que normalmente se usa para plurales femeninos.*

Ejemplos:

Singular	Plural
אָב padre	אָבוֹת padres
מָקוֹם lugar	מְקוֹמוֹת lugares
קוֹל voz	קוֹלוֹת voces
שֵׁם nombre	שֵׁמוֹת nombres

(2) *Terminaciones plurales femeninas*

(a) *La mayoría de los sustantivos plurales femeninos terminan en* וֹת *(ḥṓlĕm-vāv seguida por tāv).*

Ejemplos:

Singular	Plural
סוּסָה (f) yegua	סוּסוֹת (f) yeguas
תּוֹרָה (f) ley	תּוֹרוֹת (f) leyes
מִצְוָה (f) ordenanza	מִצְוֹת (f) ordenanzas
רוּחַ (f) espíritu	רוּחוֹת (f) espíritus
אֵם (f) madre	אִמּוֹת (f) madres
בַּת (f) hija	בָּנוֹת (f) hijas
נֶפֶשׁ (f) ser viviente	נְפָשׁוֹת (f) seres vivientes
אֶרֶץ (f) tierra	אֲרָצוֹת (f) tierras

(La vāv en מִצְוֹת sirve como consonante inicial en la sílaba final y su vocal es ḥṓlĕm.)

(b) *Algunos sustantivos femeninos plurales terminan en* םי. *(ḥîrĕq-yôd seguida por mēm final), que normalmente se usa para las terminaciones plurales masculinas.*

Ejemplos:
Singular	Plural
אִשָּׁה(f) mujer	נָשִׁים(f) mujeres
עִיר(f) ciudad	עָרִים(f) ciudades

(3) *Sustantivos con terminaciones plurales masculinas y femeninas*
Unos pocos sustantivos tienen ambas terminaciones plurales. Una es םי. y la otra es תו.

Ejemplos:
Singular	Plural	
דּוֹר generación	ᵒדּוֹרִים	דּוֹרוֹת generaciones
שָׁנָה(f) año	ᵒשָׁנִים	שָׁנוֹת años

19.3 Sustantivos duales
   La tercera clasificación de los sustantivos hebreos es dual. Se usa para designar cosas que aparecen en pares, especialmente los órganos del cuerpo.
   (1) Los finales duales se escriben normalmente como יִם (păṭaḥ acentuada más yôd más ḥîrĕq más mēm final).

Ejemplos:
Singular	Dual
אֹזֶן(f) oreja	אָזְנַיִם orejas (un par de)
יָד(f) mano	יָדַיִם manos (un par de)
כָּנָף(f) ala	כְּנָפַיִם alas (un par de)
(No hay singular)	מֹאזְנַיִם balanzas (un par de)
נַעַל(f) zapato	נַעֲלַיִם zapatos (un par de)
עַיִן(f) ojo	עֵינַיִם ojos (un par de)

73

קֶרֶן (f) cuerno   קַרְנַיִם cuernos (un par de)

רֶגֶל (f) pie   רַגְלַיִם pies (un par de)

שָׂפָה (f) labio   שְׂפָתַיִם labios (un par de)

(2) Por razones que no quedan claras, algunos sustantivos aparecen teniendo un final dual pero sin un significado dual. Se incluyen los siguientes:

מַיִם agua

שָׁמַיִם cielo, cielos

יְרוּשָׁלַיִם Jerusalén

מִצְרַיִם Egipto

EJERCICIOS

1. Añada las terminaciones plurales de las siguientes palabras e indique el genero de cada una.

(1) אָב

(2) אִשָּׁה

(3) בֵּן

(4) בַּת

(5) דָּבָר

(6) הַר

(7) מֶלֶךְ

(8) סוּס

(9) סוּסָה

(10) סֵפֶר

(11) רוּחַ

(12) שֵׁם

2. Haga la traducción de las siguientes palabras.

(1) הָאֲנָשִׁים וְהַסּוּסִים

(2) הַמִּצְוֹת אֲשֶׁר בַּסֵּפֶר

(3) הַנָּשִׁים אֲשֶׁר בַּבַּיִת

(4) הַמְּלָכִים וְהַנְּבִיאִים

(5) הַבְּהֵמָה בַּשָּׂדֶה

(6) הֶעָרִים וְהֶהָרִים

(7) הַבָּנוֹת וְהָאִמּוֹת

(8) הַבָּתִּים בֶּעָרִים

(9) הַדֶּרֶךְ מִן־הָעִיר

(10) הַיָּדַיִם וְהָרַגְלַיִם

3. Añada las terminaciones plurales o duales de las siguientes palabras y haga la traducción de cada forma plural o dual.

(1) אִישׁ

(2) אֵם

(3) אֶרֶץ

(4) יָד

(5) יוֹם

(6) כָּנָף

(7) עַיִן

(8) עִיר

(9) עֵץ

(10) תּוֹרָה

4. Haga la traducción de las siguientes palabras.

(1) הַמַּיִם בְּתוֹךְ הַיָּם

(2) הָעוֹף בַּשָּׁמַיִם

(3) הָאָזְנַיִם וְהָעֵינַיִם

(4) הַבְּרִית עִם־הַמֶּלֶךְ

(5) בָּנִים וּבָנוֹת

(6) הַמִּצְוֹת בַּתּוֹרָה

(7) עָפָר מִן־הָאֲדָמָה

(8) בַּיּוֹם וּבַלַּיְלָה

(9) הַשָּׁמַיִם וְהָאָרֶץ

(10) הַמְּלָכִים מִירוּשָׁלַיִם

(11) הַנָּשִׁים וְהָאֲנָשִׁים

(12) הַסּוּסִים וְהַסּוּסוֹת

5. Encierre en un círculo la palabra que parezca estar fuera de la relación en cada uno de los siguientes grupos.

(1) סוּס   בֵּן   אָב

(2)	יוֹם	לַיְלָה	נֶפֶשׁ
(3)	בֵּין	פְּרִי	מִן
(4)	עֵץ	בֹּקֶר	עֶרֶב
(5)	יָד	עַיִן	עָפָר
(6)	מַיִם	יַבָּשָׁה	יָם
(7)	אֲדָמָה	שָׁמַיִם	שָׂדֶה
(8)	אָדָם	יְהוָה	אֱלֹהִים
(9)	עִיר	אִשָּׁה	הֵיכָל
(10)	חֶרֶב	חֹשֶׁךְ	אוֹר
(11)	לִפְנֵי	אֵין	לֹא
(12)	עִם	מְאֹד	אֵצֶל
(13)	דָּבָר	קוֹל	דֶּרֶךְ
(14)	חַג	הֵיכָל	אֲשֶׁר
(15)	מִצְוָה	בְּתוֹךְ	תּוֹרָה
(16)	לֵב	יִשְׂרָאֵל	יְהוּדָה
(17)	רֹאשׁ	עַיִן	רוּחַ
(18)	שֵׁם	אִישׁ	אָדָם

VOCABULARIO

(1) אֲדָמָה (f) tierra, suelo

(2) אֲדֹנָי Señor (dígase ᵃdō-nāy)

(3) יְהוָה Señor (dígase ᵃdō-nāy)

(4) בְּהֵמָה (f) ganado

(5) בָּשָׂר carne

(6) בְּתוֹךְ en medio de

(7) גַּם también

(8) דֶּרֶךְ (m. y f.) camino

(9) יַבָּשָׁה (f) tierra seca

(10) כִּי porque, pues, que

(11) כֹּל todo, cada

(12) כֵּן así, tal, de este modo

(13) מְאֹד muy, sumamente

(14) מִצְוָה (f) mandamiento

(15) נֶפֶשׁ (f) persona, alma, ser viviente

(16) עָפָר polvo

(17) שָׂדֶה campo

(18) שָׁמַיִם cielos, cielo

Lección VIII

20. Adjetivos: el género y el número

20.1 La función de un adjetivo es describir o limitar un sustantivo. En comparación con otros lenguajes, el hebreo tiene relativamente pocos adjetivos. Las formas masculinas singulares más comunes son estas:

גָּדוֹל (también גָּדֹל) grande

זָקֵן viejo (para personas únicamente)

חָדָשׁ nuevo

חָזָק fuerte

חַי viviente

חָכָם sabio

טוֹב (también טֹב) bueno

יָפֶה hermoso, cortés, justo, guapo

יָשָׁר recto, derecho

מַר amargo

עַז fuerte

קָדוֹשׁ (también קָדֹשׁ) santo

קָטֹן pequeño

קָרוֹב (también קָרֹב) cerca

קָשֶׁה duro, difícil, necio

רַב mucho, grande

רָחוֹק (también רָחֹק) lejos, distante

רַע malo, mal

תָּמִים perfecto, completo, entero

20.2 Los adjetivos de la lista anterior están todos en forma singular masculina y solamente pueden usarse para describir o limitar sustantivos singulares masculinos. Los adjetivos que describen sustantivos plurales masculinos llevan la terminación יִם. Aquellos adjetivos que describen sustantivos femeninos en singular tienen la terminación ה, Y aquellos adjetivos que describen sustantivos plurales femeninos tienen la terminación וֹת. Todas las terminaciones adjetivas son consistentes y uniformes, aún cuando los sustantivos que describen sean irregulares en sus terminaciones.

Ejemplos:

אָב טוֹב un buen padre

אָבוֹת טוֹבִים padres buenos (אָבוֹת es un plural irregular masculino)

אִשָּׁה טוֹבָה una buena mujer

נָשִׁים טוֹבוֹת mujeres buenas (נָשִׁים es un plural femenino irregular)

20.3 Hay ciertos cambios que toman lugar en la vocalización y la estructura de los adjetivos singulares masculinos cuando las terminaciones de género y número son añadidas. Los cambios dependen, en parte, de que la forma singular masculina sea monosílaba o bisílaba.

(1) *Reglas para añadir las terminaciones de género y número a los adjetivos singulares masculinos que son monosílabos*

(a) Los adjetivos monosílabos con vocales inalterablemente largas (י, ִי, וֹ, o וּ) conservan esas vocales cuando las terminaciones de género y número son añadidas.

Ejemplos:

	(ms)	(mp)	(fs)	(fp)
bueno	טוֹב	טוֹבִים	טוֹבָה	טוֹבוֹת
vacío	רֵיק	רֵיקִים	רֵיקָה	רֵיקוֹת

(b) Adjetivos monosílabos que terminan en no guturales y tienen vocales cortas conservan las vocales cortas cuando las terminaciones de género y número son añadidas. Note, sin embargo, que cuando tales terminaciones se añaden, la consonante final de la forma singular masculina del adjetivo debe ser duplicada (por la adición de la dagesh forte).

Ejemplos:

	(ms)	(mp)	(fs)	(fp)
viviente	חַי	חַיִּים	חַיָּה	חַיּוֹת
fuerte	עַז	עַזִּים	עַזָּה	עַזּוֹת
muchos	רַב	רַבִּים	רַבָּה	רַבּוֹת

(c) Adjetivos monosílabos que terminan en guturales y que además tienen vocales cortas deben de alargar esas vocales cortas cuando las terminaciones de género y número sean añadidas. Esto se debe a que las guturales se niegan a ser duplicadas.

Ejemplos:

	(ms)	(mp)	(fs)	(fp)
amargo	מַר	מָרִים	מָרָה	מָרוֹת
malo	רַע	רָעִים	רָעָה	רָעוֹת

(2) *Reglas para añadir las terminaciones de género y número a los adjetivos singulares masculinos que son bisílabos*

(a) Todos los adjetivos singulares masculinos que son bisílabos tendrán una qā́měṣ en su sílaba inicial. Cuando las terminaciones de género y número son añadidas, esta qā́měṣ inicial es dejada dos sílabas antes de la sílaba tónica (acentuada) y por tanto debe ser volatilizada (reducida a una shevá sonora).

(i) Si la consonante inicial del adjetivo bisílabo es una no gutural, la qā́měṣ que le acompaña se reducirá a una shevá simple.

Ejemplos:

	(ms)	(mp)	(fs)	(fp)
grande	גָּדוֹל	גְּדוֹלִים	גְּדוֹלָה	גְּדוֹלוֹת
viejo	זָקֵן	זְקֵנִים	זְקֵנָה	זְקֵנוֹת
derecho	יָשָׁר	יְשָׁרִים	יְשָׁרָה	יְשָׁרוֹת

(ii) Sin embargo, si la consonante inicial del adjetivo bisílabo es una gutural, entonces la qā́mĕṣ que acompaña esta consonante debe reducirse a una shevá compuesta, ya que las guturales prefieren las shevás compuestas.

Ejemplos:

	(ms)	(mp)	(fs)	(fp)
nuevo	חָדָשׁ	חֲדָשִׁים	חֲדָשָׁה	חֲדָשׁוֹת
fuerte	חָזָק	חֲזָקִים	חֲזָקָה	חֲזָקוֹת
sabio	חָכָם	חֲכָמִים	חֲכָמָה	חֲכָמוֹת

(b) El adjetivo bisílabo קָטֹן, 'pequeño', se comporta de forma irregular. Cuando las terminaciones de género y número son añadidas, la ḥólĕm se substituye por una pátăḥ y una dagesh forte se coloca en la nûn.

Ejemplos:

	(ms)	(mp)	(fs)	(fp)
pequeño	קָטֹן	קְטַנִּים	קְטַנָּה	קְטַנּוֹת

(c) Adjetivos bisílabos que terminan en ה pierden la ה al añadirse terminaciones de género y número.

Ejemplos:

	(ms)	(mp)	(fs)	(fp)
bello	יָפֶה	יָפִים	יָפָה	יָפוֹת
difícil	קָשֶׁה	קָשִׁים	קָשָׁה	קָשׁוֹת

21. Adjetivos: los usos atributivos

21.1 Un adjetivo atributivo es aquél que describe directamente un sustantivo. Los adjetivos atributivos usualmente aparecen después de los sustantivos que describen. Sin embargo, el orden puede ser invertido si el adjetivo es enfatizado.

Ejemplos:

אִישׁ טוֹב un buen hombre   הָאִישׁ הַטּוֹב el buen hombre

אִשָּׁה טוֹבָה una buena mujer   הָאִשָּׁה הַטּוֹבָה la buena mujer.

21.2 Un adjetivo atributivo debe estar de acuerdo en genero, número y definición con el sustantivo que describe. Estar de acuerdo en definición significa que cuando el sustantivo es definido, el adjetivo atributivo también debe ser definido; cuando el sustantivo es indefinido, el adjetivo atributivo también debe ser indefinido.

Ejemplos:

הַמֶּלֶךְ הַגָּדוֹל el gran rey (definido)   מֶלֶךְ גָּדוֹל un gran rey (indefinido)

הַמְּלָכִים הַגְּדוֹלִים los grandes reyes (definido)   מְלָכִים גְּדוֹלִים grandes reyes (indefinido)

הָעִיר הַגְּדוֹלָה la gran ciudad (definido)   עִיר גְּדוֹלָה una gran ciudad (indefinido)

הֶעָרִים הַגְּדוֹלוֹת las grandes ciudades (definido)   עָרִים גְּדוֹלוֹת grandes ciudades (indefinido)

22. Adjetivos: el uso predicativo

22.1 El hebreo continuamente hace uso de oraciones simples conformadas por un sustantivo que funciona como sujeto y un adjetivo que funciona como predicado. Estas oraciones son *oraciones no verbales*, dado que el verbo 'ser' o 'estar' no se escribe sino se implica. Sin embargo, debe incluirse en la traducción.

22.2 Un adjetivo predicativo usualmente aparece antes del sujeto sustantivo, pero ocasionalmente aparecerá después de éste.

22.3 Un adjetivo predicativo estará de acuerdo con el sujeto sustantivo en género y número, pero nunca tomará el articulo, aún cuando el sujeto sustantivo esté definido.

Ejemplos:

טוֹב הַדָּבָר La palabra (es) buena. (1 R. 2:38)

כִּי הַמָּקוֹם קֹדֶשׁ Porque el lugar (es) santo. (Ez. 42:13)

כִּי־קָדוֹשׁ הַיּוֹם Porque el día (es) santo. (Neh. 8:12)

וְהַנַּעֲרָה יָפָה עַד־מְאֹד Y la doncella (era) extremadamente hermosa. (1 R. 1:4)

טוֹבָה הָאָרֶץ מְאֹד מְאֹד La tierra (era) extremadamente buena. (Núm. 14:7)

טוֹב לְיִשְׂרָאֵל אֱלֹהִים Dios (es) bueno a Israel. (Sal. 73:1)

וְהַמֶּלֶךְ זָקֵן מְאֹד Y el rey (era) muy viejo. (1 R. 1:15)

וְהָאֲנָשִׁים טֹבִים לָנוּ מְאֹד Y los hombres (fueron) muy buenos con nosotros. (1 Sam. 25:15)

22.4 Algunas veces dos adjetivos predicativos se usan para describir un sujeto sustantivo.

Ejemplos:

טוֹב־וְיָשָׁר יְהוָה Bueno y recto (es) el Señor (Sal. 25:8)

כִּי־זָקֵן הָאִישׁ וְכָבֵד Porque el hombre (era) viejo y pesado (1 Sam. 4:18)

EJERCICIOS

1. Cada una de las siguiente frases contiene un adjetivo. En el espacio 'a', indique con una 'A' cuando el adjetivo usado sea atributivo y con una 'P' cuando sea predicativo. En el inciso 'b', indique el genero según se trate ('M' o 'F'). En el inciso 'c' indique el número ('S' o 'P').

Ejemplo:

מֵאֶרֶץ רְחוֹקָה de una tierra distante (Josué 9:6)

(a) A   (b) F   (c) S

(1) נַעֲרָה קְטַנָּה una doncella pequeña (joven) (2 Reyes 5:2)

(a) _____   (b) _____   (c) _____

(2) בְּדֶרֶךְ יְשָׁרָה por un camino recto (Sal. 107:7))

(a) _____   (b) _____   (c) _____

(3) אֶבֶן גְּדוֹלָה una piedra grande (Josué 24:26)

(a) _____ (b) _____ (c) _____

(4) בַּיִת חָדָשׁ una casa nueva (Deut. 22:8)

(a) _____ (b) _____ (c) _____

(5) עִיר גְּדוֹלָה una ciudad grande (Josué 10:2)

(a) _____ (b) _____ (c) _____

(6) קָרוֹב הַיּוֹם El día está cerca. (Ezeq. 7:7)

(a) _____ (b) _____ (c) _____

(7) בְּרִית חֲדָשָׁה un nuevo pacto (Jer. 31:31)

(a) _____ (b) _____ (c) _____

(8) נָשִׁים רַבּוֹת muchas mujeres (Ezeq. 16:41)

(a) _____ (b) _____ (c) _____

(9) אֲבָנִים גְּדֹלוֹת piedras grandes (Josué 10:18)

(a) _____ (b) _____ (c) _____

(10) וְרוּחַ גְּדוֹלָה y un viento grande (1 Reyes 19:11)

(a) _____ (b) _____ (c) _____

(11) טוֹבָה הָאָרֶץ מְאֹד מְאֹד La tierra era en gran manera buena. (Núm. 14:7)

(a) _____   (b) _____   (c) _____

(12) הַדֶּרֶךְ הַטּוֹבָה el buen camino (2 Cr. 6:27)

(a) _____   (b) _____   (c) _____

2. Subraye la forma adjetiva correcta en cada una de las siguientes frases:
(1) (חֲדָשָׁה, חָדָשׁ) עַל־מִצְרַיִם מֶלֶךְ un rey nuevo sobre Egipto (Éx. 1:8)
(2) כִּי אֵל (גָּדוֹל, גְּדוֹלָה) יְהוָה Porque el Señor es Dios grande (Sal. 95:3)
(3) בְּיָד (חָזָק, חֲזָקָה) con una mano fuerte (Deut. 26:8)
(4) רוּחַ־(גְּדוֹלָה, גָּדוֹל) un viento grande (Jonás 1:4)
(5) עִיר־(גְּדוֹלָה, גָּדוֹל) una ciudad grande (Jonás 3:3)
(6) אִישׁ (חֲכָמָה, חָכָם) מְאֹד un hombre muy astuto (2 Sam. 13:3)
(7) לֵב (חָכָם, חֲכָמָה) un corazón sabio (1 Reyes 3:12)
(8) אִשָּׁה (חָכָם, חֲכָמָה) una mujer sabia (2 Sam. 14:2)
(9) אֲנָשִׁים (חֲכָמִים, חֲכָמוֹת) hombres sabios (Deut. 1:13)
(10) נָשִׁים (רַבּוֹת, רַבִּים) muchas mujeres (Jueces 8:30)
(11) עָרִים (רַבּוֹת, רַבִּים) muchas ciudades (Zac. 8:20)
(12) (רַבּוֹת, רַבִּים) בָּנוֹת muchas hijas (Prov. 31:29)

3. Asocie las siguientes frases con su versículo correspondiente:
(1) ( )   (A) מְלָכִים גְּדוֹלִים   Y la piedra era muy grande

86

			(Gén. 29:2)
(2)	( )	(B)יָמִים רַבִּים	una ciudad pequeña (Ecl. 9:14)
(3)	( )	(C)רָעָה רַבָּה	muchas tierras (Jer. 28:8)
(4)	( )	(D)אֶבֶן גְּדוֹלָה	Y la doncella era hermosa. (1 Reyes 1:4)
(5)	( )	(E)אֶרֶץ רְחוֹקָה	muchos días (Gén. 21:34)
(6)	( )	(F)בָּנִים רַבִּים	una mujer hermosa (Prov. 11:22)
(7)	( )	(G)הָעִיר הַקְּרֹבָה	un nuevo espíritu (Ezeq. 11:19)
(8)	( )	(H)אֲבָנִים גְּדֹלוֹת	un mal grande (Ecl. 2:21)
(9)	( )	(I)עִיר קְטַנָּה	reyes grandes (Jer. 25:14)
(10)	( )	(J)אֲרָצוֹת רַבּוֹת	un mal espíritu (Jueces 9:23)
(11)	( )	(K)וְהָאֶבֶן גְּדֹלָה	muchos años (Neh. 9:30)
(12)	( )	(L)נַעֲרָה יָפָה	un año entero (Lev. 25:30)
(13)	( )	(M)אִשָּׁה יָפָה	la ciudad cercana (Deut. 21:3)
(14)	( )	(N)רוּחַ חֲדָשָׁה	piedras grandes (Josué 10:18)
(15)	( )	(O)רוּחַ רָעָה	una doncella hermosa (1 Reyes

(16)	( )	שָׁנָה תְמִימָה (P)	muchos hijos (1 Cr. 4:27)
(17)	( )	וְהַנַּעֲרָה יָפָה (Q)	una tierra lejana (2 Cr. 6:36)
(18)	( )	שָׁנִים רַבּוֹת (R)	una piedra grande (Josué 24:26)

4. Haga la traducción correcta de los adjetivos y llene los espacios vacíos en los siguientes ejemplos:

(1) בָּתִּים רַבִּים גְּדֹלִים וְטוֹבִים muchas casas _____ y _____ (Isa. 5:9)

(2) אִישׁ זָקֵן un hombre _____ (Jueces 19:16)

(3) בַּדֶּרֶךְ הַטּוֹבָה וְהַיְשָׁרָה en el camino _____ y _____ (1 Sam. 12:23)

(4) בְּדֶרֶךְ רָע en un camino _____ (Prov. 28:10)

(5) בְּיָד חֲזָקָה por una mano _____ (Éx. 3:19)

(6) מֶלֶךְ חָכָם un rey _____ (Prov. 20:26)

(7) שָׁלוֹם רָב _____ paz (Sal. 119:165)

(8) עַם גָּדוֹל וְרַב un pueblo _____ y _____ (Deut. 2:10)

(9) בָּנִים רַבִּים _____ hijos (1 Cr. 4:27)

(10) כְּיוֹם מָר como un día _____ (Amós 8:10)

(11) נָשִׁים יָפוֹת mujeres _____ (Job 42:15)

(12) אִשָּׁה חֲדָשָׁה una esposa _____ (Deut. 24:5)

5. Practique el hebreo, pronunciando los siguientes ejemplos. Luego haga la traducción y escríbala al lado de la palabra hebrea. Compárela después con la cita bíblica.

(1) מֵאָדָם רָע de un hombre malo (Sal. 140:2/esp. 140:1)

(2) הָאִישׁ מֹשֶׁה גָּדוֹל מְאֹד El hombre Moisés era muy grande. (Éx. 11:3)

(3) מִי־אֵל גָּדוֹל כֵּאלֹהִים ¿Quién es un dios grande como Dios? (Sal. 77:14 (esp. 77:13)

(4) כִּי אֵל גָּדוֹל יְהוָה וּמֶלֶךְ Porque el Señor (es) un dios grande, y un gran

גָּדוֹל עַל־כָּל־אֱלֹהִים Rey sobre todos los dioses (Sal. 95:3)

(5) דְּבָרִים רַבִּים muchas palabras (Jer. 36:32)

(6) עַמִּים רַבִּים muchos pueblos (Isa. 2:3)

(7) אִישׁ־יָפֶה un hombre guapo (2 Sam. 14:25)

(8) כְּיוֹם תָּמִים como un día entero (Josué 10:13)

(9) הַשָּׁמַיִם הַחֲדָשִׁים וְהָאָרֶץ הַחֲדָשָׁה los cielos nuevos y la tierra nueva (Isa. 66:22)

(10) לֵב חָדָשׁ וְרוּחַ חֲדָשָׁה un corazón nuevo y un espíritu nuevo (Ezeq. 18:31)

(11) טוֹב־וְיָשָׁר יְהוָה Bueno y recto es el Señor. (Sal. 25:8)

(12) וְדָוִיד זָקֵן Y David era viejo. (1 Cr. 23:1)

(13) רוּחַ־רָעָה מֵאֵת יְהוָה un espíritu malo del Señor (1

(14) שֵׁם רָע un nombre malo (Deut. 22:14)

Sam. 16:14)

(15) דְּבָרִים רָעִים cosas malas (2 Reyes 17:11)

VOCABULARIO

(1) גָּדוֹל grande

(2) זָקֵן viejo, anciano (sólo personas)

(3) חָדָשׁ nuevo

(4) חָזָק fuerte

(5) חַי vivo, viviente

(6) חָכָם sabio

(7) יָפֶה hermoso, guapo

(8) יָשָׁר directo, derecho

(9) מַר amargo

(10) קָדוֹשׁ (קָדֹשׁ) santo

(11) קָטֹן pequeño

(12) קָרוֹב (קָרֹב) cerca, cercano

(13) קָשֶׁה duro, difícil

(14) רַב mucho(s)

(15) רָחוֹק (רָחֹק) lejos, distante

(16) רַע malo

(17) רָעָה (f) maldad

(18) תָּמִים perfecto, completo

Lección IX

23. Pronombres Personales Independientes (Pronombres Sujetos)

23.1 Los pronombres personales independientes se escriben como formas independientes. Ellos pueden servir como pronombres sujetos, pero no sirven como los complementos directos de un verbo ni como complementos de una preposición. Existen sufijos pronominales especiales que se añaden a verbos, preposiciones y sustantivos para indicar una relación pronominal aparte de la del sujeto. Esta clase de sufijos se enseñará en próximas lecciones.

23.2 Las formas de los pronombres personales independientes son las siguientes:

אֲנִי, אָנֹכִי yo	(1cs)
אַתָּה tú	(2ms)
אַתְּ tú	(2fs)
הוּא él	(3ms)
הִיא ella	(3fs)
אֲנַחְנוּ, נַחְנוּ, אָנוּ nosotros	(1c)
אַתֶּם ustedes	(2cp)
אַתֶּם, אַתֵּנָה ustedes	(2f)
הֵם, הֵמָּה ellos	(3mp)
הֵן, הֵנָּה ellas	(3fp)

(a) Nota: 3fs = הוּא en los libros del Pentateuco.

(b) Nota: La 'c' en (1cs) y (1cp) indica el género 'común', es decir ambos masculino y femenino.

23.3 Las oraciones que emplean pronombres personales independientes como sujetos a menudo serán oraciones sin verbos (sobreentendiéndose el verbo 'ser' o 'estar').

Ejemplos:

אֲנִי יְהוָה Yo (soy) el Señor. (Gén. 28:13)

אַתָּה הָאִישׁ Tú (eres) el hombre. (2 Sam. 12:7)

כִּי־עָפָר אַתָּה Pues tú (eres) polvo. (Gén. 3:19)

יְהוָה הוּא הָאֱלֹהִים El Señor, él (es) Dios. (1 R. 18:39)

אַחִים אֲנַחְנוּ Nosotros (somos) hermanos. (Gén. 13:8)

וַאֲנַחְנוּ רַבִּים Y nosotros (somos) muchos. (Ezeq. 3:24)

וְהֵמָּה חֲכָמִים Y ellos (son) sabios. (Prov. 30:24)

24. Pronombres demostrativos

24.1 Un pronombre demostrativo es aquél que indica algo o alguien que está siendo indicado de manera precisa; por ejemplo, '*este* hombre', '*Este* es el hombre.'

24.2 Las formas de los pronombres demostrativos son las siguientes:

Singular   *Plural*

Pronombres demostrativos cercanos

| masc. | זֶה este | masc. | אֵלֶּה estos |
| fem. | זֹאת esta | fem. | אֵלֶּה estas |

Pronombres demostrativos lejanos

| masc. | הוּא aquel | masc. | הֵמָּה (הֵם) aquellos |
| fem. | הִיא aquella | fem. | הֵנָּה (הֵן) aquellas |

92

24.3 Los pronombres demostrativos en hebreo tienen una función paralela a la de los adjetivos.

(1) *Como adjetivos, pueden ser usados atributivamente. En este caso, están de acuerdo en género, número y definición con el sustantivo al cual se refieren.*

Ejemplos:

הַמָּקוֹם הַזֶּה este lugar (Gén. 28:17)

הָאָרֶץ הַזֹּאת esta tierra (Gén. 15:7)

בַּיּוֹם הַהוּא en aquel día (Gén. 15:18)

בָּעִיר הַהִיא en aquella ciudad (Josué 20:6)

הַדְּבָרִים הָאֵלֶּה estas palabras (Gén. 29:13)

הֶעָרִים הָאֵלֶּה estas ciudades (Núm. 21:25)

בַּיָּמִים הָהֵם en aquellos días (Gén. 6:4)

Si un sustantivo es modificado por un adjetivo, el pronombre demostrativo usualmente aparecerá después del adjetivo.

Ejemplos:

הַדָּבָר הַגָּדוֹל הַזֶּה esta gran cosa (1 Sam. 12:16)

הָאָרֶץ הַטּוֹבָה הַזֹּאת esta buena tierra (Deut. 4:22)

הַמִּדְבָּר הַגָּדוֹל הַהוּא aquel gran desierto (Deut. 1:19)

הַשָּׁנִים הַטֹּבֹת הָאֵלֶּה estos buenos años (Gén. 41:5)

Los pronombres demostrativos regularmente toman el artículo definido cuando se usa atributivamente. Los pronombres personales independientes, por otra parte, únicamente pueden ser usados como pronombres sujetos y nunca toman el artículo definido.

(2) *Los pronombres demostrativos también pueden ser usados predicativamente. Como los adjetivos predicativos, ellos están de acuerdo en el género y el número con los sustantivos a los que están unidos, pero jamás toman el artículo.*

Ejemplos:

זֶה הַיּוֹם Éste (es) el día. (Jueces 4:14)

זֹאת הָאָרֶץ Ésta (es) la tierra (Núm. 34:2)

הוּא הַדָּבָר Aquella (es) la palabra (Gén. 41:28)

הִוא הָעִיר הַגְּדֹלָה Aquella (es) la ciudad grande. (Gén. 10:12)

אֵלֶּה הַדְּבָרִים Éstas (son) las palabras. (Deut. 1:1)

EJERCICIOS

1. Complete la traducción de las siguientes frases llenando los espacios vacíos:

(1) הַשָּׁנִים הַטֹּבֹת הָאֵלֶּה _____ años buenos (Gén. 41:35)

(2) צַדִּיק אַתָּה _____ eres justo. (Jer. 12:1)

(3) כִּי מֶלֶךְ גָּדוֹל אָנִי Pues _____ (soy) un Rey grande. (Mal. 1:14)

(4) לָעִיר הַגְּדוֹלָה הַזֹּאת para _____ ciudad grande (Jer. 22:8)

(5) כִּי־חֲזָקִים הֵמָּה Pues _____ son fuertes. (Jueces 18:26)

(6) חֲכָמִים אֲנַחְנוּ _____ (somos) sabios. (Jer. 8:8)

(7) כִּי־חָזָק הוּא Pues _____ (es) fuerte. (Núm. 13:31)

(8) כִּי מָרִים הֵם Pues _____ (eran) amargas. (Éx. 15:23)

(9) הָעִיר הַזֹּאת קְרֹבָה _____ ciudad (está) cerca. (Gén. 19:20)

(10) וְאָנֹכִי נַעַר קָטֹן Y _____ (soy) un niño. (1 Reyes 3:7)

2. Subraye la forma pronominal correcta en las siguientes frases:

(1) כִּי קָטֹן (הוּא / הִיא) Pues él (es) pequeño. (Amós 7:2)

(2) כִּי קָשֶׁה (אַתְּ / אַתָּה) que tú (eres) duro (Isa. 48:4)

(3) כִּי־יָפָה (הוּא / הִיא) מְאֹד Pues ella (era) muy hermosa. (Gén. 12:14)

(4) יָפָה (אַתָּה / אַתְּ) Tú (eres) hermosa. (Cantares 6:4)

(5) תָּמִים (אַתָּה / אַתְּ) Perfecto eras tú. (Ezeq. 28:15)

(6) הַדָּבָר הָרָע (הַזֹּאת / הַזֶּה) esta palabra malvada (Éx. 33:4)

(7) (וְהִיא / וְהוּא) נַעַר Y él (era) un muchacho. (Gén. 37:2)

(8) (זֶה / זֹאת) הַדָּבָר Ésta (es) la palabra. (Núm. 30:2)

(9) בַּיּוֹם (הַהוּא / הַהוּא) En aquel día (Gén. 15:18)

(10) בַּיּוֹם (הַזֹּאת / הַזֶּה) En este día (Gén. 7:11)

(11) כִּי (זֶה / זֹאת) הוּא Pues éste (es) él. (1 Sam. 16:12)

(12) (הִיא / הוּא) הָעִיר הַגְּדֹלָה Aquella (es) la ciudad grande. (Gén. 10:12)

3. Cada una de las siguientes frases contiene un pronombre personal o uno demostrativo. En los incisos abajo anote lo siguiente:
- En los incisos señalados con la letra 'a', utilice una 'P' si el pronombre es personal o una 'D' si el pronombre es demostrativo.
- En los incisos señalados con la letra 'b', escriba el género del pronombre.
- En los incisos señalados con la letra 'c', indique su número.

   Ejemplo:

יְהוָה הוּא הָאֱלֹהִים   (a) P

El Señor, él (es) Dios. (1 R. 18:39)   (b) masc.

(c) sing.

(1) לֹא בַשָּׁמַיִם הִוא   (a) _____

Ella no (está) en los cielos. (Deut. 30:12)   (b) _____

(c) _____

(2) הַגּוֹי הַגָּדוֹל הַזֶּה   (a) _____

esta nación grande (Deut. 4:6)   (b) _____

(c) _____

(3) זֶה הַיּוֹם   (a) _____

éste (es) el día. (Jueces 4:14)   (b) _____

(c) _____

(4) כִּי אֲנִי יְהוָה   (a) _____

Pues yo (soy) el Señor. (Éx. 7:5))   (b) _____

(c) _____

(5) הָעָם הַזֶּה הָרָע   (a) _____

este pueblo malo (Jer. 13:10)   (b) _____

(c) _____

(6) כַּדָּבָר הָרָע הַזֶּה (a) _____

según esta palabra malvada (b) _____
(Deut. 13:12)

(c) _____

4. Practique su hebreo leyendo en voz alta; después haga la traducción del texto bíblico al español y posteriormente consulte el versículo para ver si coinciden.

(1) הָאִישׁ מֹשֶׁה גָּדוֹל מְאֹד El hombre Moisés (era) muy grande. (Éx. 11:3)

(2) הַדָּבָר הַגָּדוֹל הַזֶּה esta cosa grande (1 Sam. 12:16)

(3) כִּי אֵל גָּדוֹל יְהוָה וּמֶלֶךְ Porque el Señor es Dios grande, y Rey

גָּדוֹל עַל־כָּל־אֱלֹהִים grande sobre todos los dioses. (Sal. 95:3)

(4) כִּי קָרוֹב הוּא Porque él (estaba) cerca. (Éx. 13:17)

(5) כִּי־קְרֹבִים הֵם Porque ellos (estaban) cerca [eran vecinos]. (Josué 9:16)

(6) וְאָנֹכִי נַעַר קָטֹן Y yo soy un muchacho joven. (1 Reyes 3:7)

(7) נֹחַ אִישׁ צַדִּיק Noé (era) un hombre justo. (Gén. 6:9)

(8) צַדִּיק וְיָשָׁר הוּא Justo y recto (es) Él. (Deut. 32:4)

(9) לֹא אִישׁ אֵל Dios no (es) un hombre. (Núm. 23:19)

(10) עַם־חָכָם הַגּוֹי הַגָּדוֹל הַזֶּה Un pueblo sabio (es) esta nación grande. (Deut. 4:6)

VOCABULARIO

(1) אֶבֶן (f) piedra

(2) דּוֹר generación

(3) יְרוּשָׁלַיִם Jerusalén

יְרוּשָׁלַם

(4) כֹּה así

(5) לֶחֶם pan

(6) מִדְבָּר desierto

(7) מָה ¿qué …?

(8) מִי ¿quién …?

(9) מִשְׁפָּט juicio, justicia

(10) מֹשֶׁה Moisés

(11) נָבִיא profeta

(12) נַעַר muchacho, joven

(13) נַעֲרָה (f) muchacha, doncella

(14) סֵפֶר libro, rollo

(15) פֶּן no sea que

(16) רֶגֶל (f) pie

(17) שֶׁמֶן aceite, gordura

(18) תּוֹרָה (f) instrucción, ley

Lección X

25. Sustantivos: los segolados

Los segolados son sustantivos bisílabos (tienen dos sílabas) con las siguientes características:

25.1 Siempre se acentúan en la primera sílaba cuando estén en singular. Las vocales en esta sílaba pueden pertenecer indistintamente a la clase 'a', 'e', u 'o'.

Ejemplos:

מָוֶת muerte

אֶלֶף mil

אֹהֶל tienda

25.2 La segunda sílaba tomará una sᵉgôl como su vocal, aunque puede ser sustituida por una pătăḥ. (Las guturales prefieren estar acompañadas por vocales de la clase 'a'.)

Ejemplos:

מֶלֶךְ rey

נַעַר muchacho

סֵפֶר libro

בֹּקֶר mañana

25.3 Los segolados plurales caen dentro de grupos bien definidos. Algunos de los más comunes son los siguientes:

(1) *Sustantivos plurales masculinos que comienzan con no guturales:*

בֶּגֶד ropa   בְּגָדִים ropas

בֹּקֶר mañana   בְּקָרִים mañanas

בַּעַל Baal, señor, amo   בְּעָלִים Baales, señores, amos

סֵפֶר libro   סְפָרִים libros

Otros sustantivos incluidos en este grupo son:

גֶּפֶן viña   כֶּרֶם viñedo   יֶלֶד niño

דֶּרֶךְ(m. y f.) camino   מֶלֶךְ rey   פֶּשַׁע trasgresión

זֶבַח sacrificio   נַעַר muchacho   שֶׁמֶן aceite

(2) *Sustantivos plurales femeninos que comienzan con no guturales:*

דֶּלֶת(f) puerta   דְּלָתוֹת puertas

נֶפֶשׁ(f) alma   נְפָשׁוֹת almas

(3) *Los sustantivos plurales masculinos que comienzan con guturales:*

חֶבֶל vapor, vanidad   חֲבָלִים vapores, vanidades

חֶסֶד misericordia   חֲסָדִים misericordias

עֶבֶד siervo   עֲבָדִים siervos

(4) *Los sustantivos plurales femeninos que comienzan con guturales:*

אֶבֶן(f) piedra, roca   אֲבָנִים piedras, rocas

אֶרֶץ(f) tierra   אֲרָצוֹת tierras

חֶרֶב(f) espada   חֲרָבוֹת espadas

(Nota: El principio involucrado en los incisos 3 y 4 es que las guturales prefieren shevás compuestas en lugar de shevás simples.)

(5) *Sustantivos con terminaciones duales:*

אֹזֶן(f) oreja   אָזְנַיִם (dos) orejas

קֶרֶן(f) cuerno   קַרְנַיִם (dos) cuernos

רֶגֶל(f) pie   רַגְלַיִם (dos) pies

25.4 Algunos segolados tienen formas singulares pero no formas plurales. Véanse los siguientes:

דַּעַת(f) conocimiento

דֶּשֶׁא pasto, zacate

לֶחֶם pan

צֶדֶק justicia

שֶׁמֶשׁ sol

צֶלֶם imagen, semejanza

כֶּסֶף plata

אֹכֶל comida

זֶרַע semilla

26. Sustantivos: la relación constructa

26.1 *El sustantivo hebreo tiene un estado absoluto y un estado constructo. El estado singular absoluto es la forma en la cual los sustantivos son escritos en los léxicos y listas de vocabulario. El estado constructo de un sustantivo representa la abreviación del estado absoluto, hasta donde sea posible. Los principios que rigen la abreviación de los sustantivos en estado constructo se explican a continuación.*

26.2 *Una relación constructa puede ser definida como la unión de dos (ocasionalmente tres, raramente cuatro) sustantivos dentro de una oración. La unión puede ser por simple yuxtaposición o por el uso de măqqḗf. En tal situación el sustantivo final debe permanecer en estado absoluto, pero el sustantivo (o sustantivos) que le precede(n) debe(n) tomar la forma del estado constructo.*

26.3 *La función de la relación constructa es expresar la relación genitiva y los diferentes matices de significado asociados con la preposición 'de'. Dado que el hebreo carece de una preposición para todos los propósitos, la relación constructa ayuda a llenar el vacío.*

26.4 *Los sustantivos unidos en una relación constructa se pronuncian como una sola unidad, donde el acento cae sobre el último sustantivo en la serie; es decir, sobre el sustantivo en estado absoluto. La pérdida del tono sobre el sustantivo (o sustantivos) inicial en una relación constructa continuamente provoca que ciertas vocales y/o consonantes cambien. Los cambios vocálicos involucran:*

√ el acortamiento de vocales largas dejadas en sílabas cerradas inacentuadas y

√ la 'volatilización' de vocales largas en sílabas abiertas que están dos o más sílabas antes de la sílaba tónica. No se hará el acortamiento o la volatilización cuando la sílaba tenga una vocal inalterablemente larga (ִי, ֵי, וֹ, וּ).

(1) Para un manejo más conveniente, veremos primero los cambios que ocurren cuando los sustantivos en plural están en estado constructo.

(a) *Cuando un sustantivo plural masculino está en estado constructo, su terminación se cambia de* ים (*ḥîrĕq-yôd más mēm) a* י (*ṣērê-yōd*). A menos que las vocales sean inalterablemente largas, las vocales largas que aparecen en una sílaba abierta, antes de la terminación י, usualmente se reducen a shevás sonoras.

Ejemplos:
Plural absoluto   Plural constructo

בָּנִיםhijos   ⇒   בְּנֵי⇐   בְּנֵיhijos de

יָמִיםdías   ⇒   יְמֵי⇐   יְמֵיdías de

אֱלֹהִיםDios   ⇒   אֱלֹהֵיDios de
(dioses)   (dioses de)

סוּסִיםcaballos   ⇒   סוּסֵיcaballos de

(En los dos últimos ejemplos, ḥólĕm y šúrĕq son vocales inalterablemente largas.)

(b) *Si la volatilización de una vocal larga en una sílaba abierta da como resultado dos shevás sonoras, ubicadas consecutivamente al principio de una forma constructa del plural masculino, la primera de las shevás sonoras debe elevarse a vocal completa.*

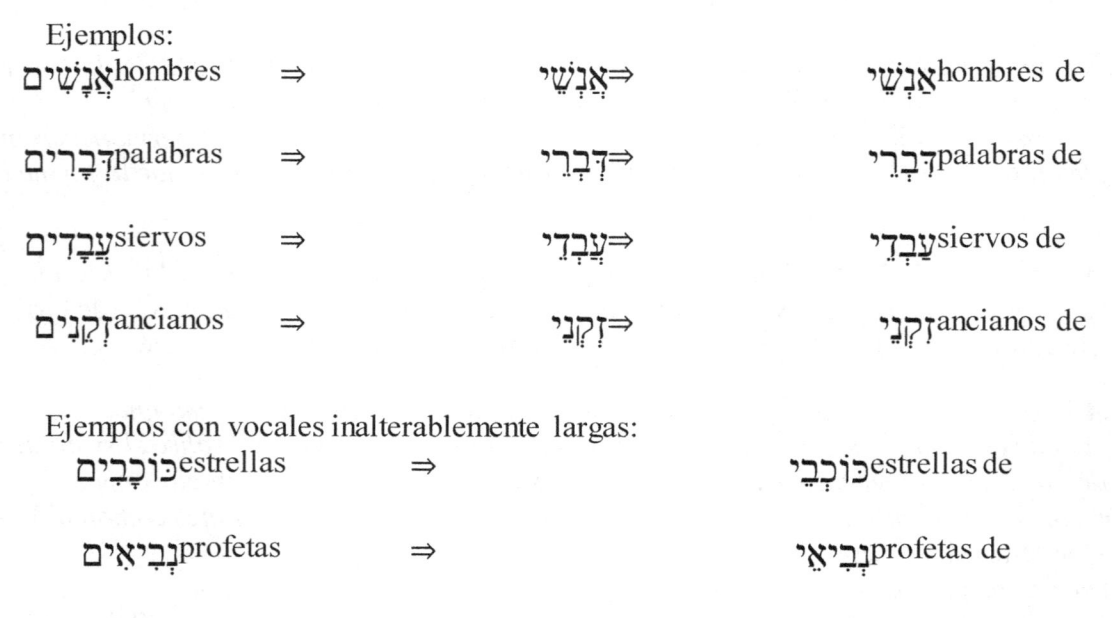

Ejemplos:
אֲנָשִׁיםhombres   ⇒   אַנְשֵׁי⇐   אַנְשֵׁיhombres de

דְּבָרִיםpalabras   ⇒   דִּבְרֵי⇐   דִּבְרֵיpalabras de

עֲבָדִיםsiervos   ⇒   עַבְדֵי⇐   עַבְדֵיsiervos de

זְקֵנִיםancianos   ⇒   זִקְנֵי⇐   זִקְנֵיancianos de

Ejemplos con vocales inalterablemente largas:
כּוֹכָבִיםestrellas   ⇒   כּוֹכְבֵיestrellas de

נְבִיאִיםprofetas   ⇒   נְבִיאֵיprofetas de

(c) *El estado constructo dual tiene la misma terminación* (י) *como el plural masculino constructo. La terminación* י *toma el lugar de la terminación del dual absoluto* (יִם).

Ejemplos:
Dual absoluto   *Dual constructo*

אָזְנַיִם orejas   אָזְנֵי orejas de

רַגְלַיִם pies   רַגְלֵי pies de

קַרְנַיִם cuernos   קַרְנֵי cuernos de

(d) *El plural femenino constructo retiene la terminación* וֹת *del plural femenino absoluto.* Esto se debe a que ḥólĕm-vāv es inalterablemente larga. Sin embargo, *otros* cambios deben realizarse. Estos involucran 'volatilizar' las vocales largas (excepto si son inalterablemente largas) en sílabas abiertas y asegurarse de que dos shevás sonoras no sean dejadas juntas una al lado de la otra. En caso de que suceda, la primera shevá debe transformarse en una vocal completa. Las terminaciones de los sustantivos plurales masculinos en וֹת siguen el mismo patrón.

Ejemplos:

אָבוֹת padres   אֲבוֹת padres de

(f) אֲרָצוֹת tierras ⇒ ⇒אֲרָצוֹת   אַרְצוֹת tierras de

Ejemplos con vocales inalterablemente largas:
Plural absoluto   *Plural constructo*

קוֹלוֹת voces   קוֹלוֹת voces de

(f) רוּחוֹת espíritus   רוּחוֹת espíritus de

(f) תּוֹרוֹת leyes   תּוֹרוֹת leyes de

(2) *Las reglas que gobiernan la formación de sustantivos en singular constructo son mucho mas complejas que aquellas que se relacionan con las formas del plural constructo. La única manera de tener la certeza sobre la forma correcta constructa de un sustantivo particular, es consultar un léxico.* Las siguientes listas contienen varios de los sustantivos que más frecuentemente aparecen en la Biblia Hebrea e ilustran el tipo de cambios que toman lugar al pasar de la forma absoluta a la del estado constructo. Se da especial atención a la manera en la cual se forma el singular constructo. Para formar el plural constructo, refiérase a las reglas antes mencionadas.

(a) *Sustantivos monosílabos con vocales inalterablemente largas tienen la misma forma en el singular constructo así como en el singular absoluto, aunque algunas de las formas plurales de estos sustantivos podrían ser irregulares* (רֹאשׁ, עִיר, יוֹם, אִישׁ).

Singular absoluto	Singular constructo	Plural absoluto	Plural constructo
אִישׁ hombre	אִישׁ hombre de	אֲנָשִׁים hombres	אַנְשֵׁי hombres de
יוֹם día	יוֹם día de	יָמִים días	יְמֵי días de
סוּס caballo	סוּס caballo de	סוּסִים caballos	סוּסֵי caballos de
(f) עִיר ciudad	עִיר ciudad de	עָרִים ciudades	עָרֵי ciudades de
קוֹל voz	קוֹל voz de	קוֹלוֹת voces	קוֹלוֹת voces de
רֹאשׁ cabeza	רֹאשׁ cabeza de	רָאשִׁים cabezas	רָאשֵׁי cabezas de
(f) רוּחַ espíritu	רוּחַ espíritu de	רוּחוֹת espíritus	רוּחוֹת espíritus de

(b) *Sustantivos monosílabos con vocales cortas tendrán también la misma forma en el singular constructo como en el singular absoluto.*

Singular absoluto	Singular constructo	Plural absoluto	Plural constructo
(f) בַּת hija	בַּת hija de	בָּנוֹת hijas	בְּנוֹת hijas de
הַר montaña	הַר montaña de	הָרִים montañas	הָרֵי montañas de
עַם pueblo	עַם pueblo de	עַמִּים pueblos	עַמֵּי pueblos de

(c) *Sustantivos monosílabos con vocales largas modificables en el singular absoluto usualmente se acortarán para formar el singular constructo.*

Singular absoluto	Singular constructo	Plural absoluto	Plural constructo
בֵּן hijo	בֶּן (o בֵּן)	בָּנִים	בְּנֵי
דָּם sangre	דַּם	דָּמִים	דְּמֵי
(f) יָד mano	יַד	יָדוֹת	יְדוֹת

	יָדַיִם(dual)	יְדֵי(dual)
שֵׁם nombre	שֵׁמוֹת (o שְׁמוֹת)	שְׁמוֹת

(d) *Los sustantivos monosílabos* אָב *y* אָח *son irregulares en el singular constructo.*

Singular absoluto	Singular constructo	Plural absoluto	Plural constructo
אָב padre	אֲבִי	אָבוֹת	אֲבוֹת
אָח hermano	אֲחִי	אַחִים	אֲחֵי

(e) *Sustantivos bisílabos con la primera sílaba abierta y la segunda cerrada formarán el singular constructo reduciendo la vocal en la primera sílaba a una shevá sonora (volatilización) y acortando la vocal en la segunda sílaba, excepto cuando esas vocales sean inalterablemente largas (véanse* הֵיכָל, כּוֹכָב, מָקוֹם, *y* נָבִיא*).*

Singular absoluto	Singular constructo	Plural absoluto	Plural constructo
דָּבָר palabra	דְּבַר	דְּבָרִים	דִּבְרֵי
הֵיכָל palacio	הֵיכַל	הֵיכָלִים	הֵיכְלֵי
כּוֹכָב estrella	כּוֹכַב	כּוֹכָבִים	כּוֹכְבֵי
מָקוֹם lugar	מְקוֹם	מְקוֹמוֹת	מְקוֹמוֹת
נָבִיא profeta	נְבִיא	נְבִיאִים	נְבִיאֵי

(f) *Sustantivos bisílabos con dos sílabas cerradas formarán el singular constructo acortando la vocal larga en la segunda sílaba (ya que las vocales largas no pueden aparecer en sílabas cerradas no acentuadas).*

Singular absoluto	Singular constructo	Plural absoluto	Plural constructo
מִדְבָּר desierto	מִדְבַּר	(no se usa)	(no se usa)
מִגְדָּל torre	מִגְדַּל	מִגְדָּלִים	מִגְדְּלֵי

מִסְפְּרֵי	מִסְפָּרִים	מִסְפָּר	מִסְפָּרnúmero
מִשְׁכְּנוֹת	מִשְׁכָּנוֹת	מִשְׁכַּן	מִשְׁכָּןtabernáculo
מִשְׁפְּטֵי	מִשְׁפָּטִים	מִשְׁפַּט	מִשְׁפָּטjuicio

(Nota: Se permite que en las formas del plural constructo aparezcan dos shevás lado a lado, porque la primera es muda y solo la segunda es sonora.)

(g) *En el caso de los segolados, el singular constructo tiene la misma forma que el singular absoluto.*

Singular absoluto	Singular constructo	Plural absoluto	Plural constructo
אֶרֶץ(f) tierra	אֶרֶץ	אֲרָצוֹת	אַרְצוֹת
דֶּרֶךְcamino	דֶּרֶךְ	דְּרָכִים	דַּרְכֵי
מֶלֶךְrey	מֶלֶךְ	מְלָכִים	מַלְכֵי
נַעַרmuchacho	נַעַר	נְעָרִים	נַעֲרֵי
נֶפֶשׁ(f) alma	נֶפֶשׁ	נְפָשׁוֹת	נַפְשׁוֹת
סֵפֶרlibro	סֵפֶר	סְפָרִים	סִפְרֵי
עֶבֶדsiervo	עֶבֶד	עֲבָדִים	עַבְדֵי

(h) *Sustantivos femeninos con terminaciones en* ה *en el singular absoluto formarán el singular constructo quitando* ה *y sustituyéndola con* ת, *que es una terminación femenina antigua, y acortando* ָ *a* ַ *a causa de la sílaba cerrada.*

Singular absoluto	Singular constructo	Plural absoluto	Plural constructo
מַלְכָּהreina	מַלְכַּת	מְלָכוֹת	מַלְכוֹת
מִצְוָהmandamiento	מִצְוַת	מִצְוֹת	מִצְוֹת
שָׁנָהaño	שְׁנַת	שָׁנִים	שְׁנֵי

	שָׁנוֹת		
תּוֹרָה ley	תּוֹרַת	תּוֹרוֹת	תּוֹרוֹת

(Nota: אִשָּׁה, 'mujer', es irregular.)

אִשָּׁה mujer	אֵשֶׁת	נָשִׁים	נְשֵׁי

(i) *Sustantivos construidos en la forma de* בַּיִת, *'casa', comparten ciertas características únicas.*

Singular absoluto	Singular constructo	Plural absoluto	Plural constructo
בַּיִת casa	בֵּית	בָּתִּים	בָּתֵּי
זַיִת árbol de olivo	זֵית	זֵיתִים	זֵיתֵי
עַיִן ojo	עֵין	עֵינַיִם	עֵינֵי

26.5 *Un sustantivo en el estado constructo jamás toma el artículo definido. Si es traducido como definido o indefinido depende del sustantivo absoluto al cual esté unido. Si el sustantivo absoluto es indefinido, entonces el sustantivo constructo debe también ser indefinido. Si el sustantivo absoluto es definido, entonces el sustantivo constructo debe ser definido. Por favor note que un sustantivo es considerado definido, cuando tiene el artículo definido o cuando es un nombre propio.*

Ejemplos:

בֶּן־נָבִיא un hijo de un profeta

בֶּן־הַמֶּלֶךְ el hijo del rey

יוֹם חֹשֶׁךְ un día de oscuridad

יוֹם יְהוָה el día del Señor

דְּבַר שָׁלוֹם una palabra de paz

דְּבַר־אֱלֹהִים la palabra de Dios

26.6 *No se permite la separación de dos sustantivos que aparecen en relación constructa, ni siquiera por preposiciones o conjunciones.* Si cualquiera de los sustantivos es modificado por un adjetivo, lo cual a veces es el caso, el adjetivo es situado al final para que no separe los sustantivos. Esto continuamente hace difícil determinar precisamente cual de los sustantivos es modificado por el adjetivo. La ambigüedad puede usualmente resolverse al examinar el contexto, o al notar el acuerdo entre el género y el número del sustantivo designado y su adjetivo modificado.

Ejemplos:

בֶּן־הָאִשָּׁה הַזֹּאת el hijo de esta mujer (1 R. 3:19)

קוֹל אֱלֹהִים חַיִּים la voz del Dios viviente (Deut. 5:26)

יַד אֱלֹהֵינוּ הַטּוֹבָה עָלֵינוּ La buena mano de nuestro Dios (estuvo) sobre nosotros. (Esdras 8:18)

קָרוֹב יוֹם־יְהוָה הַגָּדוֹל El gran día del Señor (está) cerca. (Sofonías 1:14)

דְּבַר הַמֶּלֶךְ הַגָּדוֹל la palabra del gran rey (2 R. 18:28)

כְּלֵי בֵית הָאֱלֹהִים הַגְּדֹלִים וְהַקְּטַנִּים los vasos de la casa de Dios, grandes y pequeños (2 Cr. 36:18)

26.7 *Los varios matices de significado expresados por la relación constructa incluyen los siguientes:*

(1) *Pueden indicar la localización o el origen de una persona o cosa.*

Ejemplos:

עָרֵי יְהוּדָה las ciudades de Judá (localización)

אַנְשֵׁי יְרוּשָׁלַם los hombres de Jerusalén (origen)

(2) *Pueden servir como una descripción o identificación de una persona o cosa.*

Ejemplos:

יוֹם חֹשֶׁךְ un día de oscuridad (la clase de día)

סוּסֵי אֵשׁ caballos de fuego (la clase de caballos)

סֵפֶר הַבְּרִית el libro del pacto (¿cuál libro?)

אֶרֶץ מִצְרַיִם la tierra de Egipto (¿cuál tierra?)

(3) *Mas frecuentemente serán usados para mostrar posesión o propiedad.*
Ejemplos:

בֶּן־הָאִשָּׁה el hijo de la mujer

דְּבַר אֱלֹהִים la palabra de Dios

שְׂדֵה נָבוֹת el campo de Nabot

רוּחַ אֱלֹהִים el espíritu de Dios

(4) *Otros matices de significado serán notados a la hora de comenzar a leer la Biblia Hebrea.*

EJERCICIOS

1. En los espacios en blanco complete la relación constructa necesaria.

(1) הָאָרֶץ _____ el pueblo de la tierra (Jer. 37:2)

(2) יִשְׂרָאֵל _____ los hijos de Israel (Gén. 42:5)

(3) יְהוּדָה _____ las ciudades de Judá (2 Sam. 2:1)

(4) יְרוּשָׁלַםִ _____ el rey de Jerusalén (Josué 10:1)

(5) יִשְׂרָאֵל _____ la tierra de Israel (1 Sam. 13:19)

(6) הַמִּדְבָּר _____ el camino del desierto (Éx. 13:18)

(7) הָעָם _____ el alma del pueblo (1 Sam 30:6)

(8) הַמֶּלֶךְ _____ los siervos del rey (2 Sam.

		16:6)
(9)	הָאֱלֹהִים _____	el siervo de Dios (1 Cr. 6:34)
(10)	בְּסֵפֶר _____ מֹשֶׁה	en el libro de la ley de Moisés (Josué 8:31)
(11)	יִשְׂרָאֵל _____	la casa de Israel (Éx. 16:31)
(12)	סֵפֶר הַתּוֹרָה _____	las palabras del libro de la ley (2 Reyes 22:11)

2. Haga las traducciones siguientes.

(1) מִיַּד הָאִשָּׁה (Gén. 38:20)

(2) יוֹם הַשַּׁבָּת (Éx. 20:11)

(3) בֶּן־אָדָם (Ezeq. 2:1)

(4) מִבְּנֵי הַנְּבִיאִים (2 Reyes 2:7)

(5) וּמִבְּנֵי יִשְׂרָאֵל (1 Reyes 9:22)

(6) בְּנוֹת אַנְשֵׁי הָעִיר (Gén. 24:13)

(7) בְּשֵׁם הַמֶּלֶךְ (Ester 3:12)

(8) רָאשֵׁי הֶהָרִים (Gén. 8:5)

(9) וְאֵלֶּה מַלְכֵי הָאָרֶץ (Josué 12:1)

(10) בְּאֶרֶץ בְּנֵי יִשְׂרָאֵל (Josué 11:22)

(11) עַבְדֵי הַמֶּלֶךְ (1 Sam. 22:17)

(12) מֹשֶׁה עֶבֶד יְהוָה (Josué 1:15)

3. Practique pronunciando cada una de las frases del inciso (1).

4. Traduzca lo siguiente:

(1) כָּל־יְמֵי הָאָרֶץ (Gén. 8:22)

(2) דַּם־כָּל־בָּשָׂר (Lev. 17:14)

(3) וְלֹא בֶן־נָבִיא אָנֹכִי (Amós 7:14)

(4) אִישׁ מִבְּנֵי יִשְׂרָאֵל (Lev. 17:13)

(5) בְּהַר צִיּוֹן וּבִירוּשָׁלָ͏ִם (Isa. 10:12)

(6) שֵׁם אֵשֶׁת־אַבְרָם שָׂרָי (Gén. 11:29)

(7) וְאֵלֶּה שְׁמוֹת בְּנֵי יִשְׂרָאֵל (Éx. 1:1)

(8) אֶת־דֶּרֶךְ עֵץ הַחַיִּים (Gén. 3:24)

(9) בְּתוֹרַת מֹשֶׁה עֶבֶד־הָאֱלֹהִים (Dan. 9:11)

(10) כִּי בַת־מֶלֶךְ הִיא (2 Reyes 9:34)

5. Relacione las siguientes palabras con su correspondiente significado.

(1)	( )	(A) כְּכוֹכְבֵי הַשָּׁמַיִם	Pues ellos (son) reyes misericordiosos. (1 Reyes 20:31)
(2)	( )	(B) בְּנוֹת אַנְשֵׁי הָעִיר	el libro de la ley del Señor (2 Cr. 17:19)
(3)	( )	(C) כִּי מִצְוַת הַמֶּלֶךְ הִיא	La voz (es) la voz de Jacobo. (Gén. 27:22)
(4)	( )	(D) מִנְּשֵׁי בְנֵי־הַנְּבִיאִים	y las casas de los reyes de Judá (Jer. 19:13)
(5)	( )	(E) וְזֹאת תּוֹרַת הָאָדָם	las hijas de los hombres de la ciudad (Gén. 24:13)

(6)	( )	(F)זֹאת תּוֹרַת הַבָּיִת	como las estrellas de los cielos (Gén. 26:4)
(7)	( )	(G)סֵפֶר תּוֹרַת יְהוָה	en el camino de los reyes de Israel (2 Reyes 8:18)
(8)	( )	(H)דִּבְרֵי הַנָּבִיא הַהוּא	de las esposas de los hijos de los profetas (2 Reyes 4:1)
(9)	( )	(I)דִּבְרֵי שָׁלוֹם וֶאֱמֶת	hombres de los ancianos de Israel (Ezeq. 14:1)
(10)	( )	(J)לְכָל־זִקְנֵי הָאָרֶץ	las palabras de aquel profeta (Deut. 13:4)
(11)	( )	(K)וּדְבַר יְהוָה מִירוּשָׁלָ͏ִם	palabras de paz y verdad (Ester 9:30)
(12)	( )	(L)וְאֵלֶּה דִּבְרֵי הַסֵּפֶר	Ésta (es) la ley de la casa. (Ezeq. 43:12)
(13)	( )	(M)אֲנָשִׁים מִזִּקְנֵי יִשְׂרָאֵל	con respecto a las casas de esta ciudad (Jer. 33:4)
(14)	( )	(N)עַל־בָּתֵּי הָעִיר הַזֹּאת	a todos los ancianos de la tierra (1 Reyes 20:7)
(15)	( )	(O)וּבָתֵּי מַלְכֵי יְהוּדָה	y la palabra del Señor desde Jerusalén (Isa. 2:3)
(16)	( )	(P)דֶּרֶךְ מַלְכֵי יִשְׂרָאֵל	Y éstas (son) las palabras del libro.

(Jer. 29:1)

(17) ( ) (Q)כִּי מַלְכֵי חֶסֶד הֵם — Pues aquel (es) el mandamiento del rey. (Isa. 36:21)

(18) ( ) (R)הַקֹּל קוֹל יַעֲקֹב — Y ésta (es) la ley del hombre. (2 Sam. 7:19)

6. Practique pronunciando las frases en Hebreo de ejercicios previos. Cubra las traducciones que ha realizado y practique haciendo la traducción de nuevo.

VOCABULARIO

(1) אֹהֶל tienda de campaña

(2) אֱמֶת (f) verdad

(3) אֵשׁ (f) fuego

(4) דָּם sangre

(5) זָהָב oro

(6) חַיָּה (f) ser viviente, animal

(7) חָכְמָה (f) sabiduría

(8) חֶסֶד bondad, amor leal

(9) יַיִן vino

(10) כּוֹכָב estrella

(11) כֶּסֶף plata

(12) מַלְכָּה (f) reina

(13) מִצְרַיִם Egipto

(14) סוּס caballo

(15) עֵת (f) tiempo

(16) רֵעַ amigo, compañero

(17) פֶּה boca

(18) תְּהוֹם (f) la profundidad del mar, abismo

Lección XI

27. Los sufijos pronominales en preposiciones y partículas

Los sufijos pronominales son formas abreviadas de los pronombres personales (cf. IX.23). Pueden ser unidos directamente a la terminación de las preposiciones, partículas, sustantivos y verbos. Cuando son directamente unidos a las preposiciones, sirven como complementos de la preposición. Cuando son unidos a las partículas, pueden expresar una variedad de relaciones, dependiendo de la relación de las partículas. Cuando van unidos a sustantivos, funcionan como pronombres posesivos. Cuando se fijan a verbos, normalmente sirven como complementos directos del verbo.

27.1 *Sufijos pronominales con preposiciones*

(1) Los sufijos pronominales para las preposiciones inseparables בְּ y לְ son las siguientes:

1 cs	י me, a mí	1 cp	נוּ nos, a nosotros
2 ms	ךָ ti, a ti	2 mp	כֶם les, los, a ustedes
2 fs	ךְ ti, a ti	2 fp	כֶן les, las, a ustedes
3 ms	וֹ lo, le, a él	3 mp	הֶם los, les, a ellos
3 fs	הּ la, le, a ella	3 fp	הֶן las, les, a ellas

Estos sufijos deben ser memorizados, dado que con pocas variaciones son los mismos para todas las otras preposiciones y partículas.

(a) בְּ 'en, por, con'

1 cs	בִּי conmigo	1 cp	בָּנוּ con nosotros
2 ms	בְּךָ contigo	2 mp	בָּכֶם con ustedes
2 fs	בָּךְ contigo	2 fp	בָּכֶן con ustedes
3 ms	בּוֹ con él	3 mp	בָּהֶם con ellos
3 fs	בָּהּ con ella	3 fp	בָּהֶן con ellas

(b) לְ 'a, por, en'

1 cs	לִי a mí	1 cp	לָנוּ nos, a nosotros
2 ms	לְךָ te, a ti	2 mp	לָכֶם les, a ustedes
2 fs	לָךְ te, a ti	2 fp	לָכֶן les, a ustedes
3 ms	לוֹ le, a él	3 mp	לָהֶם les, a ellos
3 fs	לָהּ le, a ella	3 fp	לָהֶן les, a ellas

(2) La preposición inseparable כְּ es irregular.

1 cs	כָּמוֹנִי como yo	1 cp	כָּמוֹנוּ como nosotros
2 ms	כָּמוֹךָ como tú	2 mp	כָּכֶם como ustedes
2 fs		2 fp	
3 ms	כָּמוֹהוּ como él	3 mp	כָּהֶם como ellos
3 fs	כָּמוֹהָ como ella	3 fp	כָּהֶן como ellas

(3) Algunas preposiciones toman dagesh forte en la consonante final antes de los sufijos pronominales. (Algunas de esas preposiciones también tienen formas alternativas sin dagesh forte.)

(a) אֵת 'con' (no se debe confundir con la partícula אֵת, signo del complemento directo).

1 cs	אִתִּי (אוֹתִי)conmigo	1 cp	אִתָּנוּ (אוֹתָנוּ)con nosotros
2 ms	אִתְּךָ (אוֹתְךָ)contigo	2 mp	אִתְּכֶם, אֶתְכֶם con ustedes
2 fs	אִתָּךְ (אוֹתָךְ)contigo	2 fp	
3 ms	אִתּוֹ (אוֹתוֹ)con él	3 mp	אִתָּם (אוֹתָם)con ellos
3 fs	אִתָּהּ con ella	3 fp	

(Las seis formas en paréntesis ocurren un total de 60 veces en la Biblia Hebrea, 38 de las cuales se encuentran en los libros de Jeremías y Ezequiel.)

(b) לְבַד 'solo, a solas' (con la preposición לְ, 'a', más el sustantivo בַּד, 'separación, estar a solas', siendo su significado literal 'en separación, solo')

1 cs	לְבַדִּי (yo) a solas	1 cp	
2 ms	לְבַדְּךָ (tú) a solas	2 mp	לְבַדְכֶם (ustedes) a solas
2 fs		2 fp	
3 ms	לְבַדּוֹ (él) a solas	3 mp	לְבַדָּם (ellos) a solas
3 fs	לְבַדָּהּ (ella) a solas	3 fp	לְבַדְּהֶן (ellas) a solas

(c) עִם 'con'

1 cs	עִמָּדִי, עִמִּי conmigo	1 cp	עִמָּנוּ con nosotros
2 ms	עִמְּךָ, עִמָּךְ contigo	2 mp	עִמָּכֶם con ustedes
2 fs		2 fp	
3 ms	עִמּוֹ con él	3 mp	עִמָּם עִמָּהֶם con ellos
3 fs	עִמָּהּ con ella	3 fp	

(4) La preposición מִן, 'de, lejos de, más que,' es en realidad duplicada delante de algunos de los sufijos pronominales. Por ejemplo, la primera persona común singular, מִמֶּנִּי, se

hace de מִן־מֶן־נִי, literalmente 'de, de mí'. Las dos últimas nûn son asimiladas dentro de las letras siguientes. Por esto aparecen los dos dagesh forte.

1 cs	מִמֶּנִּי de mí	1 cp	מִמֶּנּוּ de nosotros
2 ms	מִמְּךָ de ti	2 mp	מִכֶּם de ustedes
2 fs	מִמֵּךְ de ti	2 fp	מִכֶּן de ustedes
3 ms	מִמֶּנּוּ de él	3 mp	מֵהֶם de ellos
3 fs	מִמֶּנָּה de ella	3 fp	מֵהֶן de ellas

No todas las formas tienen la duplicación de מִן. En algunas de ellas sólo se duplican parcialmente (2 ms, 2 fs), y en otras no se da la duplicación (2 mp, 2 fp, 3 mp, 3 fp). Las nûn finales son asimiladas en todas las instancias excepto antes de ה (3 mp, 3 fp). Ya que ה es una gutural y por lo tanto no recibe una dagesh forte, la vocal anterior a ésta debe ser aumentada (de ḥîrĕq a ṣērê).

Dos de las formas (3 ms y 1 cp) son idénticas. Sólo el contexto hace posible distinguirlas.

(5) Unas cuantas preposiciones toman sufijos pronominales que son similares a los que aparecen en sustantivos plurales. Dos de las más comunes de estas preposiciones son לִפְנֵי 'antes de, enfrente de, en la presencia de' y אֶל, 'a, hacia'.

(a) לִפְנֵי Esta forma es hecha de פְּנֵי, la forma plural constructa de פָּנִים. Aunque su forma es plural, se traduce simplemente como 'rostro' o 'cara' (literalmente, 'rostros' o 'caras'), más la preposición לְ 'a'. 'A la cara de' significa 'delante de'. Compare también עַל־פְּנֵי, 'sobre la cara de'.

(b) אֶל 'a, hacia'

1 cs	אֵלַי a/hacia mí	1 cp	אֵלֵינוּ a/hacia nosotros
2 ms	אֵלֶיךָ a/hacia ti	2 mp	אֲלֵיכֶם a/hacia ustedes
2 fs	אֵלַיִךְ a/hacia ti	2 fp	אֲלֵיכֶן a/hacia ustedes
3 ms	אֵלָיו a/hacia él	3 mp	אֲלֵיהֶם a/hacia ellos
3 fs	אֵלֶיהָ a/hacia ella	3 fp	אֲלֵיהֶן a/hacia ellas

27.2 *Sufijos pronominales con partículas*

(1) אֵת el signo del complemento directo

1 cs	אוֹתִיme	1 cp	אוֹתָנוּnos
2 ms	אוֹתְךָte	2 mp	אֶתְכֶםlos
2 fs	אוֹתָךְte	2 fp	אֶתְכֶןlas
3 ms	אוֹתוֹlo	3 mp	אוֹתָםlos
3 fs	אוֹתָהla	3 fp	אוֹתָןlas

(2) הִנֵּה '¡He aquí!, ¡Miren!'

1 cs	הִנֶּנִּי, הִנְנִי Heme aquí …	1 cp	הִנֶּנּוּ, הִנְנוּ Henos aquí …
2 ms	הִנְּךָ He aquí, tú …	2 mp	הִנְּכֶם He aquí, ustedes …
2 fs	הִנָּךְ He aquí, tú …	2 fp	
3 ms	הִנּוֹ He aquí, él …	3 mp	הִנָּם He aquí, ellos …
3 fs		3 fp	

28. Los sufijos pronominales con sustantivos

Los sufijos pronominales se unen a las terminaciones de los sustantivos para mostrar posesión. Únicamente los sustantivos en estado constructo pueden recibir sufijos pronominales. De esta manera דְּבָרִי, 'mi palabra', se forma del singular constructo דְּבַר y de la terminación pronominal de la primera persona común singular, cuyo significado literal es 'palabra de mí'. De la misma manera, דְּבָרַי, 'mis palabras', se forma del plural constructo דִּבְרֵי y del sufijo pronominal de la primera persona común singular, cuyo significado literal es 'palabras de mí'.

Un sustantivo constructo con un sufijo pronominal siempre será tratado como definido, a pesar de que nunca toma el artículo definido. Por esta razón cualquier adjetivo atributivo ubicado después de este tipo de forma debe ser escrito con el artículo definido.

28.1 *Sufijos pronominales para sustantivos singulares (masculinos y femeninos)*

1 cs	ִיmi	1 cp	ֵנוּnuestro

118

2 ms	ךָ tu	2 mp	כֶם su, de ustedes
2 fs	ךְ tu	2 fp	כֶן su, de ustedes
3 ms	וֹ su, de él	3 mp	ם su, de ellos
3 fs	הָ su, de ella	3 fp	ן su, de ellas

Ejemplos:

(a)   קוֹל masculino singular absoluto, 'voz'

קוֹל masculino singular constructo, 'voz de'

1 cs	קוֹלִי mi voz	1 cp	קוֹלֵנוּ nuestra voz
2 ms	קוֹלְךָ tu voz	2 mp	קוֹלְכֶם su voz, la voz de ustedes
2 fs	קוֹלֵךְ tu voz	2 fp	קוֹלְכֶן su voz, la voz de ustedes
3 ms	קוֹלוֹ su voz, la voz de él	3 mp	קוֹלָם su voz, la voz de ellos
3 fs	קוֹלָהּ su voz, la voz de ella	3 fp	קוֹלָן su voz, la voz de ellas

(b)   תּוֹרָה femenino singular absoluto, 'ley, instrucción'

תּוֹרַת femenino singular constructo, 'ley de'

1 cs	תּוֹרָתִי mi ley	1 cp	תּוֹרָתֵנוּ nuestra ley
2 ms	תּוֹרָתְךָ tu ley	2 mp	תּוֹרַתְכֶם su ley, la ley de ustedes
2 fs	תּוֹרָתֵךְ tu ley	2 fp	תּוֹרַתְכֶן su ley, la ley de ustedes

3 ms	תּוֹרָתוֹ su ley, la ley de él		3 mp	תּוֹרָתָם su ley, la ley de ellos
3 fs	תּוֹרָתָהּ su ley, la ley de ella		3 fp	תּוֹרָתָן su ley, la ley de ellas

28.2 *Sufijos pronominales para sustantivos plurales (masculinos y femeninos)*

1 cs	ַי mis	1 cp	ֵינוּ nuestros
2 ms	ֶיךָ tus	2 mp	ֵיכֶם sus, (los) de ustedes
2 fs	ַיִךְ tus	2 fp	ֵיכֶן sus, (los) de ustedes
3 ms	ָיו sus, (los) de él	3 mp	ֵיהֶם sus, (los) de ellos
3 fs	ֶיהָ sus, (los) de ella	3 fp	ֵיהֶן sus, (los) de ellas

Ejemplos:

(a)

אֱלֹהִים masculino plural absoluto, 'Dios, dioses'

אֱלֹהֵי masculino plural constructo, 'Dios de, dioses de'

1 cs	אֱלֹהַי mi Dios	1 cp	אֱלֹהֵינוּ nuestro Dios
2 ms	אֱלֹהֶיךָ tu Dios	2 mp	אֱלֹהֵיכֶם su Dios, el Dios de ustedes
2 fs	אֱלֹהַיִךְ tu Dios	2 fp	אֱלֹהֵיכֶן su Dios, el Dios de ustedes
3 ms	אֱלֹהָיו su Dios, el Dios de él	3 mp	אֱלֹהֵיהֶם su Dios, el Dios de ellos
3 fs	אֱלֹהֶיהָ su Dios, el	3 fp	אֱלֹהֵיהֶן su Dios, el

	Dios de ella		Dios de ellas
(b)		תּוֹרוֹת	femenino plural absoluto, 'leyes, instrucciones'
		תּוֹרוֹת	femenino plural constructo, 'leyes de'
1 cs	תּוֹרוֹתַי mis leyes	1 cp	תּוֹרוֹתֵינוּ nuestras leyes
2 ms	תּוֹרוֹתֶיךָ tus leyes	2 mp	תּוֹרוֹתֵיכֶם sus leyes, las leyes de ustedes
2 fs	תּוֹרוֹתַיִךְ tus leyes	2 fp	תּוֹרוֹתֵיכֶן sus leyes, las leyes de ustedes
3 ms	תּוֹרוֹתָיו sus leyes, las leyes de él	3 mp	תּוֹרוֹתֵיהֶם sus leyes, las leyes de ellos
3 fs	תּוֹרוֹתֶיהָ sus leyes, las leyes de ella	3 fp	תּוֹרוֹתֵיהֶן sus leyes, las leyes de ellas

28.3 *Más ejemplos de sufijos pronominales en sustantivos (regulares e irregulares)*

(1)

	בֵּן m.s.abs., 'hijo'		בָּנִים m.p.abs., 'hijos'
	בֶּן m.s.constr., 'hijo de'		בְּנֵי m.p.constr., 'hijos de'
1 cs	בְּנִי mi hijo	1 cs	בָּנַי mis hijos
2 ms	בִּנְךָ tu hijo	2 ms	בָּנֶיךָ tus hijos
2 fs	בְּנֵךְ tu hijo	2 fs	בָּנַיִךְ tus hijos
3 ms	בְּנוֹ su hijo, el hijo de él	3 ms	בָּנָיו sus hijos, los hijos de él
3 fs	בְּנָהּ su hijo, el hijo de ella	3 fs	בָּנֶיהָ sus hijos, los hijos de ella
1 cp	בְּנֵנוּ nuestros hijos	1 cp	בָּנֵינוּ nuestros hijos

2 mp			2 mp	בְּנֵיכֶם sus hijos, los hijos de ustedes
2 fp			2 fp	
3 mp			3 mp	בְּנֵיהֶם sus hijos, los hijos de ellos
3 fp			3 fp	בְּנֵיהֶן sus hijos, los hijos de ellas
(2)		אָב m.s.abs., 'padre'		אָבוֹת m.p.abs., 'padres'
		אֲבִי m.s.constr., 'padre de'		אֲבוֹת m.p.constr., 'padres de'
1 cs		אָבִי mi padre	1 cs	אֲבוֹתַי mis padres
2 ms		אָבִיךָ tu padre	2 ms	אֲבוֹתֶיךָ tus padres
2 fs		אָבִיךְ tu padre	2 fs	
3 ms	אֲבִיהוּ אָבִיו su padre, el padre de él		3 ms	אֲבוֹתָיו sus padres, los padres de él
3 fs		אָבִיהָ su padre, el padre de ella	3 fs	
1 cp		אָבִינוּ nuestro padre	1 cp	אֲבוֹתֵינוּ nuestros padres
2 mp		אֲבִיכֶם su padre, el padre de ustedes	2 mp	אֲבוֹתֵיכֶם sus padres, los padres de ustedes
2 fp		אֲבִיכֶן su padre, el padre de ustedes	2 fp	
3 mp		אֲבִיהֶם su padre, el padre de ellos	3 mp	אֲבוֹתֵיהֶם אֲבוֹתָם sus padres, los padres de ellos
3 fp		אֲבִיהֶן su padre, el	3 fp	

122

padre de ellas

(3) בַּת f.s.abs., 'hija'   בָּנוֹת f.p.abs., 'hijas'

בַּת f.s.constr., 'hija de'   בְּנוֹת f.p.constr., 'hijas de'

1 cs	בִּתִּי mi hija	1 cs	בְּנוֹתַי mis hijas
2 ms	בִּתְּךָ tu hija	2 ms	בְּנוֹתֶיךָ tus hijas
2 fs		2 fs	בְּנוֹתַיִךְ tus hijas
3 ms	בִּתּוֹ su hija, la hija de él	3 ms	בְּנוֹתָיו sus hijas, las hijas de él
3 fs	בִּתָּהּ su hija, la hija de ella	3 fs	בְּנוֹתֶיהָ sus hijas, las hijas de ella
1 cp	בִּתֵּנוּ nuestra hija	1 cp	בְּנוֹתֵינוּ nuestras hijas
2 mp	בִּתְּכֶם su hija, la hija de ustedes	2 mp	בְּנוֹתֵיכֶם sus hijas, las hijas de ustedes
2 fp		2 fp	בְּנוֹתֵיכֶן sus hijas, las hijas de ustedes
3 mp		3 mp	בְּנוֹתֵיהֶם sus hijas, las hijas de ellos
3 fp		3 fp	בְּנֹתֵיהֶן sus hijas, las hijas de ellas

(4) בַּיִת m.s.abs., 'casa'   בָּתִּים m.p.abs., 'casas'

בֵּית m.s.constr., 'casa de'   בָּתֵּי m.p.constr., 'casas de'

1 cs	בֵּיתִי mi casa	1 cs	בָּתַּי mis casas
2 ms	בֵּיתְךָ tu casa	2 ms	בָּתֶּיךָ tus casas

2 fs	בֵּיתֵךְ tu casa	2 fs	בָּתַּיִךְ tus casas
3 ms	בֵּיתוֹ su casa, la casa de él	3 ms	בָּתָּיו sus casas, las casas de él
3 fs	בֵּיתָהּ su casa, la casa de ella	3 fs	בָּתֶּיהָ sus casas, las casas de ella
1 cp		1 cp	בָּתֵּינוּ nuestras casas
2 mp	בֵּיתְכֶם su casa, la casa de ustedes	2 mp	בָּתֵּיכֶם sus casas, las casas de ustedes
2 fp		2 fp	
3 mp	בֵּיתָם su casa, la casa de ellos	3 mp	בָּתֵּיהֶם sus casas, las casas de ellos
3 fp		3 fp	בָּתֵּיהֶן sus casas, las casas de ellas

(5) יָד f.s.abs., 'mano' יָדַיִם f.p.abs., 'manos'

יַד f.s.constr., 'mano de' יְדֵי f.p.constr., 'manos de'

1 cs	יָדִי mi mano	1 cs	יָדַי mis manos
2 ms	יָדְךָ tu mano	2 ms	יָדֶיךָ tus manos
2 fs	יָדֵךְ tu mano	2 fs	יָדַיִךְ tus manos
3 ms	יָדוֹ su mano, la mano de él	3 ms	יָדָיו sus manos, las manos de él
3 fs	יָדָהּ su mano, la mano de ella	3 fs	יָדֶיהָ sus manos, las manos de ella
1 cp	יָדֵנוּ nuestra mano	1 cp	יָדֵינוּ nuestras manos
2 mp	יֶדְכֶם su mano, la mano de	2 mp	יְדֵיכֶם sus manos, las manos de

	ustedes			ustedes
2 fp		2 fp		
3 mp	יָדָם su mano, la mano de ellos	3 mp	יְדֵיהֶם	sus manos, las manos de ellos
3 fp		3 fp	יְדֵיהֶן	sus manos, las manos de ellas
(6)	דָּבָר m.s.abs., 'palabra'		דְּבָרִים	m.p.abs., 'palabras'
	דְּבַר m.s.constr., 'palabra de'		דִּבְרֵי	m.p.constr., 'palabras de'
1 cs	דְּבָרִי mi palabra	1 cs	דְּבָרַי	mis palabras
2 ms	דְּבָרְךָ tu palabra	2 ms	דְּבָרֶיךָ	tus palabras
2 fs	דְּבָרֵךְ tu palabra	2 fs	דְּבָרַיִךְ	tus palabras
3 ms	דְּבָרוֹ su palabra, la palabra de él	3 ms	דְּבָרָיו	sus palabras, las palabras de él
3 fs		3 fs	דְּבָרֶיהָ	sus palabras, las palabras de ella
1 cp	דְּבָרֵנוּ nuestra palabra	1 cp		
2 mp		2 mp	דִּבְרֵיכֶם	sus palabras, las palabras de ustedes
2 fp		2 fp		
3 mp		3 mp	דִּבְרֵיהֶם	sus palabras, las palabras de ellos
3 fp		3 fp	דִּבְרֵיהֶן	sus palabras, las palabras de

ellas

EJERCICIOS

1. Relacione correctamente los siguientes oraciones hebreas y españolas.

(1)	( )	(A) מִדַּרְכּוֹ הָרָעָה	Soy tu hijo. (Gén. 27:32)
(2)	( )	(B) גָּדוֹל שְׁמוֹ	Nuestro padre es viejo (Gén. 19:31)
(3)	( )	(C) כִּי־גָדוֹל אֱלֹהֵינוּ	Tú eres mi Dios (Sal. 31:15; esp. 31:14)
(4)	( )	(D) בִּשְׁמִי הַגָּדוֹל	Tú eres mi padre. (Sal. 89:27; esp. 89:26)
(5)	( )	(E) וְתוֹרַת־יְהוָה אִתָּנוּ	Su nombre es grande. (Sal. 76:2; esp. 76:1)
(6)	( )	(F) תָּמִים דַּרְכּוֹ	Porque los caminos del Señor son rectos. (Os. 14:10; esp. 14:9)
(7)	( )	(G) תָּמִים אַתָּה בִּדְרָכֶיךָ	Él es mi hermano. (Gén. 20:5)
(8)	( )	(H) כִּי־יָשָׁר דְּבַר־יְהוָה	de su camino malo (Jer. 26:3)
(9)	( )	(I) כִּי יְשָׁרִים דַּרְכֵי יְהוָה	Porque Dios está con nosotros. (Isa. 8:10)
(10)	( )	(J) אָבִינוּ זָקֵן	Y la ley del Señor está con

126

(11)	( )	(K)יֵשׁ־לָנוּ אָב זָקֵן	nosotros. (Jer. 8:8)
			Porque nuestro Dios es grande. (2 Cr. 2:4)
(12)	( )	(L)אִישָׁהּ זָקֵן	Porque yo estaré contigo. (Gén. 26:24)
(13)	( )	(M)אֱלֹהַי אַתָּה	Su camino es perfecto. (Sal. 18:31; esp. 18:30)
(14)	( )	(N)אָחִי הוּא	Perfecto eres tu en tus caminos. (Ezeq. 28:15)
(15)	( )	(O)כִּי עִמָּנוּ אֵל	Tenemos un padre anciano. (Gén. 44:20)
(16)	( )	(P)כִּי־אִתְּךָ אָנֹכִי	por mi nombre grande (Jer. 44:26)
(17)	( )	(Q)אֲנִי בִנְךָ	Porque la palabra del Señor es recta. (Sal. 33:4)
(18)	( )	(R)אָבִי אַתָּה	Su esposo era viejo. (2 Reyes 4:14)

2. Traduzca lo siguiente:

(1) אַתָּה אָבִינוּ(Isa. 63:16)

(2) מִיַּד הָאִשָּׁה(Núm. 5:25)

(3) בְּנֵי יִשְׂרָאֵל(Josué 9:26)

(4) בְּיַד עַמִּי יִשְׂרָאֵל(Ezeq. 25:14)

(5) בְּיַד־נְבִיאֶיךָ (Neh. 9:30)

(6) בְּיַד עֲבָדֶיךָ (Esdras 9:11)

(7) כִּי לִי כָּל־הָאָרֶץ (Éx. 19:5)

(8) וְכָל־אַנְשֵׁי בֵיתוֹ (Gén. 17:27)

(9) וּדְבַר אֱלֹהֵינוּ (Isa. 40:18)

(10) אֱלֹהֵי אָבִי אַבְרָהָם (Gén. 32:10; esp. 32:9)

3. Escriba los pronombres correctos para completar las traducciones:

(1) יְהוָה צְבָאוֹת עִמָּנוּ El Señor de ejércitos está con _____. (Sal. 46:12; esp. 46:11)

(2) בְּיַד עֲבָדָיו הַנְּבִיאִים por la mano de _____ siervos los profetas (2 Reyes 24:2)

(3) מִימֵי אֲבֹתֵינוּ desde los días de _____ padres (Esdras 9:7)

(4) לָכֶם וְלַאֲבוֹתֵיכֶם a ustedes y a _____ padres (Jer. 7:14)

(5) הֵמָּה וַאֲבוֹתָם _____ y _____ padres (Jer. 9:15; esp. 9:16)

(6) אֱלֹהֵי אֲבוֹתֵיהֶם el Dios de _____ padres (1 Cr. 5:25)

(7) כָּל־בָּנָיו וְכָל־בְּנֹתָיו todos _____ hijos y todas _____ hijas (Gén. 37:35)

(8) מִפְּרִי יָדֶיהָ del fruto de _____ manos (Prov. 31:31)

(9) וְהִנֵּה יָדִי עִמָּךְ He aquí, _____ mano está con _____ (2 Sam. 3:12)

(10) הִנֵּה כָל־אֲשֶׁר־לוֹ בְּיָדֶךָ He aquí, todo lo que ____ tiene está en _____ mano. (Job 1:12)

(11) יָדַי וְרַגְלָי _____ manos y _____ pies. (Sal. 22:17)

(12) אַתֶּם וּבְנֵיכֶם _____ y _____ hijos (Deut. 12:12)

4. Practique leyendo en voz alta la lectura de los ejemplos en hebreo, cubriendo la traducción en español.

(1) בְּנִי אַבְשָׁלוֹם בְּנִי בְנִי ¡Mi hijo, Absalón, mi hijo, mi hijo! (2 Sam. 19:5)

(2) כִּי אֲנִי יְהוָה אֱלֹהֵיכֶם Porque yo soy el Señor su Dios. (Éx. 6:7)

(3) כִּי אֵין לָהּ אָב וָאֵם Porque no tenía padre ni madre. (Est. 2:7)

(4) כֵּן אַתֶּם בְּיָדִי בֵּית יִשְׂרָאֵל Así están ustedes en mi mano, o casa de Israel. (Jer. 18:6)

(5) הוּא אֲבִי־יִשַׁי אֲבִי דָוִד Él era el padre de Isaí, el padre de David. (Rut. 4:17)

(6) וְעַתָּה יְהוָה אָבִינוּ אָתָּה Y ahora, o Señor, tu eres nuestro padre. (Isa. 64:7; esp. 64:8)

(7) עַמֵּךְ עַמִּי וֵאלֹהַיִךְ אֱלֹהָי Tu pueblo será mi pueblo y tu Dios mi Dios. (Rut. 1:16)

(8) אַתָּה אֱלֹהִים לְבַדֶּךָ Sólo tú eres Dios. (Sal. 86:10)

(9) בֵּן אֵין לָהּ וְאִישָׁהּ זָקֵן Ella no tiene hijo, y su marido es viejo. (2 Reyes 4:14)

(10) וּבְבֵיתִי אֵין לֶחֶם Y en mi casa no hay pan. (Isa. 3:7)

(11) לִי הַכֶּסֶף וְלִי הַזָּהָב Mía es la plata y mía el oro. (Ageo 2:8)

(12) וַיהוָה אֱלֹהֵי צְבָאוֹת עִמּוֹ Y el Señor Dios de los ejércitos (estaba) con él. (2 Sam. 5:10)

(13) כִּי אֲנִי־אֵל וְאֵין עוֹד Porque yo soy Dios y no hay más. (Isa. 45:22)

(14) כִּי־לִי בְנֵי־יִשְׂרָאֵל עֲבָדִים עֲבָדַי הֵם מֵאֶרֶץ מִצְרַיִם אֲנִי יְהוָה אֱלֹהֵיכֶם Porque mis siervos son los hijos de Israel; son siervos míos, de la tierra de Egipto. Yo el Señor su Dios. (Lev. 25:55)

(15) יְהוָה אֲדֹנֵינוּ מָה־אַדִּיר שִׁמְךָ בְּכָל־הָאָרֶץ O Señor, nuestro Señor, cuán glorioso es tu nombre en toda la tierra! (Sal. 8:2; Esp. 8:1)

VOCABULARIO

(1) אָהַב — él amó

(2) אָמַר — él dijo

(3) בָּרָא — él creó

(4) הָיָה — él fue, estuvo, llegó a ser

(5) הָלַךְ — él caminó, fue

(6) יָדַע — él conoció, supo

(7) יַחְדָּו — juntos

(8) יֶלֶד — niño

(9) כָּבוֹד — gloria, honor

(10)	תֵּבָה	(f) arca
(11)	עוֹד	otra vez, todavía
(12)	עַל־פְּנֵי	por encima de, sobre
(13)	עַתָּה	ahora
(14)	פֹּה	aquí
(15)	צְבָאוֹת	ejércitos (יְהוָֹה צְבָאוֹת el Señor de ejércitos)
(16)	שַׁבָּת	(m. y f.) día de reposo
(17)	שָׁם	allí
(18)	שְׁנֵיהֶם	los dos de ellos, ellos dos

Lección XII

29. Verbos: las características generales

Nota: Véase *Tabla I* al final del libro para la conjugación del verbo fuerte.

29.1 La forma más simple para la mayoría de los verbos hebreos, bajo la cual son catalogados en el léxico, es el Qal perfecto tercera persona masculino[1] singular. La palabra Qal (קַל) viene de (קָלַל) y significa 'él fue (era) liviano', esto es 'no pesado'. Qal designa el *sistema simple activo* del verbo.

29.2 La forma del verbo Qal perfecto tercera persona masculino singular normalmente tiene tres consonantes acompañadas de dos vocales, construyendo así una forma bisílaba. El acento cae en la segunda sílaba. La primera sílaba es abierta y siempre tiene qāmĕṣ como su vocal. La segunda sílaba es cerrada, excepto cuando termina en א o ה. Cuando está cerrada, tiene pătăḥ como su vocal. Cuando está abierta, esto es, cuando termina en א o ה, pătăḥ es alargada a qāmĕṣ.

Ejemplos:

---

[1] En esta gramática, se indicará el género en el masculino, pues corresponde *al verbo*. Por ejemplo, 'Qal perfecto ... tercera persona ... masculino singular.'

(1) אָכַל él comió

(2) אָמַר él dijo

(3) הָיָה él fue (era)

(4) יָשַׁב él (se) sentó

(5) נָשָׂא él (se) levantó

(6) עָשָׂה él hizo

29.3 Una excepción a esta regla sucede en el caso de algunos verbos clasificados como 'de estado' Son aquellos que describen una condición o estado. La mayoría de estos verbos siguen el mismo patrón como los verbos mencionados en el párrafo anterior. Sin embargo, algunos de ellos aparecen con ṣērê o ḥólĕm como la segunda vocal del tema.

Ejemplos:

(1) גָּדַל él fue (era) grande

(2) חָזַק él fue (era) fuerte

(3) קָדַשׁ él fue (era) santo

(4) קָרַב él fue cercano, estaba cerca

(5) זָקֵן él fue (era) viejo

(6) יָרֵא él fue (era) temeroso (él tenía miedo)

(7) יָכֹל él fue (era) capaz

(8) קָטֹן él fue (era) pequeño

29.4 Además de los verbos bisílabos que hemos considerado, también hay un número de verbos monosílabos. Estos originalmente tenían yôd o vāv como su consonante media. Sin embargo, en el curso del desarrollo del lenguaje, yôd o vāv se contrajo con la vocal precedente, formando un diptongo (una vocal inalterablemente larga) y así dejaron de funcionar como consonantes. Como no se considera que estos verbos tengan una consonante media, algunas veces se hace referencia de ellos como los 'verbos huecos'. También se les conoce como verbos de 'vocal media' o como verbos de 'yôd media/vāv media'. La forma del sistema verbal según la cual están catalogados estos verbos en el léxico es el Qal infinitivo constructo en lugar del Qal perfecto tercera persona masculino singular.

Ejemplos:

(1) בּוֹא ir, entrar

(2) מוּת morir

(3) קוּם levantar

(4) רוּם ser levantado, exaltado

(5) שִׂים poner, ubicar

(6) שׁוּב volver, regresar

En el caso de algunos pocos verbos terminados en ה o ח, la yôd y la vāv media no se contraen con la vocal precedente. Al contrario, ellas continúan su función como consonantes regulares.

Ejemplos:

(1) הָיָה él fue (era)

(2) חָיָה él vivió (vivía)

(3) צָוָה él ordenó, mandó

(4) קָוָה él esperó

(5) רָוָח fue refrescado

29.5 Los verbos hebreos son clasificados como 'fuertes' o 'débiles'. Un verbo fuerte debe tener tres consonantes en su forma de Qal perfecto tercera persona masculino singular, la forma bajo la cual está catalogado en el léxico. Esto implica que los verbos de vocal media sean clasificados como verbos débiles, ya que en su forma léxica sólo tienen dos consonantes. Además, un verbo es considerado débil si una o más de sus consonantes es gutural (א, ה, ח, ע, y a veces ר). Un verbo también es débil si comienza con cualquiera de י, ו, o נ, o si su segunda y tercera consonantes son idénticas. Subclases de verbos débiles incluyen aquellos que terminan con ה, y aquellos que comiencen o terminen con א.

29.6 Todos los verbos fuertes están agrupados en una clase. Los verbos débiles, por otro lado, caen dentro de diez clases separadas, por lo cual los gramáticos tuvieron que idear nombres descriptivos para este tipo de separaciones.

Estos primeros gramáticos nombraron las varias clases de verbos débiles basados en el paradigma verbal elegido para este propósito. Habrían podido escoger cualquier verbo con tres letras para tener una base para los nombres pero, al final, favorecieron פָּעַל, que traducido es 'el hizo'. Posteriormente, los verbos débiles fueron organizados dentro de clases separadas, tomando en cuenta la posición de sus consonantes débiles en relación a la posición de las tres consonantes del verbo פָּעַל (es decir, פ, ע, y ל).

Así, los verbos con una gutural inicial fueron llamados 'Pe gutural'; aquellos con una gutural media fueron llamados 'Ayin gutural'; los verbos con gutural final fueron nombrados 'Lamed gutural', etc. Sin embargo, muchos de los gramáticos modernos prefieren hacer una designación más simple de los verbos, designándolos como 'I-gutural', 'II-gutural', 'III-gutural', etc.

La siguiente tabla mostrará los sistemas tradicional y moderno para nombrar las diferentes clases de verbos débiles.

	Sistema tradicional					**Sistema alternativo moderno**			
	ל	עַ	פּ	Verbo Paradigmático		III	II	I	Designación Numérica
(1)	ד	מַ	עָ	Pe Gutural	(1)	ד	מַ	עָ	I - Gutural
(2)	ל	א	שָׁ	Ayin Gutural	(2)	ל	א	שָׁ	II - Gutural
(3)	ח	ל	שָׁ	Lamed Gutural	(3)	ח	ל	שָׁ	III - Gutural
(4)	ל	כ	אָ	Pe Alef	(4)	ל	כ	אָ	I - Alef
(5)	א	צָ	מָ	Lamed Alef	(5)	א	צָ	מָ	III - Alef
(6)	ה	נָ	בָּ	Lamed He	(6)	ה	נָ	בָּ	III - He
(7)	ל	פ	נָ	Pe Nun	(7)	ל	פ	נָ	I - Nun
(8)	ב	ו	שָׁ	Ayin	(8)	ב	ו	שָׁ	II - Vav

				Vav					(verbo hueco)
	מ	י	שִׂ	Ayin Yod		מ	י	שִׂ	II - Yod (verbo hueco)
(9)	ב	שֵׁ	יְ	Pe Vav / Pe Yod	(9)	ב	שֵׁ	יְ	I - Vav / I - Yod
(10)	ב	בַ	סָ	Doble Ayin	(10)	ב	בַ	סָ	Verbos Geminados

29.7 Los verbos débiles pueden tener más de una consonante débil, provocando que algunos de ellos exhiban las peculiaridades de más de una clase de estos verbos. Estos son unos ejemplos de verbos que son 'doblemente débiles':

(1) חָיָה Pe Gutural y Lamed He (note que yôd sirve como consonante regular)

(2) חָטָא Pe Gutural y Lamed Alef

(3) נָכָה Pe Nun y Lamed He

(4) חָלַל Pe Gutural y Doble Ayin

(5) יָשַׁע Pe Vav / Pe Yod y Lamed Gutural

29.8 En contraste a los verbos débiles, un verbo fuerte es aquél que no tiene letras débiles entre sus consonantes. Compare la siguiente lista de verbos fuertes con la lista anterior de verbos débiles.

(1) כָּרַת él cortó

(2) כָּשַׁל él cayó

(3) כָּתַב él escribió

(4) מָשַׁל él reinó

(5) פָּקַד él visitó, asignó

(6) קָטַל él mató

(7) שָׁכַב él se acostó

(8) שָׁמַר él mantuvo, guardó

(Nota: En dos de estos verbos—כָּרַת y שָׁמַר—ר no funciona como una gutural, pero sí como una consonante regular.)

29.9 *La forma* de un verbo hebreo no otorga el tiempo (presente, pasado o futuro) de éste. *El contexto* determina el tiempo. Por lo tanto, la misma forma verbal puede traducirse en pasado en un contexto, en presente en otro contexto y en futuro en un contexto diferente.

La traducción sugerida en esta gramática para estas formas verbales aisladas es solamente con propósitos ilustrativos, y no tiene la intención de evitar la posibilidad de otras traducciones en contextos diferentes más específicos. En consecuencia, los verbos perfectos aislados, por amor a la consistencia, usualmente serán traducidos en tiempo pasado. Sin embargo, si su contexto fuera provisto, bien podrían ser traducidos en presente o en futuro.

30. Verbos: el Qal perfecto de los verbos fuertes

30.1 Los verbos hebreos tienen dos inflexiones completas que cubren todas las posibles variaciones de persona, genero y número. Son conocidas como la inflexión perfecta y la inflexión imperfecta. Estos son términos designados para reflejar el estado de acción de las formas verbales y no su tiempo (pasado, presente o futuro). Las formas verbales perfectas reflejan un estado completo de acción y las formas verbales imperfectas un estado incompleto.

30.2 Para formar la inflexión perfecta de la forma Qal, uno comienza con el tema verbal (Qal perfecto, 3 ms), añadiéndole después un sufijo pronominal y por último, haciendo los cambios de vocalización demandados por la adición de estos sufijos. Los sufijos son remanentes de pronombres personales y sirven como indicadores de la persona, género y número de las formas verbales de las cuales son parte. Los mismos sufijos perfectos son usados por los temas de todos los verbos, tanto débiles como fuertes. *Esto hace absolutamente imperativo que los estudiantes principiantes dominen perfectamente la inflexión del Qal perfecto en todas sus formas. Éste será el modelo para todas las otras inflexiones perfectas.*

Los sufijos para el Qal perfecto son los siguientes:

3 ms (ninguno)	él	3 cp	וּ ellos
3 fs	ָה ella		
2 ms	ָתָ tú	2 mp	תֶּם ustedes
2 fs	ְתְּ tú	2 fp	תֶּן ustedes

1 cs	יתִָּי yo	1 cp	נוּ nosotros

(La abreviación 'c' indica genero 'común', que cubre tanto los sujetos masculino y femenino.)

30.3 La adición de estos sufijos a la forma de la tercera persona masculina singular del Qal perfecto de שָׁמַר, 'él guardó', proporciona los siguientes resultados:

3 ms	שָׁמַר él guardó	3 cp	שָׁמְרוּ ellos guardaron
3 fs	שָׁמְרָה ella guardó		
2 ms	שָׁמַרְתָּ tú guardaste	2 mp	שְׁמַרְתֶּם ustedes guardaron
2 fs	שָׁמַרְתְּ tú guardaste	2 fp	שְׁמַרְתֶּן ustedes guardaron
1 cs	שָׁמַרְתִּי yo guardé	1 cp	שָׁמַרְנוּ nosotros guardamos

30.4 Una explicación de los cambios de vocalización que toman lugar aquí ayudará al estudiante en la escritura de las inflexiones perfectas de otros sistemas en este y otros verbos.

(1) El primer paso en la formación de la inflexión del Qal perfecto es comenzar con la forma de la tercera persona masculino singular y prepararse a añadir los varios sufijos a ésta.

(2) El segundo paso es dividir los sufijos en dos grupos, aquellos que comienzan con vocal (sufijos vocálicos) y aquellos que comienzan con una consonante (sufijos consonánticos). Los cambios de vocalización serán determinados por el tipo de sufijos que toma la forma.

(3) Hay dos tipos de sufijos vocálicos en las inflexiones perfectas de los verbos. Éstas son הָ en la tercera persona femenino singular y וּ en la tercera persona común plural.

Todos los sufijos vocálicos, incluyendo aún aquellos para las inflexiones imperfectas y las imperativas, comparten características comunes: *A menos que sean precedidos por una vocal inalterablemente larga, atraen el acento hacia sí mismos, alejándolo de su posición original en la segunda sílaba del tema.* Cuando el acento cambia al sufijo, la vocal precedente más cercana en una sílaba abierta se volatilizará (se reduce a una shevá sonada). Además, si una vocal larga aparece inmediatamente antes de una shevá sonada, la vocal larga deberá ser marcada con un acento secundario llamado méteğ (cf. IV.9.).

Por ejemplo, cuando el sufijo vocálico הָ es añadido a שָׁמַר, 'él guardó', la forma resultante es שָׁמְרָה. Dado que ר ha sido quitada de la sílaba precedente para dar inicio a una nueva sílaba, la sílaba precedente cambia de una sílaba cerrada (מַר) a una sílaba abierta (מַ). Dado que el acento está en la nueva sílaba (רָה), la vocal en la sílaba abierta precedente más cercana (מַ) debe volatilizarse (מַ pasa a ser מְ). Y como la vocal inmediata precedente de la shevá sonora es larga, debe recibir mĕtĕg. La forma resultante del Qal perfecto de la tercera persona femenino singular es שָׁמְרָה, 'ella guardó'. Por el mismo proceso la forma resultante para Qal perfecto tercera persona común plural es שָׁמְרוּ, 'ellos guardaron'.

(4) Todos los restantes sufijos comienzan con una consonante y son clasificados como sufijos consonánticos. Una shevá muda debe ser colocada bajo la tercera consonante de שָׁמַר, la forma del Qal perfecto tercera persona masculina singular, cuando sufijos consonánticos le son añadidos. La shevá muda funciona como una divisora de sílabas (cf. III.7). Por ejemplo, cuando el sufijo consonántico תָּ (2ms) es añadida a שָׁמַר, es primero escrita שָׁמַרתָּ. Después, con la adición de la shevá muda bajo la tercera consonante del tema, pasa a ser שָׁמַרְתָּ. Esta forma debe acentuarse en la segunda sílaba (שָׁמַרְתָּ), ya que los únicos sufijos consonánticos que atraen el acento hacia sí mismos son תֶּם y תֶּן.

Las siguientes formas siguen el mismo patrón:

שָׁמַרְתְּ (2fs) pasa a ser	שָׁמַרְתְּ
שָׁמַרְתִּי (1cs) pasa a ser	שָׁמַרְתִּי
שָׁמַרְנוּ (1cp) pasa a ser	שָׁמַרְנוּ

Entre los sufijos consonánticos, sólo תֶּם (2 mp) y תֶּן (2 fp) toman el acento. Ya que el cambio al acentuar la sílaba sufijada causa que la vocal precedente más cercana en una sílaba abierta sea volatilizada, los siguientes cambios en las formas תֶּם y תֶּן deben hacerse.

| שָׁמַרְתֶּם pasa a ser | שְׁמַרְתֶּם |
| שָׁמַרְתֶּן pasa a ser | שְׁמַרְתֶּן |

¿Puede usted explicar por qué la primera vocal del tema fue volatilizada y no la segunda? ¿Puede usted anticipar que hubiera pasado con la shevá sonora simple si la consonante inicial del tema hubiera sido una gutural en lugar de consonante regular?

30.5 Las reglas para escribir la inflexión del Qal perfecto del verbo שָׁמַר son aplicables para todos los verbos fuertes. Los siguientes dos ejemplos serán suficientes:

Inflexión del Qal perfecto de מָשַׁל

| 3 ms | מָשַׁל él reinó | 3 cp | מָשְׁלוּ ellos reinaron |
| 3 fs | מָשְׁלָה ella reinó | | |

2 ms	מָשַׁלְתָּ tú reinaste	2 mp	מְשַׁלְתֶּם ustedes reinaron
2 fs	מָשַׁלְתְּ tú reinaste	2 fp	מְשַׁלְתֶּן ustedes reinaron
1 cs	מָשַׁלְתִּי yo reiné	1 cp	מָשַׁלְנוּ nosotros reinamos

Inflexión del Qal perfecto de פָּקַד

3 ms	פָּקַד él visitó	3 cp	פָּקְדוּ ellos visitaron
3 fs	פָּקְדָה ella visitó		
2 ms	פָּקַדְתָּ tú visitaste	2 mp	פְּקַדְתֶּם ustedes visitaron
2 fs	פָּקַדְתְּ tú visitaste	2 fp	פְּקַדְתֶּן ustedes visitaron
1 cs	פָּקַדְתִּי yo visité	1 cp	פָּקַדְנוּ nosotros visitamos

31. Verbos: el significado del perfecto

31.1 Hay varias maneras en las cuales el perfecto en el hebreo puede traducirse. Esto depende del contexto en el cual es usado y el tipo de acción o estado que el verbo representa.

(1) Un perfecto puede traducirse como una acción simple realizada en tiempo pasado.

Ejemplos:

(a) עַל־כֵּן קָרְאָה שְׁמוֹ דָּן Por tanto, *llamó* su nombre Dan. (Gén. 30:6)

(b) הִוא נָתְנָה־לִּי מִן־הָעֵץ Ella me *dio* del árbol. (Gén. 3:12)

(c) בְּרֵאשִׁית בָּרָא אֱלֹהִים En el principio *creó* Dios. (Gén. 1:1)

(2) Un perfecto puede ser traducido como un pluscuamperfecto, es decir, como una acción realizada previamente a un punto de referencia o perspectiva en el pasado.

Ejemplos:

(a) וַיהוָה פָּקַד אֶת־שָׂרָה כַּאֲשֶׁר אָמָר Y visitó Jehová a Sara, *como había dicho*. (Gén. 21:1)

(b) נָתְנוּ לוֹ אֶת־הָעִיר אֲשֶׁר שָׁאַל Le dieron la ciudad que *él había* pedido. (Josué 19:50)

(3) Un perfecto puede ser traducido en tiempo presente cuando representa un verbo de percepción, actitud, disposición o estado del ser mental o físico.

Ejemplos:

(a) וְדֶרֶךְ שָׁלוֹם לֹא יָדָעוּ Y el camino de paz *no conocen*. (Isa. 59:8)

(b) הִנֵּה אַתָּה זָקַנְתָּ He aquí, *tú eres viejo*. (1 Sam. 8:5)

(c) אָהַבְתִּי אֶתְכֶם אָמַר יְהוָה *Yo les amo* (o *les he amado*), dice el Señor (Mal. 1:2)

(4) Un perfecto prefijado con la conjunción vāv usualmente será traducido en tiempo futuro (cf. XXI.63.2.[2]).

Ejemplos:

(a) וְשָׁמְרוּ בְנֵי־יִשְׂרָאֵל *Y guardarán, pues*, (el día de reposo) los hijos de Israel. (Ex. 31:16)

(b) וְשָׁכַבְתִּי עִם־אֲבֹתַי *Y dormiré* con mis padres. (Gén. 47:30, adaptado)

31.2 Note que entre los verbos hebreos y sus sujetos existe un acuerdo en persona, genero y número. Esta regla aplica a todos los perfectos, imperfectos e imperativos.

Ejemplos:

(a) זֶה־הַיּוֹם עָשָׂה יְהוָה Este es el día que hizo Jehová. (Sal. 118:24)

(b) וְאָמְרָה הָאִשָּׁה אָמֵן אָמֵן Y dirá la mujer, 'Amen! Amen!' (Núm. 5:22)

(c) וְכָל־הָעָם אָמְרוּ אָמֵן Y todo el pueblo dirá, 'Amen!' (Deut. 27:15)

31.3 Sujetos pronominales no necesitan ser escritos separadamente ya que son inherentes a las mismas formas verbales. Cuando pronombres del sujeto son usados en adición a las formas verbales, es en busca de claridad o para enfatizar.

Ejemplos:

(a) הוּא נָתְנָה־לִּי מִן־הָעֵץ *Ella* (enfático) me dio del árbol. (Gén. 3:12)

(b) וַאֲנִי יָדַעְתִּי גֹּאֲלִי חָי *Y yo* (enfático) sé que mi redentor vive. (Job 19:25)

(c) כִּי אַתָּה הַדַּעַת מָאַסְתָּ Pues *tú* (enfático) has rechazado conocimiento (Os. 4:6)

32. Verbos: el orden de las palabras en oraciones verbales

32.1 El orden normal de las palabras en una oración verbal hebrea es, primero el verbo, después el sujeto (más cualquier modificación) y finalmente el complemento (más cualquier modificación). Note, sin embargo, que la partícula negativa לֹא es colocada delante del verbo.

Ejemplos:

(1) נָפְלוּ אֲבוֹתֵינוּ בֶּחָרֶב Nuestros padres han caído por espada. (2 Cr. 29:9)

(2) לֹא־שָׁמְרוּ אֲבוֹתֵינוּ אֶת־דְּבַר יְהוָה Nuestros padres no guardaron la palabra del Señor. (2 Cr. 34:21)

(3) אָמַר נָבָל בְּלִבּוֹ אֵין אֱלֹהִים Dice el necio en su corazón: 'No hay Dios.' (Sal. TM 53:2 / esp. 53:1)

32.2 Cuando un orden diferente al descrito anteriormente es usado, es para enfatizar la parte de la oración escrita primero.

Ejemplos:

(1) יְהוָה נָתַן יְהוָה לָקָח *El Señor* (enfático) dio, y *el Señor* (enfático) quitó. (Job. 1:21)

(2) לֶחֶם לֹא אָכַלְתִּי *Pan* (enfático) no he comido. (Deut. 9:9)

(3) דֶּרֶךְ שָׁלוֹם לֹא יָדָעוּ *El camino de paz* (enfático)

141

(4) יְהוָה אֱלֹהֵינוּ כָּרַת עִמָּנוּ בְּרִית בְּחֹרֵב *El Señor nuestro Dios* (enfático) cortó (hizo) pacto con nosotros en Horeb. (Deut. 5:2)

(5) וּבִירוּשָׁלַ͏ִם מָלַךְ עַל־כָּל־יִשְׂרָאֵל *Y en Jerusalén* (enfático) reinó sobre todo Israel. (2 Sam. 5:5)

33. Verbos: el uso del léxico en la localización y traducción de verbos

Es importante para el estudiante que desde el principio sea capaz de hacer un análisis de cualquier nueva forma verbal que pudiera encontrar en la lectura. *El primer paso* en este proceso es aislar e identificar todos los prefijos y sufijos que pudieran estar presentes. *El segundo paso* es reconstruir el tema del verbo. Esta será la forma del Qal perfecto, tercera persona masculino singular en el caso de verbos bisílabos y el Qal infinitivo constructo en el caso de verbos monosílabos. *El tercer paso* es encontrar la forma del tema en un léxico confiable para determinar su significado. *El cuarto paso* es identificar el sistema al cual esta forma verbal pertenece en particular (hasta ahora sólo se ha estudiado el sistema del Qal) y averiguar si es una forma del perfecto, del imperfecto, del imperativo, del infinitivo o del participio (de nuevo, sólo hemos estudiado el perfecto hasta ahora). Donde se aplique, la forma verbal analizada también deberá identificarse según su persona, género y número. Finalmente, sobre la base de toda esta información la localización y traducción de la forma verbal deberá escribirse completamente. Todos los ejemplos siguientes están en las formas del Qal perfecto de verbos bisílabos.

Ejemplos:

(1) וְעָבְדוּ אֵת יְהוָה אֱלֹהֵיהֶם (Jer. 30:9).

El verbo es la primera palabra en esta oración. Si comenzamos quitando el prefijo de la conjunción vāv (וְ) y el sufijo (וּ), nos quedamos con tres consonantes עבד, de donde partiremos para hacer una reconstrucción tentativa del tema del verbo. Basados en la analogía de otros temas verbales similares, debería de ser עָבַד. Cuando buscamos este tema en un léxico, lo encontramos catalogado como un verbo cuyo significado es 'trabajar, servir'. Sin embargo, esta forma deberá ser ubicada y traducida como sigue:

עָבְדוּ   Qal perfecto, 3 cp, más la conjunción vāv, de עָבַד, 'él sirvió'.

Traducción: 'y ellos sirvieron'.

La traducción de la oración entera es: 'Y ellos sirvieron al Señor su Dios.'

(2) וְלֹא שָׁמַעְנוּ בְּקוֹל יְהוָה אֱלֹהֵינוּ (Jer. 3:25).

El verbo es la segunda palabra en la oración. No tiene prefijo pero sí tiene sufijo (נוּ), el cual puede ser identificado como perfecto, de la primera persona común plural. La reconstrucción del tema verbal es שָׁמַע, catalogado en el léxico como un verbo cuyo significado es 'escuchar'. Esta forma deberá ser ubicada y traducida como sigue:

שָׁמַעְנוּ   Qal perfecto, 1 cp, de שָׁמַע, 'él escuchó'.

Traducción: 'nosotros escuchamos'.

La traducción de la oración entera es: 'Y no escuchamos la voz del Señor nuestro Dios.'

(3) הִנֵּה שָׁלַחְתִּי לְךָ כֶּסֶף וְזָהָב (2 Cr. 16:3)

El verbo es la segunda palabra de esta oración. No tiene prefijo pero sí tiene תִּי como su sufijo. Es fácil identificar este sufijo como el perfecto, primera persona común singular. La reconstrucción del tema verbal es שָׁלַח, catalogado en el léxico como un verbo cuyo significado es 'enviar'. La forma debe ser localizada y traducida como sigue:

שָׁלַחְתִּי   Qal perfecto, 1 cs, de שָׁלַח, 'él envió'.

Traducción: 'Envié'.

La traducción de la oración entera es: 'He aquí, te envié plata y oro.'

EJERCICIOS

1. Escriba la inflexión Qal perfecta de מָשַׁל, 'él reinó'.

    (1)   3 ms   משל

    (2)   3 fs   משל

    (3)   2 ms   משל

    (4)   2 fs   משל

    (5)   1 cs   משל

    (6)   3 cp   משל

    (7)   2 mp   משל

(8) 2 fp מָשֹׁל

(9) 1 cp מָשֹׁל

2. A la par de cada uno de los verbos siguientes, indique si es débil ('D') o fuerte ('F').

(1) ( ) אָכַל él comió

(2) ( ) בּוֹא ir, entrar

(3) ( ) בָּרָא él creó

(4) ( ) גָּדַל él era grande

(5) ( ) יָדַע él conocía

(6) ( ) יָשַׁב él se sentó, él moraba

(7) ( ) כָּתַב él escribió

(8) ( ) לָבַשׁ él se vistió

(9) ( ) לָקַח él tomó

(10) ( ) מָלַךְ él reinó

(11) ( ) מָשַׁל él gobernó

(12) ( ) נָתַן él dio

(13) ( ) עָשָׂה él hizo

(14) ( ) קָטַל él mató

(15) ( ) שִׂים él puso, dio

(16) ( ) שָׁכַב él se acostó

(17) ( ) שָׁלַח él envió

144

(18) ( ) שָׁמַע él escuchó, obedeció

3. Cada ejemplo tiene una forma verbal en Qal perfecto. Traduzca el verbo. En el inciso 'a', indique la persona, el género, y el número del verbo. En el inciso 'b', indique su tema.

Ejemplo:

וְאֶת־אֲשֶׁר בַּשָּׂדֶה לָקָחוּ (a) 3 cp
Y ellos tomaron lo que estaba (b) לָקַח
en el campo. (Gén. 34:28)

(1) וְלֹא־הָלְכוּ בְתוֹרָתִי (a) _____
Y ellos no _____ en mi (b) _____
ley. (Jer. 44:10)

(2) כִּי שָׁמַעְנוּ אֱלֹהִים עִמָּכֶם (a) _____
Porque hemos _____ que (b) _____
Dios está con ustedes. (Zac. 8:23)

(3) וְלַחֹשֶׁךְ קָרָא לָיְלָה (a) _____
Y a la oscuridad él _____ (b) _____
noche. (Gén. 1:5)

(4) כָּל־הָעָם אָמְרוּ אָמֵן (a) _____
Todo el pueblo _____, (b) _____
'¡Amén!' (Deut. 27:15)

(5) אֵשׁ אֱלֹהִים נָפְלָה מִן־ (a) _____
הַשָּׁמַיִם (b) _____
El fuego de Dios _____
de los cielos (Job 1:16)

(6) בְּכָל־כֹּחִי עָבַדְתִּי אֶת־אֲבִיכֶן (a) _____
Con toda mi fuerza yo (b) _____
_____ a su padre. (Gén. 31:6)

(7) הָלְכוּ בְּנֵי יִשְׂרָאֵל בַּמִּדְבָּר (a) _____
El pueblo de Israel _____ (b) _____
en el desierto (Josué 5:6)

(8) מָצָאנוּ מָיִם (a) _____
Hemos _____ agua. (Gén. (b) _____
26:32)

(9) אָהַבְתָּ רָע מִטּוֹב (a) _____
Tu _____ el mal más que (b) _____
el bien. (Sal. 52:4; esp. 52:3)

(10) עֲבָדִים מָשְׁלוּ בָנוּ (a) _____
Siervos _____ sobre (b) _____
nosotros. (Lam. 5:8)

(11) וְשָׁמְרוּ בְנֵי־יִשְׂרָאֵל אֶת־ (a) _____
הַשַּׁבָּת (b) _____
Y los hijos de Israel
_____ el día de reposo.
(Éx. 31:16)

(12) כַּסְפִּי וּזְהָבִי לְקַחְתֶּם (a) _____
Ustedes han _____ mi (b) _____
plata y mi oro. (Joel 4:5; esp.
3:5)

4. Complete cada traducción indicando el pronombre que falta.

(1) וְאֶת־קֹלוֹ שָׁמָעְנוּ Y escuch _____ _____
voz. (Deut. 5:24)

(2) אֶת־קֹלְךָ שָׁמַעְתִּי בַּגָּן Escuch _____
_____ voz en el huerto. (Gén. 3:10)

(3) וְאָבִיו וְאִמּוֹ לֹא יָדְעוּ Pero _____ padre
y _____ madre no conocían. (Jueces
14:4)

(4) לֹא שָׁמַרְתָּ אֶת־מִצְוַת יְהוָה אֱלֹהֶיךָ No _____ guardado el mandamiento del Señor _____ Dios. (1 Sam. 13:13)

(5) לֹא־שָׁמְרוּ תוֹרָתֶךָ No guard _____ _____ ley. (Sal. 119:136)

(6) שָׁמַעְתִּי אֶת־תְּפִלָּתְךָ _____ escuchado _____ oración. (1 Reyes 9:3)

(7) לֹא שָׁמַעְתָּ בְּקוֹל יְהוָה אֱלֹהֶיךָ No _____ escuchado la voz del Señor _____ Dios. (Deut. 28:45)

(8) וְלֹא שָׁמְעוּ בְּקוֹלִי Y no escuch _____ ____ voz. (Núm. 14:22)

(9) וְלָקַחְתָּ אִשָּׁה לִבְנִי Y tomar _____ mujer para _____ hijo. (Gén. 24:4)

(10) כִּי־אֹתוֹ אָהַב אֲבִיהֶם Porque _____ padre _____ amaba. (Gén. 37:4)

5. Traduzca:
(1) כִּי־שָׁמַע אֱלֹהִים אֶל־קוֹל הַנַּעַר (Gén. 21:17)

(2) כֹּה־אָמַר יְהוָה אֱלֹהֵי יִשְׂרָאֵל (Éx. 5:1)

(3) וּבִירוּשָׁלַם מָלַךְ עַל כָּל־יִשְׂרָאֵל (2 Sam. 5:5)

(4) וּלְכָל־בְּנֵי יִשְׂרָאֵל הָיָה אוֹר (Éx. 10:23)

(5) וּמֹשֶׁה עָלָה אֶל־הָאֱלֹהִים (Éx. 19:3)

(6) כִּי־שָׁכַב דָּוִד עִם־אֲבֹתָיו (1 Reyes 11:21)

(7) וּדְבָרָיו שָׁמַעְתָּ מִתּוֹךְ הָאֵשׁ (Deut. 4:36)

(8) (Sal. 78:10)לֹא שָׁמְרוּ בְּרִית אֱלֹהִים

(9) (2 Cr. 34:21)לֹא שָׁמְרוּ אֲבוֹתֵינוּ אֶת־דְּבַר יְהוָה

(10) (Sal. 81:12; esp. 81:11)וְלֹא־שָׁמַע עַמִּי לְקוֹלִי

6. Haga las correspondencias correctas:

(1) ( )   אִתִּי שָׁלַח יְהוָה(A) Y me acostaré con mis padres. (Gén. 47:30)

(2) ( )   יְהוָה פָּקַד אֶת־שָׂרָה(B) como una señal sobre tu mano (Éx. 13:9)

(3) ( )   וְלַחֹשֶׁךְ קָרָא לָיְלָה(C) y la palabra del Señor de Jerusalén. (Isa. 2:3)

(4) ( )   וְשָׁכַבְתִּי עִם־אֲבֹתַי(D) el libro de la ley del Señor (2 Cr. 34:14)

(5) ( )   כִּי־פָקַד יְהוָה אֶת־עַמּוֹ(E) conforme a la palabra del hombre de Dios (2 Reyes 5:14)

(6) ( )   לְאוֹת עַל־יָדְךָ(F) Visitó el Señor a Sara. (Gén. 21:1)

(7) ( )   כָּל־יְמֵי אָדָם(G) que el Señor había visitado a su pueblo (Rut 1:6)

(8) ( )   כִּדְבַר אִישׁ הָאֱלֹהִים(H) las palabras de aquel profeta (Deut. 13:4)

(9) ( )   וּדְבַר יְהוָה מִירוּשָׁלָ͏ִם(I) el Dios de nuestros padres (Deut. 26:7)

(10) (   )　　　　　(J) El Señor me envió. (1 Sam. 15:1)　　דִּבְרֵי הַנָּבִיא הַהוּא

(11) (   )　　　　　(K) todos los días de Adán (Gén. 5:5)　　אֶת־סֵפֶר תּוֹרַת־יְהוָה

(12) (   )　　　　　(L) Y a las tinieblas llamó noche. (Gén. 1:5)　　אֱלֹהֵי אֲבֹתֵינוּ

7. Practique leyendo estas oraciones hebreas en voz alta. Tape la traducción española para practicar haciendo las traducciones sin ayuda.

(1) A imagen de Dios lo creó. (Gén. 1:27)　　בְּצֶלֶם אֱלֹהִים בָּרָא אֹתוֹ

(2) Pero (y) los hijos de Israel caminaron en tierra seca. (Éx. 14:29)　　וּבְנֵי יִשְׂרָאֵל הָלְכוּ בַיַּבָּשָׁה

(3) Y el uno (éste) al otro (éste) llamaba, 'Santo, santo, santo, el Señor de ejércitos'. (Isa. 6:3)　　וְקָרָא זֶה אֶל־זֶה וְאָמַר קָדוֹשׁ קָדוֹשׁ קָדוֹשׁ יְהוָה צְבָאוֹת

(4) Hilcías el sacerdote me dio un libro. (2 Reyes 22:10)　　סֵפֶר נָתַן לִי חִלְקִיָּה הַכֹּהֵן

(5) He aquí el hombre es (ha llegado a ser) como uno de nosotros. (Gén. 3:22)　　הֵן הָאָדָם הָיָה כְּאַחַד מִמֶּנּוּ

(6) Y no hay conocimiento de Dios en la tierra. (Os. 4:1)　　וְאֵין־דַּעַת אֱלֹהִים בָּאָרֶץ

(7) Por esto la llamaron 'la Ciudad de David'. (1 Cr. 11:7)　　עַל־כֵּן קָרְאוּ־לוֹ עִיר דָּוִיד

(8) En (el) principio Dios creó los cielos y la tierra. (Gén. 1:1)　　בְּרֵאשִׁית בָּרָא אֱלֹהִים אֵת הַשָּׁמַיִם וְאֵת הָאָרֶץ

(9) Por esto, el Señor está en este lugar, pero (y) yo no lo sabía. (Gén. 28:16)　　אָכֵן יֵשׁ יְהוָה בַּמָּקוֹם הַזֶּה וְאָנֹכִי לֹא יָדָעְתִּי

(10) וְהָאָדָם יָדַע אֶת־חַוָּה אִשְׁתּוֹ Y el hombre conoció a Eva su esposa. (Gén. 4:1)

(11) וּמִמִּצְרַיִם קָרָאתִי לִבְנִי Y a Egipto llamé a mi hijo. (Os. 11:1)

(12) אֶת־קֹלְךָ שָׁמַעְתִּי בַגָּן Oí tu voz en el huerto. (Gén. 3:10)

VOCABULARIO

(1) אוֹ o

(2) אוֹת señal

(3) אֵל Dios

(4) הִנֵּה, הֵן ¡He aquí …!

(5) זֶרַע semilla, descendencia

(6) חֲצִי medio, la mitad de

(7) לָקַח él tomó, recibió

(8) מָלַךְ él reinó, asumió el trono

(9) מָצָא él encontró, descubrió

(10) נָפַל él cayó

(11) עָבַד él sirvió

(12) עָלָה él subió

(13) פָּקַד él visitó, asignó

(14) קָרָא él llamó

(15) שָׁכַב él se acostó

(16) שָׁלַח él envió

(17) שָׁמַע él escuchó, oyó

(18) שָׁמַר él guardó, mantuvo

Lección XIII

34. Las oraciones interrogativas

34.1 La simple pregunta de 'sí' o 'no' es, normalmente, presentada por la interrogación ה, la cual es prefijada en la primera palabra en la oración. Las reglas para escribir la interrogación son las siguientes:

(1) Antes de letras no guturales apoyadas por una vocal completa, la interrogación ה es puntuada הֲ.

Ejemplos:

(a) הֲזֶה אֲחִיכֶם הַקָּטֹן ¿Es éste su hermano menor? (Gén. 43:29)

(b) הֲלֹא־חֹשֶׁךְ יוֹם יְהוָה ¿No será el día del Señor tinieblas? (Amós 5:20)

(c) הֲכֶלֶב אָנֹכִי ¿Soy yo perro? (1 Sam. 17:43)

(d) הֲיֵשׁ לָכֶם אָח ¿Tienen ustedes un hermano? (Gén. 43:7)

(2) Antes de guturales apoyadas por una vocal completa (otra aparte de qā́meṣ o qā́meṣ-ḥāṭûf), la interrogación ה se escribe הַ.

Ejemplos:

(a) הַעוֹד לָכֶם אָח ¿Tienen todavía otro hermano? (Gén. 43:6)

(b) הַאֵין פֹּה נָבִיא ¿No hay ningún profeta aquí? (2 Reyes. 3:11)

(c) ¿הֶעֶבֶד יִשְׂרָאֵל Es Israel un esclavo? (Jer. 2:14)

(d) ¿הַאַתָּה אִישׁ־הָאֱלֹהִים Es usted el hombre de Dios? (1 Reyes. 13:14)

(3) Antes de guturales apoyadas por qā́mĕṣ o qā́mĕṣ-ḥāṭûf, la interrogación ה es puntuada הֶ.

Ejemplos:

(a) ¿כִּי־אֶל־אֵל הֶאָמַר Pues ha dicho alguien a Dios ...? (Job 34:31)

(b) ¿הֶאָנֹכִי הָרִיתִי אֵת כָּל־הָעָם הַזֶּה Concebí (הָרָה de) yo a todo este pueblo? (Núm. 11:12)

(c) ¿הֶחָזָק הוּא Es fuerte? (Núm. 13:18)

(4) Antes de todas las consonantes apoyadas por una shevá sonora, ya sea simple o compuesta, la interrogación ה se escribe הַ.

Ejemplos:

(a) ¿הַבְרָכָה הִוא־לְךָ אָבִי Tienes una bendición, padre mío? (Gén. 27:38)

(b) ¿הַאֱלֹהִים אָנִי Soy Dios? (2 Reyes 5:7)

(c) ¿הַמְעַט הָעָם אִם־רָב Es el pueblo poco o numeroso? (Núm. 13:28)

34.2 La preguntas también pueden ser presentadas por los pronombres interrogativos מִי (¿quién?) o מָה (¿qué?). El primero se refiere a personas y el segundo a cosas. Ninguno de ellos se modifica para género o número.

(1) מִי usualmente aparece solo, pero algunas veces se une a la siguiente palabra por măqqḗf. Su forma permanece igual en cualquiera de los dos casos.

Ejemplos:

(a) ¿מִי אַתָּה בְּנִי Quién eres, mi hijo? (Gén. 27:18)

(b) מִי הָאֲנָשִׁים הָאֵלֶּה ¿Quiénes son estos hombres? (Núm. 22:9)

(c) מִי־אֵל כָּמוֹךָ ¿Quién es un Dios como tú? (Miqueas 7:18)

(d) מִי־לִי בַשָּׁמַיִם ¿A quién tengo en el cielo? (Sal. 73:25)

(2) מָה ocasionalmente aparece solo, pero es más común que aparezca unido a la siguiente palabra con măqqéf. Cuando esta unión ocurre, usualmente esto altera la puntuación de מָה. Las siguientes reglas cubrirán la mayoría de los cambios.

(a) Antes de no guturales se escribe מַה־, seguida por dagesh forte en la primera consonante de la siguiente palabra.

Ejemplos:

מַה־שְּׁמֶךָ ¿Cómo se llama usted? (Gén. 32:28)

מַה־זֹּאת ¿Qué es esto? (Ex. 13:14)

מַה־יֶּשׁ־לָךְ בַּבַּיִת ¿Qué tiene usted en la casa? (2 Reyes. 4:2)

וּמַה־שֶּׁם־בְּנוֹ ¿Y cómo se llama el hijo de él? (Prov. 30:4)

(b) Antes de las guturales א, ה, y ר, usualmente se escribe como מָה o como מָה־. (Note, sin embargo, que antes de ה es escrito algunas veces como מַה־).

Ejemplos:

מָה־הַדָּבָר הַזֶּה ¿Qué es esta cosa? (Ex. 18:14)

מָה אַרְצֶךָ ¿Qué es tu tierra? (Jonás 1:8)

מָה הֶעָרִים הָאֵלֶּה ¿Qué son estas ciudades? (1 Reyes. 9:13)

מַה־הִיא ¿Qué es ella? (Zac. 5:6)

מָה־אָדָם ¿Qué es el ser humano? (Sal. 144:3)

(c) Antes de las guturales ח y ע, la interrogación מָה es usualmente escrita como מֶה־ o מֶה.

Ejemplos:

מֶה־עֲוֹנִי וּמֶה־חַטָּאתִי ¿Cuál es mi maldad y cuál es mi pecado? (1 Sam. 20:1)

וּמֶה עַז מֵאֲרִי ¿Y qué es más fuerte que un león? (Jueces 14:18)

מֶה עַבְדֶּךָ ¿Qué es tu siervo? (2 Sam. 9:8)

34.3 Las preguntas pueden también ser presentadas por adverbios interrogativos. Algunos de los más comunes son los siguientes:

(1) אֵי ¿dónde?

(2) אַיֵּה ¿dónde?

(3) אֵיפֹה ¿dónde?

(4) מֵאַיִן ¿de dónde?

(5) אֵי־מִזֶּה ¿de dónde? (אֵי más מִן más זֶה)

(6) אֵיךְ ¿cómo?

(7) אָן, אָנָה ¿A dónde? ¿A qué lugar?

(8) לָמָה, (לָמָּה) ¿Por qué? ¿Para qué? (לְ más מָה)

(9) מַדּוּעַ ¿Por qué?

Ejemplos:
(a) אֵי הֶבֶל אָחִיךָ ¿Dónde está Abel tu hermano? (Gén. 4:9)

(b) אַיֵּה שָׂרָה אִשְׁתֶּךָ ¿Dónde está Sara tu mujer? (Gén. 18:9)

(c) אֵיפֹה שְׁמוּאֵל וְדָוִד? ¿Dónde están Samuel y David? (1 Sam. 21:2)

(d) אַחַי מֵאַיִן אַתֶּם Hermanos míos, ¿de dónde son ustedes? (Gén. 29:4)

(e) מַדּוּעַ אַתָּה לְבַדֶּךָ ¿Por qué estás solo? (1 Sam. 21:2)

35. Los numerales

35.1 Las siguientes tablas incluyen los numerales cardinales del 1 al 10 y los numerales ordinales del primero a décimo. Un numeral cardinal se usa para contar (uno, dos, tres, etc.). Un numeral ordinal indica posición o consecución en una serie (primero, segundo, tercero, etc.).

	Cardinales					Ordinales	
	Masculino		Femenino			Masculino	Femenino
	Absoluto	Constructo	Absoluto	Constructo			
1	אֶחָד	אַחַד	אַחַת	אַחַת	primero	רִאשׁוֹן	רִאשׁוֹנָה
2	שְׁנַיִם	שְׁנֵי	שְׁתַּיִם	שְׁתֵּי	segundo	שֵׁנִי	שֵׁנִית
3	שְׁלֹשָׁה	שְׁלֹשֶׁת	שָׁלוֹשׁ	שְׁלֹשׁ	tercero	שְׁלִישִׁי	שְׁלִישִׁית
4	אַרְבָּעָה	אַרְבַּעַת	אַרְבַּע	אַרְבַּע	cuarto	רְבִיעִי	רְבִיעִית
5	חֲמִשָּׁה	חֲמֵשֶׁת	חָמֵשׁ	חֲמֵשׁ	quinto	חֲמִישִׁי	חֲמִישִׁית
6	שִׁשָּׁה	שֵׁשֶׁת	שֵׁשׁ	שֵׁשׁ	sexto	שִׁשִּׁי	שִׁשִּׁית
7	שִׁבְעָה	שִׁבְעַת	שֶׁבַע	שְׁבַע	séptimo	שְׁבִיעִי	שְׁבִיעִית
8	שְׁמֹנָה	שְׁמֹנַת	שְׁמֹנֶה	שְׁמֹנֶה	octavo	שְׁמִינִי	שְׁמִינִית
9	תִּשְׁעָה	תִּשְׁעַת	תֵּשַׁע	תְּשַׁע	noveno	תְּשִׁיעִי	תְּשִׁיעִית
10	עֲשָׂרָה	עֲשֶׂרֶת	עֶשֶׂר	עֶשֶׂר	décimo	עֲשִׂירִי	עֲשִׂירִית

(1) El numeral uno (m. אֶחָד, f. אַחַת) es clasificado como un adjetivo. Sigue al sustantivo que modifica y está de acuerdo con él en género.

Ejemplos: יוֹם אֶחָד un día, תּוֹרָה אַחַת una ley

(2) Los numerales del 2 al 10 también funcionan como adjetivos. Sin embargo, son clasificados como sustantivos. En sus formas absolutas, deberán aparecer antes o después de los sustantivos que modifican. Pero en su forma constructa, deben aparecer antes de los sustantivos que modifican.

Ejemplos:

(a) שְׁנַיִם אֲנָשִׁים dos hombres   שְׁנֵי אֲנָשִׁים dos hombres

(b) נָשִׁים שְׁתַּיִם dos mujeres (esposas)   שְׁתֵּי נָשִׁים dos mujeres (esposas)

(3) El numeral dos está de acuerdo con el género del sustantivo que modifica (ver los ejemplos anteriores). Los numerales del 3 al 10, sin embargo, siguen un patrón diferente. Cuando modifican sustantivos masculinos, entonces toman la forma femenina. Cuando modifican los sustantivos femeninos, toman entonces la forma masculina. No existe una explicación satisfactoria de este fenómeno. Note que esta regla no aplica para los numerales ordinales, ya que regularmente están de acuerdo en género con los sustantivos que modifican.

Ejemplos:

(a) שְׁנֵי בָנִים dos hijos   שְׁתֵּי בָנוֹת dos hijas

(sustantivos y numerales *están de acuerdo* en el género).

(b) שְׁלֹשָׁה בָנִים tres hijos   שָׁלוֹשׁ בָּנוֹת tres hijas

(sustantivos y numerales *no están de acuerdo* en el género)

(4) Las formas absolutas y constructas de los numerales pueden ser usados intercambiablemente, sin aparente diferencia en significado.

Ejemplos:

(a) שְׁלֹשָׁה יָמִים tres días   שְׁלֹשֶׁת יָמִים tres días

(b) שְׁלֹשָׁה אֲנָשִׁים tres hombres   שְׁלֹשֶׁת אֲנָשִׁים tres hombres

(c) אַרְבָּעָה בָנִים cuatro hijos

(d) וְאַרְבַּעַת בָּנָיו y sus cuatro hijos con él

עִמּוֹ

(5) Porque los numerales son sustantivos, los numerales del 2 al 10 podrán recibir sufijos pronominales. Los sufijos podrán ser añadidos solamente a las formas constructas de los numerales. La mayoría de estos casos ocurre con el numeral dos.

Ejemplos:

(a) שְׁנֵינוּ los dos de nosotros (Gén. 31:37)

(b) שְׁנֵיכֶם los dos de ustedes (Gén. 27:45)

(c) שְׁנֵיהֶם los dos de ellos (Gén. 2:25)

35.2 Numerales cardinales del 11 al 19

	Con sustantivos masculinos	Con sustantivos femeninos
11	אַחַד עָשָׂר	אַחַת עֶשְׂרֵה
	עַשְׁתֵּי עָשָׂר	עַשְׁתֵּי עֶשְׂרֵה
12	שְׁנֵים עָשָׂר	שְׁתֵּים עֶשְׂרֵה
	שְׁנֵי עָשָׂר	שְׁתֵּי עֶשְׂרֵה
13	שְׁלֹשָׁה עָשָׂר	שְׁלֹשׁ עֶשְׂרֵה
14	אַרְבָּעָה עָשָׂר	אַרְבַּע עֶשְׂרֵה
15	חֲמִשָּׁה עָשָׂר	חֲמֵשׁ עֶשְׂרֵה
16	שִׁשָּׁה עָשָׂר	שֵׁשׁ עֶשְׂרֵה
17	שִׁבְעָה עָשָׂר	שְׁבַע עֶשְׂרֵה
18	שְׁמֹנָה עָשָׂר	שְׁמֹנֶה עֶשְׂרֵה
19	תִּשְׁעָה עָשָׂר	תְּשַׁע עֶשְׂרֵה

(1) Las unidades (1, 2, 3, etc.) son colocadas antes de la palabra para diez, la cual en masculino es עָשָׂר y en femenino עֶשְׂרֵה.

(2) Los numerales del 11 al 19 están de acuerdo en el género, con los sustantivos a los que son referidos. Esto también sucede con las formas plurales de los sustantivos, aunque algunos pocos sustantivos (por ejemplo, אִישׁ, 'hombre', יוֹם, 'día', שָׁנָה, 'año', נֶפֶשׁ, 'alma', 'personalidad', 'sí mismo', 'ser') permanecerán en sus formas singulares cuando aparezcan después de estos numerales.

Ejemplos:

(a) אַחַד עָשָׂר יוֹם 'once días'

(b) אַחַד עָשָׂר אִישׁ 'once hombres'

(c) אַחַת עֶשְׂרֵה שָׁנָה 'once años'

35.3 *Numerales cardinales del 20 al 99*

20   עֶשְׂרִים (el plural de 10, עֶשֶׂר)

21 (m)   עֶשְׂרִים וְאֶחָד (o אֶחָד וְעֶשְׂרִים)

(f)   עֶשְׂרִים וְאַחַת (אַחַת וְעֶשְׂרִים)

22 (m)   עֶשְׂרִים וּשְׁנַיִם

23 a 29 (como arriba)

30   שְׁלֹשִׁים (del 30 al 90, los números diez son las formas plurales de la unidades 3 hasta el 9.

31 (m)   שְׁלֹשִׁים וְאֶחָד

32 al 39 (como arriba)

40   אַרְבָּעִים

41 al 49 (como arriba)

50   חֲמִשִּׁים

51 al 59 (como arriba)

60   שִׁשִּׁים

61 al 69 (como arriba)

70   שִׁבְעִים

71 al 79 (como arriba)

80   שְׁמֹנִים

81 al 89 (como arriba)

90   תִּשְׁעִים

91 al 99 (como arriba)

35.4 *Numerales cardinales después del 99*

100   מֵאָה (siempre en femenino; la forma constructa es מְאַת; la forma plural es מֵאוֹת, 'cientos')

200   מָאתַיִם (dual: lit., 'un par, o pareja de cientos')

300   שְׁלֹשׁ מֵאוֹת (note el masculino constructo שְׁלֹשׁ)

400   אַרְבַּע מֵאוֹת

500 al 900 (como arriba)

1000   אֶלֶף (masc.) (plural אֲלָפִים)

2000   אַלְפַּיִם (dual)

3000   שְׁלֹשֶׁת אֲלָפִים (note el femenino constructo שְׁלֹשֶׁת)

4000   אַרְבַּעַת אֲלָפִים etc.

35.5 *El valor numeral de las letras del alfabeto, como se reflejan en la Masorah del Manuscrito Leningrado (cf. Biblia Hebraica Stuttgartensia)*

אׁ	=	1
בׁ	=	2
גׁ	=	3
דׁ	=	4
הׁ	=	5
וׁ	=	6
זׁ	=	7
חׁ	=	8
טׁ	=	9
יׁ	=	10
יׁאׁ	=	11
יׁבׁ	=	12
יׁגׁ	=	13
יׁדׁ	=	14
טׁוׁ	=	15

Nota: Las letras para 15 fueron escritas en orden opuesto para impedir que se escribiera יה, que algunas veces se usa como abreviación del Tetragrámaton (יהוה).

יׁוׁ	=	16
יׁזׁ	=	17

יח	=	18
יט	=	19
כ	=	20
כא - כט	=	21–29
ל	=	30
לא - לט	=	31–39

Nota: ל no fue usada como representación del 30, ya que había sido usado para todas las hapax legomena. Sin embargo, 31 es לא, 32 es לב, etc.

מ	=	40
מא - מט	=	41–49
נ	=	50
נא - נט	=	51–59
ס	=	60
סא - סט	=	61–69
ע	=	70
עא - עט	=	71–79
פ	=	80
פא - פט	=	81–89
צ	=	90
צא - צט	=	91–99
ק	=	100

קְא - קְט	=	101–109
קְי	=	110
קְיא - קְיט	=	111–119

et cetera

EJERCICIOS

1. Complete las oraciones, usando el pronombre correcto.

(1) ¿מָה־הַדָּבָר הָרָע הַזֶּה _____ es esta _____ mala? (Neh. 13:17)

(2) ¿אַיֵּה כְבוֹדִי Dónde está _____ gloria (honor)? (Mal. 1:6)

(3) ¿וּמִי כָמוֹךָ יִשְׂרָאֵל Y _____ es como _____ Israel? (1 Sam. 26:15)

(4) ¿הֲלֹא יְהוָה אֱלֹהֵיכֶם עִמָּכֶם No está con _____ el Señor _____ Dios? (1 Cr. 22:18)

(5) ¿הֲלֹא כָל־הָאָרֶץ לְפָנֶיךָ No está delante de _____ toda la tierra? (Gén. 13:9)

(6) ¿מִי אַתָּה בְּנִי _____ eres _____, hijo _____? (Gén. 27:18)

(7) ¿מִי־אָתָּה _____ eres _____? (Gén. 27:32)

(8) ¿לְמִי־אַתָּה _____ eres _____? (Gén. 32:18; esp. 32:17)

(9) ¿מַה־שְּׁמֶךָ _____ es _____ nombre? (Gén. 32:28)

162

(10) ¿מִי הָאֲנָשִׁים הָאֵלֶּה עִמָּךְ? _____ son _____ hombres que están con_____? (Núm. 22:9)

(11) ¿מַזֶּה בְיָדֶךָ _____ es _____ (que está) en _____ mano? (Éx. 4:2)

(12) ¿הֲזֶה אֲחִיכֶם הַקָּטֹן Es _____ _____ hermano menor? (Gén. 43:29)

(13) ¿אַחַי מֵאַיִן אַתֶּם _____ hermanos, _____ son ustedes? (Gén. 29:4)

(14) ¿וְאַיֵּה נְבִיאֵיכֶם Y _____ estan _____ profetas? (Jer. 37:19)

(15) ¿אֲחֹתִי הִוא _____ es _____ hermana? (Gén. 26:9)

2. Haga las correspondencias:

(1) ( ) (A)מַה־שֶּׁם־בְּנוֹ   ¿Dónde está Sara tu esposa? (Gén. 18:9)

(2) ( ) (B)הֲלֹא הוּא אָבִיךָ   ¿Dónde está tu Dios? ((Sal. 42:4; esp. 42:3)

(3) ( ) (C)מִי זֶה מֶלֶךְ הַכָּבוֹד   el Dios de tus padres (Deut. 1:21)

(4) ( ) (D)אַיֵּה שָׂרָה אִשְׁתֶּךָ   ¿Cómo se llama su hijo (el hijo de él)? (Prov. 30:4)

(5) ( ) (E)אַיֵּה אֱלֹהֵיהֶם   ¿No son ellos de nosotros? (Gén. 34:23)

(6) ( ) (F)אַיֵּה אֱלֹהֶיךָ   en los días de sus padres (los de

			ustedes) (Joel 1:2)
(7)	( )	(G)אֱלֹהֵי אֲבֹתֶיךָ	¿No es él tu padre? (Deut. 32:6)
(8)	( )	(H)יְהוָה אֱלֹהֵי אֲבוֹתָיו	¿No era esto mi palabra? (Jonás 4:2)
(9)	( )	(I)בִּימֵי אֲבֹתֵיכֶם	ustedes y sus padres (Jer. 44:3)
(10)	( )	(J)הֲלוֹא־זֶה דְבָרִי	¿Quién es este rey de gloria? (Sal. 24:8)
(11)	( )	(K)אַתֶּם וַאֲבֹתֵיכֶם	¿Dónde está su Dios (el Dios de ellos? (Joel 2:17)
(12)	( )	(L)הֲלוֹא לָנוּ הֵם	el Señor el Dios de sus padres (los padres de él) (2 Cr. 30:19)

3. Haga las correspondencias:

(1)	( )	(A)שְׁנֵיהֶם יַחְדָּו	en un día (Isa. 10:17)
(2)	( )	(B)בֵּין שְׁנֵיהֶם	en el quinto día (Núm. 7:36)
(3)	( )	(C)שְׁנֵיהֶם לְבַדָּם	en el sexto día (Éx. 16:5)
(4)	( )	(D)בֵּין שְׁנֵינוּ	en el décimo día (Núm. 7:66)
(5)	( )	(E)בַּיּוֹם הַשְּׁמִינִי	en el segundo día (Núm. 7:18)
(6)	( )	(F)בְּיוֹם אֶחָד	ellos dos solos (1 Reyes 11:29)

(7)	( )	(G)בַּיּוֹם הַשִּׁשִּׁי	en el noveno día (Núm. 7:60)
(8)	( )	(H)בַּיּוֹם הַשֵּׁנִי	en el tercer día (Gén. 22:4)
(9)	( )	(I)בַּיּוֹם הַחֲמִישִׁי	entre los dos de nosotros (Gén. 31:37)
(10)	( )	(J)בַּיּוֹם הָעֲשִׂירִי	en el séptimo día (Éx. 16:27)
(11)	( )	(K)בַּיּוֹם הָרִאשׁוֹן	entre los dos de ellos (Éx. 22:10; Esp. 22:11)
(12)	( )	(L)בַּיּוֹם הַשְּׁלִישִׁי	en el cuarto día (Núm. 7:30)
(13)	( )	(M)בַּיּוֹם הַשְּׁבִיעִי	en el primer día (Éx. 12:15)
(14)	( )	(N)בַּיּוֹם הָרְבִיעִי	en el octavo día (Éx. 22:29)
(15)	( )	(O)בַּיּוֹם הַתְּשִׁיעִי	los dos de ellos juntos (Gén. 22:6)

4. Conteste las siguientes preguntas, usando la cláusula hebrea correcta.

    Ejemplo:

                             ¿En cuál día descansó Dios?
                             בַּיּוֹם הַשְּׁבִיעִי (Gén. 2:2)
                             Respuesta: 'en el séptimo día'

(1)   ¿Cuánto duró el reinado de David en total?
                             אַרְבָּעִים שָׁנָה (2 Sam. 5:5)
                             Respuesta:

(2)   ¿Cuánto tiempo reinó David en Hebrón?

שֶׁבַע שָׁנִים וְשִׁשָּׁה חֳדָשִׁים (2 Sam. 5:5)
Respuesta:

(3) ¿Cuánto tiempo reinó David en Jerusalén?
שְׁלֹשִׁים וְשָׁלֹשׁ שָׁנָה ((2 Sam. 5:5)
Respuesta:

(4) ¿Por cuánto tiempo llovió?
אַרְבָּעִים יוֹם וְאַרְבָּעִים לָיְלָה (Gén. 7:12)
Respuesta:

(5) ¿Cuánto tiempo vivió Adán?
תְּשַׁע מֵאוֹת שָׁנָה וּשְׁלֹשִׁים שָׁנָה (Gén. 5:5)
Respuesta:

(6) ¿Cuánto tiempo vivió Matusalén?
תֵּשַׁע וְשִׁשִּׁים שָׁנָה וּתְשַׁע מֵאוֹת שָׁנָה (Gén. 5:27)
Respuesta:

(7) ¿Cuánto tiempo vivió Abraham?
מְאַת שָׁנָה וְשִׁבְעִים שָׁנָה וְחָמֵשׁ שָׁנִים (Gén. 25:7)
Respuesta:

(8) ¿Cuánto tiempo vivió Sara?
מֵאָה שָׁנָה וְעֶשְׂרִים שָׁנָה וְשֶׁבַע שָׁנִים (Gén. 23:1)
Respuesta:

(9) ¿Cuánto tiempo permanecieron los israelitas en Egipto?
שְׁלֹשִׁים שָׁנָה וְאַרְבַּע מֵאוֹת שָׁנָה (Éx. 12:40)
Respuesta:

(10) ¿Cuántos israelitas fieles no había doblado la rodilla ante Baal?

שִׁבְעַת אֲלָפִים (1 Reyes 19:18)
Respuesta:

(11) ¿Cuántos hombres participaron en el éxodo de Egipto?
שֵׁשׁ־מֵאוֹת אֶלֶף (Éx. 12:37)
Respuesta:

(12) ¿Cuántos hijos e hijas le nacieron a Job?
שִׁבְעָה בָנִים וְשָׁלוֹשׁ בָּנוֹת (Job 1:2)
Respuesta:

(13) ¿Cuántas ovejas tenía Job?
אַרְבָּעָה עָשָׂר אֶלֶף (Job 42:12)
Respuesta:

(14) ¿Cuántos camellos tenía Job?
שֵׁשֶׁת אֲלָפִים (Job 42:12)
Respuesta:

(15) ¿Cuándo fue celebrada la Pascua?
בְּאַרְבָּעָה עָשָׂר לַחֹדֶשׁ הָרִאשׁוֹן (2 Cr. 35:1)
Respuesta:

(16) ¿Cuántos años tenía Abram al salir de Harán?
חָמֵשׁ שָׁנִים וְשִׁבְעִים שָׁנָה (Gén. 12:4)
Respuesta:

(17) ¿Cuántos guerreros adiestrados tenía Abram en su casa?
שְׁמֹנָה עָשָׂר וּשְׁלֹשׁ מֵאוֹת (Gén. 14:14)
Respuesta:

(18) ¿Cuántos hijos le nacieron a Jacob?
שְׁנֵים עָשָׂר (Gén. 35:22)
Respuesta:

5. Cada una de las siguientes oraciones tiene una forma verbal Qal perfecta. Complete las traducciones. Después, indique (a) la persona, el género y el número de la forma verbal, y (b) su tema (Qal perfecto 3 ms).

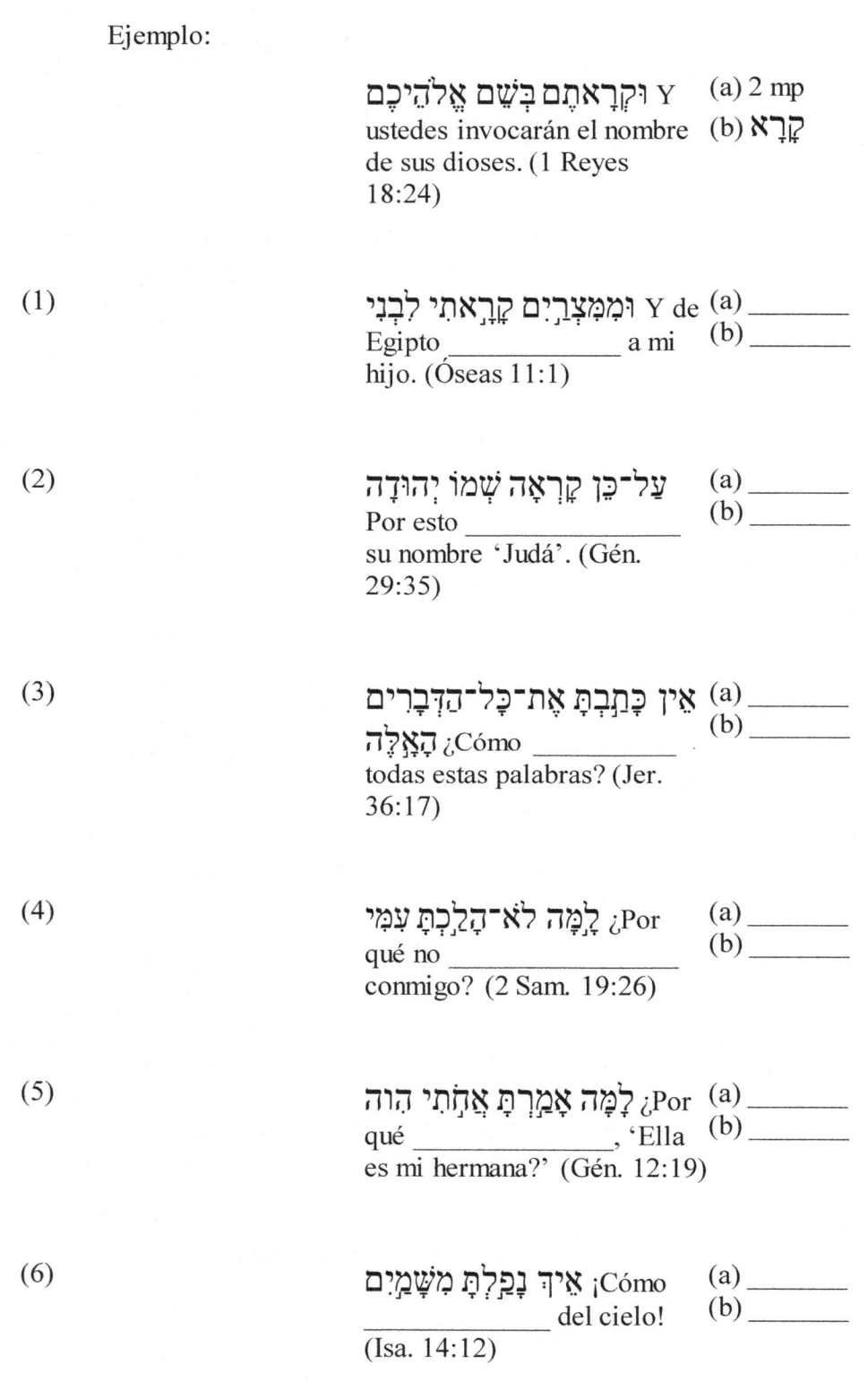

Ejemplo:

וּקְרָאתֶם בְּשֵׁם אֱלֹהֵיכֶם Y ustedes invocarán el nombre de sus dioses. (1 Reyes 18:24) (a) 2 mp (b) קָרָא

(1) וּמִמִּצְרַיִם קָרָאתִי לִבְנִי Y de Egipto _____ a mi hijo. (Óseas 11:1) (a) _____ (b) _____

(2) עַל־כֵּן קָרְאָה שְׁמוֹ יְהוּדָה Por esto _____ su nombre 'Judá'. (Gén. 29:35) (a) _____ (b) _____

(3) אֵיךְ כָּתַבְתָּ אֶת־כָּל־הַדְּבָרִים הָאֵלֶּה ¿Cómo _____ todas estas palabras? (Jer. 36:17) (a) _____ (b) _____

(4) לָמָּה לֹא־הָלַכְתָּ עִמִּי ¿Por qué no _____ conmigo? (2 Sam. 19:26) (a) _____ (b) _____

(5) לָמָּה אָמַרְתָּ אֲחֹתִי הִוא ¿Por qué _____, 'Ella es mi hermana?' (Gén. 12:19) (a) _____ (b) _____

(6) אֵיךְ נָפַלְתָּ מִשָּׁמַיִם ¡Cómo _____ del cielo! (Isa. 14:12) (a) _____ (b) _____

(7) No לֹא יָדַעְתִּי אֵי מִזֶּה הֵמָּה (a) _____
_____ de donde son (b) _____
ellos. (1 Sam. 25:11)

(8) ¿Qué מַה־יָדַעְתָּ (a) _____
_____? (Job 15:9) (b) _____

(9) Y ellos וְאָמְרוּ־לִי מַה־שְּׁמוֹ (a) _____
me _____, 'Cómo (b) _____
se llama él? (Éx. 3:13)

(10) ¿No הֲלֹא יְדַעְתֶּם מָה־אֵלֶּה (a) _____
_____ qué (b) _____
significan (son) estas cosas?
(Ezeq. 17:12)

(11) No לֹא יָדַעְנוּ מֶה־הָיָה לוֹ (a) _____
_____ qué se (b) _____
hizo él. (Éx. 32:1)

(12) Y וּשְׁנֵיהֶם עָמְדוּ עַל־הַיַּרְדֵּן (a) _____
ellos dos _____ (b) _____
junto al Jordán. (2 Reyes 2:7)

6. Practique leyendo las siguientes oraciones hebreas en voz alta. Tape la traducción y practique traduciendo.

(1) יְהוָה אֱלֹהֵינוּ יְהוָה אֶחָד — El Señor nuestro Dios, El Señor uno (es). (Deut. 6:4)

(2) הֲשָׁלוֹם לָךְ הֲשָׁלוֹם לְאִישֵׁךְ הֲשָׁלוֹם לַיָּלֶד — ¿Te va bien a ti? ¿Le va bien a tu marido? ¿Le va bien a tu hijo? (2 Reyes 4:26)

(3) יְהוָה אֱלֹהֵינוּ עִמָּנוּ El Señor nuestro Dios está con nosotros. (1 Reyes 8:57)

(4) וְכָל־מִצְוֹתֶיךָ אֱמֶת Y todos tus mandamientos son verdad. (Sal. 119:151)

(5) מִי הָאֲנָשִׁים הָאֵלֶּה עִמָּךְ ¿Qué varones son estos que están contigo? (Núm. 22:9)

(6) הֲלוֹא־אָח עֵשָׂו לְיַעֲקֹב ¿No era Esaú hermano de Jacob? (Mal. 1:2)

(7) הֲלוֹא אָב אֶחָד לְכֻלָּנוּ ¿No tenemos todos un mismo padre? (Mal. 2:10)

(8) לָמָּה גָנַבְתָּ אֶת־אֱלֹהָי ¿Por qué (me) hurtaste mis dioses? (Gén. 31:30)

(9) וְלָמָּה לֹא־שָׁמַעְתָּ בְּקוֹל יְהוָה ¿Por qué no has oído la voz del Señor? (1 Sam. 15:19)

(10) מַה־זֹּאת עָשָׂה אֱלֹהִים לָנוּ ¿Qué es esto que nos ha hecho Dios? (Gén. 42:28)

(11) כִּי לֹא יָדְעוּ מַה־הוּא Porque no sabían qué era. (Éx. 16:15)

(12) כִּי מִי עָמַד בְּסוֹד יְהוָה ¿Porque quién ha estado en el concilio del Señor? (Jer. 23:18)

(13) טוֹבִים הַשְּׁנַיִם מִן־הָאֶחָד Mejores son dos que uno. (Ecl. 4:9)

(14) וּמָלַךְ יְהוָה עֲלֵיהֶם בְּהַר צִיּוֹן Y el Señor reinará sobre ellos en el monte de Sión. (Miq. 4:7)

(15) עַל־כֵּן קָרְאוּ־לוֹ עִיר דָּוִיד Y por esto la llamaron 'la Ciudad de David'. (1 Cr. 11:7)

VOCABULARIO

(1)	אָכַל	él comió
(2)	גָּנַב	él robó, hurtó
(3)	דְּמוּת	(f) semejanza, imagen
(4)	דַּעַת	(f) conocimiento
(5)	הַיּוֹם	hoy
(6)	הֵיכָל	templo
(7)	חֹדֶשׁ	luna nueva, mes
(8)	חוֹמָה	(f) muro
(9)	כָּתַב	él escribió
(10)	לָכֵן	por esto
(11)	מַלְכוּת	(f) reino
(12)	נֶגֶב	Neguev, tierra seca, el sur
(13)	נָתַן	él dio
(14)	עָמַד	él se paró
(15)	עָשָׂה	él hizo
(16)	צֹאן	manada, ovejas
(17)	צַדִּיק	justo
(18)	צֶלֶם	imagen, semejanza

Lección XIV

36. Verbos: los sistemas restantes

Los siete sistemas de los verbos hebreos son Qal, Nif'al, Pi'el, Pu'al, Hitpa'el, Hif'il y Hof'al. Qal (קַל) viene del tema verbal קָלַל, 'él era liviano, sencillo (no pesado)'. Como su nombre lo indica, es el sistema simple activo.

Los nombres de los sistemas restantes son derivados del tema verbal פָּעַל, 'él hizo'. Estos nombres, diferentes del Qal, no son de ninguna manera descriptivos de la naturaleza y función de los mismos sistemas en sí. Sus nombres les fueron dados cuando פָּעַל aún se usaba como el paradigma para los verbos hebreos. La decisión de los primeros gramáticos de usar פָּעַל para este propósito fue desafortunada, ya que tenía una gutural como su consonante media y así caía dentro de la categoría de los verbos débiles. Por esta razón, gramáticos más tardíos dejaron de usar פָּעַל y en su lugar se sustituyó por verbos fuertes tales como כָּתַב, 'él escribió', מָשַׁל, 'él gobernó', פָּקַד, 'él visitó, designó', קָטַל, 'él mató' y שָׁמַר, 'él guardó'. Sin embargo, muchos gramáticos modernos continúan refiriéndose a los sistemas verbales por sus nombres tradicionales, nombres que les fueron asignados cuando פָּעַל era usado como el paradigma verbal. (Anteriormente aprendimos que los nombres tradicionales para las diversas clases de verbos débiles también se derivaron de פָּעַל). La siguiente lista da los nombres de los sistemas verbales, primero escritos en hebreo y después con su transliteración.

(1) קַל Qal (Activo Simple)

(2) נִפְעַל Nif'al (Pasivo Simple o Reflexivo)

(3) פִּעֵל Pi'el (Activo Intensivo o Causativo)

(4) פֻּעַל Pu'al (Pasivo Intensivo)

(5) הִתְפַּעֵל Hitpa'el (Reflexivo)

(6) הִפְעִיל Hif'il (Causativo Activo)

(7) הָפְעַל Hof'al (Causativo Pasivo)

Por conveniencia, las tablas verbales que aparecen en esta gramática, designarán las formas Nif'al como pasivas y las formas Pi'el como activas intensas.

36.1 *Nif'al* (נִפְעַל)

(1) En la mayoría de los temas verbales el Nif'al funciona como el pasivo simple, en contraste con Qal, el cual funciona como el activo simple.

Ejemplos:

Qal (3 ms)	Nif'al (3 ms)
לָכַד él capturó	נִלְכַּד él fue capturado
שָׁבַר él quebrantó	נִשְׁבַּר él fue quebrantado
שָׁמַע él oyó	נִשְׁמַע él fue oído

(2) En algunos temas verbales, Nif'al expresa una acción reflexiva, una acción que el sujeto realiza consigo mismo(a).

Ejemplos:

Qal (3 ms)	Nif'al (3 ms)
סָתַר él escondió (algo)	נִסְתַּר él se escondió a sí mismo
שָׁמַר él guardó (algo)	נִשְׁמַר él se guardó a sí mismo

(3) En algunos temas verbales para los cuales no existen formas Qal, el Nif'al tiene un significado completamente similar al del Qal.

Ejemplos:

Nif'al (3ms)

נִלְחַם él peleó   נִשְׁבַּע él juró

36.2 Pi'el (פִּעֵל)

Pi'el, Pu'al y Hitpa'el son clasificados como sistemas intensivos. Pi'el es activo (o causativo), Pu'al es pasivo y Hitpa'el es reflexivo. La característica que estos tres sistemas comparten es la duplicación de la consonante media del tema del verbo, excepto cuando esta consonante es una gutural.

(1) El uso más común del Pi'el es la intensificación del Qal.

Ejemplos:

Qal (3 ms)	Pi'el (3 ms)
נָשַׁק él besó	נִשֵּׁק él beso repetidamente

שָׁבַר él rompió, quebró	שִׁבֵּר él hizo añicos

(2) Sorpresivamente un gran número de verbos son usados en el Pi'el para expresar el sentido causativo, tal y como lo hace el Hif'il. La mayoría de ellos se encuentran, ya sea en verbos de estado o verbos débiles, lo cual explica la ocurrencia de pătăḥ como la segunda vocal en la forma de 3 ms.

Ejemplos:

Qal (3 ms)	Pi'el (3 ms)
אָבַד él pereció	אִבַּד él destruyó (hizo perecer)
גָּדַל él fue (era) grande	גִּדַּל él exaltó, engrandeció (hizo grande)
לָמַד él aprendió	לִמַּד él enseñó (hizo aprender)
קָדַשׁ él fue (era) santo	קִדַּשׁ él consagró (hizo santo)

(3) En algunos verbos que no tienen formas Qal, el Pi'el es usado sin ninguna aparente fuerza causativa o intensiva, es decir, como el activo simple. Varios de los verbos de la siguiente lista son verbos débiles.

Pi'el (3 ms)

בִּקֵּשׁ él buscó	דִּבֶּר él habló	הִלֵּל él alabó

36.3 Pu'al (פֻּעַל)

Pu'al es el pasivo del Pi'el, y como Pi'el, tiene dagesh forte en la consonante media del tema verbal (excepto, por supuesto, cuando la consonante media es una gutural; en tal caso la vocal precedente tiene que ser alargada). Dado que el Pu'al es el pasivo del Pi'el su significado es más uniforme y más previsible que el de los otros sistemas.

Ejemplos:

Pi'el (3 ms)	Pu'al (3 ms)
בִּקֵּשׁ él buscó	בֻּקַּשׁ él fue buscado
הִלֵּל él alabó	הֻלַּל él fue alabado

לִמֵּד él enseñó   לֻמַּד él fue enseñado

קִדֵּשׁ él consagró   קֻדַּשׁ él fue consagrado

36.4 *Hitpa'el* (הִתְפַּעֵל)

Las formas Hitpa'el pueden ser identificadas por sus prefijos largos y por la duplicación de la consonante media de sus temas verbales.

(1) Las formas Hitpa'el normalmente expresan una acción reflexiva, es decir, una acción realizada por el sujeto sobre sí mismo(a).

Ejemplos:

Qal (3 ms)   Hitpa'el (3 ms)

אָמֵץ él fue (era) fuerte   הִתְאַמֵּץ él se fortaleció a sí mismo

נָפַל él cayó   הִתְנַפֵּל él se postró, cayó ante alguien

נָשָׂא él levantó   הִתְנַשֵּׂא él se exaltó a sí mismo

קָדֵשׁ él fue (era) santo   הִתְקַדֵּשׁ él se santificó a sí mismo

(2) Algunas formas verbales del Hitpa'el son similares en significado a aquellas del sistema Qal. Es decir, son traducidas como activas simples.

Ejemplos:

Hitpa'el (3 ms)

הִתְהַלֵּךְ él caminó de un lado a otro

הִתְחַנֵּן él imploró, suplicó

הִתְיַצֵּב él tomó su posición

הִתְפַּלֵּל él oró, intercedió

הִתְנַבֵּא él profetizó

(3) Cuando el prefijo de cualquier forma Hitpa'el precede a las sibilantes ס, צ, שׁ, o שׂ, la ת del prefijo y la sibilante misma cambiarán posiciones en la palabra. El cambio es hecho para facilitar la pronunciación de la forma.

Ejemplos:

הִתְשַׁמֵּר 'él prestó atención a sí mismo', pasa a ser הִשְׁתַּמֵּר

הִתְסַתֵּר 'él se escondió a sí mismo', pasa a ser הִסְתַּתֵּר.

Un cambio más toma lugar cuando la sibilante es צ. En este caso la ת del prefijo y la צ del tema verbal no sólo cambian posiciones dentro de la palabra, sino que la ת es también cambiada a ט.

Ejemplos:

הִתְצַדֵּק 'él se justificó a sí mismo', primero pasa a ser הִצְתַדֵּק

y finalmente הִצְטַדֵּק

Se realiza otro cambio más cuando la ת del prefijo precede ד, ט, u otra ת. En este caso la ת del prefijo es asimilada dentro de la siguiente consonante por medio de una dagesh forte.

Ejemplos:

הִתְטַהֵר 'él se purificó a sí mismo', pasa a ser הִטַּהֵר

הִתְטַמֵּא 'él se manchó a sí mismo', pasa a ser הִטַּמֵּא

36.5 Hif'il (הִפְעִיל)

El sistema Hif'il tiene el prefijo ה en toda la inflexión perfecta.

(1) Los verbos Hif'il normalmente sirven como el causativo del Qal. Note los verbos débiles en la siguiente lista.

Qal (3 ms)   Hif'il (3 ms)

יָדַע 'él conoció (conocía, conoce)'   הוֹדִיעַ 'él causó a conocer'

יָצָא 'él salió'   הוֹצִיא 'él sacó (hizo salir)'

176

	fuera
עָבַר él pasó sobre	הֶעֱבִיר él sacó (hizo pasar) sobre
עָמַד él (se) paró	הֶעֱמִיד él hizo pararse
שָׁכַן él moró	הִשְׁכִּין él hizo morar
שָׁמַע él oyó	הִשְׁמִיעַ él proclamó, anunció (hizo oír)

(2) Algunas veces los verbos Hif'il son usados en sentido declaratorio. El sujeto del verbo declara a otro a estar en cierta condición o estado de ser.

Ejemplos:

Qal (3 ms)	Hif'il (3 ms)
צָדֵק él fue (era) recto, justo	הִצְדִּיק él declaró justo, el justificó
רָשַׁע él fue (era) injusto, malvado	הִרְשִׁיעַ él declaró injusto, culpable

(3) Algunos verbos Hif'il tienen un significado que es más parecido al simple activo del sistema Qal que del causativo. Los corchetes indican los temas verbales que usualmente no ocurren en el sistema Qal.

Ejemplos:

	Qal (3 ms)	Hif'il (3 ms)
[יָשַׁע]	él salvó	הוֹשִׁיעַ él salvó, liberó
	כָּרַת él cortó	הִכְרִית él cortó, destruyó
[סתר]	él escondió, ocultó	הִסְתִּיר él escondió, ocultó
	שָׂכַל él fue (era) prudente, sabio	הִשְׂכִּיל él fue (era) prudente, próspero
[שׁכם]	él se levantó temprano	הִשְׁכִּים él se levantó temprano, comenzó (a hacer algo) temprano

| [שׁלךְ] | él echó, tiró | הִשְׁלִיךְ él echó, tiró |
| [שׁמד] | él destruyó | הִשְׁמִיד él destruyó, exterminó |

(4) Algunos verbos Hif'il parecen no caber dentro de ninguna de las categorías mencionadas arriba. Su significado puede ser mejor entendido al examinar cuidadosamente el contexto en el cual aparecen.

36.6 Hof'al (הָפְעַל)

El sistema Hof'al, como el Hif'il, tiene un prefijo ה en todos los perfectos. El Hof'al es el pasivo del Hif'il. La mayoría de los verbos en la lista de abajo son verbos débiles. Esto se debe a que muy pocos de los verbos fuertes aparecen en el sistema Hof'al.

Ejemplos:

Hif'il (ms)	Hof'al (3 ms)
הֵבִיא él trajo (בוֹא)	הוּבָא él (eso) fue traído
הִגִּיד él anunció, dijo [נגד]	הֻגַּד él fue anunciado, dicho
הִכָּה él golpeó (נכה)	הֻכָּה él fue golpeado
הֵמִית él mató (מות)	הוּמַת él fue muerto, matado
הִמְלִיךְ él hizo (a alguien) rey (מלךְ)	הָמְלַךְ él fue hecho rey
הִצִּיל él liberó, rescató [נצל]	הֻצַּל él fue liberado, rescatado

37. Verbos: los perfectos restantes de los verbos fuertes

El Qal perfecto de los verbos fuertes fue presentado en la lección XII.30. Ahí se enfatizó que el Qal perfecto proporcionaba el patrón para los perfectos de los otros seis sistemas del verbo. Esto se ilustra en las tablas siguientes.

Tabla 1

	Qal (קַל) Perfecto		Nif'al (נִפְעַל) Perfecto	
3 ms	מָשַׁל	él reinó (gobernó)	נִמְשַׁל	él fue gobernado

3 fs	שָׁלָה	ella reinó	נִמְשָׁלָה	ella fue gobernada
2 ms	שָׁלַתָּ	tú reinaste	נִמְשַׁלְתָּ	tú fuiste gobernado
2 fs	שָׁלַתְּ	tú reinaste	נִמְשַׁלְתְּ	tú fuiste gobernada
1 cs	שָׁלַתִּי	yo reiné	נִמְשַׁלְתִּי	yo fui gobernado
3 cp	שָׁלוּ	ellos reinaron	נִמְשְׁלוּ	ellos fueron gobernados
2 mp	שְׁלַתֶּם	ustedes reinaron	נִמְשַׁלְתֶּם	ustedes fueron gobernados
2 fp	שְׁלַתֶּן	usteds reinaron	נִמְשַׁלְתֶּן	ustedes fueron gobernadas
1 cp	שָׁלַנוּ	nosotros reinamos	נִמְשַׁלְנוּ	nosotros fuimos gobernados

Notas:

(A) Los espacios dejados entre la primera y la segunda consonantes del tema aparecen únicamente con el propósito de acentuar tanto las similitudes como las diferencias entre el Qal perfecto y el Nif'al perfecto.

(B) Note que el Nif'al perfecto, tercera persona masculino singular, tiene las mismas vocales como las que se encuentran en el nombre del tema (נִמְשַׁל ⇒ נִפְעַל).

(C) El prefijo נ combinado con la primera consonante del tema, forma una sílaba cerrada נִמְ y esto continúa sin cambios en toda la inflexión perfecta del Nif'al de מָשַׁל.

(D) En todos los otros aspectos, las formas perfectas del Nif'al son idénticas a las formas del Qal perfecto. Esto puede ser visto al compararse lo que está a la izquierda de los espacios ubicados en el Qal perfecto y el Nif'al perfecto. *Esto trae a colación la importancia de la necesidad de conocer, sin duda alguna, la inflexión del Qal perfecto del verbo fuerte.*

Tabla 2

Qal (קַל) Perfecto   Pi'el (פִּעֵל) Perfecto

3 ms	מָשַׁל	él reinó (gobernó)	מִשֵּׁל	él reinó (por fuerza)
3 fs	שְׁלָה מָ	ella reinó	שְׁלָה מִ	ella reinó (por fuerza)
2 ms	שַׁלְתָּ מָ	tú reinaste	שַׁלְתָּ מִ	tú gobernaste (por fuerza)
2 fs	שַׁלְתְּ מָ	tú reinaste	שַׁלְתְּ מִ	tú gobernaste (por fuerza)
1 cs	שַׁלְתִּי מָ	yo reiné	שַׁלְתִּי מִ	yo goberné (por fuerza)
3 cp	שְׁלוּ מָ	ellos reinaron	שְׁלוּ מִ	ellos gobernaron (por fuerza)
2 mp	שַׁלְתֶּם	ustedes reinaron	שַׁלְתֶּם מִ	ustedes gobernaron (por fuerza)
2 fp	שַׁלְתֶּן	ustedes reinaron	שַׁלְתֶּן מִ	ustedes gobernaron (por fuerza)
1 cp	שַׁלְנוּ מָ	nosotros reinamos	שַׁלְנוּ מִ	nosotros gobernamos (por fuerza)

Notas:

(A) El Pi'el no tiene prefijo en el perfecto. Los tres sistemas que no tienen prefijo en el perfecto son Qal, Pi'el, y Pu'al.

(B) El Pi'el perfecto tercera persona masculino singular tiene las mismas vocales que aparecen en el nombre del sistema (מִשֵּׁל ⇒ פִּעֵל).

(C) Note que ḥîrĕq, la cual aparece debajo de la primera consonante del tema del Pi'el perfecto tercera persona masculino singular, está presente en todas las formas de la inflexión del Pi'el perfecto.

(D) La segunda vocal del Pi'el perfecto tercera persona masculino singular es ṣērê. En todas las otras formas del Pi'el perfecto, esta vocal es păṭăḥ, así como en las formas correspondientes del Qal perfecto.

(E) Note que aparece dagesh forte en la consonante media del tema en todas las formas del Pi'el. Esto es cierto de todas las formas del verbo fuerte en el sistema Pi'el entero.

(F) Con la excepción de la duplicación de la consonante media y la colocación de ḥîrĕq debajo de la primera consonante, todas las formas del Pi'el siguen el patrón del Qal perfecto. Esto se puede observar al comparar el Pi'el perfecto con el Qal perfecto en la Tabla 2.

Tabla 3

	Qal (קַל) Perfecto		Pu'al (פֻּעַל) Perfecto	
3 ms	מָשַׁל	él reinó (gobernó)	מֻשַׁל	él fue gobernado (por fuerza)
3 fs	שָׁלָה	ella reinó	שֻׁלָה	ella fue gobernada (por fuerza)
2 ms	שָׁלְתָּ	tú reinaste	שֻׁלְתָּ	tú fuiste gobernado (por fuerza)
2 fs	שָׁלְתְּ	tú reinaste	שֻׁלְתְּ	tú fuiste gobernada (por fuerza)
1 cs	שָׁלְתִּי	yo reiné	שֻׁלְתִּי	yo fui gobernado (por fuerza)
3 cp	שָׁלוּ	ellos reinaron	שֻׁלוּ	ellos fueron gobernados (por fuerza)
2 mp	שְׁלַתֶּם	ustedes reinaron	שֻׁלַתֶּם	ustedes fueron gobernados (por fuerza)
2 fp	שְׁלַתֶּן	ustedes reinaron	שֻׁלַתֶּן	ustedes fueron gobernados (por fuerza)
1 cp	שָׁלְנוּ	nosotros reinamos	שֻׁלְנוּ	nosotros fuimos gobernados

(por fuerza)

Notas:

(A) El Pu'al no tiene prefijo en el perfecto.

(B) El Pu'al perfecto tercera persona masculino singular tiene las mismas vocales que aparecen en el nombre del sistema (מָשַׁל ⇒ פֻּעַל).

(C) Qĭbbûṣ aparece debajo de la primera consonante del tema en todas las formas de la inflexión del Pu'al perfecto.

(D) La consonante media del tema es duplicada en todas las formas de la inflexión del Pu'al perfecto.

(E) En todas los demás aspectos, el Pu'al perfecto sigue el patrón del Qal perfecto.

(F) Las formas Pu'al del verbo son intensivas pasivas, a diferencia de las formas intensivas activas del Pi'el.

Tabla 4

	Qal (קַל) Perfecto		Hitpa'el (הִתְפַּעֵל) Perfecto	
3 ms	מָשַׁל	él reinó	הִתְמַשֵּׁל	él gobernó (a sí mismo)
3 fs	מָשְׁלָה	ella reinó	הִתְמַשְּׁלָה	ella gobernó (a sí misma)
2 ms	מָשַׁלְתָּ	tú reinaste	הִתְמַשַּׁלְתָּ	tú gobernaste (a ti mismo)
2 fs	מָשַׁלְתְּ	tú reinaste	הִתְמַשַּׁלְתְּ	tú gobernaste (a ti misma)
1 cs	מָשַׁלְתִּי	yo reiné	הִתְמַשַּׁלְתִּי	yo goberné (a mi mismo)
3 cp	מָשְׁלוּ	ellos reinaron	הִתְמַשְּׁלוּ	ellos gobernaron (a sí mismos)
2 mp	מְשַׁלְתֶּם	ustedes reinaron	הִתְמַשַּׁלְתֶּם	ustedes gobernaron (a sí mismos)
2 fp	מְשַׁלְתֶּן	ustedes	הִתְמַשַּׁלְתֶּן	ustedes

		reinaron		gobernaron (a sí mismos)
1 cp	שָׁלַנוּ	nosotros reinaron nosotros	הִתְמַשַּׁלְנוּ	nosotros gobernamos (a mismos)

Notas:

(A) Todas las formas del Hitpa'el perfecto tienen el prefijo הִתְ, el cual es una sílaba cerrada. Es el prefijo más largo de todos los sistemas verbales.

(B) El Hitpa'el perfecto tercera persona masculino singular tiene las mismas vocales que aparecen en el nombre del sistema (הִתְמַשֵּׁל ⇒ הִתְפַּעֵל).

(C) Pătăḥ, aparece debajo de la primera consonante del tema en todas las formas de la inflexión del Hitpa'el perfecto.

(D) La duplicación de la consonante media de todas las formas del Hitpa'el es una característica de este sistema.

(E) En todas los demás aspectos, el Hitpa'el perfecto sigue el patrón del Qal perfecto.

(F) Normalmente, el Hitpa'el tiene un significado reflexivo.

Tabla 5

	Qal (קַל) Perfecto		Hif'il (הִפְעִיל) Perfecto	
3 ms	מָשַׁל	él reinó (gobernó)	הִמְשִׁיל	él causó a reinar
3 fs	שָׁלָה	ella reinó	הִמְשִׁילָה	ella causó a reinar
2 ms	שָׁלְתָּ	tú reinaste	הִמְשַׁלְתָּ	tú causaste a reinar
2 fs	שָׁלְתְּ	tú reinaste	הִמְשַׁלְתְּ	tú causaste a reinar
1 cs	שָׁלְתִּי	yo reiné	הִמְשַׁלְתִּי	yo causé a reinar
3 cp	שָׁלוּ		הִמְשִׁילוּ	ellos causaron a reinar
2 mp	שְׁלְתֶּם	ustedes rainaron	הִמְשַׁלְתֶּם	ustedes causaron a reinar

183

2 fp	שְׁלַתֶּן	ustedes reinaron	הִמְשַׁלְתֶּן	ustedes causaron a reinar
1 cp	שָׁלַנוּ	nosotros reinamos	הִמְשַׁלְנוּ	nosotros causamos a reinar

Notas:

(A) Todas las formas del Hif'il perfecto tienen el prefijo הִ (hē' más ḥîrĕq), el cual se combina con la primera consonante del tema para formar una sílaba cerrada (הִמְ). Esta sílaba continúa sin cambios en toda la inflexión del Hif'il perfecto.

(B) El Hif'il perfecto tercera persona masculino singular tiene las mismas vocales que aparecen en el nombre del sistema (הִפְעִיל ⇒ הִמְשִׁיל).

(C) Anteriormente, aprendimos que los sufijos vocálicos atraen a sí mismos el tono, lo cual causa que la vocal anterior que esté más cercana se volatilice (se reduce a una shevá sonora). La única excepción a esta regla ocurre en el sistema Hif'il. Los sufijos vocálicos del sistema Hif'il no atraen el tono a sí mismos. Esto sucede porque la vocal que precede los sufijos vocálicos en el sistema Hif'il es ḥîrĕq-yôd, la cual es inalterablemente larga. Puesto que ésta no se puede alterar, ella preserva el acento. Esto afecta la manera de escribir el Hif'il perfecto, tercera persona femenino singular y el Hif'il perfecto tercera persona común plural.

(D) En todas los demás aspectos, el Hif'il perfecto sigue el patrón del Qal perfecto.

Tabla 6

	Qal (קַל) Perfecto		Hof'al (הָפְעַל) Perfecto	
3 ms	מָשַׁל	él reinó (gobernó)	הָמְשַׁל	él fue causado a reinar
3 fs	שְׁלָה	ella reinó	הָמְשְׁלָה	ella fue causada a reinar
2 ms	שָׁלְתָּ	tú reinaste	הָמְשַׁלְתָּ	tú fuiste causado a reinar
2 fs	שָׁלְתְּ	tú reinaste	הָמְשַׁלְתְּ	tú fuiste causada a reinar
1 cs	שָׁלְתִּי	yo reiné	הָמְשַׁלְתִּי	yo fui

				הָמְ‎causado a reinar
3 cp	שָׁלוּ	‎מָellos reinaron	שָׁלוּ	הָמְ‎ellos fueron causados a reinar
2 mp	שְׁלַתֶּם	‎מְustedes reinaron	שָׁלְתֶּם	הָמְ‎ustedes fueron causados a reinar
2 fp	שְׁלַתֶּן	‎מְustedes reinaron	שָׁלְתֶּן	הָמְ‎ustedes fueron causadas a reinar
1 cp	שָׁלְנוּ	‎מָnosotros reinamos	שָׁלְנוּ	הָמְ‎nosotros fuimos causados a reinar

Notas:

(A) Todas las formas del Hofʿal perfecto tienen el prefijo הָ (hēʾ más qāmĕṣ-ḥāṭûf), el cual se combina con la primera consonante del tema para formar una sílaba cerrada (הָמְ). Esta sílaba continúa sin cambios en toda la inflexión del Hofʿal perfecto.

(B) El Hofʿal perfecto tercera persona masculino singular tiene las mismas vocales que aparecen en el nombre del sistema (הָמְשַׁל ⇒ הָפְעַל).

(C) En todas los demás aspectos, el Hofʿal perfecto sigue el patrón del Qal perfecto.

38. Verbos: localizando y traduciendo las formas perfectas del verbo hebreo

Existen ciertas pautas que simplifican la tarea de localizar y traducir las formas perfectas de los verbos hebreos.

38.1 El primer paso es determinar si el verbo tiene un prefijo. Recuerde que solamente el Nifʿal, el Hitpaʿel, el Hifʿil, y el Hofʿal tienen prefijos en el perfecto. Recuerde también que la conjunción vāv puede ser prefijada a todas las formas verbales.

38.2 Si el perfecto no tiene prefijo, aparte de la conjunción vāv, la forma puede ser Qal, Piʾel, o Puʾal. Estos son los únicos sistemas que no tienen prefijos en la inflexión perfecta. Después de definir que la forma no tiene un prefijo, es relativamente fácil determinar si es Qal (simple activo), Piʾel (intensivo activo), o Puʾal (intensivo pasivo), pues ambos Piʾel y Puʾal tiene una dagesh forte en la consonante media.

38.3 Si la forma perfecta es prefijada, el prefijo debe ser identificado y separado de las tres consonantes del tema.

(1) נִ es el prefijo del Nif'al perfecto.

(2) הִתְ es el prefijo del Hitpa'el perfecto.

(3) הִ es el prefijo del Hif'il perfecto.

(4) הָ es el prefijo del Hof'al perfecto.

38.4 Después de haber identificado el prefijo de una forma verbal en perfecto y analizado el sistema al cual corresponde, el siguiente paso es identificar y analizar el sufijo para definir la persona, género, y número de la forma. La única forma del perfecto que no tiene sufijo es la tercera persona masculino singular; es decir, esta forma básica no es 'marcada'. Los demás sufijos son:

(1) הָ (3 fs)

(2) תָּ (2 ms)

(3) תְּ (2 fs)

(4) תִּי (1 cs)

(5) וּ (3 cp)

(6) תֶּם (2 mp)

(7) תֶּן (2 fp)

(8) נוּ (1 cp)

38.5 El siguiente paso es el de reconstruir el tema verbal de las consonantes que se quedan después de aislar todos los prefijos y sufijos. En todos los verbos fuertes y en la mayoría de los verbos débiles, quedarán tres consonantes. Uno reconstruye el tema verbal con base en éstas.

38.6 El próximo paso es encontrar el tema verbal en un léxico para definir su significado en el sistema que corresponde a la forma con la cual uno está trabajando.

Al haber completado estos pasos, es posible escribir una traducción del verbo.

Ejemplos:

(1) בִּקֵּשׁ אֶת־יְהוָה אֱלֹהֵי יִשְׂרָאֵל

El verbo en esta cláusula es בִּקֵּשׁ. No tiene prefijo, así que debe corresponder al sistema Qal, Pi'el, o Pu'al. La duplicación de la consonante media indica que es intensivo y las vocales indican que es Pi'el. No tiene sufijo, así que tiene que ser tercera persona masculino singular. Las consonantes del tema son בקשׁ. El léxico indicará que este verbo no aparece en el Qal. El significado del verbo es 'buscar'.

בִּקֵּשׁ Pi'el perfecto 3 ms, de [בקשׁ], 'él buscó'

Traducción: 'él buscó'

Traducción de la cláusula: 'Él buscó al Señor el Dios de Israel.'

(2) וּבִקְשׁוּ שָׁלוֹם

El verbo es וּבִקְשׁוּ. Tiene como prefijo la conjunción vāv pero no tiene un prefijo en el mismo tema. Esto significa que es Qal, Pi'el, o Pu'al. No puede ser Qal, pues las vocales serían otras (y también porque [בקשׁ] no aparece en el sistema Qal). A la vez, si fuera Pi'el o Pu'al, esperaríamos dagesh en la consonante media. Su ausencia se explica porque dagesh tiene la tendencia de desaparecer cuando la consonante en la cual está colocada está apoyada por una shevá. Precisamente esto ha ocurrido en la situación presente; el verbo sí corresponde al sistema Pi'el. La terminación indica que es tercera persona común plural.

וּבִקְשׁוּ Pi'el perfecto 3 cp, más la conjunción vāv, de [בקשׁ], 'él buscó'

Traducción: 'y ellos buscaron'

Traducción de la cláusula: 'Y ellos buscaron la paz.'

(3) הִבְדַּלְתִּי אֶתְכֶם מִן־הָעַמִּים

El verbo es הִבְדַּלְתִּי. Tiene el prefijo הִ, el cual es el prefijo del Hif'il perfecto. El sufijo es תִּי, el cual define la persona, el género, y el número como primera persona común singular. Las consonantes restantes son בדל, las cuales aparecen en el léxico en una forma que indica que no ocurren en el sistema Qal. Su significado es 'dividir, separar, distinguir'.

הִבְדַּלְתִּי Hif'il pf. 1 cs, de [בדל], 'él dividió, separó, distinguió'.

Traducción: 'Yo separé'

Traducción de la cláusula: 'Yo les separé de las naciones.'

(4) הִמְלִיךְ אֶת־שָׁאוּל עַל־יִשְׂרָאֵל

El verbo es הִמְלִיךְ. El prefijo es הִ, el prefijo del Hif'il perfecto. La forma no tiene sufijo, de modo que tiene que ser clasificado como tercera persona masculino singular. El tema verbal es מָלַךְ, el cual el léxico identifica como un verbo denominativo (un verbo derivado de un sustantivo; מֶלֶךְ, 'rey'). El verbo significa, 'llegar a ser rey, reinar'. En el Hif'il tiene una fuerza causativa y significa 'causar a alguien a ser rey' o 'causar a reinar (a alguien)'.

הִמְלִיךְHif'il pf. 3 ms, de מָלַךְ, 'él reinó'.

Traducción: 'Él hizo reinar'

Traducción de la cláusula: 'Él hizo reinar a Saúl sobre Israel.'

(5) אֶת־אֱלֹהִים הִתְהַלֶּךְ־נֹחַ

El verbo הִתְהַלֶּךְ tiene הִת por prefijo, el cual es el prefijo del Hitpa'el perfecto. No tiene sufijo, lo cual indica que es tercera persona masculino singular. El tema הָלַךְ significa 'ir, venir, caminar, andar'. El Hitpa'el significa 'ir y venir de un lado al otro.'

הִתְהַלֶּךְHitpa'el pf. 3 ms, de הָלַךְ, 'él fue, vino, caminó, anduvo'.

Traducción: 'él caminó'

Traducción de la cláusula: 'Con Dios caminó Noé,' o 'Noé caminó con Dios.'

(6) הִכְרַתִּי אֹתוֹ מִקֶּרֶב עַמּוֹ

El verbo הִכְרַתִּי tiene הִ por prefijo, el cual es el prefijo del Hif'il perfecto. También tiene תִּי por sufijo, lo cual indica que es primera persona común singular. A primera vista, pareciera que este tema tiene sólo 2 consonantes, כ y ר. Sin embargo, más investigación revela que la dagesh de ת es una dagesh forte, puesto que ת tiene por delante una vocal. El tema, pues, es כָּרַת, el cual significa 'cortar'. La regla que rige aquí estipula que al ser idénticas la última consonante del tema y la primera del sufijo, éstas son escritas como una sola consonante, duplicada por la dagesh forte.

הִכְרַתִּיHif'il pf. 1 cs, de כָּרַת, 'él cortó'.

Traducción: 'yo corté'

Traducción de la cláusula: 'Yo lo corté de en medio de su pueblo'.

(7) נָתַנּוּ אֶת־בְּנֹתֵינוּ לָכֶם

El verbo es נָתַנּוּ. La primera consonante es נ, pero no está vocalizada como un prefijo; debe corresponder al tema verbal. El sufijo es נוּ, el cual identifica esta forma como tercera persona común plural. La dagesh forte en la נ significa que ha sido duplicada y que el tema verbal es נָתַן. La regla aplicada aquí es la misma que rigió en el ejemplo anterior. Es decir, cuando la última consonante del tema es igual a la primera consonante del sufijo, las dos consonantes resultan combinadas. Tal unión está señalada por dagesh forte. Dado que נָתַנּוּ no tiene prefijo, tiene que ser o Qal, Pi'el, o Pu'al. Puesto que no tiene la consonante media duplicada, necesariamente será Qal. El tema verbal נָתַן significa 'dar, poner, establecer'.

נָתַנּוּ Qal pf. 1 cs, de נָתַן, 'él dio'.

Traducción: 'nosotros dimos'

Traducción de la cláusula: 'Nosotros les dimos nuestras hijas.'

(8) כִּי קוֹל יְהוָה נִשְׁמַע מִירוּשָׁלַיִם

El verbo נִשְׁמַע tiene נִ por prefijo. Por lo tanto, será clasificado como un Nif'al perfecto. El hecho de no tener sufijo indica que es tercera persona masculino singular. El tema verbal es שָׁמַע, el cual significa 'escuchar, oír'.

נִשְׁמַע Nif'al pf. 3 ms, de שָׁמַע, 'él escuchó, oyó'.

Traducción: 'él fue escuchado

Traducción de la cláusula: 'Porque la voz del Señor fue escuchada (está escuchada) en Jerusalén.'

EJERCICIOS

1. Escriba la inflexión perfecta del verbo מָשַׁל, 'él reinó', en cada uno de los siguientes sistemas. Indique la persona, el género, y el número de cada forma.
(1) Qal   (2) Nif'al   (3) Pi'el   (4) Hif'il

2. Indique las tres consonantes de cada uno de los siguientes perfectos.
Ejemplo: קטל הִקְטִיל

(1) הִמְשִׁילוּ

(2) נֶתְנָה

(3) שְׁמַרְתָּ

(4) גָּדְלָה

(5) דִּבַּרְנוּ

(6) הִתְקַדְּשָׁה

(7) הִכְשַׁלְתֶּם

(8) נִשְׁבְּרוּ

(9) הִמְשַׁלְתִּי

(10) נִלְהַם

(11) הָקְטַלְתֶּן

(12) רֻדְּפוּ

(13) נָפְלוּ

(14) הִזְכַּרְתִּי

(15) הִכְשַׁלְתָּ

(16) קִדַּשְׁנוּ

(17) הִתְפַּקְדוּ

(18) הִבְרַכְתֶּם

3. Indique el sistema al cual cada uno de los siguientes perfectos corresponde.
Ejemplo: מְשַׁלְתֶּם Qal

(1) _____ בִּקֵּשׁ

(2) _____ הִבְדַּלְתִּי

(3) _____ דִּבְּרוּ

(4) _____ שָׁמַעְתִּי

(5) _____ הִשְׁמִיד

(6) _____ לֻקַּח

(7) _____ נִכְרַת

(8) _____ הִכְבַּדְתִּי

(9) _____ קִדַּשְׁתִּי

(10) _____ נִלְכְּדָה

(11) _____ לֻמַּדְתָּ

(12) _____ הֻשְׁבַּרְתִּי

(13) _____ הִכְשַׁלְתֶּם

(14) _____ נִמְכַּרְנוּ

(15) _____ סֻפַּר

(16) _____ נִסְתְּרָה

(17) _____ הִסְתִּיר

(18) _____ הִבְדִּיל

191

4. Repaso de vocabulario: Haga las siguientes correspondencias de modo que las palabras con significados contrarios aparezcan como pares. Por ejemplo, el contrario de זָכָר, 'macho', es נְקֵבָה, 'hembra'. En consecuencia, la letra (E) se coloca a la par de su contrario זָכָר.

(1)	(E)	(A)זָכָר	נָתַן
(2)	( )	(B)מִלְחָמָה	אִשָּׁה
(3)	( )	(C)בֹּקֶר	רָחֹק
(4)	( )	(D)מֶלֶךְ	רוּחַ
(5)	( )	(E)אֶרֶץ	נְקֵבָה
(6)	( )	(F)אוֹר	רַע
(7)	( )	(G)יוֹם	אָב
(8)	( )	(H)אִישׁ	קָטֹן
(9)	( )	(I)טוֹב	בָּנִים
(10)	( )	(J)אֵשׁ	הִיא
(11)	( )	(K)לָקַח	לַיְלָה
(12)	( )	(L)אָח	עֶרֶב
(13)	( )	(M)גָּדוֹל	אָחוֹת
(14)	( )	(N)הוּא	עֶבֶד
(15)	( )	(O)קָרֹב	שָׁלוֹם
(16)	( )	(P)בָּנוֹת	מַיִם
(17)	( )	(Q)בָּשָׂר	שָׁמַיִם
(18)	( )	(R)אֵם	חֹשֶׁךְ

5. Cada uno de los siguientes ejemplos tiene una forma perfecta de un verbo hebreo. Produzca la traducción correcta de la forma verbal. En el espacio denotado (a), dé su sistema, en (b) su persona, género, y número, y en (c) su tema.

Ejemplo:

      וְנִכְרַת מֵעַמָּיו
      Él será cortado de entre su pueblo. (Éx. 30:33)

(a) Nifʿal
(b) 3ms
(c) כָּרַת

(1) מִי־בִקֵּשׁ זֹאת מִיֶּדְכֶם
¿Quién _____ esto de su mano? (Isa. 1:12)

(a) _____
(b) _____
(c) _____

(2) לֶחֶם לֹא אָכַלְתִּי
No _____ pan. (Deut. 9:9)

(a) _____
(b) _____
(c) _____

(3) כִּי מִמֶּנָּה לֻקָּחְתָּ
porque de ella _____ (Gén. 3:19)

(a) _____
(b) _____
(c) _____

(4) הֲלֹא כָתַבְתִּי לְךָ
¿No _____ para ti? (Prov. 22:20)

(a) _____
(b) _____
(c) _____

(5) וְאָנֹכִי עָמַדְתִּי בָהָר
Y yo _____ en la montaña. (Deut. 10:10)

(a) _____
(b) _____
(c) _____

(6) לֹא־שָׁלַחְתִּי אֶת־הַנְּבִאִים
No _____ los profetas. (Jer. 23:21)

(a) _____
(b) _____
(c) _____

(7) כִּי־מָצָאתָ חֵן בְּעֵינַי
Porque _____ gracia en mis ojos. (Éx. 33:17)

(a) _____
(b) _____
(c) _____

(8) נִמְצְאוּ דְבָרֶיךָ (a) _____
    Tus palabras (b) _____
    _____ (c) _____
    . (Jer. 15:16)

(9) וְהִנֵּה נָפְלוּ אֲבוֹתֵינוּ בֶּחָרֶב (a) _____
    Y he aquí, nuestros padres (b) _____
    _____ por (c) _____
    la espada. (2 Cr. 29:9)

(10) פָּקַד יְהוָה אֶת־עַמּוֹ (a) _____
    El Señor _____ a (b) _____
    su pueblo. (Rut 1:6) (c) _____

(11) שָׁלַחְתִּי אֲלֵיכֶם אֵת הַמִּצְוָה הַזֹּאת (a) _____
    Yo a ustedes (b) _____
    _____ este (c) _____
    mandamiento. (Mal. 2:4)

(12) דִּבַּרְנוּ אֵלֶיךָ בְמִצְרַיִם (a) _____
    Nosotros te (b) _____
    _____ en (c) _____
    Egipto (Éx. 14:12)

6. Complete estas oraciones con el pronombre correcto.

(1) הִבְדַּלְתִּי אֶתְכֶם מִן־הָעַמִּים _____ l____
    h___ separado de los pueblos. (Lev. 20:24)

(2) מָצָאתִי דָּוִד עַבְדִּי _____ h_____
    encontrado a David _____ siervo. (Sal. 89:21; esp. 89:20)

(3) וּבִקְשׁוּ אֶת־יְהוָה אֱלֹהֵיהֶם Y _____
    busc_____ al Señor _____ Dios. (Óseas 3:5)

(4) לֹא אֶת־אֲבֹתֵינוּ כָּרַת יְהוָה אֶת־הַבְּרִית

הַזֹּאת כִּי אִתָּנוּ No con _____ padres hizo (cortó) el Señor _____ pacto, sino con _____. (Deut. 5:3)

(5) וְהִכְרַתִּי אֹתָהּ מִקֶּרֶב עַמָּהּ Y _____ _____ cortar_____ de en _____ del pueblo. (Lev. 17:10)

(6) וְהִכְרַתִּי סוּסֶיךָ מִקִּרְבֶּךָ Y cortar_____ _____ caballos de en medio de _____. (Miq. 5:9; esp. 5:10)

(7) אֵיךְ כָּתַבְתָּ אֶת־כָּל־הַדְּבָרִים הָאֵלֶּה מִפִּיו ¿Cómo escrib_____ todas estas palabras de _____ boca? (Jer. 36:17)

(8) וְאֶת־אִשְׁתּוֹ לָקַחְתָּ Y _____ esposa tom_____. (2 Sam. 12:9)

(9) וְנָפַלְתָּ אַתָּה וִיהוּדָה עִמָּךְ Y caer_____ _____ y Judá con_____. (2 Cr. 25:19)

(10) וַעֲבַדְתֶּם אֹתָנוּ Y _____ _____ servir_____. (1 Sam. 17:9)

(11) וְשָׁכַבְתִּי עִם־אֲבֹתַי Y _____ dormir_____ con _____ padres. (Gén. 47:30)

(12) וְשִׁלַּחְתִּי־אֵשׁ בְּעָרָיו Y enviar_____ fuego sobre _____ ciudades. (Óseas 8:14)

(13) דִּבַּרְנוּ אֵלֶיךָ בְמִצְרַיִם _____ _____ hablamos en Egipto. (Éx. 14:12)

(14) דִּבְּרוּ אֶחָיו אִתּוֹ _____ hermanos hablaron con _____. (Gén. 45:15)

7. Practique leyendo el hebreo en voz alta. Después, tape el castellano y practique traduciendo por vista.

(1) אֱמֶת הָיָה הַדָּבָר אֲשֶׁר שָׁמַעְתִּי בְּאַרְצִי Verdad es la palabra que oí en mi tierra. (1 Reyes 10:6)

(2) אִישׁ הָיָה בְאֶרֶץ־עוּץ אִיּוֹב שְׁמוֹ Hubo en tierra de Uz un varón llamado Job. (Job. 1:1)

(3) כִּי אֲמַרְתֶּם כָּרַתְנוּ בְרִית אֶת־מָוֶת Porque ustedes han dicho, 'Hemos cortado un pacto con la muerte.' (Isa. 28:15)

(4) וְנִכְרְתָה קֶשֶׁת מִלְחָמָה וְדִבֶּר שָׁלוֹם לַגּוֹיִם Y el arco de guerra será cortado, y hablará paz a las naciones. (Zac. 9:10)

(5) עֵשָׂו לָקַח אֶת־נָשָׁיו מִבְּנוֹת כְּנָעַן Esaú tomó sus mujeres de las hijas de Canaán. (Gén. 36:2)

(6) וַיהוָה נִחָם כִּי־הִמְלִיךְ אֶת־שָׁאוּל עַל־יִשְׂרָאֵל Y el Señor se arrepentía de haber puesto a Saúl por rey sobre Israel. (1 Sam. 15:35)

(7) וְעַתָּה יְהוָה אֱלֹהָי אַתָּה הִמְלַכְתָּ אֶת־עַבְדְּךָ תַּחַת דָּוִד אָבִי וְאָנֹכִי נַעַר קָטֹן Ahora, O Señor mi Dios, tú has puesto a tu siervo por rey en lugar de David mi padre; y yo soy un muchacho joven. (1 Reyes 3:7)

(8) מָצָא חִלְקִיָּהוּ הַכֹּהֵן אֶת־סֵפֶר תּוֹרַת־יְהוָה בְּיַד־מֹשֶׁה Hilcías el sacerdote ha encontrado el libro de la ley del Señor por la mano de Moisés. (2 Cr. 34:14)

(9) לֹא־נָפַל דָּבָר אֶחָד מִכֹּל הַדְּבָרִים הַטּוֹבִים אֲשֶׁר דִּבֶּר יְהוָה אֱלֹהֵיכֶם עֲלֵיכֶם No ha caído una sola palabra de todas las buenas palabras que el Señor su Dios habló acerca de ustedes. (Josué 23:14)

(10) יַחְדָּו נָפְלוּ שְׁנֵיהֶם Y cayeron ambos juntos. (Jer. 46:12)

(11) בַּיּוֹם הַשְּׁמִינִי שִׁלַּח אֶת־הָעָם Y al octavo día despidió al pueblo. (1 Reyes 8:66)

(12) כִּי עַתָּה שֻׁלַּחְתִּי אֵלֶיךָ Porque ahora he sido enviado a ti. (Dan. 10:11)

(13) כֵּן דִּבֶּר] נָתָן אֶל־דָּוִד אַתָּה הָאִישׁ Así dijo Natán a David, 'Tú eres el hombre'. (2 Sam. 12:7)

(14) מַה־זֹּאת עָשָׂה אֱלֹהִים לָנוּ ¿Qué es esto que nos ha hecho Dios? (Gén. 42:28)

(15) אָמַרְתִּי יְהוָה אֵלִי אָתָּה He dicho al Señor, 'Tú eres mi Dios'. (Sal. 140:7; esp. 140:6)

VOCABULARIO

(1) אֶחָד uno

(2) אֵת con

(3) [בדל] él separó, dividió, distinguió

(4) בָּנָה él construyó

(5) [בקשׁ] él buscó

(6) בַּרְזֶל hierro

(7) [דבר] él dijo, habló

(8) זָכָר macho

(9) כֹּהֵן sacerdote

(10) כֶּרֶם viñedo

(11) כָּרַת él cortó

(12) מִין especie, clase

(13) מִלְחָמָה (f) batalla, guerra

(14) נְחֹשֶׁת cobre, bronce

(15) נְקֵבָה (f) hembra

(16) עָנָן nube

(17) פַּר ternero

(18) קֶרֶב medio

Lección XV

39. Verbos: el Qal imperfecto del verbo fuerte

39.1 Se forma el imperfecto del Qal tomando el infinitivo constructivo del Qal (el infinitivo constructivo de מָשַׁל es מְשֹׁל) y agregarle un juego fijo de prefijos y sufijos. Además, uno hace los cambios en la vocalización que estas adiciones al tema hacen necesarios. Como también era el caso con los sufijos del perfecto, los prefijos y sufijos del imperfecto son remanentes de los pronombres personales. Ellos sirven para indicar cambios de persona, género y número.

39.2 La siguiente tabla presenta los prefijos y los sufijos que se usan para formar el Qal imperfecto del verbo fuerte. Se usa una serie de 'X' para indicar la ubicación de los prefijos y sufijos en relación a las tres consonantes del tema verbal.

3 ms	X	X	X	יְ	3 mp	יְX	X	X	וּ
3 fs	X	X	X	תִּ	3 fp	תִּX	X	X	נָה
2 ms	X	X	X	תִּ	2 mp	תִּX	X	X	וּ
2 fs	י	X	X	X	תִּ	2 fp	תִּX	X	X	נָה
1 cs	X	X	X	אֶ	1 cp	X	X	X	נְ

(1) Los prefijos singulares son yôd, tres tāv, y ʾălĕf.

(2) Los prefijos plurales son yôd, tres tāv, y nûn.

(3) La vocal del prefijo del Qal imperfecto aparece como ḥîrĕq después de todos los prefijos excepto ʾălĕf (1 cs). Por ser ʾălĕf una gutural, ella requiere una sᵉgôl en lugar de una ḥîrĕq.

(4) El único sufijo que ocurre en la inflexión imperfecta del verbo es ḥîrĕq-yôd (י), la cual se encuentra en segunda persona femenino singular.

(5) Las primeras cuatro formas de la inflexión plural imperfecta tienen sufijos. Estos siguen el patrón וּ, נָה, וּ, נָה. La forma de la primera persona común plural no tiene sufijos.

(6) Las formas que corresponden a la tercera persona femenina singular y la segunda persona masculina singular son idénticas. Lo mismo es cierto en el caso de la tercera persona femenina plural y la segunda persona femenina plural. El contexto casi siempre ayuda que el estudiante distinga entre estas formas idénticas.

39.3 Las formas del Qal imperfecto que resultan de este procedimiento son éstas:

3 ms	יִמְשֹׁל	3 mp	יִמְשְׁלוּ
3 fs	תִּמְשֹׁל	3 fp	תִּמְשֹׁלְנָה
2 ms	תִּמְשֹׁל	2 mp	תִּמְשְׁלוּ
2 fs	תִּמְשְׁלִי	2 fp	תִּמְשֹׁלְנָה
1 cs	אֶמְשֹׁל	1 cp	נִמְשֹׁל

(1) La sílaba preformativa es cerrada. Por lo tanto, la shevá debajo de la primera consonante del tema será muda. Si la segunda consonante del tema hubiera sido una letra BeGaD KeFaT, hubiera sido puntuada con dagesh lene (véase כָּתַב en párrafo 39.4).

(2) La regla que define que aformativos (prefijos y sufijos) vocálicos atraen el acento a sí mismos rige tanto aquí como en la inflexión perfecta (ver XII.30.4 [3]). La formas del imperfecto que son afectadas por esta ley son la segunda persona femenino singular, la tercera persona masculino plural, y la segunda persona masculino plural. El cambio de acento hacia el sufijo obliga que la vocal anterior más cercana que esté en una sílaba abierta se volatilice. En las tres formas siguientes, ḥólĕm se reduce a una shevá sonora.

2 fs	תִּמְשְׁלִי pasa a ser	תִּמְשְׁלִי
3 mp	יִמְשְׁלוּ pasa a ser	יִמְשְׁלוּ
2 mp	תִּמְשְׁלוּ pasa a ser	תִּמְשְׁלוּ

(3) La regla que rige los sufijos consonánticos es que solamente los sufijos pesados תֶּם y תֶּן usados en la inflexión perfecta del tema (ver XII.30.4 [4]), atraen el acento a sí mismos. Esto significa que el sufijo נָה, usado en el imperfecto tercera persona femenino plural y segunda persona femenino plural, no es acentuado. En estas formas, el tono permanece sobre la penúltima sílaba, de modo que el acento tiene que ser señalado. Es más, un divisor de sílabas tiene que ser colocado debajo de la tercera consonante del tema cuando le sigue un aformativo consonántico.

3 fp, 2 fp	תִּמְשֹׁלְנָה pasa a ser	תִּמְשֹׁלֶנָה

(4) A veces el sufijo de la tercera persona masculino plural y la segunda persona masculino plural aparecen como וּן. Por ejemplo, יִמְשְׁלוּ puede ocurrir como יִמְשְׁלוּן o תִּמְשְׁלוּ como תִּמְשְׁלוּן. Al añadirse una nûn final a una forma imperfecta, el significado no cambia.

39.4 La inflexión del Qal imperfecto de כָּתַב, 'él escribió', sigue el mismo patrón que vimos en el caso de מָשַׁל.

3 ms	יִכְתֹּב	3 mp	יִכְתְּבוּ
3 fs	תִּכְתֹּב	3 fp	תִּכְתֹּבְנָה
2 ms	תִּכְתֹּב	2 mp	תִּכְתְּבוּ
2 fs	תִּכְתְּבִי	2 fp	תִּכְתֹּבְנָה
1 cs	אֶכְתֹּב	1 cp	נִכְתֹּב

39.5 Otros verbos fuertes que tienen una inflexión como la de מָשַׁל incluyen los siguientes:

(1) זָכַר él recordó

(2) כָּתַב él escribió

(3) מָלַךְ él reinó

(4) קָטַל él mató

(5) פָּקַד él visitó, asignó

(6) שָׁבַר él quebró

(7) שָׁבַת él descansó, cesó, dejó de

(8) שָׁמַר él guardó, mantuvo

(9) שָׁפַט él juzgó

39.6 Algunos verbos de estado tienen păṯăḥ en lugar de ḥólĕm por la vocal del tema.

Ejemplo: Qal imperfecto de כָּבֵד, 'él era pesado, honrado'

3 ms	יִכְבַּד	3 mp	יִכְבְּדוּ
3 fs	תִּכְבַּד	3 fp	תִּכְבַּדְנָה
2 ms	תִּכְבַּד	2 mp	תִּכְבְּדוּ
2 fs	תִּכְבְּדִי	2 fp	תִּכְבַּדְנָה
1 cs	אֶכְבַּד	1 cp	נִכְבַּד

40. Verbos: el significado del imperfecto

Los verbos imperfectos pueden ser usados con diversos significados. Con frecuencia se tiene que consultar el contexto para definir el significado que el autor quería expresar. Sin embargo, existen varios usos del imperfecto que son bastante evidentes. Los siguientes ejemplos jamás cubren todos las posibilidades. Ellos sirven sólo para ilustrar algunos usos comunes.

40.1 Uno de los usos más comunes del imperfecto es para describir una acción sencilla en tiempo futuro.

Ejemplos:

(1) כִּי־מֶלֶךְ יִמְלֹךְ עָלֵינוּ Pues un rey reinará sobre nosotros. (1 Sam. 12:12)

(2) אֲנִי אֶכְרֹת אִתְּךָ בְרִית Yo estableceré (cortaré) contigo un pacto. (2 Sam. 3:13)

(3) וְאַתָּה תִּמְלֹךְ עַל־יִשְׂרָאֵל Y tú reinarás sobre Israel. (1 Sam. 23:17)

(4) לֹא־אֶמְשֹׁל אֲנִי בָּכֶם No reinaré sobre ustedes. (Jueces 8:23)

(5) בִּי מְלָכִים יִמְלֹכוּ Por mí reinarán reyes. (Prov. 8:15)

40.2 Un segundo uso del imperfecto es para expresar acciones repetidas, habituales o acostumbradas, en el pasado, el presente o el futuro. A veces se refiere a este fenómeno como el 'uso frecuentativo' del imperfecto.

(1) Ejemplos de hechos repetidos, habituales o acostumbrados en el tiempo pasado

(a) וְאֵד יַעֲלֶה מִן־הָאָרֶץ Y subía de la tierra un vapor. (Gén. 2:6)

(b) יַעֲשֶׂה שָׁנָה בְשָׁנָה Así hacía cada año. (1 Sam. 1:7)

(2) Ejemplos de hechos repetidos, habituales o acostumbrados en el tiempo presente

(a) לְמַעַן אֶשְׁמֹר דְּבָרֶךָ Para que guarde tu palabra. (Sal. 119:101)

(b) וּתְפִלַּת צַדִּיקִים יִשְׁמָע Pero él oye la oración de los justos. (Prov. 15:29)

(c) בֵּן יְכַבֵּד אָב Un hijo honra (Pi'el) a (su) padre. (Mal. 1:6)

(3) Ejemplos de hechos repetidos, habituales o acostumbrados en el tiempo futuro

(a) יִזְכֹּר לְעוֹלָם בְּרִיתוֹ Para siempre se acordará de su pacto. (Sal. 111:5)

(b) יְהוָה יִמְלֹךְ לְעֹלָם וָעֶד El Señor reinará eternamente y para siempre. (Ex. 15:18)

(c) בְנֵי־ אֶשְׁכָּן־שָׁם בְּתוֹךְ יִשְׂרָאֵל לְעוֹלָם Habitaré allí entre los hijos de Israel para siempre. (Ezeq. 43:7)

40.3 Con frecuencia se usa el imperfecto para expresar acciones que son contingentes o dependientes de otros factores en el mismo contexto. Las opciones de traducción son muchas y a menudo éstas abarcan el uso del subjuntivo y otros elementos de condicionalidad en el castellano.

Las formas que corresponden a esta categoría pueden depender de una variedad de factores. A veces, éstas reflejan la voluntad, el deseo, la discreción, el criterio, la anticipación, o el permiso de la persona que habla. A veces, dependen de alguna acción previa que requiere una respuesta o reacción. El significado puede ser definido por el uso de partículas condicionales como אִם, 'si, aunque', y אוּלַי, 'tal vez, quizás'. Además, estas formas del imperfecto son comunes después de partículas que expresan finalidad o propósito, por ejemplo, לְמַעַן, 'para que', y כִּי, 'pues, porque', אֲשֶׁר, 'el/lo/la que', y פֶּן, 'a menos que'. Finalmente, ellas aparecen frecuentemente después de pronombres o adverbios interrogativos como אֵיךְ, '¿cómo …?, מָה, '¿qué …?, מִי, '¿quién …?, y לָמָה, '¿por qué …?'

Ejemplos:

(1) אוּלַי יִשְׁמְעוּ בֵּית יְהוּדָה Quizá oiga la casa de Judá.

(Jer. 36:3)

(2) ¿מִי יְהוָה אֲשֶׁר אֶשְׁמַע בְּקֹלוֹ Quién es el Señor para que yo oiga su voz? (Ex. 5:2)

(3) פֶּן־תִּשְׁכַּח אֶת־יְהוָה אֱלֹהֶיךָ ... para no olvidarte del Señor tu Dios. (Deut. 8:11)

(4) לָמָּה זֶּה תִּשְׁאַל לִשְׁמִי ¿Por qué me preguntas por mi nombre? (Gén. 32:29)

(5) אֶת־מִי אֶשְׁלַח ¿A quién enviaré? (Isa. 6:8)

41. Verbos: el yusivo y el cohortativo

Nos quedan dos funciones del imperfecto. Se hace referencia a estas dos funciones por medio de las palabras yusivo y cohortativo.

41.1 El yusivo abarca solamente las formas imperfectas del verbo. Puede ser usado con la segunda y tercera persona, aunque ésta última es más común. Un yusivo puede aparecer en cualquier de los sistemas. En verbos fuertes, toma la forma normal del imperfecto, de modo que sólo el contexto lo identifica como un yusivo. En verbos débiles, por otro lado, aparece como una forma abreviada del imperfecto.

El yusivo expresa el deseo o mandato de quien habla. Frecuentemente, se tiene que expresar con el subjuntivo en castellano.

A veces la partícula נָא: aparece después de yusivos y cohortativos, quizás para hacerlos más enfáticos. Normalmente se le clasifica como una partícula de súplica.

Ejemplos del uso del yusivo:

(a) יִזְכָּר־נָא הַמֶּלֶךְ אֶת־יְהוָה אֱלֹהֶיךָ Dígnese el rey recordar al Señor tu Dios. (2 Sam. 14:11)

(b) אַל־יִמְשְׁלוּ־בִי ... que no se enseñoreen de mí. (Sal. 19:14, esp. 19:13)

(c) יִשְׁפֹּט יְהוָה בֵּינִי וּבֵינֶיךָ Juzgue el Señor entre tú y yo. (Gén. 16:5)

41.2 El cohortativo corresponde a las formas de la primera persona del verbo imperfecto, ambos singular y plural. Un cohortativo puede aparecer en cualquiera de los sistemas verbales. Al contrario del yusivo, es a veces alargado por tener como sufijo la sílaba הָ. Ya que es un sufijo vocálico, atrae el acento a sí mismo, obligando la volatilización de la vocal anterior que ahora se encuentra en una sílaba abierta. Por supuesto la volatilización no se da si la vocal anterior es inalterablemente larga. Tal sílaba no suelta su acento.

Se usa el cohortativo para expresar deseo, intención, ánimo para con sí mismo, o la determinación de tomar cierta acción.

Ejemplos del uso del cohortativo:

(a) נִכְרְתָה בְרִית אֲנִי וָאָתָּה Establezcamos (cortemos) un pacto, tú y yo (el sufijo הָ ha sido añadido a נִכְרֹת, de כָּרַת, 'él cortó'). (Gén. 31:44)

(b) וְאֶשְׁמְרָה תוֹרָתְךָ תָמִיד Y yo guardaré tu ley continuamente (el sufijo הָ, añadido a אֶשְׁמֹר, de שָׁמַר, 'él guardó'). (Sal. 119:44)

(c) וְאֶכְרְתָה לָכֶם בְּרִית עוֹלָם Y estableceré para ustedes un pacto eterno (el sufijo הָ, añadido a אֶכְרֹת, de כָּרַת, 'él cortó'). (Isa. 55:3)

(d) וְעַתָּה נִכְרָת־בְּרִית לֵאלֹהֵינוּ Y ahora, hagamos (cortemos) un pacto con nuestro Dios. (Esdras 10:3)

EJERCICIOS

1. Escriba el Qal imperfecto de כָּתַב, 'él escribió'. Traduzca cada una de las siguientes formas.

(1) 3 ms כתב

(2) 3 fs כתב

(3) 2 ms כתב

(4) 2 fs כתב

(5) 1 cs כתב

(6)		3 mp	כתב
(7)		3 fp	כתב
(8)		2 mp	כתב
(9)		2 fp	כתב
(10)		1 cp	כתב

Haga las correspondencias.

(1)	( )	(A) יְכַבְּדוּ בָנָיו	Para que aprendas. (Deut. 14:23)
(2)	( )	(B) לְמַעַן תִּזְכְּרוּ	Cuidaré tus ovejas. (Gén. 30:31)
(3)	( )	(C) אֲנִי אֶמְלֹךְ	Caerán juntamente. (Isa. 43:17)
(4)	( )	(D) שָׁאוּל יִמְלֹךְ עָלֵנוּ	El Señor los gobernará. (Jueces 8:23)
(5)	( )	(E) לְמַעַן תִּלְמַד	Y guardarán mis mandamientos. (Lev. 26:3)
(6)	( )	(F) יַחְדָּו יִשְׁכְּבוּ	Estas cosas recordaré. (Sal. 42:5; esp. 42:4)
(7)	( )	(G) צֹאנְךָ אֶשְׁמֹר	Yo reinaré. (1 Reyes 1:5)
(8)	( )	(H) וְאֶת־מִצְוֹתַי תִּשְׁמֹרוּ	Y guardarán sus mandamientos. (Deut. 13:5)
(9)	( )	(I) וְאֶת־מִצְוֹתָיו	Sus hijos son honrados. (Job

		תִּשְׁמֹרוּ	14:21)
(10)	( )	(J)אֶשְׁפֹּט אֶתְכֶם	Los juzgaré a ustedes. (Ezeq. 11:11)
(11)	( )	(K)אֵלֶּה אֶזְכְּרָה	Para que aprendan. (Deut. 31:12)
(12)	( )	(L)יְהוָה יִמְשֹׁל בָּכֶם	Para que ustedes recuerden. (Núm. 15:40)
(13)	( )	(M)אֶזְכְּרָה אֱלֹהִים	Recordaré a Dios. (Sal. 77:4; esp. 77:3)
(14)	( )	(N)לְמַעַן יִלְמְדוּ	Quizá el Señor escuchará. (Isa. 37:4)
(15)	( )	(O)אוּלַי יִשְׁמַע יְהוָה	Saúl reinará sobre nosotros. (1 Sam. 11:12)

3. Complete las siguientes oraciones, usando el pronombre correcto.
(1) פֶּן־תִּשְׁכַּח אֶת־יְהוָה אֱלֹהֶיךָ Para que _____ no _____ olvide_____ del Señor_____ Dios. (Deut. 8:11)
(2) כִּי־תִשְׁמֹר אֶת־כָּל־הַמִּצְוָה הַזֹּאת Porque _____ guardar_____ todo _____ mandamiento. (Deut. 19:9)
(3) אִם־יִשְׁמְרוּ בָנֶיךָ בְּרִיתִי Si _____ hijos guard_____ _____ pacto. (Sal. 132:12)
(4) נִשְׁלְחָה אֲנָשִׁים לְפָנֵינוּ Envi_____ hombres delante de _____. (Deut. 1:22)
(5) וְלֹא אֶשְׁמַע אֲלֵיהֶם Y no _____ escuchar_____. (Jer. 11:11)
(6) לֹא־אֶמְשֹׁל אֲנִי בָּכֶם _____ no reinar_____ sobre _____. (Jueces 8:23)
(7) נִכְרְתָה בְרִית אֲנִי וָאָתָּה Establezc_____ un pacto, _____ y _____. (Gén. 31:44)
(8) וְאַתָּה אֶת־בְּרִיתִי תִשְׁמֹר Pero _____ guardar_____ _____ pacto. (Gén. 17:9)
(9) הֲיִכְרֹת בְּרִית עִמָּךְ ¿Establecer_____ un pacto con_____? (Job 40:28; esp.41:4)
(10) וְנִכְרְתָה בְרִית עִמָּךְ Y establecer_____ un pacto con_____. (Gén. 26:28)
(11) וַיִּכְרְתוּ אִתְּךָ בְרִית Y _____ establecer_____ un pacto con_____. (2 Sam. 3:21)

206

(12) כִּי־שְׁלֹמֹה בְנֵךְ יִמְלֹךְ אַחֲרַי Porque Salomón _____ hijo reinará después de _____.
(1 Reyes 1:13)

(13) אֶשְׁמְרָה דְרָכַי _____ guardar _____ _____ caminos. (Sal. 39:2; esp. 39:1)

(14) אֶשְׁמְרָה תוֹרָתְךָ תָמִיד _____ guardar _____ _____ ley continuamente. (Sal. 119:44)

(15) וְאֵיךְ נִגְנֹב מִבֵּית אֲדֹנֶיךָ כֶּסֶף אוֹ זָהָב ¿Porque cómo robar _____ plata o oro de la casa de _____ señor? (Gén. 44:8)

4. Cada oración de éstas tiene una forma del Qal imperfecto de un verbo hebreo. Dé su traducción. En el espacio (a), dé su persona, género, y número. En (b), dé su tema (es decir, el Qal perfecto 3 ms del mismo verbo).

(1) לֹא תִגְנֹב No _____. (Éx. 20:15)   (a) _____ (b) _____

(2) לֹא תִּגְנְבוּ No _____. (Lev. 19:11)   (a) _____ (b) _____

(3) וְחַטֹּאתֶיךָ לֹא אֶזְכֹּר Y tus pecados no _____. (Isa. 43:25)   (a) _____ (b) _____

(4) לְמַעַן תִּזְכְּרִי Para que no _____. (Ezeq. 16:63)   (a) _____ (b) _____

(5) אַל־תִּזְכְּרוּ רִאשֹׁנוֹת No _____ las cosas de antaño. (Isa. 43:18)   (a) _____ (b) _____

(6) וְאַתָּה תִּמְלֹךְ עַל־יִשְׂרָאֵל Y tu no _____ sobre Israel. (1 Sam. 23:17)   (a) _____ (b) _____

(7) כִּי אֶשְׁבֹּר אֶת־עֹל מֶלֶךְ בָּבֶל Porque yo _____ el yugo del rey de Babilonia (Jer. 28:4)   (a) _____ (b) _____

(8) וְהוּא יִשְׁפֹּט־תֵּבֵל בְּצֶדֶק Y él _____ el mundo con justicia. (Sal. 9:9;   (a) _____ (b) _____

esp. 9:8)

(9) ‎הֲתִשְׁפֹּט אֹתָם בֶּן־אָדָם ¿Los _____, o hijo del hombre? (Ezeq. 20:4) (a) _____ (b) _____

(10) ‎וּמִצְוֹתַי לֹא יִשְׁמֹרוּ Y no _____ mis mandamientos. (Sal. 89:32; esp. 89:31) (a) _____ (b) _____

(11) ‎וְיִזְכֹּר אֶת־יְמֵי הַחֹשֶׁךְ Y _____ los días de oscuridad. (Ecl. 11:8) (a) _____ (b) _____

(12) ‎וּמִצְרַיִם לֹא תִזְכְּרִי־עוֹד Y no _____ más de Egipto. (Ezeq. 23:27) (a) _____ (b) _____

(13) ‎אֶפְקֹד אֶתְכֶם Yo les _____. (Jer. 29:10) (a) _____ (b) _____

(14) ‎לְמַעַן אֶלְמַד חֻקֶּיךָ Para que yo _____ tus estatutos. (Sal. 119:71) (a) _____ (b) _____

(15) ‎כָּכָה אֶשְׁבֹּר אֶת־הָעָם הַזֶּה וְאֶת־הָעִיר הַזֹּאת Así _____ este pueblo y esta ciudad. (Jer. 19:11) (a) _____ (b) _____

5. Practique leyendo el hebreo en voz alta. Tape la traducción al castellano y practique leyendo por simple vista.

(1) ‎פֶּן־נִשְׂרֹף אוֹתָךְ וְאֶת־בֵּית אָבִיךְ בָּאֵשׁ Para que no te quememos con fuego a ti y a la casa de tu padre. (Jueces 14:15)

(2) ‎אֶל־הַנַּעַר אַל־תִּשְׁלַח יָדְךָ No extiendas tu mano contra el muchacho. (Gén. 22:12)

(3) ‎יוֹמָם וָלַיְלָה תִּכְבַּד עָלַי יָדֶךָ Día y noche tu mano estaba

208

pesada contra mí. (Sal. 32:4)

(4) מִן־ וַאֲנַחְנוּ נִכְרֹת עֵצִים הַלְּבָנוֹן Y nosotros cortaremos árboles de Líbano. (2 Cr. 2:15; esp. 2:16)

(5) בְּיָד חֲזָקָה אֶמְלוֹךְ עֲלֵיכֶם Reinaré sobre ustedes con una mano fuerte. (Ezeq. 20:33)

(6) הִנֵּה בֶן־הַמֶּלֶךְ יִמְלֹךְ כַּאֲשֶׁר דִּבֶּר יְהוָה עַל־בְּנֵי דָוִד ¡He aquí, el hijo del rey! ¡Que reine, así como el Señor habló respecto a los hijos de David! (2 Cr. 23:3)

(7) יִזְכֹּר עֲוֹנָם וְיִפְקֹד חַטֹּאתָם Él recordará su iniquidad y visitará sus pecados. (Jer. 14:10)

(8) וְלֹא־יִלְמְדוּן עוֹד מִלְחָמָה Y no aprenderán más la guerra. (Miq. 4:3)

(9) וְקֶשֶׁת וְחֶרֶב וּמִלְחָמָה אֶשְׁבּוֹר מִן־הָאָרֶץ Y arco, espada, y guerra quebraré de (sobre) la tierra. (Os. 2:20; esp. 2:18)

(10) וַעֲבָדַי יִשְׁכְּנוּ־שָׁמָּה Y mis siervos vivirán allí. (Isa. 65:9)

(11) הַזֶּה כִּי־מִי יִשְׁפֹּט אֶת־עַמְּךָ הַגָּדוֹל ¿Porque quién puede juzgar (gobernar) este gran pueblo tuyo? (2 Cr. 1:10)

(12) אָמַרְתִּי אֲנִי בְּלִבִּי אֶת־ וְאֶת־הָרָשָׁע יִשְׁפֹּט הַצַּדִּיק הָאֱלֹהִים Dije en mi corazón, 'Dios juzgará al justo y al malvado.' (Ecl. 3:17)

(13) נָחוֹר אֱלֹהֵי אַבְרָהָם וֵאלֹהֵי יִשְׁפְּטוּ בֵינֵינוּ ¡Que el Dios de Abraham y el Dios de Najor juzgue(n) entre nosotros! (Gén. 31:53)

(14) יִמְלֹךְ זֶה מִשְׁפַּט הַמֶּלֶךְ אֲשֶׁר עֲלֵיכֶם Ésta (será) la práctica del rey que reina sobre ustedes. (1 Sam. 8:11)

(15) מִי־יִשְׁכֹּן בְּהַר קָדְשֶׁךָ ¿Quién vivirá en tu santo monte? (Sal. 15:1)

VOCABULARIO

(1) אַיִל carnero

(2) בּוֹא venir, ir

(3) זָכַר él recordó

(4) חָיָה él vivió

(5) מָשַׁל él reinó

(6) עֶבֶד siervo, esclavo

(7) עָבַר él atravesó, pasó por encima

(8) עוֹלָם eternidad

(9) קוּם levantar(se), pararse

(10) שָׂפָה (f) labio, idioma, orilla

(11) שָׁאַל él preguntó, pidió

(12) שָׁבַר él quebró, hizo añicos

(13) שׁוּב él volvió, devolvió

(14) שׁוֹפָר cuerno de carnero, trompeta

(15) שָׁכַח él (se) olvidó

(16) שָׁפַט él juzgó

(17) תָּמִיד continuamente

(18) תְּפִלָּה(f) oración

Lección XVI

42. Verbos: los imperfectos de los sistemas restantes

Las formas imperfectas del verbo ocurren no sólo en el sistema Qal sino también en los otros seis sistemas. Es importante aprender las formas imperfectas de todos los sistemas, porque las formas imperfectas de los verbos débiles se derivan de ellas.

Los prefijos y sufijos imperfectos tienen las mismas consonantes en todos los sistemas del verbo. Esta regla rige tanto para verbos fuertes como para los débiles. También las vocales de los sufijos son iguales para todos los sistemas. Sin embargo, las vocales de los prefijos varían de sistema en sistema. En consecuencia, tienen que ser memorizadas.

	Qal Imperfecto	Nif'al Imperfecto	Pi'el Imperfecto
3 ms	― י	― י	― י
3 fs	― תּ	― תּ	― תּ
2 ms	― תּ	― תּ	― תּ
2 fs	י ― תּ	י ― תּ	י ― תּ
1 cs	― א	― א	― א
3 mp	וּ ― י	וּ ― י	וּ ― י
3 fp	נָה ― תּ	נָה ― תּ	נָה ― תּ
2 mp	וּ ― תּ	וּ ― תּ	וּ ― תּ
2 fp	נָה ― תּ	נָה ― תּ	נָה ― תּ
1 cp	― נ	― נ	― נ

Este mismo patrón continúa en todos los demás sistemas verbales.

Las vocales del prefijo son las mismas en todas las formas imperfectas en cualquier sistema dado, excepto en la forma primera persona común singular, en la cual la consonante del prefijo es אָ. Cuando ḥîrĕq viene después del prefijo אָ, ésta cambia a sᵉgôl (אִ ⇒ אֶ); cuando una shevá simple viene después del prefijo אָ (אְ ⇒ אֱ), ésta cambia a ḥătĕf-pătăḥ.

42.1 *El Nifʿal imperfecto de* כָּתַב *y* מָשַׁל

3 ms	יִמָּשֵׁל	יִכָּתֵב
3 fs	תִּמָּשֵׁל	תִּכָּתֵב
2 ms	תִּמָּשֵׁל	תִּכָּתֵב
2 fs	תִּמָּשְׁלִי	תִּכָּתְבִי
1 cs	אֶמָּשֵׁל	אֶכָּתֵב
3 mp	יִמָּשְׁלוּ	יִכָּתְבוּ
3 fp	תִּמָּשַׁלְנָה	תִּכָּתַבְנָה
2 mp	תִּמָּשְׁלוּ	תִּכָּתְבוּ
2 fp	תִּמָּשַׁלְנָה	תִּכָּתַבְנָה
1 cp	נִמָּשֵׁל	נִכָּתֵב

(1) La vocal del prefijo del Nifʿal imperfecto es ḥîrĕq en todas las formas excepto la primera persona común singular. En esta forma, la vocal es sᵉgôl.

(2) Se coloca dagesh forte en la primera consonante del tema verbal en el Nifʿal imperfecto. Esta consonante es duplicada. La duplicación ocurre porque una נ original ha desaparecido. יִנְמָשֵׁל pasa a ser יִמָּשֵׁל. Cuando נ cierra una sílaba dentro de una palabra hebrea y está seguida por un divisor de sílabas (shevá muda), ella queda asimilada a la consonante siguiente por medio de dagesh forte.

(3) Hay tres sufijos vocálicos (2 fs, 3 mp, y 2 mp). Estos atraen a sí mismos el acento, lo cual causa la volatilización de la vocal anterior más cercana que aparezca en una sílaba abierta.

2 fs	תִּמָּשְׁלִי pasa a ser	תִּמָּשֵׁלִי
3 mp	יִמָּשְׁלוּ pasa a ser	יִמָּשֵׁלוּ

תִּמָּשֵׁלוּ　　　　　תִּמָּשֵׁלוּpasa a ser　　　　　2 mp

(Note que mĕtĕg está colocado al lado de una vocal larga que aparece inmediatamente antes de una shevá sonora.)

4) La vocal que aparece en la sílaba anterior a las terminaciones נָה del imperfecto (3 fp y 2 fp) es ḥólĕm en el sistema Qal, pătăḥ en los sistemas Nif'al, Pu'al y Hof'al, y ṣérê en los sistemas Pi'el, Hitpa'el, y Hif'il. Esta regla también gobierna la mayoría de los verbos débiles. Tomaremos nota de las excepciones a la hora de ocurrirse ellas.

(5) El Nif'al imperfecto se puede usar en una variedad de maneras. Lo mismo es cierto del imperfecto en todos sus sistemas. Frecuentemente tiene un significado pasivo. También puede ser reflexivo.

(a) El Nif'al imperfecto a veces describe una acción sencilla en tiempo futuro.

Ejemplos:

בָּאֵשׁ יִשָּׂרֵף Al fuego será quemada. (Lev. 7:19)

וְשָׁם אֶקָּבֵר Y allí seré sepultada. (Rut 1:17)

מֵי הַיַּרְדֵּן יִכָּרֵתוּן Las aguas del Jordán serán cortadas. (Josué 3:13)

(b) A veces se usa el Nif'al imperfecto en un sentido frecuentativo, para describir acciones reiteradas, habituales, o acostumbradas.

Ejemplos:

וּשְׁמוֹ לֹא־יִזָּכֵר עוֹד Y su nombre no será recordado para siempre. (Jer. 11:19)

וְאַתֶּם כֹּהֲנֵי יְהוָה תִּקָּרֵאוּ Y ustedes serán llamados 'sacerdotes del Señor'. (Isa. 61:6)

(c) A veces se usa el Nif'al imperfecto para expresar acciones que son contingentes de otros elementos en el contexto. Las posibilidades de traducción abundan y uno depende del contexto para determinar cual es la más acertada. Este uso incluye los yusivos y cohortativos.

Ejemplos:

אוּלַי יִמָּצְאוּן שָׁם אַרְבָּעִים אֲנָשִׁים Quizás se hallarán allí cuarenta (hombres). (Gén. 18:29)

יִשָּׁפְטוּ גוֹיִם עַל־פָּנֶיךָ Sean juzgados las naciones delante de ti. (Sal. 9:20; esp. 9:19)

42.2 *El Pi'el imperfecto de* דָּבַר y מָשַׁל

3 ms	יְמַשֵּׁל	יְדַבֵּר
3 fs	תְּמַשֵּׁל	תְּדַבֵּר
2 ms	תְּמַשֵּׁל	תְּדַבֵּר
2 fs	תְּמַשְּׁלִי	תְּדַבְּרִי
1 cs	אֲמַשֵּׁל	אֲדַבֵּר
3 mp	יְמַשְּׁלוּ	יְדַבְּרוּ
3 fp	תְּמַשֵּׁלְנָה	תְּדַבֵּרְנָה
2 mp	תְּמַשְּׁלוּ	תְּדַבְּרוּ
2 fp	תְּמַשֵּׁלְנָה	תְּדַבֵּרְנָה
1 cp	נְמַשֵּׁל	נְדַבֵּב

(1) Las dos características distintivas del Pi'el imperfecto son la shevá después de la consonante del prefijo (normalmente ְ, pero ֲ después de א), y la duplicación de la consonante media del tema verbal. Note que la vocal que aparece en la sílaba anterior a terminaciones נָה (3 fp y 2 fp) es ṣērê, igual a todos los sistemas activos (excepto Qal).

(2) El Pi'el imperfecto puede ser traducido en una variedad de maneras. A veces su significado es intensivo, pero con frecuencia es sencillo y activo, como el Qal. También puede ser causativo, como el Hif'il.

(a) El Pi'el imperfecto a veces describe una acción sencilla en tiempo futuro.

Ejemplos:

כִּי יְדַבֵּר שָׁלוֹם אֶל־עַמּוֹ Porque hablará paz a su pueblo (Sal. 85:9; esp. 85:8)

אֲשֶׁר יְדַבֵּר יְהוָה אֹתוֹ אֲדַבֵּר Lo que hable el Señor, eso diré. (Núm. 24:13)

(b) A menudo el Pi'el imperfecto se usa en un sentido frecuentativo, para describir acciones reiteradas, habituales, o acostumbradas.

Ejemplos:

פֶּה־לָהֶם וְלֹא יְדַבֵּרוּ Tienen boca, y no hablan. (Sal. 135:16)

קֶשֶׁת יְשַׁבֵּר Él quiebra el arco. (Sal. 46:10; esp. 46:9)

מַה־תְּבַקֵּשׁ ¿Qué buscas? (Gén. 37:15)

(c) El Pi'el imperfecto puede ser usado para expresar acciones que son contingentes de otros elementos en el contexto. Este uso incluye los yusivos y cohortativos.

Ejemplos:

אֲדַבְּרָה־נָּא אֶל־הַמֶּלֶךְ Hablaré ahora al rey. (2 Sam. 14:15)

לָמָּה יְבַקֵּשׁ זֹאת אֲדֹנִי ¿Para qué procura mi señor esto? (1 Cr. 21:3)

42.3 *El Pu'al imperfecto de* כָּתַב *y* מָשַׁל

3 ms	יְמֻשַּׁל	יְכֻתַּב
3 fs	תְּמֻשַּׁל	תְּכֻתַּב
2 ms	תְּמֻשַּׁל	תְּכֻתַּב
2 fs	תְּמֻשְּׁלִי	תְּכֻתְּבִי
1 cs	אֲמֻשַּׁל	אֲכֻתַּב
3 mp	יְמֻשְּׁלוּ	יְכֻתְּבוּ
3 fp	תְּמֻשַּׁלְנָה	תְּכֻתַּבְנָה
2 mp	תְּמֻשְּׁלוּ	תְּכֻתְּבוּ
2 fp	תְּמֻשַּׁלְנָה	תְּכֻתַּבְנָה
1 cp	נְמֻשַּׁל	נְכֻתַּב

(1) Las características distintivas del Pu'al imperfecto son la shevá después de la consonante del prefijo (normalmente ְ, pero ֲ después de א), la qĭbbús acompañando la primera consonante del tema, y la duplicación de la consonante media del tema verbal.

(2) El Pu'al es el pasivo del Pi'el imperfecto.

Ejemplos:

וּמַלְאָךְ יְשֻׁלַּח־בּוֹ Y un mensajero (ángel) será enviado a él. (Prov. 17:11)

עֲוֹן־יַעֲקֹב לָכֵן בְּזֹאת וְכֻפַּר De esta manera, pues, será perdonada la iniquidad de Jacob. (Isa 27:9)

וְחַטָּאתְךָ תְּכֻפָּר Y es quitado (cubierto) tu pecado. (Isa. 6:7)

42.4 *El Hitpa'el imperfecto de* מָשַׁל *y* הָלַךְ, *'él caminó, anduvo'*

3 ms	יִתְמַשֵּׁל	יִתְהַלֵּךְ
3 fs	תִּתְמַשֵּׁל	תִּתְהַלֵּךְ
2 ms	תִּתְמַשֵּׁל	תִּתְהַלֵּךְ
2 fs	תִּתְמַשְּׁלִי	תִּתְהַלְּכִי
1 cs	אֶתְמַשֵּׁל	אֶתְהַלֵּךְ
3 mp	יִתְמַשְּׁלוּ	יִתְהַלְּכוּ
3 fp	תִּתְמַשֵּׁלְנָה	תִּתְהַלֵּכְנָה
2 mp	תִּתְמַשְּׁלוּ	תִּתְהַלְּכוּ
2 fp	תִּתְמַשֵּׁלְנָה	תִּתְהַלֵּכְנָה
1 cp	נִתְמַשֵּׁל	נִתְהַלֵּךְ

(1) Las características distintivas del Hitpa'el imperfecto son el prefijo largo y la duplicación de la consonante media del tema verbal.

(2) Normalmente, el Hitpa'el imperfecto tiene un significado reflexivo. Sin embargo, a veces su significado es casi paralelo al del Qal imperfecto; es decir, expresa una acción sencilla en la voz activa.

(a) Normalmente, el Hitpa'el imperfecto expresa una acción que es reiterada, acostumbrada, o habitual.

Ejemplos:

וְהַמֶּ֙לֶךְ֙ יִתְגַּדֵּ֣ל עַל־כָּל־אֵ֔ל Y el rey se engrandecerá sobre todo dios. (Dan. 11:36)

אֶתְהַלֵּ֥ךְ לִפְנֵ֥י יְהוָ֑ה בְּאַרְצ֥וֹת הַֽחַיִּֽים Andaré delante de Jehová en la tierra de los vivientes. (Sal. 116:9)

וּבִשְׁמ֖וֹ יִתְהַלָּֽכוּ Y en su nombre caminarán. (Zac. 10:12)

(b) A veces, el Hitpa'el imperfecto se usa para expresar acciones que son contingentes de otros factores en el contexto. Esto contempla tanto los yusivos y cohortativos, como las expresiones cuya traducción requiere el uso de un verbo modal en español.

Ejemplos:

אָמ֣וֹר אָמַ֗רְתִּי בֵּיתְךָ֙ וּבֵ֣ית אָבִ֔יךָ יִתְהַלְּכ֥וּ לְפָנַ֖י עַד־עוֹלָ֑ם Yo había dicho que tu casa y la casa de tu padre andarían delante de mí perpetuamente. (1 Sam. 2:30)

יִתְקַדָּ֑שׁוּ [הַכֹּהֲנִ֖ים] … que se santifiquen [los sacerdotes]. (Éx. 19:22)

42.5 *El Hif'il imperfecto de* מָשַׁל *y* סָתַר, *'él escondió'*

3 ms	יַמְשִׁיל	יַסְתִּיר
3 fs	תַּמְשִׁיל	תַּסְתִּיר
2 ms	תַּמְשִׁיל	תַּסְתִּיר
2 fs	תַּמְשִׁילִי	תַּסְתִּירִי
1 cs	אַמְשִׁיל	אַסְתִּיר
3 mp	יַמְשִׁילוּ	יַסְתִּירוּ
3 fp	תַּמְשֵׁלְנָה	תַּסְתֵּרְנָה
2 mp	תַּמְשִׁילוּ	תַּסְתִּירוּ
2 fp	תַּמְשֵׁלְנָה	תַּסְתֵּרְנָה
1 cp	נַמְשִׁיל	נַסְתִּיר

(1) El Hifʿil imperfecto tiene pătăḥ en la sílaba del prefijo y ḥîrĕq-yôd en la segunda sílaba.

(2) Ḥîrĕq-yôd es inalterablemente larga y no puede ser reducida a una shevá sonora delante de sufijos vocálicos (2 fs, 3 mp, y 2 mp). Por ende, esta vocal está preservada en cada una de estas formas; es más, la sílaba en la cual aparece continúa portando el acento. Hifʿil es el único sistema en el cual el acento no cambia delante de un sufijo vocálico (ver XII.30.4 [3]; XV.39.3 [2])

(3) Los sufijos נָה (3 fp, 2 fp) no atraen el acento a sí mismos. Igual a los imperfectos Piʾel y Hitpaʾel, el imperfecto del Hifʿil tiene ṣērê en la sílaba del tema que precede los sufijos נָה (ver XV.39.3 [3])

(4) Normalmente, el Hifʿil imperfecto sirve como la forma causativa del Qal imperfecto. Sin embargo, esto puede variar en el caso de algunos verbos. Frecuentemente, el significado de una forma dada puede ser definido por medio de un análisis cuidadoso del contexto en el cual el verbo aparece.

(a) El Hifʿil imperfecto a veces describe una acción sencilla en tiempo futuro.

Ejemplos:

אַכְרִית אֶת־שְׁמוֹת הָעֲצַבִּים מִן־הָאָרֶץ Haré cortar de la tierra los nombres de los ídolos. (Zac. 13:2)

שָׁלוֹשׁ עָרִים תַּבְדִּיל לָךְ בְּתוֹךְ אַרְצֶךָ Apartarás tres ciudades para ti en el medio de tu tierra. (Deut. 19:2)

וְאֶת־בָּנָיו תַּקְרִיב Y harás que se acerquen sus hijos. (Éx. 29:8)

הוּא־יַשְׁמִיד אֶת־הַגּוֹיִם הָאֵלֶּה מִלְּפָנֶיךָ Él destruirá a estas naciones delante de ti. (Deut. 31:3)

(b) Con frecuencia se usa el Hifʿil imperfecto para expresar acciones reiteradas, habituales, o acostumbradas.

Ejemplos:

אֶל־פֶּתַח אֹהֶל מוֹעֵד יַקְרִיב אֹתוֹ Lo ofrecerá a la puerta del tabernáculo de reunión. (Lev. 1:3)

אַזְכִּירָה שִׁמְךָ בְּכָל־דֹּר וָדֹר Haré perpetua la memoria de tu nombre en todas las generaciones. (Sal. 45:18; esp. 45:17)

42.6 *El Hofʿal imperfecto de* מָשַׁל

3 ms יָמְשַׁל   3 mp יָמְשְׁלוּ

3 fs	תִּמְשֹׁל	3 fp	תִּמְשֹׁלְנָה
2 ms	תִּמְשֹׁל	2 mp	תִּמְשְׁלוּ
2 fs	תִּמְשְׁלִי	2 fp	תִּמְשֹׁלְנָה
1 cs	אֶמְשֹׁל	1 cp	נִמְשֹׁל

(1) Las características distintivas del Hof'al imperfecto son qā́mĕṣ-ḥāṭûf como la vocal del prefijo y pătăḥ como la vocal que aparece entre la segunda y tercera consonantes del tema verbal. Esta pătăḥ continúa también delante de los sufijos נָה, como se vio en el caso de los imperfectos Nif'al y Pu'al.

(2) El Hof'al imperfecto es el pasivo del Hif'il imperfecto. Ocurre infrecuentemente en la Biblia Hebrea, de modo que los ejemplos necesariamente incluyen verbos débiles.

Ejemplos:

    Hif'il Imperfecto 3 ms   Hof'al Imperfecto 3 ms

(a) יָבִיא 'él traerá', de בּוֹא, 'ir'   יוּבָא 'él será traído' (ver 2 Reyes 12:5, 17)

(b) יָמִית 'él matará', de מוּת, 'morir'   יוּמַת 'él será muerto' (ver Éx. 19:12; 21:15)

43. Verbos: los imperfectos con vāv consecutiva

43.1 La vāv consecutiva es una forma especial de la conjunción que puede ser prefijada a las formas imperfectas de los verbos hebreos para expresar *el pasado narrado*. Un pasaje que narra eventos consecutivos en el tiempo pasado con frecuencia comienza con un perfecto para después ser continuado por medio de una serie de imperfectos con vāv consecutiva. Por el hecho de que ambos los perfectos y los imperfectos en tal secuencia normalmente son traducidos en el tiempo pasado, a los gramáticos les es común referirse a la vāv consecutiva como la 'vāv conversiva' y afirmar que ella 'convierte' las formas imperfectas del verbo en perfectas. Sería más sencillo decir que los imperfectos que son prefijados con vāv consecutiva representan acciones consecutivas que se dieron en el tiempo pasado, desde la perspectiva del lector. Puede entenderse como 'en secuencia' ('y luego …') o 'en consecuencia' ('y así …'), aunque no siempre es posible marcar una diferencia fuerte entre estos dos significados. Tampoco es siempre necesario expresar tal distinción en una traducción.

43.2 La vāv consecutiva se escribe וַ (vāv, más pătăḥ más dagesh forte en la siguiente consonante). La reglas para su puntuación son similares a las que gobiernan el artículo definido (véase V.14). Por ejemplo, si la vāv consecutiva está prefijada a la forma de la primera persona singular del imperfecto—la que comienza con א—dagesh forte queda rechazado por א. Por lo tanto, la vocal anterior tiene que ser alargada (pắtăḥ a qắmĕṣ).

Ejemplos:

וָאֶזְכֹּר 'y recordé' (Éx. 6:5)

וָאֶכְתֹּב 'y escribí' (Jer. 32:10)

Dagesh forte también queda rechazado por algunas consonantes no guturales que están acompañadas por una shevá sonora. Esto ocurre frecuentemente cuando una vāv consecutiva está prefijada a una palabra que comienza con יְ (yôd apoyada por una shevá sonora).

43.3 El Qal imperfecto 3 ms de אָמַר, 'él dijo,' sin la vāv consecutiva, se escribe יֹאמַר. Sin embargo, con la vāv consecutiva, se cambia en וַיֹּאמֶר y es traducido 'y (luego) él dijo.' Esta forma ocurre con tanta frecuencia en la Biblia Hebrea que el estudiante debe memorizarla de una vez.

43.4 Ejemplos de los imperfectos con vāv consecutiva:

(a) וַיִּכְתֹּב בְּשֵׁם הַמֶּלֶךְ Y él escribió en el nombre del rey. (Est. 8:10)

(b) וַתִּכְתֹּב אֶסְתֵּר הַמַּלְכָּה Entonces Ester la reina escribió. (Est. 9:29)

(c) וַיַּמְלִיכוּ אֹתוֹ עַל־כָּל־יִשְׂרָאֵל Y lo hicieron rey sobre todo Israel (1 Reyes 12:20)

(d) וַיְדַבֵּר שְׁלֹשֶׁת אֲלָפִים מָשָׁל Y él habló (compuso) tres mil proverbios. (1 Reyes 5:12; esp. 4:32)

44. Hē' directiva (הָ)

El hebreo frecuentemente acude al sufijo הָ para indicar 'dirección o movimiento hacia …'

44.1 Hē' directiva puede añadirse a sustantivos comunes, a nombres propios, y a adverbios de dirección. Nunca lleva un acento, y no debe confundirse con la terminación femenina singular de los sustantivos.

44.2 Los sustantivos comunes que tienen el sufijo hē' directiva puede aparecer sin o con el artículo.

44.3 Los cambios vocálicos y tónicos que ocurren al añadirse hē' directiva difícilmente se pueden prever. Cada forma tiene que ser aprendida individualmente. Entre las más comunes son las siguientes:

(1) Hē' directiva con sustantivos comunes:

(a) אֶרֶץ tierra, suelo — אַרְצָה a la tierra, al suelo (2 Sam. 14:11)

(b) הַבַּיִת la casa — הַבַּיְתָה a la casa (Gén. 43:26)

(c) הָהָר la montaña — הָהָרָה a la montaña (Deut. 10:1)

(2) Hē' directiva con nombres propios:

(a) מִצְרַיִם Egipto — מִצְרַיְמָה a Egipto (Gén. 41:57)

(b) בָּבֶל Babilonia — בָּבֶלָה hacia Babilonia (Jer. 29:20)

(c) יְרוּשָׁלַיִם Jerusalén — יְרוּשָׁלַיְמָה hacia Jerusalén (2 Cr. 32:9)

(3) Hē' directiva con adverbios de dirección:

(a) שָׁם allí — שָׁמָּה hacia allá (Gén. 24:8)

(b) אָן ¿dónde? — אָנָה ¿para dónde?, ¿hacia dónde? (Sal. 139:7)

(c) צָפוֹן norte — צָפוֹנָה hacia el norte (Gén. 13:14)

(d) תֵּימַן sur — תֵּימָנָה hacia el sur (Deut. 3:27)

(e) קֶדֶם este — קֵדְמָה hacia el este (Gén. 13:14)

(f) יָם oeste — יָמָּתָה hacia el oeste (Gén. 13:14)

45. Dagesh forte conjuntivo

A veces se coloca dagesh forte en la consonante inicial de una palabra para vincularla a la palabra que precede. Esto ocurre siempre que la primera palabra es זֶה o מַה y se vinculen con las palabras siguientes por medio de măqqḗf. También se da al terminar la primera palabra en qā́mĕṣ, qā́mĕṣ-hē', o sᵉgôl-hē', y de ser la segunda palabra monosilábica. Algunos gramáticos prefieren designar este dagesh forte 'dagesh forte eufónico'. El valor fonético de este dagesh no se sabe con certeza.

Ejemplos:

(a) אֲדַבְּרָה־נָּא אֶל־הַמֶּלֶךְ Voy a hablar, pues, con el rey. (2 Sam. 14:15)

(b) זֶה־שְּׁמִי לְעֹלָם Éste es mi nombre para siempre. (Éx. 3:15)

(c) מַה־זֹּאת עָשָׂה אֱלֹהִים לָנוּ ¿Qué es esto que el Señor nos ha hecho? (Gen. 42:28)

EJERCICIOS

1. Escriba la inflexiones a continuación:

    (1) Qal imperfecto de מָשַׁל
    (2) Nif'al imperfecto de קָבַר
    (3) Pi'el imperfecto de דָּבַר
    (4) Pu'al imperfecto de כָּתַב
    (5) Hitpa'el imperfecto de מָלַךְ
    (6) Hif'il imperfecto de סָתַר
    (7) Hof'al imperfecto de שָׁלַח

2. Cada ejemplo a continuación tiene una forma imperfecta del verbo hebreo. Complete la traducción escribiendo el significado de la forma verbal. En el inciso (a), dé su sistema, en (b) su persona, género, y número, y en (c) su forma más básica.

Ejemplo:

וַיְגַנֵּב אַבְשָׁלוֹם אֶת־לֵב אַנְשֵׁי יִשְׂרָאֵל
Y Absalón robó el corazón del pueblo de Israel. (2 Sam. 15:6)

(a) Pi'el
(b) 3 ms
(c) גָּנַב

(1) וַיִּכְתֹּב בַּסֵּפֶר (a) _____
Y él _____ en el (b) _____
libro. (1 Sam. 10:25) (c) _____

(2) אֶת־פָּנֶיךָ יְהוָה אֲבַקֵּשׁ (a) _____
Tu rostro, o Señor, (b) _____
_____. (Sal. 27:8) (c) _____

(3) וַיִּכְרְתוּ בְרִית בִּבְאֵר שָׁבַע (a) _____
Y ellos _____ un (b) _____
pacto en Berseba. (Gén. (c) _____
21:32)

(4) וּרְשָׁעִים מֵאֶרֶץ יִכָּרֵתוּ (a) _____
Pero los malvados serán (b) _____
_____ de la tierra. (c) _____
(Prov. 2:22)

(5) וְאֶזְכֹּר אֶת־בְּרִיתִי (a) _____
Y yo _____ mi (b) _____
pacto. (Éx. 6:5) (c) _____

(6) וַיִּזְכֹּר בְּרִיתוֹ (a) _____
Y él _____ su (b) _____
pacto. (Sal. 106:45) (c) _____

(7) וְלֹא יִזָּכְרוּ עוֹד (a) _____
Y ellos no serán (b) _____
_____ más. (Zac. (c) _____
13:2)

(8) בֵּן יְכַבֵּד אָב וְעֶבֶד אֲדֹנָיו (a) _____
Un hijo _____ a (su) (b) _____
padre y un siervo a su amo. (c) _____
(Mal. 1:6)

(9) וְאֶת־בְּנֵיהֶם יְלַמֵּדוּן (a) _____
Y ellos _____ a sus (b) _____
hijos. (Deut. 4:10) (c) _____

(10) יְהוָה יִלָּחֵם לָכֶם (a) _____
El Señor _____ por (b) _____

223

	ustedes. (Éx. 14:14)	(c) _____
(11)	וָאֲמַלֵּא אֹתוֹ רוּחַ אֱלֹהִים Y yo le _____ (con) el Espíritu de Dios. (Éx. 31:3)	(a) _____ (b) _____ (c) _____
(12)	אַסְתִּירָה פָנַי מֵהֶם Yo _____ mi rostro de ellos. (Deut. 32:20)	(a) _____ (b) _____ (c) _____
(13)	וְשָׁם תִּקָּבֵר Y allí serás _____. (Jer. 20:6)	(a) _____ (b) _____ (c) _____
(14)	פֶּן־נִשְׂרֹף אוֹתָךְ וְאֶת־בֵּית אָבִיךְ בָּאֵשׁ Para que no (a menos que) te _____ y a la casa de tu padre en (con) fuego. (Jueces 14:15)	(a) _____ (b) _____ (c) _____
(15)	יְדַבֶּר־נָא אֲדֹנִי הַמֶּלֶךְ Que _____ mi señor el rey. (2 Sam. 14:18)	(a) _____ (b) _____ (c) _____

3. Complete las oraciones a continuación, supliendo los pronombres correctos y las porciones de los verbos que faltan.

(1) וַתֹּאמֶר מִי־אַתְּ בִּתִּי Y _____ dijo, ¿_____ eres, _____ hija?' (Rut 3:16)

(2) וַיֹּאמֶר לִי מִי־אַתָּה Y ____ _____ dijo, '¿_____ eres _____?' (2 Sam. 1:8)

(3) מַה־נֹּאמַר לַאדֹנִי מַה־נְּדַבֵּר ¿ _____ dir_____ a _____ señor? ¿_____ hablar _____? (Gén. 44:16)

(4) וְשָׁם אֲדַבֵּר אוֹתָךְ Y allí _____ hablar ____ con_____. (Ezeq. 3:22)

(5) וְלֹא־אֲדַבֵּר עוֹד בִּשְׁמוֹ Y _____ no hablar ___ más en _____ nombre. (Jer. 20:9)

(6) וַיִּשְׂרְפוּ אוֹתָהּ וְאֶת־אָבִיהָ בָּאֵשׁ Y _____ quemaron a _____ y a _____ padre con fuego. (Jueces 15:6)

(7) בֵּיתְךָ נִשְׂרֹף עָלֶיךָ בָּאֵשׁ _____ casa quemar_____ con fuego. (Jueces 12:1)

(8) אַל־תַּסְתֵּר מִמֶּנִּי מִצְוֹתֶיךָ No escondas de _____ _____ mandamientos. (Sal. 119:19)

(9) וְאַתָּה לֹא תִמָּלֵט מִיָּדוֹ Mas _____ no escapar ____ de _____ mano. (Jer. 34:3)

224

(10) וּמִפָּנֶיךָ אֶסָּתֵר Y de _____ rostro _____ ser____ escondido. (Gén. 4:14)
(11) וְלֹא־תִלָּחֲמוּ עִם־אֲחֵיכֶם Y _____ no pelear_____ con _____ hermanos. (2 Cr. 11:4)
(12) יְהַלְלוּ שְׁמוֹ ¡Que _____ alab _____ _____ nombre. (Sal. 149:3)

4. Complete las traducciones a continuación:
(1) וַיִּשְׁכַּב דָּוִד עִם־אֲבֹתָיו Luego David se acostó con _____. (1 Reyes 2:10)
(2) בְּיָדְךָ אַפְקִיד רוּחִי A _____ _____ encomiendo _____. (Sal. 31:6; esp. 31:5)
(3) וַיִּשְׁמֹר מִצְוֹתָיו Pero él _____ sus _____. (2 Reyes 18:6)
(4) הֲלוֹא אֲבַקֵּשׁ אֶת־דָּמוֹ מִיֶּדְכֶם ¿No _____ su _____? (2 Sam. 4:11)
(5) עַתָּה יִזְכֹּר עֲוֹנָם Ahora él _____ su _____. (Jer. 14:10)
(6) וַיְשַׁבֵּר אֹתָם Y él _____ _____. (Éx. 32:19)
(7) יִשָּׁפְטוּ גוֹיִם עַל־פָּנֶיךָ ¡Que se _____ las _____ delante de ti! (Sal. 9:20; esp. 9:19)
(8) וַעֲבָדַי יִשְׁכְּנוּ־שָׁמָּה Y mis _____ _____ allí. (Isa. 65:9)
(9) וְלֹא־יִזָּכְרוּ עוֹד Y no serán _____ más. (Zac. 13:2)
(10) יִזָּכֵר עֲוֹן אֲבֹתָיו ¡Que la iniquidad de sus _____ sea _____! (Sal. 109:14)
(11) וַיִּכְתֹּב בְּשֵׁם הַמֶּלֶךְ Y él _____ en el nombre del _____. (Est. 8:10)
(12) וְלֹא־יִזָּכֵר שֵׁם־יִשְׂרָאֵל עוֹד ¡Que el _____ de Israel no sea _____ más! (Sal. 83:5; esp. 83:4)

5. Practique pronunciando el hebreo. Tape la traducción al castellano y practique traduciendo.
(1) אַכְרִית אֶת־שְׁמוֹת [הַנְּבִיאִים] וְלֹא מִן־הָאָרֶץ יִזָּכְרוּ עוֹד Cortaré los nombres de [los profetas] de la tierra, y no serán recordados más. (Zac. 13:2)

(2) כֹּל אֲשֶׁר־יִקְרָא בְּשֵׁם יְהוָה יִמָּלֵט Todo aquel que invoca el nombre del Señor será rescatado. (Joel 3:5)

(3) וַיִּשְׁכֹּן כְּבוֹד־יְהוָה עַל־הַר סִינַי La gloria del Señor moró en el Monte Sinaí. (Éx. 24:16)

(4) יְהוָה וַיְלַמְּדוּ סֵפֶר תּוֹרַת בְּכָל־עָרֵי יְהוּדָה Y enseñaron el libro de la ley del Señor en todas las ciudades de Judá. (2 Cr. 17:9)

(5) עַם־בְּנֵי יִשְׂרָאֵל אַל־תִּלָּחֲמוּ O Israelitas, no peleen contra

(6)	וַיִּקָּבֵר עִם־אֲבֹתָיו בְּעִיר דָּוִד	יְהוָה אֱלֹהֵי־אֲבֹתֵיכֶם (con) el Señor, el Dios de sus padres. (2 Cr. 13:12)
		Y él fue sepultado con sus padres en la ciudad de David. (1 Reyes 14:31)
(7)	וְאֵת־וַיִּשְׂרֹף אֶת־בֵּית־יְהוָה וְאֶת־בֵּית הַמֶּלֶךְ וְאֵת כָּל־בָּתֵּי יְרוּשָׁלָ͏ִם	Él quemó la casa del Señor y la casa del rey y todas las casas de Jerusalén. (2 Reyes 25:9)
(8)	כָּל־אֶשְׁפּוֹךְ אֶת־רוּחִי עַל־בָּשָׂר	Yo derramaré mi espíritu sobre toda carne. (Joel 3:1)
(9)	אֵלֶיךָ אֶת־הַדָּבָר אֲשֶׁר־אֲדַבֵּר אֹתוֹ תְדַבֵּר	La palabra que te diga, aquella dirás. (Núm. 22:35)
(10)	וְלֹא־יִקָּרֵא עוֹד אֶת־שִׁמְךָ אַבְרָם	Y tu nombre ya no será (llamado) Abram. (Gén. 17:5)
(11)	כִּי בֵיתִי בֵּית־תְּפִלָּה יִקָּרֵא לְכָל־הָעַמִּים	Porque mi casa será llamada un casa de oración para todos los pueblos. (Isa. 56:7)
(12)	וַיִּתְהַלֵּךְ חֲנוֹךְ אֶת־הָאֱלֹהִים	Y Enoc caminó con Dios. (Gén. 5:24)
(13)	אֶתְהַלֵּךְ לִפְנֵי יְהוָה בְּאֶרֶץ הַחַיִּים	Ando delante del Señor en la tierra de los vivientes. (Sal. 116:9)
(14)	עַד־אָנָה תַּסְתִּיר אֶת־פָּנֶיךָ מִמֶּנִּי	¿Hasta cuándo esconderás de mi tu rostro? (Sal. 13:2; esp. 13:1)
(15)	וַיִּזְכֹּר אֱלֹהִים אֶת־נֹחַ	Y después Dios recordó a Noé. (Gén. 8:1)

VOCABULARIO

(1) בֶּטֶן (f) vientre, cuerpo, útero

(2) [בָּרַךְ] él bendijo

(3) גָּאַל él redimió

(4) הָלַל él alabó

(5) חַטָּאת (f) pecado

(6) [לָחַם] él peleó

(7) לָמַד él aprendió

(8) מָלֵא él estaba lleno

(9) מָלַט él se escapó

(10) נָשָׂא él levantó, portó

(11) סָתַר él escondió

(12) עָוֹן iniquidad, culpa

(13) פֶּשַׁע rebelión, trasgresión

(14) קָבַר él enterró, sepultó

(15) רָאָה él vio

(16) רָקִיעַ firmamento, expansión

(17) שָׂרַף él quemó

(18) שָׁפַךְ él derramó

Lección XVII

46. Verbos: los sufijos pronominales con perfectos

46.1 Un verbo transitivo es cualquier verbo que puede tener un complemento directo. Cuando el complemento de un verbo transitivo es un pronombre, éste puede ser expresado en dos formas distintas. El sufijo pronominal puede adherirse a אֵת, el signo del complemento directo (véase XI.27.2 [1]), y puede ser colocado antes o después del verbo. Alternativamente, el sufijo pronominal puede adherirse directamente al final del verbo al cual sirve como complemento directo. No existe ninguna diferencia semántica entre estas dos formas de expresar el complemento pronominal.

Ejemplos:

יְהוָה שְׁלָחַנִי El Señor me envió. (Jer. 26:12)

אֹתִי שָׁלַח יְהוָה A mí me envió el Señor [enfático]. (1 Sam. 15:1)

אֹתִי עָזְבוּ A mí me abandonaron [enfático]. (Jer. 2:13)

בָּנֶיךָ עֲזָבוּנִי Tus hijos me han abandonado. (Jer. 2:13)

וְהִכְרַתִּיו מִתּוֹךְ עַמִּי Y lo cortaré de en medio de mi pueblo. (Ezeq. 14:8)

וְהִכְרַתִּי אֹתוֹ מִקֶּרֶב עַמּוֹ Y lo cortaré de en medio de su pueblo. (Lev. 20:3)

בֵּרַכְנוּ אֶתְכֶם בְּשֵׁם יְהוָה Los bendecimos en el nombre del Señor. (Sal. 129:8)

בֵּרַכְנוּכֶם מִבֵּית יְהוָה Los bendecimos desde la casa del Señor. (Sal. 118:26)

46.2 Los sufijos pronominales para perfectos que terminan en vocales son iguales para todos los sistemas del verbo. Aparecen a continuación:

1 cs	נִי me, a mí	1 cp	נוּ nos, a nosotros
2 ms	ךָ te/le/lo, a ti/usted	2 mp	כֶם les/los, a ustedes
2 fs	ךְ te/le/la, a ti/usted	2 fp	כֶן les/las, a ustedes

3 ms	הוּ, וֹ le/lo, a él		3 mp	הֶם, ם les/los, a ellos
3 fs	הָ le/la, a ella		3 fp	ן les/las, a ellas

(1) Ejemplo: Sufijos pronominales adheridos a שָׁמְרוּ, Qal perfecto, 3 cp, de שָׁמַר, 'él guardó', traducido como 'ellos guardaron.'

שְׁמָרוּנִי ellos me guardaron	שְׁמָרוּנוּ ellos nos guardaron
שְׁמָרוּךָ ellos te guardaron	שְׁמָרוּכֶם ellos los guardaron (a ustedes)
שְׁמָרוּךְ ellos te guardaron	שְׁמָרוּכֶן ellos las guardaron (a ustedes)
שְׁמָרוּהוּ ellos lo guardaron	שְׁמָרוּם ellos los guardaron
שְׁמָרוּהָ ellos la guardaron	שְׁמָרוּן ellos las guardaron

(A) Solamente los sufijos pronominales pesados כֶם, כֶן, y הֶם atraen el acento a sí mismos. Delante de todos los demás sufijos, el acento está colocado en la sílaba que comienza con la consonante final del tema verbal.

(B) La adición de un sufijo pronominal a una forma verbal que tiene una shevá sonora debajo de la segunda consonante del tema hace que la shevá se restaure a su forma original (păṭăḥ); después ella se alarga a qắmĕṣ (sílabas abiertas sin acento requieren vocales largas). Es más, la qắmĕṣ debajo de la consonante inicial del tema, ya que se dejó en una sílaba abierta que queda a una distancia de dos sílabas del tono, tiene que volatilizarse (se reduce a una shevá sonora). Sin embargo, fíjese que estos cambios no ocurren con vocales en sílabas cerradas ni con vocales inalterablemente largas. Estas reglas están ilustradas en los ejemplos que aparecieron anteriormente.

(2) Ejemplo: Sufijos pronominales adheridos a בִּקְשׁוּ, Pi'el perfecto, 3 cp, de [בקשׁ], 'él buscó', traducido como 'ellos buscaron.'

בִּקְשׁוּנִי ellos me buscaron	בִּקְשׁוּנוּ ellos nos buscaron
בִּקְשׁוּךָ ellos te buscaron	בִּקְשׁוּכֶם ellos los buscaron (a ustedes)
בִּקְשׁוּךְ ellos te buscaron	בִּקְשׁוּכֶן ellos las buscaron (a ustedes)
בִּקְשׁוּהוּ ellos lo buscaron	בִּקְשׁוּהֶם ellos los buscaron

בִּקְשׁוּהָ ellos la buscaron　　　　　　　　　בִּקְשׁוּן ellos las buscaron

(A ק se le pierde su dagesh forte porque está apoyada por una shevá sonora.)

(3) Ejemplo: Sufijos pronominales adheridos a הִכְרִיתוּ, Hif'il perfecto, 3 cp, de כָּרַת, 'él cortó', traducido como 'ellos cortaron.'

הִכְרִיתוּנִי ellos me cortaron　　　　　　　הִכְרִיתוּנוּ ellos nos cortaron

הִכְרִיתוּךָ ellos te cortaron　　　　　　　　הִכְרִיתוּכֶם ellos los cortaron (a ustedes)

הִכְרִיתוּךְ ellos te cortaron　　　　　　　　הִכְרִיתוּכֶן ellos las cortaron (a ustedes)

הִכְרִיתוּהוּ ellos lo cortaron　　　　　　　　הִכְרִיתוּם ellos los cortaron

הִכְרִיתוּהָ ellos la cortaron　　　　　　　　הִכְרִיתוּן ellos las cortaron

46.3 También los sufijos pronominales para perfectos que terminan en consonantes son iguales para todos los sistemas verbales. Aparecen a continuación:

1 cs	־נִי (en pausa, ־נִי) me, a mí	1 cp	־נוּ	nos, a nosotros
2 ms	־ךָ (en pausa, ־ךָ) te, a ti	2 mp	־כֶם	los, les, a ustedes
2 fs	־ךְ o ־ךְ te, a ti	2 fp	־כֶן	las, les, a ustedes
3 ms	־הוּ o ־וֹ lo, le, a él	3 mp	־ם	los, les, a ellos
3 fs	־הָ la, le, a ella	3 fp	־ן	las, les, a ellas

(1) Ejemplo: Sufijos pronominales adheridos a שָׁמַר, Qal perfecto, 3 ms, traducido como 'él guardó.'

שְׁמָרַנִי él me guardó　　　　　　　　　שְׁמָרָנוּ él nos guardó

שְׁמָרְךָ él te guardó　　　　　　　　　שְׁמָרְכֶם él los guardó (a ustedes)

230

שְׁמָרְךָ él te guardó	שְׁמָרְכֶן él las guardó (a ustedes)
שְׁמָרוֹ él lo guardó	שְׁמָרָם él los guardó
שְׁמָרָהּ él la guardó	שְׁמָרָן él las guardó

(A) Se usa una vocal conectiva para unir los sufijos pronominales a las formas verbales que terminan en una consonante. Los perfectos tienden preferir pắtăḥ o qắmĕṣ, mientras los imperfectos se inclinan a ṣḗrê (véase XVII.47.2).

(B) Los cambios de vocalización que ocurren cuando los sufijos pronominales se adhieren a un Qal perfecto que termina con una consonante son idénticos a los que se dan cuando la forma verbal termina con una vocal. Específicamente, se volatiliza la vocal en la primera sílaba. La vocal en la segunda sílaba se levanta a qắmĕṣ. Esta qắmĕṣ recibe un mḗtĕg cuando esté precedida por una shevá sonora. Lo mismo ocurre en 2 ms, 2 mp, y 2 fp (ilustrado anteriormente).

(2) Ejemplo: Sufijos pronominales adheridos a הִכְרִית, Hifʿil perfecto, 3 ms, de כָּרַת, traducido como 'él cortó.'

הִכְרִיתַנִי él me cortó	הִכְרִיתָנוּ él nos cortó
הִכְרִיתְךָ él te cortó	הִכְרִיתְכֶם él los cortó (a ustedes)
הִכְרִיתֵךְ él te cortó	הִכְרִיתְכֶן él las cortó (a ustedes)
הִכְרִיתוֹ él lo cortó	הִכְרִיתָם él los cortó
הִכְרִיתָהּ él la cortó	הִכְרִיתָן él las cortó

No se da ningún cambio vocálico al adherirse un sufijo pronominal a הִכְרִית. Esto se debe a que la primera sílaba de esta forma Hifʿil es una sílaba cerrada; por ende su vocal no puede ser volatilizada. De manera parecida, la vocal de la segunda sílaba es inalterablemente larga; tampoco puede ser acortada.

46.4 Existen otras formas de la inflexión perfecta que sufren ciertos cambios internos cuando se les agrega sufijos pronominales. Estas formas son poco frecuentes, de modo que el estudiante se puede limitar a sólo reconocerlas.

(1) Al añadírsele los sufijos pronominales al perfecto 3 fs, la terminación הָ cede a la forma תְ la que es una terminación femenina antigua.

Ejemplos:

שָׁמְרַת—pasa a ser (Qal)	שְׁמָרָה
בִּקְשַׁת—pasa a ser (Pi'el)	בִּקְשָׁה
הִשְׁמִידַת—pasa a ser (Hif'il)	הִשְׁמִידָה

Los sufijos pronominales se agregan después a los formas que resultan, según los ejemplos que siguen a continuación:

שְׁמָרַתְנִי	ella me guardó
שְׁמָרַתְךָ	ella te guardó
	etc.

(2) Al añadírsele los sufijos pronominales al perfecto 2 fs (שָׁמַרְתְּ), la תְּ final pasa a ser תִּי. La forma que resulta (שְׁמַרְתִּי-) es idéntica a la del perfecto 1 cs. Sólo el contexto distingue entre las dos formas.

(3) Al añadírsele los sufijos pronominales al perfecto 2 mp (שְׁמַרְתֶּם), la mēm final se pierde y la sᵉgôl que precede se convierte en šûrĕq. La forma que resulta, a la cual se le agregan los sufijos, es—שְׁמַרְתוּ.

46.5 En resumen, las formas del Qal perfecto que se usan delante de sufijos pronominales son las siguientes:

3 ms	-שְׁמָר		
3 fs	-שְׁמָרַת	3 cp	-שְׁמָרוּ
2 ms	-שְׁמַרְתְּ	2 mp	-שְׁמַרְתוּ
2 fs	-שְׁמַרְתִּי	2 fp	-שְׁמַרְתוּ
1 cs	-שְׁמַרְתִּי	1 cp	-שְׁמַרְנוּ

47. Verbos: los sufijos pronominales con los imperfectos

47.1 Los sufijos pronominales que se usan con imperfectos que terminan con vocales son idénticos a los que se usan para perfectos que terminan con vocales. Aparecen a continuación:

| 1 cs | נִי me, a mí | 1 cp | נוּ nos, a nosotros |

2 ms	ךָ te, a ti	2 mp	כֶם les, los, a ustedes
2 fs	ךְ te, a ti	2 fp	כֶן les, las, a ustedes
3 ms	הוּ, ו le, lo	3 mp	ם les, los, a ellos
3 fs	הָ le, la	3 fp	ן les, las, a ellas

(1) Ejemplo: los sufijos pronominales que se adhieren a יִשְׁמְרוּ, Qal imperfecto, 3 mp, de שָׁמַר, 'él guardó', traducido como 'ellos guardarán.'

יִשְׁמְרוּנִי	ellos me guardarán	יִשְׁמְרוּנוּ	ellos nos guardarán
יִשְׁמְרוּךָ	ellos te guardarán	יִשְׁמְרוּכֶם	ellos los guardarán (a ustedes)
יִשְׁמְרוּךְ	ellos te guardarán	יִשְׁמְרוּכֶן	ellos las guardarán (a ustedes)
יִשְׁמְרוּהוּ	ellos lo guardarán	יִשְׁמְרוּם	ellos los guardarán
יִשְׁמְרוּהָ	ellos la guardarán	יִשְׁמְרוּן	ellos las guardarán

Una forma alternativa ocurre a veces cuando un sufijo pronominal viene después de un imperfecto que termina con šûrĕq. De vez en cuando la šûrĕq se escribe defectivamente, es decir, como una qĭbbûṣ. El hecho de que la qĭbbûṣ en tales casos lleva el acento indica que se le considera una vocal larga. Cambios de esta índole normalmente se darán delante del sufijo pronominal 3 ms.

Ejemplos:

וַיַּמְלִיכֻהוּ תַּחַת־אָבִיו Y lo hicieron rey en lugar de su padre. (2 Cr. 36:1)

וַיְבַקְשֻׁהוּ וְלֹא נִמְצָא Y los buscaron pero no fue hallado. (1 Sam. 10:21)

(2) Ejemplo: los sufijo pronominales que se adhieren a יְשַׁלְּחוּ, Pi'el imperfecto, 3 mp, de שָׁלַח, 'él envió', traducido como 'ellos enviarán.'

יְשַׁלְּחוּנִי	ellos me enviarán	יְשַׁלְּחוּנוּ	ellos nos enviarán
יְשַׁלְּחוּךָ	ellos te enviarán	יְשַׁלְּחוּכֶם	ellos los enviarán (a ustedes)
יְשַׁלְּחוּךְ	ellos te enviarán	יְשַׁלְּחוּכֶן	ellos las enviarán (a ustedes)
יְשַׁלְּחֻהוּ	ellos lo enviarán	יְשַׁלְּחוּם	ellos los enviarán
יְשַׁלְּחוּהָ	ellos la enviarán	יְשַׁלְּחוּן	ellos las enviarán

(Algunas formas del Pi'el conservan la dagesh forte en consonantes mediales que están apoyadas por una shevá sonora, como en el caso de la לְ de los ejemplos anteriores.)

47.2 Los sufijos pronominales que se usan con imperfectos que terminan con consonantes son idénticos para todos los sistemas verbales. Se ocupa de una vocal conectiva entre el sufijo y la forma verbal. Para este fin, los imperfectos prefieren ṣērê, u otra vocal de la clase 'e' (ֹ).

1 cs	־נִי me, a mí	1 cp	־נוּ nos, a nosotros
2 ms	ךָ (en pausa, ךְָ), te, a ti	2 mp	־כֶם los, les, a ustedes
2 fs	־ךְ te, a ti	2 fp	־כֶן las, les, a ustedes
3 ms	־הוּ lo, le	3 mp	־ם los, les
3 fs	־הָ la, le	3 fp	־ן las, les

(1) Ejemplo: los sufijos pronominales que se adhieren a יִשְׁמֹר, Qal imperfecto, 3 ms, de שָׁמַר, 'él guardó', traducido como 'él guardará.'

יִשְׁמְרֵנִי	él me guardará	יִשְׁמְרֵנוּ	él nos guardará
יִשְׁמָרְךָ	él te guardará	יִשְׁמָרְכֶם	él los guardara (a ustedes)
יִשְׁמְרֵךְ	él te guardará	יִשְׁמָרְכֶן	él las guardará (a ustedes)

יִשְׁמְרֵם él los guardará   יִשְׁמְרֵהוּ él lo guardará

יִשְׁמְרֵן él los guardará   יִשְׁמְרֶהָ él la guardará

La ḥṓlĕm en la segunda sílaba de יִשְׁמֹר se acorta a qā́mĕṣ-ḥāṭûf delante de los sufijos pronominales ךָ (2 ms), כֶם (2 mp), y כֶן (2 fp). Delante de todos los demás sufijos pronominales, ḥṓlĕm se reduce a una shevá sonora.

(2) Ejemplo: los sufijos pronominales que se adhieren a יְבַקֵּשׁ, Pi'el imperfecto, 3 ms, de [בקשׁ], 'él buscó', traducido como 'él buscará.'

יְבַקְשֵׁנִי él me buscará   יְבַקְשֵׁנוּ él nos buscará

יְבַקֶּשְׁךָ él te buscará   יְבַקֶּשְׁכֶם él los buscará (a ustedes)

יְבַקְשֵׁךְ él te buscará   יְבַקֶּשְׁכֶן él las buscará (a ustedes)

יְבַקְשֵׁהוּ él lo buscará   יְבַקְשֵׁם él los buscará

יְבַקְשֶׁהָ él la buscará   יְבַקְשֵׁן él las buscará

En tres de los ejemplos anteriores, la shevá sonora que debería de colocarse debajo de ק, la cual es la consonante medial, se convierte en sᵉgôl. Los tres ejemplos son 2 ms, 2 mp, y 2 fp. La regla que se aplica en estos casos es que cuando ocurren dos shevás sonoras en orden consecutivo dentro de una palabra, la primera de ellas tiene que convertirse en una vocal completa.

(2 ms)   יְבַקֶּשְׁךָ pasa a ser   יְבַקְשְׁךָ

(2 mp)   יְבַקֶּשְׁכֶם pasa a ser   יְבַקְשְׁכֶם

(2 fp)   יְבַקֶּשְׁכֶן pasa a ser   יְבַקְשְׁכֶן

(3) Ejemplo: los sufijos pronominales que se adhieren a יַקְרִיב, Hif'il imperfecto, 3 ms, de קָרַב, 'él se acercó', traducido como 'él traerá cerca, ofrendará, presentará.'

יַקְרִיבֵנִי él me presentará   יַקְרִיבֵנוּ él nos presentará

יַקְרִיבְךָ él te presentará   יַקְרִיבְכֶם él los presentará (a ustedes)

235

יַקְרִיבְךָ él te presentará	יַקְרִיבְעבְכֶן él las presentará (a ustedes)
יַקְרִיבֵהוּ él lo presentará	יַקְרִיבֵם él los presentará
יַקְרִיבֶהָ él la presentará	יַקְרִיבֵן él las presentará

No hay volatilización delante de los sufijos pronominales de esta forma verbal porque la sílaba inicial está cerrada y la vocal de la segunda sílaba (י) es inalterablemente larga.

47.3 A veces ocurre una variante del sufijo pronominal en el caso de los verbos que terminan con consonantes. Se trata de la inserción de unas nûn adicionales entre la forma verbal y el sufijo.

(1) A continuación aparecen las formas que se encuentran en la Biblia Hebrea:

1 cs	ֶנִּי (en lugar de ִי, נִי)	1 cp	ֶנּוּ (en lugar de ֵנוּ)	
2 ms	ֶךָּ (en lugar de ְךָ)			
3 ms	ֶנּוּ (en lugar de ֵנוּ)			
3 fs	ֶנָּה (en lugar de ֵנָה)			

(A) No existe ninguna diferencia semántica entre un sufijo que tiene nûn adicionales y otro que no las tiene.

(B) Cuando nûn esté apoyada por una shevá muda (divisora de sílabas), ella se asimila a la consonante que sigue por medio de un dagesh forte. Este fenómeno genera las formas que aparecen en esta sección. Preste atención especial al dagesh forte que aparece en la kāf final del sufijo 2 ms (ֶךָּ).

(C) El sufijo 3 ms es idéntico al sufijo 1 cp. Sólo el contexto distingue entro los dos.

(2) Ejemplo: Las formas alternativas de los sufijos pronominales que se adhieren a יְבַקֵּשׁ, Pi'el imperfecto 3 ms, de [בקשׁ], 'él buscó', traducido como 'él buscará.'

יְבַקְשֵׁנִי él me buscará	יְבַקְשֶׁנָּה él la buscará
יְבַקֶּשְׁךָ él te buscará	יְבַקְשֶׁנּוּ él nos buscará

יְבַקְשֶׁנּוּ él lo buscará

EJERCICIOS

1. Haga las correspondencia:

(1) ( ) (A) וַיִּשְׂרְפָה בָאֵשׁ — Ellos lo buscan con todo el corazón (Sal. 119:2)

(2) ( ) (B) שָׁמָּה תִּקְבְּרֵנִי — Y ellos no los mataron. (Josué 9:26)

(3) ( ) (C) עַל־הָאָרֶץ תִּשְׁפְּכֶנּוּ — Y ellos los vistieron. (2 Cr. 28:15)

(4) ( ) (D) בְּכָל־לֵב יִדְרְשׁוּהוּ — Lo derramarás sobre la tierra. (Deut. 12:16)

(5) ( ) (E) וְלֹא הֲרַגְתִּיךָ — Yo lo honraré. (Sal. 91:15)

(6) ( ) (F) וְלֹא הֲרַגְתָּנִי — Y él los vistió. (Gén. 3:21)

(7) ( ) (G) וְלֹא הֲרָגוּם — Allí me sepultarás. (Gén. 50:5)

(8) ( ) (H) וַיַּלְבִּשׁוּם — Ustedes lo sacrificarán. (Lev. 19:5)

(9) ( ) (I) וַיַּלְבִּשֵׁם — Y no te maté. (1 Sam. 24:12; esp. 24:11)

(10) ( ) (J) תִּזְבָּחֻהוּ — Tú me honrarás (glorificarás).

237

(Sal. 50:15)

(11) ( ) (K)אֲכַבֶּדְךָ Ellos te glorificarán. (Isa. 25:3)

(12) ( ) (L)תְּכַבְּדֻנִי Y lo quemó con fuego. (1 Reyes 9:16)

(13) ( ) (M)אֲכַבְּדֻהוּ Y ellos lo vistieron. (Zac. 3:5)

(14) ( ) (N)יְכַבְּדוּךָ Yo te honraré. (Núm. 22:17)

(15) ( ) (O)וַיַּלְבִּשֻׁהוּ Y no me mataste. (1 Sam. 24:19; esp. 24:18)

2. Complete las siguientes oraciones, supliendo los pronombres correctos y otros elementos que faltan.

(1) יְהוָה יִשְׁמָרְךָ מִכָּל־רָע El Señor _____ guardará de toda maldad. (Sal. 121:7)
(2) מָה־אֱנוֹשׁ כִּי־תִזְכְּרֶנּוּ ¿Qué es la humanidad que _____ recuerdas? (Sal. 8:5; esp. 8:4)
(3) אַךְ טוֹב וָחֶסֶד יִרְדְּפוּנִי Ciertamente, la bondad y la misericordia _____ perseguirán. (Sal. 23:6)
(4) וַיְשַׁלְּחֵהוּ יְהוָה אֱלֹהִים מִגַּן־עֵדֶן Y el Señor Dios _____ envió (expulsó) del huerto de Edén. (Gén. 3:23)
(5) תְּבַקְשֵׁם וְלֹא תִמְצָאֵם Tú _____ buscarás pero no _____ encontrarás. (Isa. 41:12)
(6) וְכָל־עֲבָדָיו אֲהֵבוּךָ Y todos _____ siervos _____ aman. (1 Sam. 18:22)
(7) יִרְאַת יְהוָה אֲלַמֶּדְכֶם El temor del Señor _____ enseñaré. (Sal. 34:12; esp. 34:11)
(8) יְהוָה אֱלֹהֵי הַשָּׁמַיִם אֲשֶׁר לְקָחַנִי מִבֵּית אָבִי el Señor, el Dios de los cielos, quien_____ tomó de la casa de _____ padre. (Gén. 24:7)
(9) וַיִּשְׁלָחֵנִי אֱלֹהִים לִפְנֵיכֶם Y Dios _____ envió delante de _____. (Gén. 45:7)
(10) וַאֲנִי לֹא שְׁלַחְתִּיו Pero _____ no _____ envié. (Jer. 29:31)
(11) וַאֲנִי לֹא־שְׁלַחְתִּים Pero _____ no _____ envi_____. (Jer. 14:15)
(12) וַיִּרְדְּפֵם יִשְׂרָאֵל E Israel _____ persiguió. (1 Reyes 20:20)

3. Supla la traducción correcta del verbo por rellenar el espacio. En el inciso (a), indique el sistema del verbo, en (b) su forma (perfecto, imperfecto), en (c) su persona, género, y número, y en (d) sus tres radicales (consonantes).

    Ejemplo:

        וּנְבַקְשֶׁנּוּ עִמָּךְ ¡Que lo _____ contigo. (Cantares 6:1)

        (a) Pi'el   (b) imperfecto   (c) 1 cp   (d) [בקשׁ]

(1) וְלֹא בִקְשֻׁהוּ בְּכָל־זֹאת Pero ellos no lo_____, en todo esto. (Os. 7:10)

    (a) _____ (b) _____ (c) _____ (d) _____

(2) יְהַלְלוּהוּ שָׁמַיִם וָאָרֶץ Que los cielos y la tierra lo_____. (Sal. 69:35; esp. 69:34)

    (a) _____ (b) _____ (c) _____ (d) _____

(3) אִם־תְּבַקְשֶׁנָּה כַכָּסֶף Si tú la_____ como plata. (Prov. 2:4)

    (a) _____ (b) _____ (c) _____ (d) _____

(4) עַל־כֵּן אֶזְכָּרְךָ מֵאֶרֶץ יַרְדֵּן. Por esto yo te_____ de la tierra del Jordán. (Sal. 42:7; esp. 42:6)

    (a) _____ (b) _____ (c) _____ (d) _____

(5) יַבְדִּילַנִי יְהוָה מֵעַל עַמּוֹ El Señor me_____ de su pueblo. (Isa. 56:3)

    (a) _____ (b) _____ (c) _____ (d) _____

(6) וָאֲשַׁבְּרֵם לְעֵינֵיכֶם Y yo los_____ delante de sus ojos. (Deut. 9:17)

    (a) _____ (b) _____ (c) _____ (d) _____

(7) וּמִתּוֹרָתְךָ תְלַמְּדֶנּוּ Y de tu ley le_____. (Sal. 94:12)

    (a) _____ (b) _____ (c) _____ (d) _____

(8) שֶׁבַע בַּיּוֹם הִלַּלְתִּיךָ Te_____ siete veces en el día. (Sal.

119:164)

   (a) _____   (b) _____   (c) _____   (d) _____

(9) בְּצֵל כְּנָפֶיךָ תַּסְתִּירֵנִי Tú me_____ en la sombra de tus alas. (Sal. 17:8)

   (a) _____   (b) _____   (c) _____   (d) _____

(10) אַל־נָא תִקְבְּרֵנִי בְּמִצְרָיִם No me_____ en Egipto. (Gén. 47:29)

   (a) _____   (b) _____   (c) _____   (d) _____

(11) וַיִּקְבְּרֻהוּ בְּבֵיתוֹ בָּרָמָה Y lo_____ en su casa en Ramá. (1 Sam. 25:1)

(12) אֲנִי יְדַעְתִּיךָ בַּמִּדְבָּר Yo te_____ en el desierto. (Os. 13:5)

4. Lea en voz alta las oraciones y cláusulas. Tape el castellano y practique traduciéndolas.

(1) מָה־אֱנוֹשׁ כִּי־תִזְכְּרֶנּוּ וּבֶן־אָדָם כִּי תִפְקְדֶנּוּ ¿Qué es la humanidad que la recuerdas, y el hijo de hombre que lo visitas? (Sal. 8:5; esp. 8:4)

(2) אַךְ טוֹב וָחֶסֶד יִרְדְּפוּנִי כָּל־יְמֵי חַיָּי Ciertamente bondad y misericordia me perseguirán todos los días de mi vida. (Sal. 23:6)

(3) וַיִּתְהַלֵּךְ חֲנוֹךְ אֶת־הָאֱלֹהִים וְאֵינֶנּוּ כִּי־לָקַח אֹתוֹ אֱלֹהִים Y Enoc caminó con Dios, y después no estuvo (hubo), porque Dios lo tomó. (Gén. 5:24)

(4) יְהוָה יִשְׁמָרְךָ מִכָּל־רָע יִשְׁמֹר אֶת־נַפְשֶׁךָ El Señor te guardará de toda maldad; él guardará tu vida. (Sal. 121:7)

(5) אֵלִי אֵלִי לָמָה עֲזַבְתָּנִי Mi Dios, mi Dios, ¿Por qué me has abandonado? (Sal. 22:2; esp. 22:1)

(6) אָהַבְתִּי אֶתְכֶם אָמַר יְהוָה 'Te he amado,' dice el Señor.

	וַאֲמַרְתֶּם בַּמָּה אֲהַבְתָּנוּ	pero ustedes dicen, '¿Cómo nos has amado?' (Mal. 1:2)
(7)	וְזֶה־לְּךָ הָאוֹת כִּי אָנֹכִי שְׁלַחְתִּיךָ	Y esto te será la señal de que yo te envié. (Éx. 3:12)
(8)	אֹתִי עָזְבוּ מְקוֹר מַיִם חַיִּים	A mí me han abandonado, la fuente de agua viva. (Jer. 2:13)
(9)	כִּי אַתָּה הִמְלַכְתַּנִי עַל־עַם רַב כַּעֲפַר הָאָרֶץ	Porque tú me has hecho reinar sobre un pueblo grande, tan numeroso como el polvo de la tierra. (2 Cr. 1:9)
(10)	יְהוָה אֱלֹהֵי הָעִבְרִים שְׁלָחַנִי אֵלֶיךָ	El Señor, el Dios de los hebreos, me envió a ti. (Éx. 7:16)
(11)	וַיְשַׁלְּחֵהוּ יְהוָה אֱלֹהִים מִגַּן־עֵדֶן	Y el Señor Dios lo envió (expulsó) del huerto de Edén. (Gén. 3:23)
(12)	כִּי־אָבִי וְאִמִּי עֲזָבוּנִי	Porque mi padre y mi madre me abandonaron. (Sal. 27:10)
(13)	וַיִּכְתְּבֵם עַל־שְׁנֵי לֻחוֹת אֲבָנִים	Y él los escribió sobre (en) dos tablas de piedra. (Deut. 4:13)
(14)	תַּמְשִׁילֵהוּ בְּמַעֲשֵׂי יָדֶיךָ	Le hiciste reinar sobre las obras de tus manos. (Sal. 8:7; esp. 8:6)
(15)	וְקֶשֶׁת וְחֶרֶב וּמִלְחָמָה אֶשְׁבּוֹר מִן־הָאָרֶץ וְהִשְׁכַּבְתִּים לָבֶטַח	Y quebraré el arco, la espada, y la guerra de la tierra; y los pondré acostarse en confianza. (Os. 2:20; esp. 2:18)

VOCABULARIO

(1) בָּטַח él confió

(2) גָּדַל él era (llegó a ser) grande

(3) דָּרַשׁ él buscó, inquirió

(4) דֶּשֶׁא hierba, zacate

(5) הָרַג él mató

(6) זָבַח él sacrificó

(7) חָזַק él era (llegó a ser) fuerte

(8) חָשַׁב él pensó, calculó

(9) כָּבֵד él era (llegó a ser) pesado;

(10) כָּנָף (f) ala, falda

(11) [כפר] (Pi'el) él cubrió, expió

(12) לָבַשׁ él se puso, se vistió

(13) נַחַל quebrada, wadi

(14) עָזַב él abandonó, dejó

(15) קָרַב él se acercó; (Hif'il) él ofrendó, presentó

(16) רָדַף él persiguió

(17) שֵׁבֶט vara, cayado, tribu

(18) שָׁכַן él moró, se asentó

(Pi'el) él honró, glorificó

Lección XVIII

48. Verbos: el Qal imperativo

Los imperativos hebreos ocurren solamente en la segunda persona (masculino y femenino, singular y plural). Se utilizan exclusivamente para expresar mandatos positivos, jamás prohibiciones. Los imperativos no aparecen en los sistemas Pu'al o Hof'al, puesto que estos sistemas tienen siempre un significado pasivo.

Los imperativos del Qal pueden ser descritos como las formas acortadas del Qal imperfecto. Este acortamiento contempla la pérdida de los prefijos de la segunda persona del imperfecto (masculino y femenino, singular y plural).

La pérdida de los prefijos del Qal imperfecto causa que dos shevás sonoras aparezcan consecutivamente al inicio de dos de las formas, la 2 fs y la 2 mp. Dado que dos shevás no pueden estar en orden consecutivo, la primera de éstas se convierte a ḥîrĕq.

48.1 *Ejemplos del Qal imperativo con verbos fuertes representativos:*

(1) שָׁמַר él guardó, vigiló

	Imperfecto			Imperativo
2 ms	⇐תִּשְׁמֹר		⇒	שְׁמֹר
2 fs	⇐תִּשְׁמְרִי	שְׁמְרִי	⇒	שִׁמְרִי
2 mp	⇐תִּשְׁמְרוּ	שְׁמְרוּ	⇒	שִׁמְרוּ
2 fp	⇐תִּשְׁמֹרְנָה		⇒	שְׁמֹרְנָה

(2) שָׁפַט él juzgó

	Imperfecto			Imperativo
2 ms	⇐תִּשְׁפֹּט		⇒	שְׁפֹט
2 fs	⇐תִּשְׁפְּטִי	שְׁפְטִי	⇒	שִׁפְטִי
2 mp	⇐תִּשְׁפְּטוּ	שְׁפְטוּ	⇒	שִׁפְטוּ
2 fp	⇐תִּשְׁפֹּטְנָה		⇒	שְׁפֹטְנָה

(3) שָׁכַב él se acostó

	Imperfecto			Imperativo

2 ms	תִּשְׁכַּב⇐		⇐		שְׁכַב
2 fs	תִּשְׁכְּבִי⇐	שְׁכְבִי	⇐		שִׁכְבִי
2 mp	תִּשְׁכְּבוּ⇐	שְׁכְבוּ	⇐		שִׁכְבוּ
2 fp	תִּשְׁכַּבְנָה⇐		⇐		שְׁכַבְנָה

48.2 *Ejemplos del Qal imperativo con varias clases de verbos débiles.*

(1) עָמַד él se paró (Pe Gutural)

2 ms	עֲמֹד	2 mp	עִמְדוּ
2 fs	עִמְדִי	2 fp	עֲמֹדְנָה

(2) אָכַל él comió (Pe 'Alef)

2 ms	אֱכֹל	2 mp	אִכְלוּ
2 fs	אִכְלִי	2 fp	אֱכֹלְנָה

(3) שָׁמַע él escuchó (Lamed Gutural)

2 ms	שְׁמַע	2 mp	שִׁמְעוּ
2 fs	שִׁמְעִי	2 fp	שְׁמַעְנָה

(4) עָלָה él subió (Pe Gutural y Lamed He)

2 ms	עֲלֵה	2 mp	עֲלוּ
2 fs	עֲלִי	2 fp	עֲלֶינָה

(5) מָצָא él encontró (Lamed 'Alef)

		2 ms	מְצָא 2 mp	מִצְאוּ
		2 fs	מְצֶאִי 2 fp	מְצֶאנָה

(6) נָתַן él dio (Pe Nun)

		2 ms	תֵּן 2 mp	תְּנוּ
		2 fs	תְּנִי 2 fp	תֵּנָּה

(7) יָשַׁב él se sentó, vivió (Pe Vav/Pe Yod)

		2 ms	שֵׁב 2 mp	שְׁבוּ
		2 fs	שְׁבִי 2 fp	שֵׁבְנָה

(8) יָדַע él sabía, conocía (Pe Vav/Pe Yod y Lamed Gutural)

		2 ms	דַּע 2 mp	דְּעוּ
		2 fs	דְּעִי 2 fp	דַּעְנָה

(9) הָלַךְ él caminó, fue (Pe Gutural que se porta como PeVav/Pe Yod)

		2 ms	לֵךְ 2 mp	לְכוּ
		2 fs	לְכִי 2 fp	לֵכְנָה

(10) סָבַב él rodeó (Doble 'Ayin)

		2 ms	סֹב 2 mp	סֹבּוּ
		2 fs	סֹבִּי 2 fp	סֻבֶּינָה

(11) קוּם él se levantó ('Ayin Vav/'Ayin Yod)

2 ms		2 mp	קוּם	קוּמוּ
2 fs		2 fp	קוּמִי	קוּמֶינָה (קֻמְנָה)

48.3 *Ejemplos del uso del Qal imperativo.*

(1) וַיֹּאמֶר אֵלַי בֶּן־אָדָם עֲמֹד עַל־רַגְלֶיךָ Y él me dijo, 'Hijo de hombre, párate sobre tus pies.' (Ezeq. 2:1)

(2) שְׁמַע יִשְׂרָאֵל יְהוָה אֱלֹהֵינוּ יְהוָה אֶחָד ¡Oye, Israel, el Señor nuestro Dios, el Señor, uno es! (Deut. 6:4)

(3) לֵב טָהוֹר בְּרָא־לִי אֱלֹהִים ¡Crea en mí (o 'para mí', 'a mí') un corazón puro, o Dios! (Sal. 51:12; esp. 51:10)

(4) שִׁמְעוּ אֶת־הַדָּבָר הַזֶּה ¡Escuchen esta palabra! (Amós 3:1)

(5) אֶרֶץ אֶרֶץ אֶרֶץ שִׁמְעִי דְבַר יְהוָה ¡O tierra, tierra, tierra, escucha la palabra del Señor! (Jer. 22:29)

48.4 *El Qal imperativo con sufijos pronominales:* (Nota: los sufijos pronominales que se adhieren a los imperativos siguen el patrón que rige en el caso de los sufijos pronominales y los imperfectos [XVII.47]

(1) שָׁפְטֵנִי יְהוָה ¡Júzgame, oh Señor! (Sal. 7:9; esp. 7:8)

(2) כָּתְבֵם עַל־לוּחַ לִבֶּךָ ¡Escríbelos en la tabla de tu corazón! (Prov. 3:3)

(3) עָזְרֵנִי יְהוָה אֱלֹהָי ¡Ayúdame, oh Señor mi Dios! (Sal. 109:26)

(4) עָזְרֵנוּ יְהוָה אֱלֹהֵינוּ ¡Ayúdanos, oh Señor nuestro Dios! (2 Cr. 14:10)

(5) יְהוָה זָכְרֵנִי וּפָקְדֵנִי ¡Oh Señor, recuérdame y visítame! (Jer. 15:15)

49. Verbos: el Nif'al imperativo

El Nif'al imperativo se forma aislando las cuatro formas de la segunda persona del imperfecto y convertir el prefijo תּ de estas formas en ה.

49.1 *Ejemplos del Nif'al imperativo de algunos verbos representativos:*

(1) שָׁמַר él guardó, vigiló

	Imperfecto		Imperativo
2 ms	תִּשָּׁמֵר	⇒	הִשָּׁמֵר
2 fs	תִּשָּׁמְרִי	⇒	הִשָּׁמְרִי
2 mp	תִּשָּׁמְרוּ	⇒	הִשָּׁמְרוּ
2 fp	תִּשָּׁמַרְנָה	⇒	הִשָּׁמַרְנָה

(2) [שבע] él juró (Lamed Gutural)

	Imperfecto		Imperativo
2 ms	תִּשָּׁבַע	⇒	הִשָּׁבַע
2 fs	תִּשָּׁבְעִי	⇒	הִשָּׁבְעִי
2 mp	תִּשָּׁבְעוּ	⇒	הִשָּׁבְעוּ
2 fp	תִּשָּׁבַעְנָה	⇒	הִשָּׁבַעְנָה

49.2 *Ejemplos del uso del Nif'al imperativo:*

(1) וְעַתָּה הִשָּׁבְעוּ־נָא לִי בַּיהוָה Y ahora, júrenme por el Señor. (Josué 2:12)

(2) הִשָּׁמֶר לְךָ פֶּן־תִּשְׁכַּח אֶת־יְהוָה Guárdate para que no olvides al Señor. (Deut. 6:12)

(3) הִשָּׁמְרוּ לָכֶם פֶּן־תִּשְׁכְּחוּ אֶת־בְּרִית יְהוָה אֱלֹהֵיכֶם Guárdense para que no olviden el pacto del Señor su Dios. (Deut. 4:23)

(4) וְהִלָּחֵם מִלְחֲמוֹת יְהוָה Y peleen las batallas del Señor. (1 Sam. 18:17)

(5) וְהִלָּחֲמוּ עַל־אֲחֵיכֶם בְּנֵיכֶם וּבְנֹתֵיכֶם נְשֵׁיכֶם וּבָתֵּיכֶם Y peleen por sus hermanos, sus hijos y sus hijas, sus esposas, y sus familias (casas). (Neh. 4:8)

50. Verbos: el Pi'el imperativo

Así como el Qal imperativo, el Pi'el imperativo es una forma acortada del imperfecto. Este acortamiento se da por la pérdida del preformativo de todas las formas de la segunda persona del imperfecto.

50.1 *Ejemplos del Pi'el imperativo de algunos verbos representativos:*

(1) [דבר] (Pi'el, decir, hablar)

	Imperfecto	Imperativo
2 ms	⇐ תְּדַבֵּר	דַּבֵּר
2 fs	⇐ תְּדַבְּרִי	דַּבְּרִי
2 mp	⇐ תְּדַבְּרוּ	דַּבְּרוּ
2 fp	⇐ תְּדַבֵּרְנָה	דַּבֵּרְנָה

Cuando una forma imperativa comienza con una consonante BeGaD KeFaT, ésta recibe un dagesh lene.

(2) לָמַד él aprendió (Pi'el, enseñar)

	Imperfecto	Imperativo
2 ms	⇐ תְּלַמֵּד	לַמֵּד
2 fs	⇐ תְּלַמְּדִי	לַמְּדִי
2 mp	⇐ תְּלַמְּדוּ	לַמְּדוּ
2 fp	⇐ תְּלַמֵּדְנָה	לַמֵּדְנָה

(3) הָלַל él era jactancioso (Pi'el, alabar)

	Imperfecto	Imperativo
2 ms	⇒תְּהַלֵּל	הַלֵּל
2 fs	⇒תְּהַלְלִי	הַלְלִי
2 mp	⇒תְּהַלְלוּ	הַלְלוּ
2 fp	⇒תְּהַלֵּלְנָה	הַלֵּלְנָה

A ל (la consonante media de הלל) se le pierde dagesh forte cuando está seguida por una shevá sonora. Esto se da en el Pi'el imperfecto, 2 fs y 2 mp, y en el Pi'el imperativo, 2 fs y 2 mp.

50.2 *Ejemplos del uso del Pi'el imperativo:*

(1) הַלְלוּ־יָהּ הַלְלִי נַפְשִׁי אֶת־יְהוָה ¡Alaben al Señor! ¡Alabe, mi vida, al Señor! (Sal. 146:1)

(2) כַּבֵּד אֶת־אָבִיךָ וְאֶת־אִמֶּךָ ¡Honra a tu padre y tu madre! (Deut. 5:16)

(3) גַּדְּלוּ לַיהוָה אִתִּי ¡Magnifiquen conmigo al Señor! (Sal. 34:4; esp. 34:3)

(4) דַּבְּרוּ עַל־לֵב יְרוּשָׁלַםִ ¡Hablen al corazón de Jerusalén! (Isa. 40:2)

(5) מַלֵּא קַרְנְךָ שֶׁמֶן ¡Llena tu cuerno de aceite! (1 Sam. 16:1)

(6) סַפְּרוּ בַגּוֹיִם אֶת־כְּבוֹדוֹ ¡Declaren su gloria entre las naciones! (1 Cr. 16:24)

50.3 *El Pi'el imperativo con sufijos pronominales:*

(1) וְלַמְּדָהּ אֶת־בְּנֵי־יִשְׂרָאֵל ¡Y enséñala a los hijos de Israel! (Deut. 31:19)

(2) לַמְּדֵנִי חֻקֶּיךָ ¡Enséñame tus estatutos! (Sal. 119:12)

(3) אֱלֹהַי פַּלְּטֵנִי מִיַּד רָשָׁע ¡Oh Señor, rescátame de la mano del malvado! (Sal. 71:4)

51. Verbos: el Hitpa'el imperativo

El Hitpa'el imperativo, así como el Nif'al imperativo, se forma aislando las formas de la segunda persona del imperfecto; luego la ת del prefijo se convierte a ה. No hay más cambios.

51.1 *Ejemplos del Hitpa'el imperativo de algunos verbos representativos:*

(1) קָדַשׁ él consagró, santificó, apartó

	Imperfecto	Imperativo
2 ms	תִּתְקַדֵּשׁ ⇐	הִתְקַדֵּשׁ
2 fs	תִּתְקַדְּשִׁי ⇐	הִתְקַדְּשִׁי
2 mp	תִּתְקַדְּשׁוּ ⇐	הִתְקַדְּשׁוּ
2 fp	תִּתְקַדֵּשְׁנָה ⇐	הִתְקַדֵּשְׁנָה

(2) [פלל] él intervino, oró

	Imperfecto	Imperativo
2 ms	תִּתְפַּלֵּל ⇐	הִתְפַּלֵּל
2 fs	תִּתְפַּלְלִי ⇐	הִתְפַּלְלִי
2 mp	תִּתְפַּלְלוּ ⇐	הִתְפַּלְלוּ
2 fp	תִּתְפַּלֵּלְנָה ⇐	הִתְפַּלֵּלְנָה

51.2 *Ejemplos del uso del Hitpa'el imperativo:*

(1) הִתְקַדְּשׁוּ וְקַדְּשׁוּ אֶת־בֵּית יְהוָה ¡Santifíquense, y santifiquen la casa del Señor! (2 Cr. 29:5)

(2) הִתְקַדְּשׁוּ אַתֶּם וַאֲחֵיכֶם ¡Santifíquense, ustedes y sus hermanos! (1 Cr. 15:12)

(3) הִתְפַּלֵּל בְּעַד־עֲבָדֶיךָ אֶל־יְהוָה אֱלֹהֶיךָ ¡Ora por tus siervos al Señor tu Dios! (1 Sam. 12:19)

(4) ‏הִתְהַלְּכוּ בָאָרֶץ ¡Recorran la tierra! (Zac. 6:7)

52. Verbos: el Hif'il imperativo

El Hif'il imperativo se forma de acuerdo al mismo patrón que rige el imperativo de los sistemas Nif'al y Hitpa'el. La ת del prefijo del imperfecto, segunda persona, se convierte a ה. Además, la vocal de la sílaba final de la forma 2 ms se convierte de ḥîrĕq-yôd en ṣērê. No hay más cambios.

52.1 *Ejemplos del Hif'il imperativo de algunos verbos representativos:*

(1) [סתר] él escondió

	Imperfecto		Imperativo
2 ms	תַּסְתִּיר⇐	⇐הַסְתִּיר	הַסְתֵּר
2 fs	תַּסְתִּירִי	⇒	הַסְתִּירִי
2 mp	תַּסְתִּירוּ	⇒	הַסְתִּירוּ
2 fp	תַּסְתֵּרְנָה	⇒	הַסְתֵּרְנָה

(2) [שלך] él tiró, lanzó

	Imperfecto		Imperativo
2 ms	⇐תַּשְׁלִיךְ		הַשְׁלֵךְ
2 fs	⇐תַּשְׁלִיכִי		הַשְׁלִיכִי
2 mp	⇐תַּשְׁלִיכוּ		הַשְׁלִיכוּ
2 fp	⇐תַּשְׁלֵכְנָה		הַשְׁלֵכְנָה

52.2 *Ejemplos del uso del Hif'il imperativo:*

(1) ‏הַסְתֵּר פָּנֶיךָ מֵחֲטָאָי ¡Esconde tu rostro de mis pecados! (Sal. 51:11; esp. 51:9)

(2) ‏הַשְׁלִיכוּ אֹתוֹ אֶל־הַבּוֹר הַזֶּה ¡Láncenlo a este poso! (Gén.

(3) וּבִירוּשָׁלַם הַשְׁמִיעוּ ¡Y proclámenlo en Jerusalén! (Jer. 4:5)

52.3 *El Hifil imperativo con sufijos pronominales:*

(1) הַזְכִּירֵנִי ¡Hazme recordar! (Isa. 43:26)

(2) הַקְרִיבֵהוּ נָא לְפֶחָתֶךָ ¡Preséntalo ahora a tu gobernador! (Mal. 1:8)

(3) הַשְׁמִיעֵנִי בַבֹּקֶר חַסְדֶּךָ ¡Hazme escuchar tu amor leal en la mañana! (Sal. 143:8)

53. Verbos: los imperativos con el sufijo הָ

El sufijo הָ frecuentemente se añade a las formas singulares y masculinas de la segunda persona del imperativo. Esto puede ocurrir con todos los sistemas verbales que tienen imperativos. Este sufijo es idéntico en su forma al sufijo cohortativo הָ (XV.41.2). A diferencias del sufijo cohortativo, sin embargo, no cambia el significado del verbo, a menos que sea por hacerlo un poco más enfático. La adición de este sufijo al imperativo obliga ciertos cambios vocálicos, como se demuestra en los ejemplos a continuación.

53.1 *Ejemplos del sufijo הָ con los imperativos 2 ms:*

(1) אֱלֹהִים שָׁפְטָה הָאָרֶץ ¡Oh Dios, juzga la tierra! (Sal. 82:8)

(2) שָׁמְרָה נַפְשִׁי ¡Guarda mi vida! (Sal. 25:20)

(3) שִׁכְבָה עִמִּי ¡Acuéstate conmigo! (Gén. 39:7)

(4) שִׁלְחָה אֵלַי אֶת־דָּוִד בִּנְךָ ¡Envíame a David, ti hijo! (1 Sam. 16:19)

(5) יְהֹוָה שִׁמְעָה תְפִלָּתִי ¡Oh Señor, escucha mi oración! (Sal. 84:9; esp. 84:8)

(6) וְעַתָּה הִשָּׁבְעָה לִּי בַּיהֹוָה ¡Y ahora, júrame por el Señor! (1 Sam. 24:22)

(7) סַפְּרָה־נָא לִי אֵת כָּל־הַגְּדֹלוֹת אֲשֶׁר־עָשָׂה אֱלִישָׁע ¡Dime, (te) ruego, todas las cosas grandes que Eliseo ha

hecho! (2 Reyes 8:4)

54. Verbos: los imperativos con la partícula נָא

La partícula נָא, la cual se usa a veces con los yusivos y los cohortativos (XV.41.1), también puede usarse con los imperativos. Ella sirve para enfatizar el imperativo o hacerlo más urgente. No siempre es posible comunicarla en traducción.

Ejemplos del uso de la partícula נָא con imperativos:

(1) שִׁפְטוּ־נָא בֵּינִי וּבֵין כַּרְמִי ¡Juzguen, (les) ruego, entre mí y mi viña! (Isa. 5:3)

(2) יְהוָה פְּקַח־נָא אֶת־עֵינָיו ¡Oh Señor, abre sus ojos! (2 Reyes 6:17)

(3) וְעַתָּה דַּבֶּר־נָא אֶל־הַמֶּלֶךְ ¡Y ahora habla al rey! (2 Sam. 13:13)

55. Verbos: los mandatos negativos o prohibiciones

En hebreo, no se usa el imperativo para expresar mandatos negativos o prohibiciones. Estos se expresan o por לֹא más el imperfecto o por אַל con el yusivo (XV.41.1).

Cuando לֹא se usa con el imperfecto, expresa una prohibición absoluta. Por ejemplo se usa para expresar las prohibiciones de los Diez Mandamientos.

Cuando אַל se usa con el yusivo, es para expresar una prohibición más moderada, como por ejemplo un deseo negativo o intento de persuadir negativamente. La partícula נָא a veces se agrega a אַל en un mandato negativo para llevarle énfasis a su función más ajustada.

55.1 *Ejemplos del uso de לֹא con el imperfecto para expresar prohibiciones absolutas*

(1) לֹא תִשְׁמַע אֶל־דִּבְרֵי הַנָּבִיא הַהוּא ¡No escuches las palabras de aquel profeta! (Deut. 13:4)

(2) לֹא תִגְנֹב ¡No hurtes! (Éx. 20:15)

(3) לֹא־תִכְרֹת לָהֶם וְלֵאלֹהֵיהֶם בְּרִית ¡No establezcas un pacto con ellos ni con sus dioses! (Éx. 23:32)

(4) לֹא תִנָּבֵא עַל־יִשְׂרָאֵל ¡No profetices contra Israel! (Amós 7:16)

55.2 *Ejemplos del uso de* אַל *con el yusivo para expresar un deseo negativo, una exhortación negativa, o un intento de persuadir en sentido negativo.*

(1) בְּנִי תּוֹרָתִי אַל־תִּשְׁכָּח Mi hijo, no olvides mi enseñanza. (Prov. 3:1)

(2) אַל־תַּסְתֵּר פָּנֶיךָ מִמֶּנִּי No escondas tu rostro de mí. (Sal. 27:9)

(3) אַל־תַּשְׁלִיכֵנִי מִלְּפָנֶיךָ No me lances de tu presencia. (Sal. 51:13; esp. 51:11)

(4) וְאַתָּה אַל־תִּתְפַּלֵּל בְּעַד־הָעָם הַזֶּה Pero, con respecto a ti, no ores por este pueblo. (Jer. 11:14)

(5) אַל־נָא תִקְבְּרֵנִי בְּמִצְרָיִם No me entierres en Egipto. (Gén. 47:29)

EJERCICIOS

1. Identifique completamente los siguientes imperativos:

Ejemplo: דַּבֵּר   Pi'el imperativo, 2 ms de [דבר], 'él dijo'
Traducción: '¡Di!'

(1) הִתְפַּלְלוּ   (9) מְשֹׁל   (7) שִׁמְעִי   (5) הִשָּׁמֵר   (3) קִרְאוּ

(2) הִסָּתֵר   (10) פַּלְּטוּ   (8) לַמֵּדְנָה   (6) הַלְלוּ   (4) כִּתְבוּ

2. Supla la forma imperativa que aparece en la Biblia Hebrea en cada una de las oraciones o cláusulas que siguen a continuación. Prepárese para traducir cada oración o cláusula y para identificar la forma imperativa que se encuentra en ella.

(1) _____ פָּנֶיךָ מֵחֲטָאָי   (Sal. 51:11; esp. 51:9)

(2) _____ הָרִים אֶת־רִיב יְהוָה   (Mic. 6:2)

(3) _____ אֶל־בְּנֵי יִשְׂרָאֵל   (Lev. 18:2)

(4) _____ אֱלֹהַיִךְ צִיּוֹן   (Sal. 147:12)

(5) _____ אַתֶּם וַאֲחֵיכֶם   (1 Cr. 15:12)

(6)	‎תּוֹרַת מֹשֶׁה עַבְדִּי ___	(Mal. 3:22)
(7)	___ לָכֶם אֶת־הַשִּׁירָה הַזֹּאת	(Deut. 31:19)
(8)	___ וּמִשְׁפָּטֶיךָ	(Sal. 119:108)
(9)	___ לִי וַיֹּאמֶר	(Gén. 47:31)

3. Escriba los imperativos de los siguientes verbos, según el sistema indicado:

Ejemplos: Qal imperativo de ‎שָׁמַר, 'él guardó'

2 ms ‎שְׁמֹר 2 mp ‎שִׁמְרוּ

2 fs ‎שִׁמְרִי 2 fp ‎שְׁמֹרְנָה

(1) Qal imperativo de ‎שָׁפַט, 'él juzgó'
(2) Nif'al imperativo de ‎שָׁמַר, 'él guardó
(3) Pi'el imperativo de ‎לָמַד, 'él aprendió' (Pi'el, 'enseñó')
(4) Hitpa'el imperativo de [‎פלל], 'él oró'
(5) Hif'il imperativo de [‎שׁלך], 'él tiró, lanzó

4. Complete los espacios, apuntando los imperativos correctos con base en las formas imperfectas que aparecen entre corchetes. Controle sus respuestas, consultando la Biblia Hebrea según las citas provistas después de completar el espacio.

(1) ___ (‎תַּסְתֵּר) (Sal. 51:11)

(2) ___ (‎תִּתְקַדְּשׁוּ) (1 Cr. 15:12)

(3) ___ (‎תְּהַלְלוּ) (Sal. 113:1)

(4) ___ (‎תְּבַקֵּשׁ) (Sal. 34:15)

(5) ___ (‎תִּזְכְּרוּ) (Mal. 3:22)

(6) ___ (‎תִּלָּחֵם) (1 Sam. 18:17)

(7) _____ (תִּקְרְבוּ) (Isa. 48:16)

(8) _____ (תִּשְׁכְּבִי) (2 Sam. 13:11)

(9) _____ (תַּשְׁלִיכוּ) (Gén. 37:22)

(10) _____ (תִּשָּׁבְעוּ) (Josué 2:12)

5. Haga las correspondencias entre los imperativos a continuación la las traducciones.

(1) ( ) עָבְדֵהוּ(1 Cr. 28:9)   (A)   envíame

(2) ( ) לַמְּדֵנִי(Sal. 119:108) (B)   búsquenme

(3) ( ) לַמְּדָהּ(Deut. 31:19)   (C)   júzgame

(4) ( ) שְׁלָחֵנִי(Isa. 6:8)   (D)   hazme oír

(5) ( ) הַשְׁמִיעֵנִי(Sal. 143:8) (E)   enséñame

(6) ( ) הַלְלוּהוּ(Sal. 150:1)   (F)   recuérdame

(7) ( ) בַּקְשׁוּנִי(Isa. 45:19)   (G)   escríbelos

(8) ( ) כָּתְבֵם(Prov. 3:3)   (H)   enséñala

(9) ( ) שָׁפְטֵנִי(Sal. 43:1)   (I)   ayúdame

(10) ( ) רְפָאֵנִי(Jer. 17:14)   (J)   alábenlo

(11) ( ) זָכְרֵנִי(Jer. 15:15)   (K)   sírvele

(12) ( ) עָזְרֵנִי(Sal. 109:26) (L)   sáname

6. Supla el pronombre correcto.

(1) שִׁכְבִי עִמִּי אֲחוֹתִי Acuéstate con _____, _____ hermana. (2 Sam. 13:11)

(2) מְשָׁל־בָּנוּ גַּם־אַתָּה גַּם־בִּנְךָ Reina sobre _____, tanto _____ como _____ hijo. (Jueces 8:22)

(3) שָׁמְרֵם בְּתוֹךְ לְבָבֶךָ Guárda_____ en medio de _____ corazón (Prov. 4:21)

256

(4) כָּתְבֵם עַל־לוּחַ לִבֶּךָ Escríbe _____ en la tabla de _____ corazón. (Prov. 3:3)

(5) וּמַלְּטִי אֶת־נַפְשֵׁךְ וְאֶת־נֶפֶשׁ בְּנֵךְ שְׁלֹמֹה Y salva _____ vida y la vida de _____ hijo, Salomón. (1 Reyes 1:12)

(6) וּקְבֹר אֶת־אָבִיךָ כַּאֲשֶׁר הִשְׁבִּיעֶךָ Y entierra _____ padre, como él _____ hizo jurar. (Gén. 50:6)

(7) קִבְרוּ אֹתִי אֶל־אֲבֹתָי Entiérren _____ con _____ padres. (Gén. 49:29)

(8) זִבְחוּ לֵאלֹהֵיכֶם בָּאָרֶץ Sacrifiquen a _____ Dios en la tierra. (Éx. 8:21)

(9) כַּבְּדֵנִי נָא נֶגֶד זִקְנֵי־עַמִּי Hónra _____ ahora delante de los ancianos de _____ pueblo. (1 Sam. 15:30)

(10) רִדְפוּ אַחֲרֵי אֹיְבֵיכֶם Persigan a _____ enemigos. (Josué 10:19)

(11) וְעִבְדוּ אֹתוֹ וְעַמּוֹ Y sírvan _____ y a _____ pueblo. (Jer. 27:12)

(12) וְעַתָּה בְנִי שְׁמַע בְּקֹלִי Y ahora, _____ hijo, oye _____ voz. (Gén. 27:8)

(13) שְׁמַע־נָא וְאָנֹכִי אֲדַבֵּר Oye, ahora, y _____ hablaré. (Job 42:4)

(14) שִׁמְעָה עַמִּי וַאֲדַבֵּרָה Oye, _____ pueblo, y _____ hablaré. (Sal. 50:7)

(15) שִׁמְעוּ־נָא דְבָרָי Oigan ahora _____ palabras. (Núm. 12:6)

(16) וְעִבְדֻהוּ לְבַדּוֹ Y sírvan _____ exclusivamente. (1 Sam. 7:3)

7. Repaso de verbos

(1) Escriba las formas del Qal perfecto de מָשַׁל.
(2) Escriba las formas del Qal imperfecto de מָשַׁל.
(3) Escriba las formas del Qal imperativo de מָשַׁל.
(4) Escriba las formas del Pi'el perfecto de [דבר].
(5) Escriba las formas del Pi'el imperfecto de [דבר].
(6) Escriba las formas del Pi'el imperativo de [דבר].

8. Practique leyendo estas oraciones en voz alta. Tape el español y practique traduciéndolas.

(1) הַלְלוּ יָהּ הַלְלוּ־אֵל בְּקָדְשׁוֹ ¡Alaben al Señor! ¡Alaben a Dios en su santuario! (Sal. 150:1)

(2) בַּקֵּשׁ שָׁלוֹם וְרָדְפֵהוּ ¡Busca la paz y persíguela! (Sal. 34:15; esp. 34:14)

(3) וְדִרְשׁוּ אֶת־שְׁלוֹם הָעִיר וְהִתְפַּלְלוּ בַעֲדָהּ אֶל־יְהוָה כִּי בִשְׁלוֹמָהּ יִהְיֶה לָכֶם שָׁלוֹם Y busquen la paz de la ciudad y oren al Señor por ella, porque en su paz ustedes tendrán paz. (Jer. 29:7)

(4) שִׁמְרוּ כָּל־מִצְוֹת יְהוָה Guarden todos los mandamientos del Señor. (1 Cr. 28:8)

(5) וּכְתֹב עָלֶיהָ אֵת כָּל־הַדְּבָרִים הָרִאשֹׁנִים Y escribe sobre ella todas las palabras anteriores. (Jer. 36:28)

(6) הִתְהַלְּכוּ בָאָרֶץ וְכִתְבוּ אוֹתָהּ Recorran la tierra y escriban acerca de ella. (Josué 18:8)

(7) זְכֹר יְהוָה מֶה־הָיָה לָנוּ Recuerda, Señor, lo que nos pasó. (Lam. 5:1)

(8) בַּקְּשׁוּ פָנָיו תָּמִיד Busquen su presencia (rostro) continuamente. (Sal. 105:4)

(9) זָכְרֵנִי נָא וְחַזְּקֵנִי נָא Recuérdame, pues, y fortaléceme. (Jueces 16:28)

(10) לַמֵּדְנָה בְנוֹתֵיכֶם Enseñen a sus hijas. (Jer. 9:19)

(11) הַלְלוּהוּ שֶׁמֶשׁ וְיָרֵחַ Alábenlo, sol y luna. (Sal. 148:3)

(12) וּקְבָרוּהָ כִּי בַת־מֶלֶךְ הִיא Entiérrenla, porque ella es hija de un rey. (2 Reyes 9:34)

(13) הַקְרֵב אֶת־מַטֵּה לֵוִי Trae cerca la tribu de Leví. (Núm. 3:6)

(14) דַּבֶּר־נָא בְּאָזְנֵי הָעָם Habla en los oídos del pueblo. (Éx. 11:2)

(15) וּסְפֹר הַכּוֹכָבִים Y cuenta las estrellas. (Gén. 15:5)

VOCABULARIO

(1) יוֹמָם de día, diariamente

(2) יָצָא él salió

(3) יָרֵא él temía, tenía miedo

(4) יָשַׁב él se sentó, vivió

(5) [וַיִּשַׁע] él salvó, rescató

(6) מוּת morir

(7) [וַיַּצֵּל] (Hif'il) él rescató

(8) [וַיְסַפֵּר] él contó; (Pi'el) él narró relató, contó

(9) עָזַר él rescató, auxilió

(10) עָנָה él contestó, respondió

(11) [וַיִּתְפַּלֵּל] (Hitpa'el) él oró

(12) פָּרָה él era fructífero

(13) [וַיְצַו] (Pi'el) él mandó, ordenó

(14) רָבָה él llegó a ser muchos, se multiplicó

(15) שִׂים poner, colocar

(16) שָׂמַח él se regocijó, se puso alegre

(17) [וַיִּשָּׁבַע] (Nif'al) él (se) juró

(18) [וַיַּשְׁלֵךְ] (Hif'il) él tiró, lanzó

Lección XIX

56. Verbos: el infinitivo constructo

El sistema verbal del hebreo tiene dos infinitivos: el infinitivo constructo y el infinitivo absoluto. Los infinitivos son 'infinitos' en el sentido de expresar la idea básica del tema verbal sin las limitaciones de persona, género, y número. Por otro lado, los perfectos, imperfectos e imperativos se limitan a referirse a una sola persona (primera, segunda o tercera), un solo género (masculino o femenino) y un solo número (singular o plural). Por lo tanto, estos son designados verbos 'finitos'.

En la realidad, los infinitivos son *sustantivos verbales*. Esto significa que se comportan como ambos verbos y sustantivos. Como cualquier verbo, ellos expresan la idea básica de un tema verbal. Por ejemplo, בּוֹא significa 'ir', שָׁפֹט significa 'juzgar', y דַּבֵּר (Pi'el) significa 'decir'. Por otro lado, los infinitivos a veces funcionan como el gerundio en castellano, de modo que pueden ser traducidos como 'yendo', 'juzgando', 'diciendo', etc. Esta última función es particularmente pertinente al infinitivo absoluto. El infinitivo constructo también funciona como un sustantivo, pues a veces tiene un significado 'de gerundio' y a veces recibe prefijos preposicionales y sufijos pronominales.

56.1 *Cómo formar el infinitivo constructo*

El infinitivo constructo de un tema verbal es idéntico en su forma al imperativo 2 ms del mismo tema. En el Qal, por ejemplo, el imperativo 2 ms de מָשַׁל es מְשֹׁל. El Qal infinitivo constructo también es מְשֹׁל.

La única excepción a esta regla se ve con el sistema Hif'il. El Hif'il imperativo 2 ms de מָשַׁל es הַמְשֵׁל, pero el infinitivo constructo del mismo verbo es הַמְשִׁיל. Se trata de la substitución de ḥîrĕq-yôd por ṣērê.

(1) La siguiente tabla presenta los paralelos que existen entre los imperativos 2 ms y los infinitivos constructos de los sistemas del verbo מָשַׁל, 'él reinó'. Los corchetes indican formas verbales que no ocurren en la Biblia Hebrea.

	Qal	Nif'al	Pi'el	Pu'al	Hitpa'el	Hif'il	Hof'al
Imperativo 2 ms	מְשֹׁל	הִמָּשֵׁל	מַשֵּׁל		הִתְמַשֵּׁל	הַמְשֵׁל	
Infinitivo constr.	מְשֹׁל	הִמָּשֵׁל	מַשֵּׁל	(מֻשַּׁל)	הִתְמַשֵּׁל	הַמְשִׁיל	(הָמְשַׁל)

(2) Los infinitivos constructos de algunos otros verbos fuertes representativos aparecen a continuación. También se registra cada forma en conjunto con el prefijo inseparable לְ. El uso de los infinitivos constructos con prefijos preposicionales será explicado más abajo.

(a) Pi'el inf. constr. (לְבַקֵּשׁ)בַּקֵּשׁ 'a buscar'

(b) Pi'el inf. constr. (לְדַבֵּר)דַּבֵּר 'a decir'

(c) Qal inf. constr. (לִלְמֹד)לְמֹד 'a aprender'

(d) Pi'el inf. constr. (לְלַמֵּד)לַמֵּד 'a enseñar'

(e) Qal inf. constr. (לִקְרֹב)קְרֹב 'a acercarse'

(f)	Hif'il inf. constr.	(לְהַקְרִיב)הַקְרִיב	'a presentar'
(g)	Qal inf. constr.	(לְהַקְרִיב)שְׁכַב	'a acostarse'
(h)	Qal inf. constr.	(לִשְׁפֹּט)שְׁפֹט	'a juzgar'

(3) Los infinitivos constructos de algunos verbos débiles representativos aparecen a continuación, para que se comparen con los verbos fuertes. Se encuentran listados solamente aquellos sistemas que realmente figuran en la Biblia Hebrea. Algunos de estos verbos son doblemente débiles.

(a) עָבַד (Pe Gutural)
Qal inf. constr. (לַעֲבֹד) עֲבֹד 'a servir'
Hif'il inf. constr. (לְהַעֲבִיד) הַעֲבִיד 'a causar a servir'

(b) שָׁמַע (Lamed Gutural)
Qal inf. constr. (לִשְׁמֹעַ) שְׁמֹעַ 'a escuchar'
Hif'il inf. constr. (לְהַשְׁמִיעַ) הַשְׁמִיעַ 'a causar a escuchar, a proclamar'

(c) אָכַל (Pe 'Alef)
Qal inf. constr. (לֶאֱכֹל) אֱכֹל 'a comer'

(d) אָמַר (Pe 'Alef)
Qal inf. constr. (לֵאמֹר) אֱמֹר 'a decir'

(e) יָדַע (Pe Vav/Pe Yod; Lamed gutural)
Qal inf. constr. (לָדַעַת) דַּעַת 'a saber, a conocer'
Hif'il inf. constr. (לְהוֹדִיעַ) הוֹדִיעַ 'a causar a saber, a publicar'

(f) יָרַד (Pe Vav/Pe Yod; 'Ayin Gutural)
Qal inf. constr. (לָרֶדֶת) רֶדֶת 'a bajar'
Hif'il inf. constr. (לְהוֹרִיד) הוֹרִיד 'a causar a bajar'

(g) [יָשַׁע] (Pe Vav/Pe Yod; Lamed Gutural)

	Hif'il inf. constr. (לְהוֹשִׁיעַ) הוֹשִׁיעַ 'a salvar, a rescatar'
(h)	[נכה] (Pe Nun; Lamed He) Hif'il inf. constr. (לְהַכּוֹת) הַכּוֹת 'a golpear'
(i)	נָתַן (Pe Nun) Qal inf. constr. (לָתֵת) תֵּת 'a dar, a poner, a colocar' Nif'al inf. constr. (לְהִנָּתֵן) הִנָּתֵן 'a ser puesto, a ser colocado, a ser dado'
(j)	בָּנָה (Lamed He) Qal inf. constr. (לִבְנוֹת) בְּנוֹת 'a construir' Nif'al inf. constr. (לְהִבָּנוֹת) הִבָּנוֹת 'a ser construido'
(k)	הָיָה (Pe Gutural; Lamed He) Qal inf. constr. (לִהְיוֹת) הֱיוֹת 'a ser'
(l)	עָשָׂה (Pe Gutural; Lamed He) Qal. inf. constr. (לַעֲשׂוֹת) עֲשׂוֹת 'a hacer, a fabricar'
(m)	מוּת ('Ayin Vav/'Ayin Yod) Qal inf. constr. (לָמוּת) מוּת 'a morir' Hif'il inf. constr. (לְהָמִית) הָמִית 'a matar, a ejecutar'
(n)	שׁוּב ('Ayin Vav/'Ayin Yod) Qal inf. constr. (לָשׁוּב) שׁוּב 'a volver, a arrepentirse' Hif'il inf. constr. (לְהָשִׁיב) הָשִׁיב 'a devolver, restaurar'
(o)	Se le debe prestar atención especial al verbo débil קָרָה 'él encontró, se topó con'. (Es necesario distinguir este verbo de otro verbo que tiene las mismas consonantes, קָרָא, 'él

llamó, él leyó'.) El Qal infinitivo constructo es קְרֹאת, aunque este nunca ocurre en la Biblia Hebrea sin el prefijo preposicional לְ. Esta forma, con al preposición por delante, es לִקְרֹאת, 'a encontrar', o 'al encuentro de …'. Ocurre unas 121 veces, de modo que el estudiante debe memorizarla de una vez.

56.2 *La función del infinitivo constructo*

(1) El infinitivo constructo puede aparecer sin prefijos y sufijos.

Ejemplos:

(a) הִנֵּה לֹא־יָדַעְתִּי דַּבֵּר He aquí, no sé hablar. (Jer. 1:6)

(b) לֹא־טוֹב הֱיוֹת הָאָדָם לְבַדּוֹ No es bueno que el hombre esté solo. (Gén. 2:18)

(2) Frecuentemente, el infinitivo constructo va después de una preposición o un prefijo preposicional.

(a) Un infinitivo constructo que tiene prefijada la preposición בְּ puede ser traducido como una cláusula temporal (expresando *cuando* se dio una acción) o como una cláusula causal (expresando *por qué* se dio una acción).

(i) בִּהְיוֹת יְהוֹשֻׁעַ בִּירִיחוֹ cuando (mientras) Josué estaba en Jericó (Josué 5:13)

(ii) בְּהַכְרִית אִיזֶבֶל אֵת נְבִיאֵי יְהוָה cuando Jezebel destruía a los profetas del Señor (2 Reyes 7:18)

(b) Un infinitivo constructo que tiene prefijada la preposición כְּ también puede ser traducido como una cláusula temporal, entendida como 'cuando', 'como', 'mientras', 'en el momento que', o 'tan pronto como'.

Ejemplos:

(i) כִּשְׁכַב אֲדֹנִי־הַמֶּלֶךְ עִם־אֲבֹתָיו cuando mi señor el rey duerma con sus padres (1 Reyes 1:21)

(ii) כְּדַבֵּר אִישׁ הָאֱלֹהִים אֶל־הַמֶּלֶךְ cuando el varón de Dios había hablado al rey (2 Reyes 7:18)

(c) La preposición que con más frecuencia está prefijada al infinitivo constructo es לְ. Ella puede introducir una cláusula de propósito, una cláusula de resultado o una cláusula temporal. Se mencionará otros usos a la medida que el estudiante avance en su lectura del idioma.

Ejemplos:

(i) כִּי־יָצָא שָׁאוּל לְבַקֵּשׁ אֶת־נַפְשׁוֹ Pues Saúl había salido en busca de su vida. (1 Sam. 23:15)

(ii) וְעֵת לִדְרוֹשׁ אֶת־יְהוָה Porque es el tiempo de buscar al Señor. (Óseas 10:12)

Se le debe prestar atención especial a la preposición לְ cuando está prefijada al Qal infinitivo constructo אֱמֹר, 'a decir'. Uno esperaría que לְ tomara la vocal corta que corresponde a la shevá que está debajo de א, para producir לֶאֱמֹר. Pero, debido a la debilidad de א, la forma esperada se convierte en לֵאמֹר, con א silente. Se acude a לֵאמֹר para indicar 'discurso directo'. Funciona como los símbolos '...' o «...» en el castellano y en otros idiomas modernos. El estudiante debe memorizar esta forma.

(d) La preposición מִן a veces aparece prefijada a infinitivos constructos, especialmente después de verbos que denotan el concepto de retener, restringir, o de concederle a alguien un privilegio. Es más, puede expresar comparación. A veces significa sencillamente 'de'.

Ejemplos:

(i) וַיָּשָׁב שָׁאוּל מִרְדֹף אַחֲרֵי דָוִד Y Saúl abandonó la persecución de David. (1 Sam. 23:28)

(ii) הִשָּׁמֶר לְךָ מִדַּבֵּר עִם־יַעֲקֹב Cuídate de hablar con Jacob. (Gén. 31:29)

(iii) גָּדוֹל עֲוֹנִי מִנְּשֹׂא Grande es mi culpa para ser soportada. (Gén. 4:13)

(iv) וַיִּמְאָסְךָ יְהוָה מִהְיוֹת מֶלֶךְ עַל־יִשְׂרָאֵל Y el Señor te ha rechazado para que no seas rey sobre Israel. (1 Sam. 15:26)

(3) El infinitivo constructivo se usa frecuentemente con un sufijo pronominal. Tal sufijo puede funcionar como el sujeto o como el complemento del infinitivo.

(a) Sufijos pronominales como los sujetos del infinitivo constructo

(i) בְּשָׁכְבְּךָ תִּשְׁמֹר עָלֶיךָ Cuando duermas, ella te guardará. (Prov. 6:22)

(ii) בְּזָכְרֵנוּ אֶת־צִיּוֹן Cuando nos acordábamos de Sión (Sal. 137:1)

(iii) כְּקָרָבְכֶם אֶל־הַמִּלְחָמָה Cuando se acerquen a la batalla (Deut 20:2)

(b) Sufijos pronominales como los complementos del infinitivo constructo

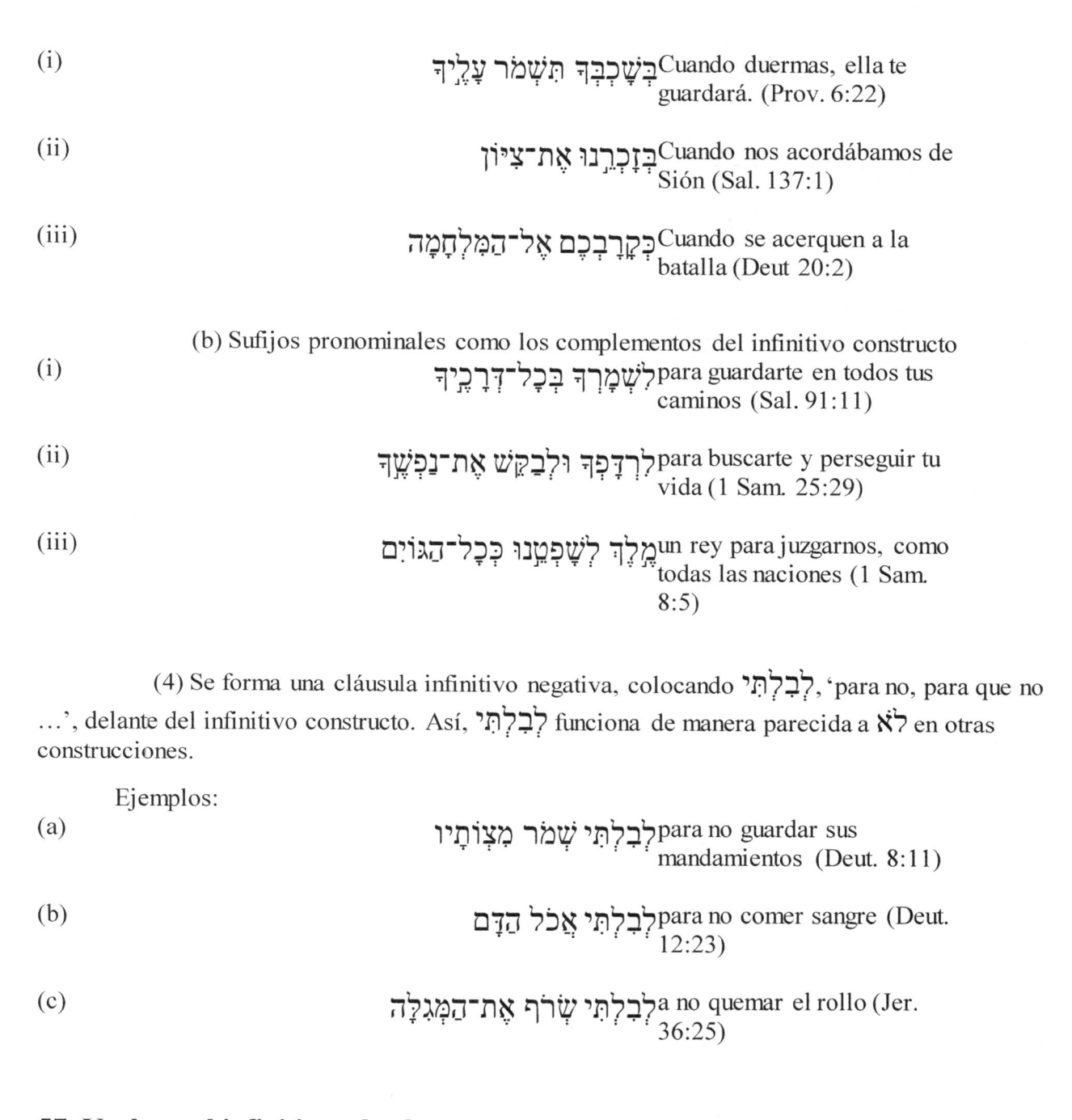

(i) לִשְׁמָרְךָ בְּכָל־דְּרָכֶיךָ para guardarte en todos tus caminos (Sal. 91:11)

(ii) לְרָדְפְךָ וּלְבַקֵּשׁ אֶת־נַפְשֶׁךָ para buscarte y perseguir tu vida (1 Sam. 25:29)

(iii) מֶלֶךְ לְשָׁפְטֵנוּ כְּכָל־הַגּוֹיִם un rey para juzgarnos, como todas las naciones (1 Sam. 8:5)

(4) Se forma una cláusula infinitivo negativa, colocando לְבִלְתִּי, 'para no, para que no …', delante del infinitivo constructo. Así, לְבִלְתִּי funciona de manera parecida a לֹא en otras construcciones.

Ejemplos:

(a) לְבִלְתִּי שְׁמֹר מִצְוֺתָיו para no guardar sus mandamientos (Deut. 8:11)

(b) לְבִלְתִּי אֲכֹל הַדָּם para no comer sangre (Deut. 12:23)

(c) לְבִלְתִּי שְׂרֹף אֶת־הַמְּגִלָּה a no quemar el rollo (Jer. 36:25)

57. Verbos: el infinitivo absoluto

A diferencia de los infinitivos constructos, el infinitivo absoluto nunca tiene prefijos preposicionales ni sufijos pronominales. Sin embargo, él puede tener como prefijo la conjunción vāv.

57.1 *Una comparación del infinitivo constructivo y el infinitivo absoluto del verbo* מָשַׁל, *'él reinó'.*

Qal   Nif'al   Pi'el   Pu'al   Hitpa'el   Hif'il   Hof'al

Inf. Constr.	מְשֹׁל	הַמְשֵׁל	מַשֵּׁל	(מֻשַּׁל)	הִתְמַשֵּׁל	הַמְשִׁיל	(הָמְשֵׁל)
Inf. Abs.	מָשׁוֹל	הַמְשֵׁל	מַשֵּׁל	מֻשֵּׁל	הִתְמַשֵּׁל	הַמְשֵׁל	הָמְשֵׁל
	נִמְשֹׁל	מַשֵּׁל					

57.2 *Los infinitivos absolutos de varios de los verbos fuertes y débiles más frecuentes:*

(1)	לָמַד él aprendió	Qal inf. abs.	לָמוֹד
(2)	קָרַב él se acercó	Qal inf. abs. Hif'il inf. abs.	קָרוֹב הַקְרֵב
(3)	שָׁכַב él se acostó	Qal inf. abs.	שָׁכוֹב
(4)	עָמַד él se paró	Qal inf. abs.	עָמוֹד
(5)	אָכַל él comió	Qal inf. abs.	אָכוֹל
(6)	אָמַר él dijo	Qal inf. abs.	אָמוֹר
(7)	הָלַךְ él caminó, fue	Qal inf. abs.	הָלוֹךְ
(8)	נָפַל él cayó	Qal inf. abs.	נָפוֹל
(9)	נָתַן él dio, puso	Qal inf. abs. Nif'al inf. abs.	נָתוֹן הִנָּתוֹן
(10)	הָיָה él era, fue	Qal inf. abs.	הָוֹה (הָיוֹ)

57.3 *Algunos de los usos más comunes del infinitivo absoluto:*

El infinitivo absoluto funciona principalmente en un sentido adverbial, aunque también tiene otras connotaciones. No tiene un paralelo exacto en el castellano, y sus matices con frecuencia son demasiado sutiles para ser entendidos por el principiante. Es difícil producir equivalencias precisas en la traducción. Sólo los usos más comunes están presentados a continuación.

(1) El infinitivo absoluto puede funcionar como un gerundio, parecido a las palabras que en castellano terminan con -ando, -iendo, etc.

Ejemplo:

וְהִנֵּה שָׂשׂוֹן וְשִׂמְחָה הָרֹג בָּקָר וְשָׁחֹט צֹאן אָכֹל בָּשָׂר וְשָׁתוֹת יָיִן Y he aquí, gozo y alegría, matando ganado y bebiendo vino (Isa. 22:13)

(2) El infinitivo absoluto frecuentemente va inmediatamente delante de un verbo cognado, para fortalecer, enfatizar, e intensificar la idea verbal.

Ejemplos:

(a) זָכֹר תִּזְכֹּר אֵת אֲשֶׁר־עָשָׂה יְהוָה אֱלֹהֶיךָ Acuérdate bien lo que hizo el Señor, tu Dios. (Deut. 7:18)

(b) שָׁמוֹר תִּשְׁמְרוּן אֶת־מִצְוֹת יְהוָה אֱלֹהֵיכֶם Guarden cuidadosamente los mandamientos del Señor, su Dios. (Deut. 6:17)

(c) וֵאלֹהִים פָּקֹד יִפְקֹד אֶתְכֶם Y Dios ciertamente los visitará. (Gén. 50:24)

(3) El infinitivo absoluto a veces va inmediatamente después de un verbo cognado. En tal caso, expresa la duración de la idea verbal.

Ejemplos:

(a) שִׁמְעוּ שָׁמוֹעַ וְאַל־תָּבִינוּ וּרְאוּ רָאוֹ וְאַל־תֵּדָעוּ ¡Sigan oyendo, pero no entiendan! ¡Continúen viendo, pero no perciban! (Isa. 6:9)

(b) לַשָּׁוְא צָרַף צָרוֹף En vano uno sigue refinando. (Jer. 6:29)

(4) A veces, el infinitivo absoluto sirve como sustituto de un verbo finito.

Ejemplos:

(a) זָכוֹר אֶת־יוֹם הַשַּׁבָּת לְקַדְּשׁוֹ Acuérdate [imperativo] del sábado para santificarlo. (Éx. 20:8)

(b) הָלוֹךְ וְדִבַּרְתָּ אֶל־דָּוִד Ve [imperativo] y di a David. (2 Sam. 24:12)

(c) שָׁמוֹר אֶת־יוֹם הַשַּׁבָּת לְקַדְּשׁוֹ Guarda [imperativo] el sábado para santificarlo. (Deut. 5:12)

EJERCICIOS

1. Escriba los infinitivos del Qal que corresponden a los verbos a continuación:

Verbo	Infinitivo Constructivo	Infinitivo Absoluto
(1) שָׁפַט	_____	_____
(2) לָמַד	_____	_____
(3) קָרַב	_____	_____
(4) שָׁכַב	_____	_____
(5) מָשַׁל	_____	_____
(6) פָּקַד	_____	_____
(7) קָטַל	_____	_____

2. Cada uno de los ejemplos a continuación tiene un infinitivo constructo. Complete la traducción, apuntando el significado del infinitivo. En el inciso (a), dé el sistema del infinitivo y en (b), su tema verbal. Si tiene un sufijo pronominal, dé la persona, el género y el número del sufijo en (c), e indique si se usa como sujeto o como complemento en (d).

כְּהַזְכִּירוֹ אֶת־אֲרוֹן הָאֱלֹהִים cuando él mencionó el arca de Dios (1 Sam. 4:18)

    (a) Hif'il   (b) זָכַר   (c) 3 ms   (d) sujeto

(1) לִשְׁכַּב אֶת־בַּת־יַעֲקֹב a _____ con la hija de Jacob (Gén. 34:7)

    (a) _____   (b) _____

(2) לִשְׁמֹר אֶת־הַדֶּרֶךְ עֵץ הַחַיִּים a _____ el camino del árbol de vida (Gén. 3:24)

    (a) _____   (b) _____

(3) בְּכָתְבוֹ אֶת־הַדְּבָרִים הָאֵלֶּה cuando él _____ estas palabras (Jer. 45:1)

(a) _____ (b) _____ (c) _____ (d) _____

(4) לִשְׁפֹּט אֶת־הָעָם a _____ el pueblo (Éx. 18:13)

(a) _____ (b) _____

(5) לְלַמְּדָם מִלְחָמָה a _____ les guerra (Jueces 3:2)

(a) _____ (b) _____ (c) _____ (d) _____

(6) לְהִלָּחֵם עִם־יִשְׂרָאֵל a _____ con Israel (Josué 11:5)

(a) _____ (b) _____

(7) לְקָבְרָהּ a _____ la (2 Reyes 9:35)

(a) _____ (b) _____ (c) _____ (d) _____

(8) לְשָׂרְפוֹ בָאֵשׁ a _____ lo con fuego (Jueces 9:52)

(a) _____ (b) _____ (c) _____ (d) _____

(9) בְּשָׁפְכְּךָ אֶת־חֲמָתְךָ עַל־יְרוּשָׁלָ͏ִם cuando tú _____ tu ira sobre Jerusalén (Ezeq. 9:8)

(a) _____ (b) _____ (c) _____ (d) _____

(10) לִדְרוֹשׁ אֶת־תּוֹרַת יְהוָה a _____ la ley del Señor (Esdras 7:10)

(a) _____ (b) _____

(11) וַיְבַקֵּשׁ לַהֲרֹג אֶת־מֹשֶׁה y él procuró _____ a Moisés (Éx. 2:15)

        (a) _____   (b) _____

(12) וּבֶגֶד לִלְבֹּשׁ y ropa para _____ (Gén. 28:20)

        (a) _____   (b) _____

3. Escriba los pronombres correctos y otros elementos faltantes en los espacios.

(1) יְהוָה יִשְׁמַע בְּקָרְאִי אֵלָיו El Señor oye cuando _____ le clam_____. (Sal. 4:4; esp. 4:3)

(2) וַיָּקָם הַמֶּלֶךְ לִקְרָאתָהּ Y el rey se levantó a recibir _____. (1 Reyes 2:19)

(3) וְאֵלֶּה יָצְאוּ מִן־הָעִיר לִקְרָאתָם Y estos salieron de la ciudad al encuentro de_____. (Josué 8:22)

(4) בְּבָרְחוֹ מִפְּנֵי אַבְשָׁלוֹם בְּנוֹ cuando _____ hu_____ delante de _____ hijo Absalón (Sal. 3:1; título en español)

(5) כִּי־אִתְּכֶם אֲנִי לְהוֹשִׁיעַ אֶתְכֶם Porque _____ est_____ con _____ para salvar_____. (Jer. 42:11)

(6) עַד שׁוּבִי בְשָׁלוֹם hasta que _____ vuelv_____ en paz (2 Cr. 18:26)

(7) עִמּוֹ זְרוֹעַ בָּשָׂר וְעִמָּנוּ יְהוָה אֱלֹהֵינוּ לְעָזְרֵנוּ וּלְהִלָּחֵם מִלְחֲמֹתֵנוּ Con_____ está el brazo de carne, pero con _____ está el Señor _____ Dios, para ayudar_____ y para pelear _____ batallas. (2 Cr. 32:8)

(8) וַיֹּאמְרוּ לוֹ אֶחָיו הֲמָלֹךְ תִּמְלֹךְ עָלֵינוּ Y _____ dijeron _____ hermanos, '¿Reinar_____ _____ sobre _____?' (Gén. 37:8)

(9) הִנֵּה יָצָא לְהִלָּחֵם אִתָּךְ He aquí ____ h_____ salido para pelear con_____. (2 Reyes 19:9)

(10) לֹא יִקְרַב לְהַקְרִיב לֶחֶם אֱלֹהָיו _____ no se acercar_____ para ofrecer el pan de _____ Dios. (Lev. 21:17)

(11) וַיִּשְׁמַע יְהוָה אֶת־קוֹל דִּבְרֵיכֶם בְּדַבֶּרְכֶם אֵלָי Y el Señor oyó (la voz de) _____ palabras cuando _____ _____ hablab_____. (Deut. 5:28)

(12) וּכְשָׁמְעוֹ אֶת־דִּבְרֵי רִבְקָה אֲחֹתוֹ y cuando escuch_____ las palabras de Rebeca_____ hermana (Gén. 24:30)

4. Traduzca lo siguiente:

(1) לִשְׁמֹר אֶת־מִצְוֹת יְהוָה (Deut. 4:2)

(2) לְבַקֵּשׁ אֶת־יְהוָה צְבָאוֹת (Zac. 8:22)

בִּירוּשָׁלָם

(3) (Gén. 1:14)לְהַבְדִּיל בֵּין הַיּוֹם וּבֵין הַלָּיְלָה

(4) (1 Reyes 3:9)לִשְׁפֹּט אֶת־עַמְּךָ

(5) (Esdras 3:10)לְהַלֵּל אֶת־יְהוָה

(6) (1 Reyes 2:27)לְמַלֵּא אֶת־דְּבַר יְהוָה

(7) (Gén. 50:7)לִקְבֹּר אֶת־אָבִיו

(8) (Gén. 25:22)לִדְרֹשׁ אֶת־יְהוָה

(9) (Josué 8:16)לִרְדֹּף אַחֲרֵיהֶם

(10) (1 Sam. 25:29)וּלְבַקֵּשׁ אֶת־נַפְשְׁךָ

(11) (Éx. 5:23)לְדַבֵּר בִּשְׁמֶךָ

(12) (Deut. 18:20)לְדַבֵּר דָּבָר בִּשְׁמִי

5. Haga las correspondencias, de manera que van en pares los que expresan una acción o un estado parecido:

(1)	( )	בּוֹא	(A)	דָּרַשׁ
(2)	( )	שָׁתָה	(B)	שָׁכַן
(3)	( )	עָלָה	(C)	בִּין
(4)	( )	רָבָה	(D)	בָּרָא
(5)	( )	יָדַע	(E)	הָלַךְ
(6)	( )	[בקשׁ]	(F)	[ישׁע]
(7)	( )	יָשַׁב	(G)	קוּם

(8)	( )	עָשָׂה	(H)		מָשַׁל
(9)	( )	מָלַךְ	(I)		אָכַל
(10)	( )	[נצל]	(J)		גָּדַל

6. En cada uno de los ejemplos a continuación, un infinitivo absoluto va delante de un verbo finito del misma tema; él sirve para intensificar la acción del verbo finito. Procure pensar en formas alternativas de traducir la cláusula hebrea que también expresen esta intensificación. Consulte por lo menos dos traducciones modernas para ver como traducen. En el inciso (a), apunte el sistema del infinitivo absoluto y en (b), su tema.

(1) אִם־מָשׁוֹל תִּמְשֹׁל בָּנוּ
¿Reinarás tú sobre nosotros? (Gén. 37:8)
(a) _____
(b) _____

(2) הַבְדֵּל יַבְדִּילַנִי יְהוָה מֵעַל עַמּוֹ
Me apartará totalmente el Señor de su pueblo. (Isa 56:3)
(a) _____
(b) _____

(3) זָכֹר אֶזְכְּרֶנּוּ עוֹד
Me he acordado de él constantemente. (Jer. 31:20)
(a) _____
(b) _____

(4) אִם־לָמֹד יִלְמְדוּ אֶת־דַּרְכֵי עַמִּי
Y si cuidadosamente aprendieren los caminos de mi pueblo. (Jer. 12:16)
(a) _____
(b) _____

(5) וְאָנֹכִי הַסְתֵּר אַסְתִּיר פָּנַי בַּיּוֹם הַהוּא
Pero ciertamente yo esconderé mi rostro en aquel día. (Deut. 31:18)
(a) _____
(b) _____

(6) כִּי־קָבוֹר תִּקְבְּרֶנּוּ בַּיּוֹם הַהוּא
Sin falta lo enterrarás el mismo día. (Deut. 21:23)
(a) _____
(b) _____

(7) דָּרֹשׁ דָּרַשׁ מֹשֶׁה (a) _____
Moisés investigó diligentemente. (Lev. 10:16) (b) _____

(8) כִּי־כַבֵּד אֲכַבֶּדְךָ מְאֹד (a) _____
porque sin duda te honraré mucho. (Núm. 22:17) (b) _____

(9) יָדַעְתִּי כִּי־דַבֵּר יְדַבֵּר הוּא (a) _____
Yo sé que de veras él sabe hablar. (Éx. 4:14) (b) _____

(10) אִם־שָׁמוֹעַ תִּשְׁמְעוּ בְּקֹלִי (a) _____
Si dieran oído a mi voz … (Éx. 19:5) (b) _____

7. Practique leyendo el hebreo en voz alta. Tape el castellano y practique traduciendo.

(1) כְּדַבְּרָהּ אֶל־יוֹסֵף יוֹם יוֹם וְלֹא־שָׁמַע אֵלֶיהָ לִשְׁכַּב אֶצְלָהּ
Hablando ella a José cada día, y no escuchándola él para acostarse al lado de ella. (Gén. 39:10)

(2) כִּי הִנָּתֹן יִנָּתֵן צִדְקִיָּהוּ בְּיַד מֶלֶךְ־בָּבֶל
sino que de cierto Sedequías será entregado en la mano del rey de Babilonia. (Jer. 32:4)

(3) אֵלֶּה דִבְרֵי הַבְּרִית אֲשֶׁר־צִוָּה יְהוָה אֶת־מֹשֶׁה לִכְרֹת אֶת־בְּנֵי יִשְׂרָאֵל
Estas son las palabras del pacto que el Señor mandó a Moisés que celebrara con los hijos de Israel. (Deut. 28:69; esp. 29:1)

(4) וְהָמָן עָמַד לְבַקֵּשׁ עַל־נַפְשׁוֹ מֵאֶסְתֵּר הַמַּלְכָּה
Pero Aman se quedó para suplicarle a la reina Ester por su vida. (Est. 7:7)

(5) עִמּוֹ זְרוֹעַ בָּשָׂר וְעִמָּנוּ יְהוָה אֱלֹהֵינוּ לְעָזְרֵנוּ וּלְהִלָּחֵם מִלְחֲמֹתֵנוּ
Con él está el brazo de carne, pero con nosotros está el Señor nuestro Dios, para ayudarnos y pelear nuestras batallas. (2 Cr. 32:8)

(6) יְהוָה יִשְׁמַע בְּקָרְאִי אֵלָיו
El Señor oye cuando y le clamo. (Sal. 4:4; esp. 4:3)

(7) אָמַרְתִּי כַּבֵּד אֲכַבֶּדְךָ Dije, 'De cierto te honraré.'

(8) וַתִּשְׁלַח בְּגָדִים לְהַלְבִּישׁ אֶת־מָרְדֳּכַי Y envió vestidos para que Mardoqueo se vistiera. (Est. 4:4)

(9) לִמְּדוּ לְשׁוֹנָם דַּבֶּר־שֶׁקֶר Han enseñado su lengua a decir mentira(s). (Jer. 9:4; esp. 9:5)

(10) וּבְדַבְּרִי אוֹתְךָ אֶפְתַּח אֶת־פִּיךָ Pero cuando y te haya hablado, abriré tu boca. (Ezeq. 3:27)

(11) וּמֹשֶׁה בֶּן־שְׁמֹנִים שָׁנָה וְאַהֲרֹן בֶּן־שָׁלֹשׁ וּשְׁמֹנִים שָׁנָה בְּדַבְּרָם אֶל־פַּרְעֹה Tenía Moisés ochenta años de edad, y Aarón ochenta y tres, cuando hablaron al faraón. (Éx. 7:7)

(12) וּבְדַבְּרוֹ עִמִּי אֶת־הַדָּבָר הַזֶּה עָמַדְתִּי Mientras hablaba esto conmigo, me puse en pie. (Dan. 10:11)

(13) לִזְכֹּר בְּרִית עוֹלָם בֵּין אֱלֹהִים וּבֵין כָּל־נֶפֶשׁ חַיָּה para recordar el pacto perpetuo entre Dios y todo ser viviente (Gén. 9:16)

(14) לִכְתֹּב אֶת־דִּבְרֵי הַתּוֹרָה־הַזֹּאת עַל־סֵפֶר a escribir las palabras de esta Ley en un libro (Deut. 31:24)

(15) לְהַלֵּל לַיהוָה בְּקוֹל גָּדוֹל para alabar con gran clamor al Señor (2 Cr. 20:19)

VOCABULARIO

(1) אָבַד él pereció

(2) אָסַף él juntó, recogió

(3) בִּי comprender, discernir

(4) בָּרַח él huyó

(5) חָדַל él cesó, dejó de

(6) חָטָא él pecó, no dio en el blanco

(7) יָכֹל él pudo, fue capaz

(8) יָלַד él engendró

(9) יָסַף él agregó, añadió

(10) יָרַד él bajó

(11) יָרַשׁ él tomó posesión de

(12) כּוּן ser fijo, firme, establecido

(13) כָּלָה él era completo, se terminó

(14) [מאן] (Pi'el) él se negó de

(15) מָאַס él rechazó, despreció

(16) מָכַר él vendió

(17) [נגד] (Hif'il) él dijo, declaró

(18) נָטָה él extendió

(19) [נכה] (Hif'il) él golpeó, hirió, mató

(20) רוּם estar alto, exaltado

(21) רָפָא él sanó, curó

(22) רָצָה él mostró gracia, se deleitó en

(23) שָׂנֵא él odió

(24) שָׁתָה él bebió, tomó

Lección XX

58. Verbos: una introducción a los participios

58.1 El participio hebreo es parecido al gerundio del castellano. Este último es un 'verbo usado como un adjetivo' o un 'adjetivo derivado de un verbo, y por ende describe participación en la acción o el estado del verbo.'

Las formas de los gerundios en el castellano no reflejan persona, género, o número. Los participios hebreos *tampoco* reflejan persona gramatical, pero *sí* comunican género y número. Pueden ser masculino femenino, singular o plural.

58.2 El participio en hebreo puede tener la voz activa o la voz pasiva (escribiendo ... siendo escrito; enviando ... siendo enviado; redimiendo ... siendo redimido; haciendo ... siendo hecho; buscando ... siendo buscado; respectivamente).

En el hebreo, sólo el sistema Qal tiene ambos participios activos y participios pasivos. El Qal participio pasivo probablemente es la única evidencia sobreviviente de lo que era toda una conjugación Qal pasivo. En los demás sistemas, la voz se define por la voz del mismo sistema. Por ejemplo, los sistemas activos (Pi'el y Hif'il) tienen participios activos; los sistemas reflexivos (Hitpa'el y a veces Nif'al) tienen participios reflexivos; y los sistemas pasivos (Nif'al, Pu'al, y Hof'al) tienen participios pasivos. Los participios de los sistemas activos son mucho más frecuentes que los participios de los sistemas reflexivos y pasivos.

58.3 Los participios del sistema Qal (ambos activos y pasivos) ocurren sin prefijos. En cambio, los participios de todos los demás sistemas tienen prefijos. Los participios del Nif'al tienen el prefijo nûn (נ), mientras los participios de todos los demás sistemas derivados tienen el prefijo mēm. Estas reglas rigen para ambos verbos fuertes y verbos débiles.

59. Verbos: las formas del participio

Las formas del participio en hebreo varían de acuerdo a las clases de verbos fuertes y débiles. Las listas a continuación ilustran algunas de las variaciones. El estudiante debe usarlas como un punto de referencia para identificar las formas participiales que él o ella encuentra en su lectura.

59.1 *La sinopsis de los participios Qal activos de verbos representativos fuertes y débiles.*

Tema	Masc. Sing.	Masc. Pl.	Fem. Sing.	Fem. Pl.
(1)	מָשַׁל מֹשֵׁל(A)	מֹשְׁלִים	מֹשֶׁלֶת	מֹשְׁלוֹת
(2)	כָּתַב כֹּתֵב(A)	כֹּתְבִים	כֹּתְבָה(B)	כֹּתְבוֹת

276

כֹּתֶבֶת

(3)	יָשַׁב יוֹשֵׁב(A)	יוֹשְׁבִים	יוֹשֶׁבֶת	יוֹשְׁבוֹת	
(4)	יָצָא יוֹצֵא(A)	יוֹצְאִים	יוֹצֵאם(C)	יוֹצְאוֹת	
(5)	קָרָא קוֹרֵא(A)	קוֹרְאִים	קוֹרֵאת(C)	קוֹרְאוֹת	
(6)	שָׁמַע שֹׁמֵעַ(D)	שֹׁמְעִים	שֹׁמַעַת(E)	שֹׁמְעוֹת	
(7)	יָדַע יוֹדֵעַ(D)	יוֹדְעִים	יוֹדַעַת(E)	יוֹדְעוֹת	
(8)	בָּנָה בֹּנֶה(F)	בֹּנִים(G)	בֹּנָה	בֹּנוֹת(G)	
(9)	רָאָה רֹאֶה(F)	רֹאִים(G)	רֹאָה	רֹאוֹת(G)	
(10)	בּוֹא בָּא(H)	בָּאִים(H)	בָּאָה(H)	בָּאוֹת(H)	

(A) Ḥólĕm inicial ocurre en todas las formas del Qal participio activo (con la excepción de verbos como בּוֹא, 'ir'; véase no. 10), pero puede ser escrita *plene* (ḥólĕm más vāv) o defectiva (ḥólĕm sin vāv). Verbos Pe Vav/Pe Yod (véanse nos. 3, 4, y 7) prefieren la forma *plene*.

(B) La forma femenina singular del Qal participio activo puede terminar o en הָ o en alguna forma de ת (תֶ, תָ, o ת sencilla). Las terminaciones con ת probablemente representan una terminación constructa arcaica.

(C) En la forma Qal del participio femenino singular de verbos con tres consonantes y que terminan en ʾālĕf (א), esta consonante se hace silente. Por lo tanto, no requiere ninguna vocal debajo de ella, y la sᵉgôl que precede se alarga a ṣērê.

(D) Pᵉtāḥ furtiva se inserta (véase V.13.2) delante de las guturales fuertes ה, ח, y ע cuando éstas aparecen como la última consonante de una palabra y no están precedidas por una vocal de clase 'a'.

(E) La forma característica del Qal participio femenino singular de los temas verbales que terminan con una gutural fuerte (ה, ח, y ע) puede verse en שֹׁמַעַת y יוֹדַעַת. Note que estas formas resultan de la preferencia mostrada por las guturales por vocales de clase 'a'.

(F) Los temas verbales que terminan con ה siempre tienen sᵉgôl como la vocal final en las formas participiales masculinas singulares. El Qal participio pasivo es una excepción. Esta regla aplica no sólo al sistema Qal, sino también a los demás sistemas.

(G) En la formación de los participios activos masculinos y femeninos *plurales* de temas verbales que terminan en ה, la ה final se pierde delante de las terminaciones plurales.

(H) Se usa qămĕṣ, en lugar de ḥólĕm, como la vocal inicial del Qal participio activo de בוא.

59.2 *La sinopsis de los participios Qal pasivos de verbos representativos fuertes y débiles.*

	Tema	Masc. Sing.	Masc. Pl.	Fem. Sing.	Fem. Pl.
(1)	מָשַׁל	מָשׁוּל(A)	מְשׁוּלִים	מְשׁוּלָה	מְשׁוּלוֹת
(2)	כָּתַב	כָּתוּב	כְּתוּבִים	כְּתוּבָה	כְּתוּבוֹת
(3)	שָׁלַח	שָׁלוּחַ(B)	שְׁלוּחִים	שְׁלוּחָה	שְׁלוּחוֹת
(4)	אָהַב	אָהוּב	אֲהוּבִים(C)	אֲהוּבָה(C)	אֲהוּבוֹת(C)
(5)	בָּנָה	בָּנוּי(D)	בְּנוּיִים(D)	בְּנוּיָה(D)	בְּנוּיוֹת(D)
(6)	עָשָׂה	עָשׂוּי(D)	עֲשׂוּיִים(C)	עֲשׂוּיָה(C)	עֲשׂוּיוֹת(C)
(7)	אָרַר	אָרוּר	אֲרוּרִים(C)	אֲרוּרָה(C)	אֲרוּרוֹת(C)

(A) Todas las formas del Qal participio pasivo se escriben con šûrĕq entre la segunda y la tercera consonante del tema verbal.

(B) Se coloca una pătāḥ furtiva delante de una gutural final fuerte cuando ésta no está precedida por una vocal de clase 'a'.

(C) Las guturales prefieren las shevás compuestas más que las shevás simples.

(D) En el caso de los temas verbales que terminan con ה, se forma los Qal participios pasivos (masculino y femenino, singular y plural) por sustituir י por ה. Aparte de este detalle, las formas son regulares, a pesar de su apariencia extraña.

59.3 *La sinopsis de los participios Nif'al pasivos de verbos representativos fuertes y débiles.*

	Tema	Masc. Sing.	Masc. Pl.	Fem. Sing.	Fem. Pl.
(1)	מָשַׁל	נִמְשַׁל(A)	נִמְשָׁלִים	נִמְשֶׁלֶת	נִמְשָׁלוֹת
(2)	שָׁאַר	נִשְׁאָר	נִשְׁאָרִים	נִשְׁאֶרֶת	נִשְׁאָרוֹת
(3)	שָׁמַע	נִשְׁמָע	נִשְׁמָעִים	נִשְׁמַעַת(B)	נִשְׁמָעוֹת

(4)	נַעֲשָׂה עָשָׂה	(C)נַעֲשִׂים	(C)נַעֲשָׂה	(C)נַעֲשׂוֹת
(5)	נֶאֱמָן [אמן]	(C)נֶאֱמָנִים	(C)נֶאֱמָנָה	(C)נֶאֱמָנוֹת
(6)	נִשָּׂא	(D)נִשָּׂאִים	(D)נִשָּׂאָה	(D)נִשָּׂאוֹת

(A) El prefijo nûn es característico de todas las formas participiales del Nif'al.

(B) El Nif'al participio femenino singular de temas verbales que terminan con una gutural fuerte está formada por sustituir păṭăḥ por sᵉgôl en cada una de las dos últimas sílabas.

(C) Las guturales prefieren shevás compuestas. En la formas del Nif'al participio, aparece ḥăṭéf-păṭăḥ con ע, y ḥăṭéf-sᵉgôl con א. Cuando cualquier de estas shevás compuestas va después del prefijo nûn, la nûn está puntuada con la vocal corta que corresponde; además, queda marcada por un mĕṯĕg secundario (véase IV.9)

(D) Cuando nûn está apoyada por un divisor de sílabas, ella se pierde por haberse asimilada a la consonante que sigue, dejando como evidencia un dagesh forte. Por ejemplo, la forma original נִנְשָׂא pasa a ser נִשָּׂא; נִנְשָׂאִים pasa a ser נִשָּׂאִים; etc.

59.4 *La sinopsis de los participios Pi'el de verbos representativos fuertes y débiles.*

	Tema	Masc. Sing.	Masc. Pl.	Fem. Sing.	Fem. Pl.
(1)	מָשַׁל	(A)מְמַשֵּׁל	מְמַשְּׁלִים	מְמַשֶּׁלֶת	מְמַשְּׁלוֹת
(2)	[בקשׁ]	מְבַקֵּשׁ	מְבַקְּשִׁים	מְבַקֶּשֶׁת	מְבַקְּשׁוֹת
(3)	[דבר]	מְדַבֵּר	מְדַבְּרִים	(B)מְדַבְּרָה	מְדַבְּרוֹת
(4)	[ברך]	(C)מְבָרֵךְ	(C)מְבָרְכִים	(C)מְבָרְכָה	(C)מְבָרְכוֹת
(5)	[צוה]	(D)מְצַוֶּה	(D)מְצַוִּים	(D)מְצַוָּה	(D)מִצְווֹת

(A) Las características de los participios del Pi'el son el prefijo מְ y la duplicación de la consonante media del tema verbal.

(B) Esta es la forma alternativa del participio femenino singular.

(C) Dado que la gutural ר no se puede duplicar, la vocal anterior queda alargada, de păṭăḥ a qămĕṣ.

(D) Vāv se porta como una consonante ordinaria en el verbo [צוה]. Por lo tanto, es una consonante duplicada en las formas participiales del Pi'el; no se debe confundir con šûrĕq.

59.5 *La sinopsis de los participios Pu'al pasivos de verbos representativos fuertes y débiles.*

	Tema	Masc. Sing.	Masc. Pl.	Fem. Sing.	Fem. Pl.
(1)	מָשַׁל	מְמֻשָּׁל(A)	מְמֻשָּׁלִים	מְמֻשָּׁלָה	מְמֻשָּׁלוֹת
(2)	עָנָה	מְעֻנֶּה	מְעֻנִּים	מְעֻנָּה	מְעֻנּוֹת
(3)	[ברך]	מְבֹרָךְ(B)	מְבֹרָכִים(B)	מְבֹרָכָה(B)	מְבֹרָכוֹת(B)

(A) Las características que distinguen los participios del Pu'al son el prefijo מְ, la qĭbbûṣ debajo de la primera consonante del tema, y la duplicación de la consonante media del tema.

(B) Al no ser posible duplicar la gutural ר, la vocal que precede queda alargada, de qĭbbûṣ a ḥólĕm.

59.6 *La sinopsis de los participios Hitpa'el pasivos de verbos representativos fuertes y débiles.*

	Tema	Masc. Sing.	Masc. Pl.	Fem. Sing.	Fem. Pl.
(1)	מָשַׁל	מִתְמַשֵּׁל(A)	מִתְמַשְּׁלִים(A)	מִתְמַשֶּׁלֶת	מִתְמַשְּׁלוֹת
(2)	הָלַךְ	מִתְהַלֵּךְ	מִתְהַלְּכִים	מִתְהַלֶּכֶת	מִתְהַלְּכוֹת
(3)	קָדַשׁ	מִתְקַדֵּשׁ	מִתְקַדְּשִׁים	מִתְקַדֶּשֶׁת	מִתְקַדְּשׁוֹת
(4)	[אוה]	מִתְאַוֶּה(B)	מִתְאַוִּים(B)	מִתְאַוָּה(B)	מִתְאַוּוֹת(B)

(A) Las características que distinguen los participios del Hitpa'el son el prefijo מִתְ y la duplicación de la consonante media.

(B) Por portarse vāv como una consonante ordinaria en el verbo אָוָה, 'él deseó, anheló', ella sirve como una consonante media duplicada en las formas participiales del Hitpa'el. Por lo tanto, no debe ser confundida con šûrĕq.

59.7 *La sinopsis de los participios Hif'il de verbos representativos fuertes y débiles.*

	Tema	Masc. Sing.	Masc. Pl.	Fem. Sing.	Fem. Pl.
(1)	מָשַׁל	(A)מַמְשִׁיל	(A)מַמְשִׁילִים	מַמְשִׁילָה	מַמְשִׁילוֹת
(2)	שָׁמַע	(B)מַשְׁמִיעַ	מַשְׁמִיעִים	מַשְׁמִיעָה	מַשְׁמִיעוֹת
(3)	עָלָה	(C)מַעֲלֶה	(C)מַעֲלִים	(B)מַעֲלָה	(B)מַעֲלוֹת
(4)	יָדַע	(B)(D)מוֹדִיעַ	(D)מוֹדִיעִים	(D)מוֹדִיעָה	(D)מוֹדִיעוֹת
(5)	[נגד]	(E)מַגִּיד	(E)מַגִּידִים	(E)מַגִּידָה	(E)מַגִּידוֹת
(6)	[נכה]	(F)מַכֶּה	(F)מַכִּים	(F)מַכָּה	(F)מַכּוֹת
(7)	בּוֹא	(G)מֵבִיא	מְבִיאִים	מְבִיאָה	מְבִיאוֹת

(A) Se identifica a los participios del Hif'il de los verbos fuertes por medio del prefijo מַ y la vocal ḥîrĕq-yôd del tema. Algunos verbos débiles también siguen este patrón, aunque la mayoría tiene formas alternativas.

(B) Cuando una gutural fuerte está en la posición final de una palabra y no está precedida por una vocal de clase 'a', se inserta una pătăḥ furtiva delante de esta consonante.

(C) Las guturales prefieren shevás compuestas.

(D) La yôd de יָדַע aparece como una vāv en las formas prefijadas. Los participios del Hif'il de este verbo, y otros que son similares, puntualizan vāv como ḥōlĕm-vāv después del prefijo mēm.

(E) Cuando nûn está apoyada por un divisor de sílabas, ella se asimila a la consonante que sigue. Así, מַנְגִּיד pasa a ser מַגִּיד. Cambios similares ocurren en las restantes formas del participio del sistema Hif'il cuando se trata de verbos Pe Nun.

(F) El verbo [נכה], 'él golpeó', es doblemente débil, porque tiene nûn inicial y ה final. Por lo tanto, sus formas participiales del Hif'il reflejan las características de ambos verbos con nûn inicial y verbos con ה final. La pérdida de una nûn apoyada por un divisor de sílabas explica la duplicación de la consonante media (מַנְכֶּה pasa a ser מַכֶּה). Por otro lado, la terminación ֶה de la forma masculina singular y la pérdida de ה en las formas masculina plural y femenina plural son características de todos los temas verbales que terminan con ה.

281

(G) La característica distintiva del participio del Hifʾil de בוֹא, tanto como la de otros verbos con vocales en la posición media, es el uso del prefijo מָ en lugar de מְ.

59.8 *La sinopsis de los participios Hofʿal pasivos de verbos representativos fuertes y débiles.*

	Tema	Masc. Sing.	Masc. Pl.	Fem. Sing.	Fem. Pl.
(1)	מָשַׁל	מָמְשָׁל(A)	מָמְשָׁלִים	מָמְשֶׁלֶת	מָמְשָׁלוֹת
(2)	שָׁלַךְ	מָשְׁלָךְ	מָשְׁלָכִים	מָשְׁלֶכֶת	מָשְׁלָכוֹת
(3)	גָּלָה	מָגְלֶה(B)	מָגְלִים(B)	מָגְלָה(B)	מָגְלוֹת(B)
(4)	[נכה]	מֻכֶּה(C)	מֻכִּים(C)	מֻכָּה(C)	מֻכּוֹת(C)
(5)	נָגַשׁ	מֻגָּשׁ	מֻגָּשִׁים	מֻגָּשָׁה	מֻגָּשׁוֹת
(6)	עָמַד	מָעֳמָד(D)	מָעֳמָדִים(D)	מָעֳמָדָה(D)	מָעֳמָדוֹת(D)
(7)	יָדַע	מוּדָע(E)	מוּדָעִים(E)	מוּדַעַת(E)	מוּדָעוֹת(E)

(A) Los participios del Hofʿal son caracterizados por vocales de clase 'o' y 'u', en acompañamiento del prefijo מָ. Las vocales son, o qā́meṣ-ḥāṭûf, qĭbbûṣ, o šûrĕq.

(B) Estas formas se explican por la presencia de ה final en el tema verbal.

(C) Estas formas se explican por la נ inicial y la ה final del tema verbal.

(D) Las guturales prefieren shevás compuestas. El prefijo se puntualiza con la vocal corta que corresponde; en el case presente, es qā́meṣ-ḥāṭûf.

(E) La yôd de יָדַע aparece como vāv en las formas prefijadas. En las formas del participio del Hofʿal de este verbo, vāv aparece después del prefijo mēm y está puntualizada como šûrĕq.

60. Verbos: la función de los participios

Los participios hebreos tienen tres funciones. Pueden ser usados como adjetivos, como verbos, o como sustantivos.

60.1 *Los participios como adjetivos*

Las reglas que gobiernan adjetivos ordinarios también rigen para los participios que se usan como adjetivos (véase VIII.20, 21, 22).

(1) El uso atributivo de los adjetivos participiales

Los adjetivos participiales, igual a otros adjetivos, pueden ser usados de manera atributiva o predicativa. Cuando ellos se usan atributivamente, usualmente van después de los sustantivos que ellos describen, estando de acuerdo con estos en género, número, y definición (un sustantivo definido requiere un adjetivo definido; un sustantivo indefinido requiere un adjetivo indefinido). Los adjetivos participiales, cuando son atributivos, usualmente se traducen por medio de una cláusula relativa: 'el que …', 'lo que …', 'la que …', etc.

Ejemplos:

(a) כִּי כֹה אָמַר־יְהוָה אֶל־שַׁלֻּם הַמֹּלֵךְ תַּחַת יֹאשִׁיָּהוּ אָבִיו Porque así ha dicho el Señor acerca de Salum, el cual reinó en lugar de Josías, su padre. (Jer. 22:11)

(b) הָאִישׁ הַשֹּׁכֵב עִם־הָאִשָּׁה el hombre que se acostó con la mujer (Deut. 22:22)

(c) לֻחֹת אֶבֶן כְּתֻבִים בְּאֶצְבַּע אֱלֹהִים tablas de piedra escritas por el dedo de Dios (Éx. 31:18)

(d) כָּל־הָאָלוֹת הַכְּתוּבוֹת עַל־הַסֵּפֶר todas la maldiciones que están escritas en el libro (2 Cr. 34:24)

(e) כָּל־הָאֲנָשִׁים הַמְבַקְשִׁים אֶת־נַפְשֶׁךָ todos los hombres que procuraban tu muerte (vida) (Éx. 4:19)

Compare el ejemplo en inciso (e), arriba, con la cláusula relativa que está introducida por אֲשֶׁר en Jeremías 38:16:
הָאֲנָשִׁים הָאֵלֶּה אֲשֶׁר מְבַקְשִׁים אֶת־נַפְשֶׁךָ estos hombres que buscan tu vida

(2) El uso predicativo de los adjetivos participiales

Un adjetivo participial predicativo es aquel adjetivo participial que se usa en la posición del predicado de una oración. El describe o modifica el sujeto, y usualmente se une a éste por alguna forma del verbo 'ser' o 'estar'. Normalmente, este verbo no está escrito; el lector tiene que inferirlo por el contexto.

Frecuentemente, es difícil distinguir entre un participio que está usado como un adjetivo predicativo y uno que se usa como un verbo. La línea entre los dos conceptos es muy fina.

Los adjetivos participiales predicativos pueden ir delante de o después de los sustantivos (o los pronombres) que ellos describen. Están de acuerdo con estos en género y número, pero nunca tienen el artículo definido.

Ejemplos:

(a) בָּרוּךְ אַתָּה בָּעִיר Bendito serás tú en la ciudad. (Deut. 28:3)

(b) אָרוּר אַתָּה מִכָּל־הַבְּהֵמָה Maldito serás, más que todas las bestias. (Gén. 3:14)

(c) וְהִנֵּה אִשָּׁה שֹׁכֶבֶת מַרְגְּלֹתָיו ¡Y he aquí, una mujer estaba acostada a sus pies! (Rut 3:8)

(d) עָרֵיכֶם שְׂרֻפוֹת אֵשׁ Sus ciudades están puestas a fuego. (Isa. 1:7)

60.2 *Los participios como verbos*

Los participios que se usan como verbos normalmente van después de un sujeto expresado, estando de acuerdo con esto en género y número. Sin embargo, los participios que se usan como verbos no tienen el artículo definido.

Los verbos participiales por sí mismos no tienen un significado temporal. El tiempo al cual ellos se refieren tiene que deducirse por el contexto. Ellos describen una acción continua en el marco temporal del contexto; puede ser pasado, presente, o futuro. Por lo tanto, ellos representan lo que estaba pasando en el pasado, lo que está pasando en el presente, o lo que estará pasando en el futuro. Los participios pasados son aún más explícitos cuando aparecen precedidos por el verbo הָיָה. Los participios futuros se refieren al futuro inmediato, especialmente cuando son introducidos por la partícula demostrativa הִנֵּה, '¡He aquí!'

(1) Ejemplos de los verbos participiales en tiempo pasado:

(a) וְאַבְרָהָם עוֹדֶנּוּ עֹמֵד לִפְנֵי יְהוָה Pero Abraham todavía se paraba delante del Señor. (Gén. 18:22)

(b) שְׂרָפִים עֹמְדִים מִמַּעַל לוֹ Los serafines se paraban por encima de él. (Isa. 6:2)

(c) וּשְׁמוּאֵל שֹׁכֵב בְּהֵיכַל יְהוָה Y Samuel estaba durmiendo en el templo del Señor. (1 Sam. 3:3)

(d) וְהִנֵּה הַסְּנֶה בֹּעֵר בָּאֵשׁ Y he aquí, la zarza ardía en fuego. (Éx. 3:2)

(2) Ejemplos de los verbos participiales en tiempo presente:

(a) כִּי אֲנִי יְהוָה אֹהֵב מִשְׁפָּט Porque yo, el Señor, soy amante del derecho. (Isa. 61:8)

(b) אֶת־אַחַי אָנֹכִי מְבַקֵּשׁ Busco a mis hermanos. (Gén. 37:16)

(c) הַמָּקוֹם אֲשֶׁר אַתָּה עוֹמֵד עָלָיו אַדְמַת־קֹדֶשׁ הוּא El lugar en que tú estás, tierra santa es. (Éx. 3:5)

(d) הַשָּׁמַיִם מְסַפְּרִים כְּבוֹד־אֵל Los cielos cuentan la gloria de Dios. (Sal. 19:2; esp. 19:1)

(3) Ejemplos de los verbos participiales en tiempo futuro:

(a) הִנְּךָ שֹׁכֵב עִם־אֲבֹתֶיךָ He aquí que vas a dormir con tus padres. (Deut. 31:16)

(b) כִּי־שֹׁפֵט אֲנִי אֶת־בֵּיתוֹ עַד־עוֹלָם Porque estoy por juzgar su casa para siempre. (1 Sam. 3:13

(c) הִנֵּה אָנֹכִי הֹרֵג אֶת־בִּנְךָ He aquí yo mataré a tu hijo. (Éx. 4:23)

60.3 *Los participios como sustantivos*

Los participios que se usan como sustantivos indican 'el que …', 'la que …', 'los que …', 'las que' toma(n) cierta acción o existe(n) en cierto estado o condición. Tal sustantivo puede ser definido o indefinido, masculino o femenino, singular o plural, dependiendo de la persona o las personas a la(s) que se refiere.

Los sustantivos participiales pueden ser usados como cualquier sustantivo: por ejemplo, como sujeto, predicado, complemento directo, o complemento de una preposición, y en aposición a otros sustantivos. Como sustantivos verbales, ellos pueden tener un complemento directo, o en la forma de otro sustantivo o de un sufijo pronominal.

Normalmente, los sustantivos participiales se localizan en un léxico debajo de los temas verbales de los cuales ellos son derivados. Sin embargo, algunos de ellos son tan comunes que ciertos léxicos y concordancias recientes ya los colocan por separado, como otros sustantivos. Esto se está haciendo con los sustantivos verbales que describen la actividad principal o de vocación de una persona. Algunos ejemplos son גּוֹאֵל, 'redentor', יוֹשֵׁב, 'habitante', יוֹצֵר, 'alfarero', מוֹשִׁיעַ, 'salvador', סוֹפֵר, 'escriba', רוֹאֶה, 'vidente', רֹעֶה, 'pastor', y שׁוֹפֵט, 'juez'.

Los sustantivos participiales pueden ocurrir o en el estado absoluto o en el estado constructivo. Las reglas para definir su estado constructivo son básicamente iguales a las que gobiernan los demás sustantivos (véase X.26). Sin embargo, se le debe prestar atención especial a las formas masculinas, singulares, absolutas que terminan en הֶ. En el estado constructo, estas terminaciones pasan a ser הֵ. Esto sucede porque el estado constructo pierde su acento; cuando se deja a sᵉgôl en una sílaba abierta no acentuada (ה final nunca cierra una sílaba), tiene que ser alargada a ṣērê.

(1) Ejemplos de sustantivos participiales en el estado absoluto:

(a) וְעָמְדוּ שְׁנֵי־הָאֲנָשִׁים לִפְנֵי הַשֹּׁפְטִים Y dos de los hombres se presentaron delante de los jueces. (Deut. 19:17)

(b) וְהָלְכוּ שָׁם גְּאוּלִים Y los redimidos caminarán allí. (Isa. 35:9)

(c) שָׁלַח הַמֶּלֶךְ אֶת־שָׁפָן הַסֹּפֵר בֵּית יְהוָה El rey envió a Safán el escriba a la casa del Señor. (2 Reyes 22:3)

(2) Ejemplos de sustantivos participiales en el estado constructo:

(a) Sustantivos participiales constructos sin sufijos pronominales

(i) הֲשֹׁמֵר אָחִי אָנֹכִי ¿Soy yo guarda de mi hermano? (Gén. 4:9)

(ii) לְשֹׁמְרֵי בְרִיתוֹ los que guardan su pacto (Sal. 103:18)

(iii) בְּיַד מְבַקְשֵׁי נַפְשׁוֹ en mano(s) de los que buscan su vida (Jer. 44:30)

(b) Sustantivos participiales constructos con sufijos pronominales

(i) יַד־אֱלֹהֵינוּ עַל־כָּל־מְבַקְשָׁיו La mano de nuestro Dios está sobre todos los que lo buscan. (Esdras 8:22)

(ii) וְגֹאֲלֵךְ קְדוֹשׁ יִשְׂרָאֵל Y tu Redentor es el Santo de Israel. (Isa. 41:14)

(iii) כִּי־מְכַבְּדַי אֲכַבֵּד Porque yo honro a los que me honran. (1 Sam. 2:30)

61. Verbos: la sinopsis del verbo fuerte

Esta introducción al participio completa el estudio del verbo fuerte. A partir de este capítulo, se puede escribir una sinopsis completa del verbo. El estudiante debe dominar las formas de la sinopsis. Nada menos es suficiente.

	Qal	Nif'al	Pi'el	Pu'al	Hitpa'el	Hif'il	Hof'al
Perfecto 3 ms	מָשַׁל	נִמְשַׁל	מִשֵּׁל	מֻשַּׁל	הִתְמַשֵּׁל	הִמְשִׁיל	הָמְשַׁל
Imperfecto 3 ms	יִמְשֹׁל	יִמָּשֵׁל	יְמַשֵּׁל	יְמֻשַּׁל	יִתְמַשֵּׁל	יַמְשִׁיל	יָמְשַׁל
Imperativo 2 ms	מְשֹׁל	הִמָּשֵׁל	מַשֵּׁל		הִתְמַשֵּׁל	הַמְשֵׁל	
Infin. constr.	מְשֹׁל	הִמָּשֵׁל	מַשֵּׁל	(מֻשַּׁל)	הִתְמַשֵּׁל	הַמְשִׁיל	(הָמְשַׁל)
Infin. abs.	מָשׁוֹל	הִמָּשֵׁל נִמְשֹׁל	מַשֵּׁל מַשֹּׁל	מֻשַּׁל	הִתְמַשֵּׁל	הַמְשֵׁל	הָמְשֵׁל
Part. act. ms	מֹשֵׁל		מְמַשֵּׁל		מִתְמַשֵּׁל	מַמְשִׁיל	
Part. act. fs	מֹשֶׁלֶת מֹשְׁלָה		מְמַשֶּׁלֶת		מִתְמַשֶּׁלֶת	מַמְשִׁילָה	
Part. pas. ms	מָשׁוּל	נִמְשָׁל		מְמֻשָּׁל			מָמְשָׁל
Part. pas. fs	מְשׁוּלָה	נִמְשֶׁלֶת		מְמֻשָּׁלָה			מָמְשֶׁלֶת

(Los participios Nif'al pueden ser reflexivos o pasivos.)

EJERCICIOS

1. Escriba la sinopsis del verbo כָּתַב.

2. Complete los espacios en blanco. En algunos casos, se ocupará de más de una sola palabra.

(1) וְאַתָּה מוֹשֵׁל בַּכֹּל _____ reina _____ sobre todo. (1 Cr. 29:12)

(2) וּזְרֹעוֹ מֹשְׁלָה לוֹ _____ brazo reina _____. (Isa. 40:10).

(3) אַל־יָנוּם שֹׁמְרֶךָ El que _____ no dormirá. (Sal. 121:3)

(4) לְאֹהֲבָיו וּלְשֹׁמְרֵי מִצְוֹתָיו para los que _____ y los que _____ mandamientos. (Dan. 9:4)

(5) וְלֹא אִתְּכֶם לְבַדְּכֶם אָנֹכִי כֹּרֵת אֶת־הַבְּרִית הַזֹּאת Y no solamente con _____ est _____ estableciendo _____ pacto. (Deut. 29:13; esp. 29:14)

(6) הִנֵּה בְנִי מְבַקֵּשׁ אֶת־נַפְשִׁי He aquí, _____ hijo está buscando _____ vida. (2 Sam. 16:11)

(7) כָּל־מְבַקְשֶׁיהָ Todos los que _____ buscan (Jer. 2:24)

(8) אֶת־חֲטָאַי אֲנִי מַזְכִּיר הַיּוֹם _____ pecados _____ recuerd_____ hoy. (Gén. 41:9)

(9) הֲלוֹא דָוִד מִסְתַּתֵּר עִמָּנוּ ¿No está David escondido (escondiéndose) entre _____. (1 Sam. 23:19)

(10) וְהַשֹּׂרֵף אֹתָם יְכַבֵּס בְּגָדָיו Y el que _____ queme lavará _____ vestidos. (Lev. 16:28)

(11) הִיא שֹׁפְטָה אֶת־יִשְׂרָאֵל בָּעֵת הַהִיא _____ estaba juzgando Israel en aquel tiempo. (Jueces 4:4)

(12) לָמָּה זֶּה אֲדֹנִי רֹדֵף אַחֲרֵי עַבְדּוֹ ¿Por qué _____ está persiguiendo a _____ siervo? (1 Sam. 26:18)

3. Subraye la forma correcta del participio en las siguientes oraciones y cláusulas. Después de hacer los ejercicios, controle sus respuestas, usando la Biblia Hebrea.

(1) וְחַנָּה הִיא (מְדַבֵּר / מְדַבֶּרֶת) עַל־לִבָּהּ
Pero Ana hablaba en su corazón (no en voz alta). (1 Sam. 1:13)

(2) הָאִישׁ (הַשֹּׁכֵב / הַשֹּׁכֶבֶת) עִמָּהּ
el hombre que se acostó con ella (Deut. 22:29)

(3) הֲלֹא־הִיא (כָּתוּב / כְּתוּבָה) עַל־סֵפֶר הַיָּשָׁר
¿No está escrito esto en el libro de Jaser? (Josué 10:13)

(4) (בָּרוּךְ / בְּרוּכָה) אַתְּ לַיהוָה בִּתִּי
¡Bendita seas tú por el Señor, mi hija! (Rut 3:10)

(5) (בְּרוּכִים / בְּרוּכוֹת) אַתֶּם לַיהוָה
¡Benditos sean ustedes del Señor! (1 Sam. 23:21)

(6) זִבְחֵי אֱלֹהִים רוּחַ (נִשְׁבָּר / נִשְׁבָּרָה)
Los sacrificios de Dios son un espíritu quebrantado. (Sal. 51:19; esp. 51:17)

(7) עִיר (שֹׁפֵךְ / שֹׁפֶכֶת) דָּם בְּתוֹכָהּ

ciudad que derrama sangre dentro de sí misma (Ezeq. 22:3)

(8) וְיָדַיִם (שֹׁפְכִים / שֹׁפְכוֹת) דָּם־נָקִי
y manos que derraman sangre inocente (Prov. 6:17)

(9) (וּבָרוּךְ / וּבְרוּכָה) אַתָּה בַּשָּׂדֶה
Bendito serás tú en el campo. (Deut. 28:3)

(10) וְהִנֵּה [הָעִיר] (שָׂרוּף / שְׂרוּפָה) בָּאֵשׁ
Y he aquí, la ciudad estaba quemada con fuego. (1 Sam. 30:3)

(11) וָאֶשְׁמַע אֶת־הָאִישׁ (לְבוּשׁ / לְבוּשָׁה) הַבַּדִּים
Y oí al varón vestido de lino. (Dan. 12:7)

(12) כָּל־הָעִיר (עָזוּב / עֲזוּבָה)
Cada ciudad está abandonada. (Jer. 4:29)

(13) (עֲזוּבִים / עֲזֻבוֹת) עָרֵי עֲרֹעֵר
Las ciudades de Aroer están desamparadas. (Isa. 17:2)

(14) אַחֲרֵי מִי אַתָּה (רֹדֵף / רֹדְפָה)
¿A quién persigues? (1 Sam. 24:15; esp. 24:14)

(15) מָה אֲדֹנִי (מְדַבֵּר / מְדַבֶּרֶת) אֶל־עַבְדּוֹ
¿Qué dice mi Señor a su siervo? (Josué 5:14)

(16) חָמֵשׁ עָרִים בְּאֶרֶץ מִצְרַיִם (מְדַבְּרִים / מְדַבְּרוֹת) שְׂפַת כְּנַעַן
cinco ciudades en la tierra de Egipto que hablen la lengua de Canaán (Isa. 19:18)

(17) וַיֹּאמֶר מָה־אַתָּה (רֹאֶה / רֹאָה) עָמוֹס
Y dijo, ¿Qué ves, Amós? (Amós 8:2)

(18) הֵם (הַמְדַבְּרִים / הַמְדַבְּרוֹת) אֶל־פַּרְעֹה מֶלֶךְ־מִצְרַיִם
Estos fueron los que hablaron al faraón, rey de Egipto. (Éx. 6:27)

4. Cada uno de los ejemplos a continuación tiene una forma del participio. En el inciso (a), apunte su sistema, en (b) su voz (activa o pasiva), en (c) su género y número, y en (d) su tema verbal.

Ejemplo:

אָכֵן אַתָּה אֵל מִסְתַּתֵּר Verdaderamente tú eres un Dios que te ocultas. (Isa. 45:15)

(a) Hitpaʼel   (b) activo   (c) ms   (d) [סתר]

(1) וּשְׁמוּאֵל שֹׁכֵב בְּהֵיכַל יְהוָה Y Samuel estaba acostado en el templo

del Señor. (1 Sam. 3:3)

(a) _____ (b) _____ (c) _____ (d) _____

(2) וּשְׁלֹמֹה הָיָה מוֹשֵׁל בְּכָל־הַמַּמְלָכוֹת Y Salomón dominaba sobre todos los reinos. (1 Reyes 5:1; esp. 4:21)

(a) _____ (b) _____ (c) _____ (d) _____

(3) שׁוֹמֵר יִשְׂרָאֵל el que guarda a Israel (Sal. 121:4)

(a) _____ (b) _____ (c) _____ (d) _____

(4) הֲשֹׁמְרִים הֵם אֶת־דֶּרֶךְ יְהוָה ¿Están ellos guardando el camino del Señor? (Jueces 2:22)

(a) _____ (b) _____ (c) _____ (d) _____

(5) כַּאֲשֶׁר כָּתוּב בְּתוֹרַת מֹשֶׁה conforme está escrito en la ley de Moisés (Dan. 9:13)

(a) _____ (b) _____ (c) _____ (d) _____

(6) כִּי אֹתָהּ אַתֶּם מְבַקְשִׁים Pues esto es lo que ustedes piden. (Éx. 10:11)

(a) _____ (b) _____ (c) _____ (d) _____

(7) בְּיַד מְבַקְשֵׁי נַפְשָׁם en manos de los que buscan su vida (la de ellos) (Jer. 46:26)

(a) _____ (b) _____ (c) _____ (d) _____

(8) קָרוֹב יְהוָה לְנִשְׁבְּרֵי־לֵב Cercano está el Señor a los quebrantados de corazón. (Sal. 34:19; esp. 34:18)

(a) _____ (b) _____ (c) _____ (d) _____

(9) מַשְׁבִּית מִלְחָמוֹת עַד־קְצֵה הָאָרֶץ que hace cesar (quebrantar) las guerras hasta el fin de la tierra (Sal. 46:10; esp. 46:9)

(a) _____ (b) _____ (c) _____ (d) _____

(10) מְלַמֵּד יָדַי לַמִּלְחָמָה el que enseña (adiestra) mis manos para la guerra

(2 Sam. 22:35)

(a) _____ (b) _____ (c) _____ (d) _____

(11) הַנִּסְתָּרֹת לַיהוָה אֱלֹהֵינוּ Las cosas secretas pertenecen al Señor, nuestro Dios. (Deut. 29:28; esp. 29:29)

(a) _____ (b) _____ (c) _____ (d) _____

(12) הַמַּסְתִּיר פָּנָיו מִבֵּית יַעֲקֹב el que está escondiendo su rostro de la casa de Jacob (Isa. 8:17)

(a) _____ (b) _____ (c) _____ (d) _____

(14) יְהַלְלוּ יְהוָה דֹּרְשָׁיו Alabarán al Señor los que lo buscan. (Sal. 22:27; esp. 22:26)

(a) _____ (b) _____ (c) _____ (d) _____

(15) רַבִּים רֹדְפָי Muchos son mis perseguidores. (Sal. 119:157)

(a) _____ (b) _____ (c) _____ (d) _____

5. Cada una de las oraciones a continuación tiene una forma participial o más. Practique leyendo las oraciones en voz alta. Tape la columna que tiene el castellano y practique traduciendo.

(1) וַיִּשְׁמְעוּ אֶת־קוֹל יְהוָה אֱלֹהִים מִתְהַלֵּךְ בַּגָּן לְרוּחַ הַיּוֹם Luego oyeron la voz del Señor Dios que se paseaba por el huerto, al aire del día. (Gén. 3:8)

(2) שֹׁפֵךְ דַּם הָאָדָם בָּאָדָם דָּמוֹ יִשָּׁפֵךְ כִּי בְּצֶלֶם אֱלֹהִים עָשָׂה אֶת־הָאָדָם El que derrame la sangre del hombre, por (otro) hombre su sangre será derramada. (Gén. 9:6)

(3) וַעֲתַלְיָה מֹלֶכֶת עַל־הָאָרֶץ mientras Atalía reinaba sobre la tierra (2 Reyes 11:3)

(4) וְקָרְאוּ לָהֶם עַם־הַקֹּדֶשׁ גְּאוּלֵי יְהוָה Y los llamarán Pueblo Santo, Redimidos del Señor. (Isa. 62:12)

(5) הֲשֹׁפֵט כָּל־הָאָרֶץ לֹא יַעֲשֶׂה מִשְׁפָּט El Juez de toda la tierra, ¿no ha de hacer lo que es justo? (Gén. 18:25)

(6) כִּי לֹא־עָזַבְתָּ דֹרְשֶׁיךָ יְהוָה Por cuanto tú, o Señor, no has desamparado a los que te buscan (Sal. 9:11; esp. 9:10)

(7) וְהוּא נִכְבָּד מִכֹּל בֵּית אָבִיו El mismo era el más distinguido en toda la casa de su padre. (Gén. 34:19)

(8) וּקְבַרְתֶּם אֹתִי בַּקֶּבֶר אֲשֶׁר אִישׁ הָאֱלֹהִים קָבוּר בּוֹ Entiérrenme en el sepulcro en que está sepultado el varón de Dios. (1 Reyes 13:31)

(9) רֹדֵף צְדָקָה וָחָסֶד יִמְצָא חַיִּים צְדָקָה וְכָבוֹד El que sigue la justicia y la misericordia hallará la vida, la justicia, y el honor. (Prov. 21:21)

(10) תְּהוֹם־אֶל־תְּהוֹם קוֹרֵא Un abismo llama a otro. (Sal. 42:8; esp. 42:7)

(11) הֲשָׁמַע עַם קוֹל אֱלֹהִים מְדַבֵּר מִתּוֹךְ־הָאֵשׁ כַּאֲשֶׁר־שָׁמַעְתָּ אַתָּה ¿Ha oído pueblo alguno la voz de Dios hablando de en medio del fuego, como tú la has oído? (Deut. 4:33)

(12) כִּי כָל־בֵּיתָהּ לָבֻשׁ שָׁנִים Por que toda su familia va vestida de ropas abrigadas. (Prov. 31:21)

(13) וּמְהַלְלִים לַיהוָה יוֹם בְּיוֹם הַלְוִיִּם וְהַכֹּהֲנִים Y glorificaban al Señor todos los días los levitas y los sacerdotes. (2 Cr. 30:21)

(14) בָּרוּךְ אַתָּה בְּנִי דָוִד Bendito seas tú, David, hijo mío. (1 Sam. 26:25)

(15) שִׁמְעוּ אֵלַי רֹדְפֵי צֶדֶק מְבַקְשֵׁי יְהוָה Óiganme, los que siguen la justicia, los que buscan al Señor. (Isa. 51:1)

VOCABULARIO

(1) [אמן](Nif'al) él era fiel

(Hif'il) él creyó

(2) אָרַר él maldijo

(3) גּוֹאֵל redentor

(4) גָּלָה él descubrió, reveló

(5) גָּמָל camello

(6) יוֹשֵׁב habitante

(7) יוֹצֵר alfarero

(8) יָצַר él formó

(9) מוֹשִׁיעַ salvador, rescatador

(10) מַלְאָךְ ángel, mensajero

(11) נָגַע él tocó, golpeó

(12) נָגַשׁ él se acercó

(13) נָהָר río

(14) סוֹפֵר escriba

(15) פָּדָה él redimió

(16) פָּשַׁע él se rebeló, transgredió

(17) רוֹאֶה vidente, profeta

(18) רוֹעֶה pastor

(19) רָעָה él pastoreó, atendió

(20) שַׂר príncipe, gobernante

(21) שָׁאַר él se quedó

(22) שׁוֹפֵט juez

(23) שָׁקָה él bebió, tomó

(Hifʾil) él dio a beber

(24) תּוֹעֵבָה (f) abominación

Lección XXI

62. Verbos: la puntuación de la conjunción vāv con las distintas formas verbales

Ya se le dio atención a la forma y la función de la vāv consecutiva en conjunto con el verbo imperfecto (véase XVI.43). Aunque la vāv consecutiva ocurre solamente con las formas imperfectas del verbo, la conjunción vāv puede ser usada con todas las formas verbales, incluyendo el imperfecto.

Las reglas que gobiernan la puntuación de la conjunción vāv delante de formas verbales son las mismas que rigen para la conjunción delante de sustantivos y otros fenómenos gramaticales (véase VI.16). Se repiten, abajo, para fines de repaso.

62.1 וְ delante de consonantes que tienen vocales completas, a menos que la consonante sea בּ, מ, o פ (de la 'regla bumper'), o a menos que ellas corresponden a la sílaba tónica de la palabra (véase XXI.62.5)

Ejemplos:
(1) וְכָתַבְתָּ (Jer. 36:2)

(2) וְלָקַח (Gén. 3:22)

(3) וְהָיוּ (Gén. 1:14)

(4) וְיִשְׁמְרֶךָ (Núm. 6:24)

62.2 וּ delante de ב, מ, o פ (de la 'regla bumper')

Ejemplos:
(1) וּבָנֵינוּ(Neh. 2:18)
(2) וּמְבָרֲכֶיךָ(Gén. 27:29)
(3) וּמִלְאוּ(Gén. 9:1)
(4) וּפִנָּה(Mal. 3:1)

62.3 וּ delante de todas las consonantes que están apoyadas por shevás simples (con la excepción de יְ, הְ, y חְ)

Ejemplos:
(1) וּשְׂרָפָהּ(Jer. 21:10)
(2) וּתְחִי(Isa. 55:3)
(3) וּנְמִיתֵם(1 Sam. 11:12)
(4) וּדְעוּ(Sal. 46:11)

62.4 וִ delante de יְ, הְ, y חְ

Ejemplos:
(1) וִיגְדַּל(de וְיִגְדַּל) (1 Reyes 1:47)
(2) וִיהִי(de וְיְהִי) (Gén. 1:6)
(3) וִהְיִיתֶם(de וְהְיִיתֶם) (Zac. 8:13)
(4) וִחְיוּ(de וְחְיוּ) (Gén. 42:18)

62.5 וָ a veces delante de la sílaba tónica, especialmente en palabras monosilábicas

Ejemplos:
(1) וָבֹשְׁתְּ(Ezeq. 16:63)
(2) וָבֹא(1 Reyes 3:7)

(3) וָמֵתוּ (Éx. 9:19)

(4) וָמֵת (Job 2:9)

62.6 וָ, וַ delante de consonantes que están apoyadas por ḥắṭĕf-păṭăḥ o ḥắṭĕf-sᵉgôl

Ejemplos:
(1) וַאֲכַלְתֶּם (Ezeq. 39:17)

(2) וַעֲשֵׂה (1 Cr. 22:16)

(3) וָאֱכֹל (1 Reyes 13:15)

63. Verbos: la relación coordinada. Un estudio de las secuencias del verbo hebreo

La relación coordinada consiste en el vínculo, por medio de la conjunción vāv o la vāv consecutiva, de dos o más verbos. El verbo que va primero en tal secuencia es el verbo gobernante; éste define el tiempo (pasado, presente, o futuro) y el modo (indicativo, subjuntivo, o imperativo) de los verbos que se le vinculan. Esta maniobra literaria les dio a los escritores una gran flexibilidad en expresar sus pensamientos, aún cuando trabajaron con un número limitado de formas verbales.

La presentación que aparece a continuación no es exhaustiva. No siempre es tan fácil identificar la relación coordinada entre los verbos como en los casos que siguen a continuación. Sin embargo, las consistencias son muchas más que las inconsistencias; a los patrones que emergen de un estudio de estas relaciones se les tiene que tomar en serio.

63.1 *Relaciones coordinadas que utilizan un perfecto como el verbo gobernante*

Un perfecto puede servir como el verbo gobernante cuando aparece en una secuencia con otro perfecto o con un imperfecto. Su uso aparenta limitarse a las siguientes dos categorías.

(1) Secuencia perfecto + perfecto

El enlace de dos perfectos es la forma más simple de la relación coordinada. El primer perfecto en tal secuencia no altera el tiempo ni el modo del segundo, puesto que los dos son esencialmente idénticos. Ejemplos de la secuencia perfecto + perfecto no son frecuentes en la Biblia Hebrea.

Ejemplos:
(a) דָּבָר שָׁלַח אֲדֹנָי בְּיַעֲקֹב וְנָפַל El Señor ha lanzado una palabra contra Jacob, y ella

	בְּיִשְׂרָאֵל	ha caído en Israel. (Isa. 9:7; esp. 9:8)
(b)	אֶרֶץ יָרְאָה וְשָׁקָטָה	La tierra tuvo temor y quedó en suspenso. (Sal. 76:9; esp. 76:8)
(c)	אָבִיךָ הֲלוֹא אָכַל וְשָׁתָה וְעָשָׂה מִשְׁפָּט וּצְדָקָה	¿No comió y bebió tu padre, y actuó conforme al derecho y la justicia? (Jer. 22:15)

(2) Secuencia perfecto + imperfecto

Esta secuencia verbal es una de las más frecuentes en la Biblia Hebrea. Es una legítima secuencia narrativa, como se mencionó antes en esta gramática (véase XVI.43). Está marcada por vāv consecutiva (וַ֯), la que es la forma especial de la conjunción que vincula el imperfecto a un perfecto gobernante. No se utiliza vāv consecutiva en otra manera en la Biblia Hebrea, ni siquiera cuando el imperfecto aparece en una secuencia con otras formas verbales. Es más, con respecto a la secuencia perfecto + imperfecto, rara vez aparece un imperfecto prefijado con la conjunción vāv (וְ).

Un imperfecto prefijado con vāv consecutiva normalmente será traducido en el tiempo pasado y en el modo indicativo. Puede describir una acción que resulta de otra acción anterior (consecuencia) o una acción que se da después de otra acción anterior (secuencia).

Ejemplos:

(a)	וְהָאָדָם יָדַע אֶת־חַוָּה אִשְׁתּוֹ וַתַּהַר וַתֵּלֶד אֶת־קַיִן	Conoció Adán a su mujer Eva, la cual concibió y dio a luz a Caín. (Gén. 4:1)
(b)	זָכָר וּנְקֵבָה בְּרָאָם וַיְבָרֶךְ אֹתָם וַיִּקְרָא אֶת־שְׁמָם אָדָם	Masculino y femenino los creó; y los bendijo; y les puso por nombre Humanidad. (Gén. 5:2)
(c)	זָכַרְתִּי בַלַּיְלָה שִׁמְךָ יְהוָה וָאֶשְׁמְרָה תּוֹרָתֶךָ	Me acordé en la noche de tu nombre, oh Señor, y guardé tu ley. (Sal. 119:55)

El uso narrativo de los imperfectos con vāv consecutiva llegó a ser tan común que muchas veces fueron usados en este sentido sin que hubiera un perfecto gobernante por delante. Esto es especialmente cierto con las formas imperfectas del verbo הָיָה, 'él era'.

Ejemplos:

(i)	וַיְהִי דְבַר־יְהוָה אֶל־יוֹנָה	Y la palabra del Señor vino a Jonás (Jon. 1:1)

(ii) וַיְהִי אַחַר הַדְּבָרִים הָאֵלֶּה Y aconteció después de estas cosas. (Gén. 22:1)

63.2 *Relaciones coordinadas que utilizan un imperfecto como el verbo gobernante*

Los imperfectos pueden fungir como verbos gobernantes cuando estos se colocan en una secuencia con otros imperfectos o con perfectos.

(1) Secuencia imperfecto + imperfecto

La conjunción que se usa en esta secuencia es la forma ordinaria de la conjunción vāv, puntuada según las reglas que se vieron en XXI.62. El segundo verbo de la secuencia a veces expresa el resultado o propósito de la acción representada por el primer verbo. No existen criterios objetivos para decidir el caso. Al lector le toca decidir si así fue la intención del autor. La labor del traductor es ambos arte y ciencia.

Ejemplos:

(a) יְבָרֶכְךָ יְהוָה וְיִשְׁמְרֶךָ El Señor te bendiga y te guarde. (Núm. 6:24)

(b) נִשְׁלְחָה אֲנָשִׁים לְפָנֵינוּ וְיַחְפְּרוּ־לָנוּ אֶת־הָאָרֶץ Enviemos hombres delante de nosotros, para que exploren la tierra por nosotros. (Deut. 1:22)

(c) וַאֲנִי אֶשְׁמַע מִן־הַשָּׁמַיִם וְאֶסְלַח לְחַטָּאתָם וְאֶרְפָּא אֶת־אַרְצָם Y yo oiré desde los cielos, y perdonaré sus pecados, y sanaré su tierra. (2 Cr. 7:14)

(2) Secuencia imperfecto + perfecto

La conjunción que se usa en esta secuencia es la forma normal de la conjunción vāv, puntuada según las reglas que se vieron en XXI.62. Esta secuencia se utiliza con todos los significados diversos y los modos variados del imperfecto. Se debe tomar nota que, cuando los perfectos están prefijados con la conjunción vāv, el acento pasa a descansar sobre la última sílaba en las formas 2 ms y 1 cs, excepto en el caso de los verbos Lamed He.

Ejemplos:

אָמַרְתָּ (Isa. 14:13), pero וְאָמַרְתָּ (Gén. 32:19)
הָלַכְתִּי (Jer. 2:23), pero וְהָלַכְתִּי (Jueces 1:3)
בָּנִיתִי (1 Reyes 8:27), y וּבָנִיתִי (Jer. 42:10)

(a) Secuencia imperfecto indicativo + perfecto

Ejemplos:

(i)	הוּא יִשְׁלַח מַלְאָכוֹ לְפָנֶיךָ וְלָקַחְתָּ אִשָּׁה לִבְנִי מִשָּׁם	Él enviará su ángel delante de ti, para que tú traigas de allá mujer para mi hijo. (Gén. 24:7)
(ii)	וְאֵד יַעֲלֶה מִן־הָאָרֶץ וְהִשְׁקָה אֶת־כָּל־פְּנֵי־הָאֲדָמָה	Y subía de la tierra un vapor que regaba toda la faz de la tierra. (Gén. 2:6)
(iii)	בְּיַד מֶלֶךְ־בָּבֶל תִּנָּתֵן וּשְׂרָפָהּ בָּאֵשׁ	En la mano del rey de Babilonia será entregada, y él la quemará en fuego. (Jer. 34:2)

    (b) Secuencia imperfecto yusivo + perfecto

    Ejemplos:

(i)	וַיֹּאמֶר אֱלֹהִים יְהִי מְאֹרֹת בִּרְקִיעַ הַשָּׁמַיִם וְהָיוּ לְאֹתֹת וּלְמוֹעֲדִים וּלְיָמִים וְשָׁנִים	Y dijo Dios: «Haya lumbreras en el firmamento de los cielos, y sirvan de señales para las estaciones, los días, y los años. (Gén. 1:14)
(ii)	וְאֵל שַׁדַּי יְבָרֵךְ אֹתְךָ וְיַפְרְךָ וְיַרְבֶּךָ וְהָיִיתָ לִקְהַל עַמִּים	Que el Dios omnipotente te bendiga, te haga fructificar y te multiplique hasta llegar a ser multitud de pueblos. (Gén. 28:3)

    (c) Secuencia imperfecto cohortativo + perfecto

    Ejemplos:

(i)	וַיֹּאמֶר עָלֹה נַעֲלֶה וְיָרַשְׁנוּ אֹתָהּ	Y dijo: «Subamos, y tomemos posesión de ella.» (Núm. 13:30)
(ii)	וַיֹּאמְרוּ נָקוּם וּבָנִינוּ	Y ellos dijeron: «¡Levantémonos y edifiquemos!» (Neh. 2:18)
(iii)	וְעַתָּה לְכָה נִכְרְתָה בְרִית אֲנִי וָאָתָּה וְהָיָה לְעֵד בֵּינִי וּבֵינֶךָ	Ven ahora, pues, y hagamos pacto tú y yo, y sirva por testimonio entre nosotros dos. (Gén. 31:44)

(d) Secuencia imperfecto subjuntivo + perfecto

Ejemplos:

(i) ...פֶּן־יִנָּחֵם הָעָם וְשָׁבוּ מִצְרָיְמָה (Éx. 13:17) ... para que no se arrepienta el pueblo y regrese a Egipto.

(ii) ...לְמַעַן תִּזְכְּרִי וָבֹשְׁתְּ (Ezeq. 16:63) ... para que te acuerdes y te avergüences.

(iii) וַיִּדַּר יַעֲקֹב נֶדֶר לֵאמֹר אִם־יִהְיֶה אֱלֹהִים עִמָּדִי וּשְׁמָרַנִי בַּדֶּרֶךְ הַזֶּה וְנָתַן־לִי לֶחֶם לֶאֱכֹל וּבֶגֶד לִלְבֹּשׁ (Gén. 28:20) E hizo voto Jacob, diciendo: «Si va Dios conmigo y me guarda en este viaje en que estoy, si me da pan para comer y vestido para vestir ...

(iv) ...פֶּן־שָׁלַח יָדוֹ וְלָקַח גַּם מֵעֵץ הַחַיִּים (Gén. 3:22) ... que no alargue su mano y tome también del árbol de la vida.

63.3 *Relaciones coordinadas que utilizan un imperativo como el verbo gobernante*

Un imperativo puede servir como el verbo gobernante cuando éste se coloca en una secuencia con un perfecto, un imperfecto, u otro imperativo. La conjunción que se usa en esta secuencia es la conjunción vāv sencilla, puntualizada según las reglas que se dieron en XXI.62. Cuando un imperativo funge como el verbo gobernante, el verbo que sigue a veces expresa la idea de propósito o resultado. No siempre queda claro cual significado pretendía el autor. En tales casos, el traductor tiene que ejercer discernimiento.

(1) Secuencia imperativo + perfecto

El perfecto en esta secuencia coordinada tiene que ser traducido como un imperativo. Este fenómeno queda iluminado al contemplar los dos mandatos similares que se dan, respectivamente, en Jeremías 36:2 y 36:28. El primero tiene la secuencia imperativo + perfecto; el segundo emplea la secuencia imperativo + imperativo.

(36:2) קַח־לְךָ מְגִלַּת־סֵפֶר וְכָתַבְתָּ אֵלֶיהָ Toma un rollo y escribe en él.

(36:28) קַח־לְךָ מְגִלָּה אַחֶרֶת וּכְתֹב עָלֶיהָ Toma otro rollo y escribe en él.

La conclusión que se deriva de estos dos ejemplos es que el colocar un imperativo en secuencia junto con un perfecto produce el mismo efecto como colocarlo en secuencia con un imperativo. Las dos secuencias proveen una continuación del mandato inicial.

Ejemplos de la secuencia imperativo + perfecto

(a) שׁוּבוּ אֶל־הַמֶּלֶךְ אֲשֶׁר־שָׁלַח אֶתְכֶם וְדִבַּרְתֶּם אֵלָיו Regresen al rey que los envió y díganle … (2 Reyes 1:6)

(b) קוּם וְיָרַדְתָּ בֵּית הַיּוֹצֵר Levántate y desciende a la casa del alfarero. (Jer. 18:2)

(c) שִׁמְעוּ אֶת־דִּבְרֵי הַבְּרִית הַזֹּאת וַעֲשִׂיתֶם אוֹתָם Oigan las palabras de este pacto, y háganlas. (Jer. 11:6)

(2) Secuencia imperativo + imperfecto

Una relación coordinada que usa un imperativo a veces expresa propósito o resultado.

Ejemplos:

(a) לְכוּ וְנִבְנֶה אֶת־חוֹמַת יְרוּשָׁלִַם Vengan, y construyamos el muro de Jerusalén. (Neh. 2:17)

(b) קוּמוּ וְנַעֲלֶה צִיּוֹן ¡Levántense y subamos a Sión! (Jer. 31:6)

(c) תְּנָה־לָּנוּ בָשָׂר וְנֹאכֵלָה Danos carne para comer. (Núm. 11:13)

(d) פְּקַח־נָא אֶת־עֵינָיו וְיִרְאֶה Abre sus ojos para que vea. (2 Reyes 6:17)

(3) Secuencia imperativo + imperativo

En esta secuencia, el segundo imperativo frecuentemente expresa propósito o resultado. Al traductor le corresponde decidir si así es el caso. Se les puede derivar apoyo de las versiones antiguas.

(a) סוּר מֵרָע וַעֲשֵׂה־טוֹב Apártate del mal y haz el bien. (Sal. 34:15; esp. 34:14)

(b) בַּקֵּשׁ שָׁלוֹם וְרָדְפֵהוּ Busca paz y síguela. (Sal. 34:15; esp. 34:14)

(c) בָּרֵךְ אֱלֹהִים וָמֻת ¡Maldice a Dios y muérete! (Job 2:9)

(d) עִמְדוּ וּרְאוּ אֶת־יְשׁוּעַת יְהוָה Párense y vean la salvación del Señor. (2 Cr. 20:17)

63.4 La secuencia infinitivo absoluto + perfecto

A veces, el infinitivo absoluto se usa con la fuerza de un imperativo (con respecto a los varios usos del infinitivo absoluto, véase XIX.57). En tal caso, un perfecto puede ser colocado en secuencia junto con un infinitivo absoluto. De ser así, el perfecto también será traducido como un imperativo.

Ejemplos:

(1) הָלוֹךְ וְדִבַּרְתָּ אֶל־דָּוִד Ve y di a David. (2 Sam. 24:12)

(2) הָלוֹךְ וְרָחַצְתָּ שֶׁבַע־פְּעָמִים בַּיַּרְדֵּן Ve y lávate siete veces en el Jordán. (2 Reyes 5:10)

(3) שָׁמֹעַ בֵּין־אֲחֵיכֶם וּשְׁפַטְתֶּם צֶדֶק Oigan (casos legales) entre sus hermanos, y juzguen justamente. (Deut. 1:16)

63.5 La secuencia participio + perfecto

Frecuentemente, se usa un participio para describir una acción inminente, es decir, algo que está destinado a ocurrir en el futuro cercano. Esto es particularmente el caso cuando el participio está introducido por la partícula demostrativa הִנֵּה, 'He aquí …' (véase XX.60). Cuando un perfecto se coloca en secuencia con un participio, el perfecto también se traduce en tiempo futuro.

Ejemplos:

(a) וְאַתֶּם עֹבְרִים וִירִשְׁתֶּם אֶת־הָאָרֶץ הַטּוֹבָה הַזֹּאת Pero ustedes pasarán y poseerán esta buena tierra. (Deut. 4:22)

(b) הִנְנִי שֹׁלֵחַ מַלְאָכִי וּפִנָּה־דֶרֶךְ לְפָנָי Yo envío mi mensajero para que prepare el camino delante de mí. (Mal. 3:1)

EJERCICIOS

1. En las cláusulas y oraciones que siguen a continuación, identifique (a) la secuencia del verbo, (b) el sistema del verbo, y (c) el tema verbal.

Ejemplos:

קַח־לְךָ מְגִלַּת־סֵפֶר וְכָתַבְתָּ אֵלֶיהָ Toma un rollo y escribe sobre él. (Jer. 36:2)

(a) Secuencia imperativo + perfecto (b) Qal, Qal (c) לָקַח, כָּתַב

(1) שַׁלַּח אֶת־עַמִּי וְיַעַבְדֻנִי Deja ir a mi pueblo para que me sirva. (Éx. 7:26; esp. 8:1)

(a) secuencia _____ + _____ (b) _____, _____ (c) _____, _____

(2) בְּנֵה־לְךָ בַיִת בִּירוּשָׁלַםִ וְיָשַׁבְתָּ שָּׁם Edifícate una casa en Jerusalén y habita ahí. (1 Reyes 2:36)

(a) secuencia _____ + _____ (b) _____, _____ (c) _____, _____

(3) הִנָּבֵא בֶן־אָדָם וְאָמַרְתָּ אֶל־הָרוּחַ Profetiza, hijo de hombre, y di al viento (espíritu, aliento). (Ezeq. 37:9)

(a) secuencia _____ + _____ (b) _____, _____ (c) _____, _____

(4) וְלֹא יִקָּרֵא עוֹד שִׁמְךָ אַבְרָם וְהָיָה שִׁמְךָ אַבְרָהָם No te llamarás más Abram, sino que tu nombre será Abraham. (Gén. 17:5)

(a) secuencia _____ + _____ (b) _____, _____ (c) _____, _____

(5) כִּי תִשְׁמֹר אֶת־מִצְוֺת יְהוָה אֱלֹהֶיךָ וְהָלַכְתָּ בִּדְרָכָיו si guardas los mandamientos del Señor, tu Dios, y caminas en sus caminos (Deut. 28:9)

(a) secuencia _____ + _____ (b) _____, _____ (c) _____, _____

(6) נִבְנֶה־לָּנוּ עִיר וְנַעֲשֶׂה־לָּנוּ שֵׁם Edifiquémonos una ciudad y hagámonos un nombre. (Gén. 11:4)

(a) secuencia _____ + _____ (b) _____, _____ (c) _____, _____

(7) יִקְרָאֵנִי וְאֶעֱנֵהוּMe invocará y yo le responderé. (Sal. 91:15)

    (a) secuencia _____ + _____ (b) _____, _____ (c) _____,
    _____

(8) קְרַב עַד־הֵנָּה וַאֲדַבְּרָה אֵלֶיךָVen acá, para que te hable. (2 Sam. 20:16)

    (a) secuencia _____ + _____ (b) _____, _____ (c) _____,
    _____

(9) פְּקַח־נָא אֶת־עֵינָיו וְיִרְאֶהAbre sus ojos, para que vea. (2 Reyes 6:17)

    (a) secuencia _____ + _____ (b) _____, _____ (c) _____,
    _____

(10) תְּנוּ־לָנוּ מַיִם וְנִשְׁתֶּהDanos agua para que bebamos. (Éx. 17:2)

    (a) secuencia _____ + _____ (b) _____, _____ (c) _____,
    _____

(11) שִׂנְאוּ־רָע וְאֶהֱבוּ טוֹבAborrezcan el mal, amen el bien. (Amós 5:15)

    (a) secuencia _____ + _____ (b) _____, _____ (c) _____,
    _____

(12) שִׁמְרוּ מִשְׁפָּט וַעֲשׂוּ צְדָקָהGuarden el derecho y practiquen la justicia. (Isa. 56:1)

    (a) secuencia _____ + _____ (b) _____, _____ (c) _____,
    _____

2. Traduzca las cláusulas y oraciones que aparecen a continuación. Identifique completamente todas las formas verbales, siguiendo las pautas de XIV.38.

(1) זָכַרְתִּי בַלַּיְלָה שִׁמְךָ(Sal. 119:55)
וָאֶשְׁמְרָה תּוֹרָתֶךָ

(2) וַיֹּאמֶר צֵא וְעָמַדְתָּ בָהָר לִפְנֵי(1 Reyes 19:11)
יְהוָה

(3)   כִּי־יִצְעַק אֵלַי וְשָׁמַעְתִּי   (Éx. 22:26; esp. 22:27)

(4)   וַיִּזְכֹּר אֱלֹהִים אֶת־בְּרִיתוֹ אֶת־אַבְרָהָם   (Éx. 2:24)

3. Haga las correspondencias entre cada verbo débil y su clasificación correcta, según el sistema tradicional.

(1)	( )	מָדַד	(A)	Pe Nun
(2)	( )	עָזַב	(B)	Lamed Gutural
(3)	( )	פָּנָה	(C)	Lamed Alef
(4)	( )	קוּם	(D)	Ayin Gutural
(5)	( )	נָתַן	(E)	Pe 'Alef
(6)	( )	שָׁמַע	(F)	Ayin Vav
(7)	( )	בִּין	(G)	Lamed He
(8)	( )	מָצָא	(H)	Pe Gutural
(9)	( )	יָלַד	(I)	Ayin Yod
(10)	( )	זָעַק	(J)	Doble Ayin
(11)	( )	אָבַד	(K)	Pe Vav/Pe Yod

4. Copie los infinitivos en los ejemplos a continuación. Indique (a) su sistema y (b) el tema de cada verbo.

    Ejemplos:

                         לֶחֶם לֶאֱכֹל וּבֶגֶד לִלְבֹּשׁ   Infin. לֶאֱכֹל

                         pan para comer, y   (a) Qal   (b) אָכַל
                         vestido para vestir

(Gén. 28:20)

לִלְוֹּשׁ Infin.

לָבַשׁ (b)   (a) Qal

(1) הָלוֹךְ וְדִבַּרְתָּ אֶל־דָּוִד

Ve y di a David. (2 Sam. 24:12)   (a) _____   (b) _____

Infin. _____

(2) לְהַבְדִּיל בֵּין הַיּוֹם וּבֵין הַלָּיְלָה

Infin. _____

para separar el día de la noche (Gén. 1:14)   (a) _____   (b) _____

(3) וַיִּשְׁאַל דָּוִד בַּיהוָה לֵאמֹר

Infin. _____

Y David consultó al Señor, diciendo … (1 Sam. 23:2)   (a) _____   (b) _____

(4) אֲשֶׁר עֵינַיִם לָהֶם לִרְאוֹת וְלֹא רָאוּ אָזְנַיִם לָהֶם לִשְׁמֹעַ וְלֹא שָׁמֵעוּ

Infin. _____

(a) _____   (b) _____

… quienes tiene ojos para ver, y no ven;

Infin. _____

tienen oídos para oír, y no oyen. (Ezeq. 12:2)   (a) _____   (b) _____

(5) לֹא אֵדַע צֵאת וָבֹא

No sé cómo entrar ni salir. (1 Reyes 3:7)

Infin. _____
(a) _____ (b) _____

Infin. _____
(a) _____ (b) _____

(6) וְלִמְשֹׁל בַּיּוֹם וּבַלַּיְלָה

y para señorear en el día y en la noche (Gén. 1:18)

Infin. _____
(a) _____ (b) _____

(7) לִדְרוֹשׁ אֶת־תּוֹרַת יְהוָה וְלַעֲשֹׂת וּלְלַמֵּד בְּיִשְׂרָאֵל חֹק וּמִשְׁפָּט

… para estudiar la ley del Señor y para cumplir(la), y para enseñar en Israel estatuto(s) y justicia (Esdras 7:10)

Infin. _____
(a) _____ (b) _____

Infin. _____
(a) _____ (b) _____

Infin. _____
(a) _____ (b) _____

(8) וַיַּנִּחֵהוּ בְגַן עֵדֶן לְעָבְדָהּ וּלְשָׁמְרָהּ

Y lo puso en el huerto de Edén, para que

Infin. _____
(a) _____ (b) _____

lo labrara y lo cuidara. (Gén. 2:15)   Infin. _____

    (a) _____   (b) _____

(9) לֹא־טוֹב הֱיוֹת הָאָדָם לְבַדּוֹ   Infin. _____

No es bueno que el hombre esté solo.   (a) _____   (b) _____

(Gén. 2:18)

5. Practique pronunciando el hebreo en voz alta. Tape el español y practique traduciendo el hebreo.

(1) וְהָאֶבֶן הַזֹּאת אֲשֶׁר־שַׂמְתִּי מַצֵּבָה יִהְיֶה בֵּית אֱלֹהִים וְכֹל אֲשֶׁר תִּתֶּן־לִי עַשֵּׂר אֲעַשְּׂרֶנּוּ לָךְ
Y esta piedra que he puesto por señal será casa de Dios; y de todo lo que me des, el diezmo apartaré para ti. (Gén. 28:22)

(2) שְׁמַע יִשְׂרָאֵל יְהוָה אֱלֹהֵינוּ יְהוָה אֶחָד וְאָהַבְתָּ אֵת יְהוָה אֱלֹהֶיךָ בְּכָל־לְבָבְךָ וּבְכָל־נַפְשְׁךָ וּבְכָל־מְאֹדֶךָ
Oye, Israel: el Señor, nuestro Dios, el Señor, uno es. Y amarás al Señor, tu Dios, de todo tu corazón, de toda tu alma y con todas tus fuerzas. (Deut. 6:4–5)

(3) אַךְ טוֹב וָחֶסֶד יִרְדְּפוּנִי כָּל־יְמֵי חַיָּי
Ciertamente, el bien y la misericordia me perseguirán todos los días de mi vida. (Sal. 23:6)

(4) יִשְׁלַח דְּבָרוֹ וְיִרְפָּאֵם
Envía su palabra y los sana. (Sal. 107:20)

(5) טַעֲמוּ וּרְאוּ כִּי־טוֹב יְהוָה
Gusten y vean que es bueno el Señor. (Sal. 34:9; esp.

(6) פְּרוּ וּרְבוּ וּמִלְאוּ אֶת־הָאָרֶץ Fructifiquen, y multiplíquense, y llenen la tierra. (Gén. 9:1)

(7) הוֹשִׁיעֵנוּ אֱלֹהֵי יִשְׁעֵנוּ וְקַבְּצֵנוּ וְהַצִּילֵנוּ מִן־הַגּוֹיִם ¡Sálvanos, Dios, salvación nuestra! ¡Y recógenos y líbranos de las naciones! (1 Cr. 16:35)

(8) יְהוָה יִשְׁמָר־צֵאתְךָ וּבוֹאֶךָ מֵעַתָּה וְעַד־עוֹלָם El Señor guardará tu salida y tu entrada desde ahora y para siempre. (Sal. 121:8)

(9) יִקָּווּ הַמַּיִם אֶל־מָקוֹם אֶחָד וְתֵרָאֶה הַיַּבָּשָׁה Reúnanse las aguas en un solo lugar, para que se descubra la tierra seca. (Gén. 1:9)

(10) הַקְהֶל־לִי אֶת־הָעָם וְאַשְׁמִעֵם אֶת־דְּבָרָי Reúneme el pueblo, para que les haga oír mis palabras. (Deut. 4:10)

VOCABULARIO

(1) בּוֹשׁ avergonzarse, estar confundido

(2) דָּבַק él se adhirió

(3) הָרָה ella concibió, quedó embarazada

(4) סוּר desviar, apartar, quitar

(5) פָּנָה él se volvió hacia, dio la cara a

(6) רָחַץ él lavó

(7) אֹזֶן (f) oído

(8) אֱנוֹשׁ hombre, humanidad

(9) בֶּגֶד ropa

(10) בְּרָכָה bendición

(11) גּוֹרָל suerte, lote, porción

(12) גֶּפֶן (f) viña

(13) גֶּשֶׁם lluvia, llovizna

(14) זְרֹעַ brazo, fuerza

(15) מוֹעֵד cita, encuentro, lugar

(16) עֵד testigo, testimonio, evidencia

(17) עַיִן (f) ojo, ojo de agua

(18) שֶׁקֶר mentira, falsedad

Lección XXII

64. Verbos débiles: su clasificación

Las varias clases de verbos débiles fueron introducidas anteriormente (véase XXI.29). Se las vuelve a presentar aquí por efectos de repaso.

(1) עָזַב Pe Gutural (I-Gutural)

(2) זָעַק ʿAyin Gutural (II-Gutural)

(3) שָׁמַע Lamed Gutural (III-Gutural)

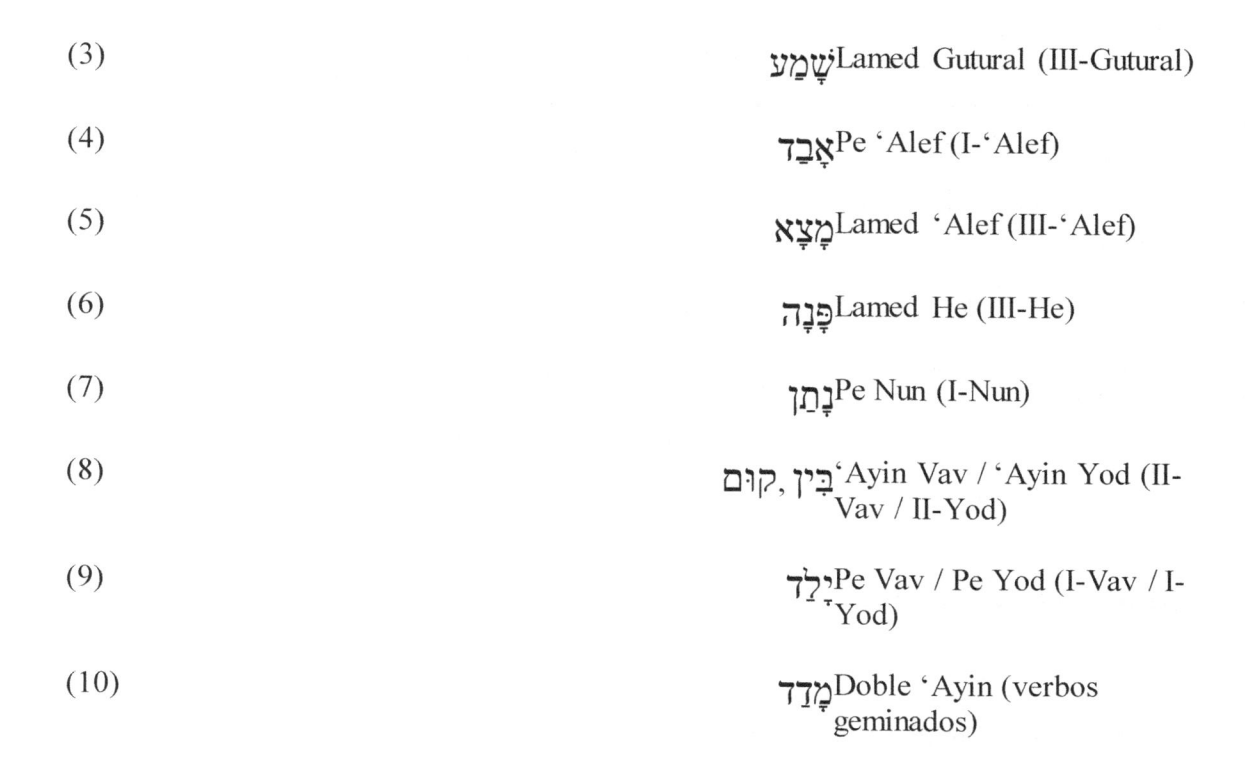

(4) אָבַד Pe ʼAlef (I-ʼAlef)

(5) מָצָא Lamed ʼAlef (III-ʼAlef)

(6) פָּנָה Lamed He (III-He)

(7) נָתַן Pe Nun (I-Nun)

(8) בִּין, קוּם ʽAyin Vav / ʽAyin Yod (II-Vav / II-Yod)

(9) יָלַד Pe Vav / Pe Yod (I-Vav / I-Yod)

(10) מָדַד Doble ʽAyin (verbos geminados)

65. Las características de las guturales

Las diversas características de las guturales fueron presentadas en una lección anterior (véase V.13). Se vuelven a presentar aquí para demostrar como ellas se aplican a la inflexión de las formas verbales cuando una o más de las consonantes del tema es una gutural. (Tome nota especial de las primeras clases de verbos débiles en la lista que aparece en párrafo 64.)

65.1 *Las guturales no pueden ser duplicadas.*

La resistencia de parte de la gutural de aceptar un dagesh forte obliga el alargamiento compensativo de la vocal que precede. De otra manera, ésta sería dejada como una vocal corta en una sílaba abierta y no acentuada (véase IV.12). El patrón normal para alargamiento compensativo es así:

(1) P'ătăḥ se alarga a qā́měṣ (ָ).

(2) Ḥîrĕq se alarga a ṣḗrê (ֵ).

(3) Ḥîrĕq se alarga a ḥṓlĕm (ֹ).

65.2 *Las guturales normalmente toman una vocal de clase 'a'.*

Si la gutural está seguida por una vocal, la vocal usualmente será păṭăḥ. Cuando ciertas guturales fuertes aparecen como la última consonante de una palabra, también demandan una vocal de clase 'a' inmediatamente *delante de ellas*. Estas guturales incluyen ה (hē' con mappiq; véase IV.11), ח, y ע. Si la vocal delante de una de estas guturales finales es inalterablemente larga (י, ִי, וֹ, וּ), también se inserta una păṭăḥ furtiva (V.13.2) en medio de esta vocal y la gutural final.

65.3 *Las guturales normalmente toman shevás compuestas en lugar de shevás sencillas.*

Por lo tanto, las shevás sencillas tienen que ser convertidas en shevás compuestas cuando se les coloca después de una gutural. Esta regla se aplica aún a las shevás mudas (véase III.7) cuando ellas van después de una gutural al final de la primera sílaba de una forma prefijada de un verbo Pe Gutural.

66. Verbos débiles: los verbos Pe Gutural

66.1 *Definición*

Un verbo Pe Gutural es aquel cuya consonante inicial es ה, ח, ע, o ר. Un verbo cuya consonante inicial es א también puede corresponder a la clase Pe Gutural, o puede manifestar tantas diferencias de los otros verbos de esta clase, que amerita una clasificación propia: la clase Pe 'Alef.

Algunos de los verbos Pe Gutural más comunes aparecen a continuación:

(a) אָהַב él amó

(b) [אמן](Ni.) él era confiable

(Hi.) él creyó, confió

(c) הָפַךְ él vertió, cambió

(d) הָרַג él mató

(e) הָרַס él quebró, destruyó

(f) חָגַר él amarró

(g) חָזַק él era fuerte, firme

(h) חָפֵץ él se deleitó en, deseó

(i) חָשַׁב él pensó, calculó, imputó

(j) עָבַד él sirvió, trabajó

(k) עָבַר él cruzó, transgredió

(l) עָזַב él abandonó, dejó

(m) עָזַר él ayudó, auxilió

(n) עָמַד él se paró

(o) עָנָה él respondió, contestó

(p) עָרַךְ él ordenó, arregló, puso en orden

(q) רָאָה él vio; (Ni.) él apareció;

(Hi.) él reveló, mostró

(r) רָפָא él sanó

66.2 Los verbos Pe Gutural se escriben igual a los verbos fuertes en los sistemas Pi'el, Pu'al, y Hitpa'el.

Ejemplos:

	Verbo fuerte	Pe Gutural
Pi'el perfecto 3 ms	מִשֵּׁל	עִמֵּד
etc.		
Pu'al perfecto 3 ms	מֻשַּׁל	עֻמַּד
etc.		
Hitpa'el perfecto 3 ms	הִתְמַשֵּׁל	הִתְעַמֵּד
etc.		

66.3 Los verbos Pe Gutural difieren de los verbos fuertes en varias formas del Qal y Nif'al y en todas las formas del Hif'il y Hof'al.

Estas diferencias pueden clasificarse en tres grupos:

(1) Algunas diferencias se deben a que la consonante inicial de los verbos Pe Gutural no puede ser duplicada. En aquellas formas en las que se hubiera esperado tal duplicación pero ésta no puede darse, se hace necesario el alargamiento compensatorio de la vocal anterior. De otra manera, una vocal corta estaría dejada en una sílaba abierta y no acentuada.

Estos cambios ocurren sólo en las formas Nif'al que son prefijadas y que normalmente tendrían un dagesh forte en la consonante inicial del tema. Se incluyen todos los imperfectos e imperativos del Nif'al, tanto como el infinitivo constructivo. En estas formas, la vocal preformativa delante de la gutural se alarga de ḥîrĕq a ṣḗrê. En su turno, ṣḗrê queda puntualizada con un meteg, puesto que toma su lugar en una sílaba abierta que queda a una distancia de dos sílabas del tono.

Ejemplos:

		Verbo fuerte	Pe Gutural
(a)	Nif'al imperfecto 3 ms	יִמָּשֵׁל	יֵעָמֵד
	3 fs	תִּמָּשֵׁל	תֵּעָמֵד
	etc.		
(b)	Nif'al imperativo 2 ms	הִמָּשֵׁל	הֵעָמֵד
	2 fs	הִמָּשְׁלִי	הֵעָמְדִי
	etc.		
(c)	Nif'al infinitivo constructo	הִמָּשֵׁל	הֵעָמֵד

(2) Otras diferencias resultan del hecho de que las guturales generalmente toman shevás compuestas.

(a) Las shevás que aparecen después de las guturales iniciales en formas verbales no prefijadas tienen que ser shevás compuestas. Esta regla se aplica a tan sólo cinco formas Pe Gutural, todos de los cuales ocurren en el sistema Qal, y todos toman ḥặṭếf-pặṭăḥ ( ).

Ejemplos:

		Verbo fuerte	Pe Gutural
(i)	Qal perfecto 2 mp	מְשַׁלְתֶּם	עֲמַדְתֶּם
(ii)	Qal perfecto 2 fp	מְשַׁלְתֶּן	עֲמַדְתֶּן

(iii)	Qal imperativo 2 ms	מְשֹׁל	עֲמֹד
(iv)	Qal imperativo 2 fp	מְשֹׁלְנָה	עֲמֹדְנָה
(v)	Qal infinitivo constructo	מְשֹׁל	עֲמֹד

(b) Una shevá muda que cerraría la sílaba inicial (la del prefijo) de un verbo fuerte se convierte en una shevá compuesta en la forma correspondiente de un verbo Pe Gutural. La vocal del prefijo que aparece inmediatamente delante de un tal shevá compuesta se convierte en la vocal corta que corresponde a la vocal de la shevá compuesta. La vocal del prefijo normalmente recibe un meteg. Resultan las siguientes combinaciones: (ֲ), (ֱ), (ֳ).

(i) La primera de estas combinaciones (ֲ) se encuentra en el Qal imperfecto (aunque unos pocos verbos Pe Gutural toman (ֱ), Nif'al infinitivo absoluto, Hif'il imperfecto, Hif'il imperativo, los infinitivos (constructo y absoluto) del Hif'il, y el Hif'il participio.

Ejemplos:

	Qal imperfecto		
	Verbo fuerte	Pe Gutural	Pe Gutural
3 ms	יִמְשֹׁל	יַעֲמֹד	יֶחֱזַק
3 fs	תִּמְשֹׁל	תַּעֲמֹד	תֶּחֱזַק
2 ms	תִּמְשֹׁל	תַּעֲמֹד	תֶּחֱזַק
2 fs	תִּמְשְׁלִי	תַּעַמְדִי	תֶּחֶזְקִי
1 cs	אֶמְשֹׁל	אֶעֱמֹד	אֶחֱזַק
3 mp	יִמְשְׁלוּ	יַעַמְדוּ	יֶחֶזְקוּ
3 fp	תִּמְשֹׁלְנָה	תַּעֲמֹדְנָה	תֶּחֱזַקְנָה
2 mp	תִּמְשְׁלוּ	תַּעַמְדוּ	תֶּחֶזְקוּ
2 fp	תִּמְשֹׁלְנָה	תַּעֲמֹדְנָה	תֶּחֱזַקְנָה

1 cp	נִמְשֹׁל	נַעֲמֹד	נֶחֱזַק

Hif'il imperfecto

	Verbo fuerte	Pe Gutural
3 ms	יַמְשִׁיל	יַעֲמִיד
3 fs	תַּמְשִׁיל	תַּעֲמִיד
2 ms	תַּמְשִׁיל	תַּעֲמִיד
2 fs	תַּמְשִׁילִי	תַּעֲמִידִי
1 cs	אַמְשִׁיל	אַעֲמִיד
3 mp	יַמְשִׁילוּ	יַעֲמִידוּ
3 fp	תַּמְשֵׁלְנָה	תַּעֲמֵדְנָה
2 mp	תַּמְשִׁילוּ	תַּעֲמִידוּ
2 fp	תַּמְשֵׁלְנָה	תַּעֲמֵדְנָה
1 cp	נַמְשִׁיל	נַעֲמִיד

Hif'il imperativo

	Verbo fuerte	Pe Gutural
2 ms	הַמְשֵׁל	הַעֲמֵד
2 fs	הַמְשִׁילִי	הַעֲמִידִי

etc.

Hif'il infinitivo

	Verbo fuerte	Pe Gutural
Constructivo	הַמְשִׁיל	הַעֲמִיד

Absoluto	הַמְשֵׁל	הַעֲמֵד

Hif'il participio

	Verbo fuerte	Pe Gutural
ms	מַמְשִׁיל	מַעֲמִיד

(ii) La segunda combinación de vocales (◌ֱ) se encuentra en el Qal imperfecto de unos pocos verbos, pero aparece frecuentemente en el Nif'al perfecto, el Nif'al participio, y el Hif'il perfecto de los verbos Pe Gutural.

Ejemplos:

Nif'al perfecto

	Verbo fuerte	Pe Gutural
3 ms	נִמְשַׁל	נֶעֱמַד
3 fs	נִמְשְׁלָה	נֶעֶמְדָה
2 ms	נִמְשַׁלְתָּ	נֶעֱמַדְתָּ
2 fs	נִמְשַׁלְתְּ	נֶעֱמַדְתְּ
1 cs	נִמְשַׁלְתִּי	נֶעֱמַדְתִּי
3 mp	נִמְשְׁלוּ	נֶעֶמְדוּ
2 mp	נִמְשַׁלְתֶּם	נֶעֱמַדְתֶּם
2 fp	נִמְמַלְתֶּן	נֶעֱמַדְתֶּן
1 cp	נִמְשַׁלְנוּ	נֶעֱמַדְנוּ

Nif'al participio

	Verbo fuerte	Pe Gutural
ms	נִמְשָׁל	נֶעֱמָד

	Hif'il perfecto Verbo fuerte	Pe Gutural
3 ms	הִמְשִׁיל	הֶעֱמִיד
3 fs	הִמְשִׁילָה	הֶעֱמִידָה
2 ms	הִמְשַׁלְתָּ	הֶעֱמִידְתָּ
2 fs	הִמְשַׁלְתְּ	הֶעֱמַדְתְּ
1 cs	הִמְשַׁלְתִּי	הֶעֱמַדְתִּי
3 cp	הִמְשִׁילוּ	הֶעֱמִידוּ
2 mp	הִמְשַׁלְתֶּם	הֶעֱמַדְתֶּם
2 fp	הִמְשַׁלְתֶּן	הֶעֱמַדְתֶּן
1 cp	הִמְשַׁלְנוּ	הֶעֱמַדְנוּ

(iii) La tercera combinación de vocales (◌ָ) se encuentra en todas las formas del sistema Hof'al.

Ejemplos:

	Hof'al perfecto Verbo fuerte	Pe Gutural
3 ms	הָמְשַׁל	הָעֳמַד

etc.

	Hof'al imperfecto Verbo fuerte	Pe Gutural
3 ms	יָמְשַׁל	יָעֳמַד

etc.

	Hof'al infinitivo Verbo fuerte	Pe Gutural
Constructivo	הָמְשֵׁל	הָעֲמַד
Absoluto	הָמְשֵׁל	הָעֲמֵד

	Hof'al participio Verbo fuerte	Pe Gutural
ms	מָמְשָׁל	מָעֲמָד

(3) Otro cambio que toma lugar en la inflexión de los verbos Pe Gutural involucra las formas que tienen aformativos vocálicos; además, las formas afectadas presentan la yuxtaposición de dos shevás sonoras. Dado que las dos shevás sonoras no pueden seguirse dentro de una palabra (véase XVIII.48), la primera de ellas tiene que ser levantada a una vocal completa. La vocal completa que le sustituye a una shevá compuesta será la vocal que corresponde a la vocal de la shevá compuesta. Por lo tanto:

Ḥā́tĕf-pătăḥ pasa a ser pătăḥ (ַ).

Ḥā́tĕf-sᵉgôl pasa a ser sᵉgôl (ֶ).

Ḥā́tĕf-qā́mĕṣ pasa a ser qā́mĕṣ-ḥāṭûf (ָ).

La formas Pe Gutural que son afectadas por esta regla siguen a continuación:

(a) Qal imperfecto

2 fs (תַּעֲמְדִי pasa a ser תַּעַמְדִי)

3 mp (יַעֲמְדוּ pasa a ser יַעַמְדוּ)

2 mp (תַּעֲמְדוּ pasa a ser תַּעַמְדוּ)

(b) Nif'al perfecto

3 fs (נֶעֱמְדָה pasa a ser נֶעֶמְדָה)

3 cp (נֶעֱמְדוּ pasa a ser נֶעֶמְדוּ)

(c) Hof'al perfecto

3 fs (הָעֲמְדָה pasa a ser הָעָמְדָה)

3 cp (הָעֲמְדוּ pasa a ser הָעָמְדוּ)

(d) Hof'al imperfecto

2 fs (תַּעֲמְדִי pasa a ser תֶּעֶמְדִי)

3 mp (יַעֲמְדוּ pasa a ser יֶעֶמְדוּ)

2 mp (תַּעֲמְדוּ pasa a ser תֶּעֶמְדוּ)

EJERCICIOS

1. Escriba el sinopsis de עָבַד, 'él sirvió', en los sistemas Qal, Nif'al, Pi'el, Hif'il, y Hof'al.

	Qal	Nif'al	Pi'el	Hif'il	Hof'al
Perfecto 3 ms					
Imperfecto 3 ms					
Imperativo 2 ms					X X X
Infin. Constr.					
Infin. Abs.					
Part. Act. (ms)		X X X			X X X
Part. Pasivo (ms)			X X X	X X X	

2. Escriba la inflexión completa del perfecto de עָבַד, 'él sirvió', en los sistemas Qal, Nif'al, Pi'el, y Hif'il.

	Qal	Nif'al	Pi'el	Hif'il
3 ms				
3 fs				
2 ms				
2 fs				
1 cs				

3 cp

2 mp

2 fp

1 cp

3. Cada una de las oraciones a continuación tiene una forma perfecta de un verbo Pe Gutural. En el inciso (a), indique su sistema, en (b) su persona, género, y número, y en (c) su tema.

Ejemplos:

נַחֲלָתֵנוּ נֶהֶפְכָה לְזָרִים
Nuestra heredad ha pasado a extraños. (Lam. 5:2)
(a) Nif'al
(b) 3 fs
(c) הָפַךְ

(1) אֵיפֹה הָאֲנָשִׁים אֲשֶׁר הֲרַגְתֶּם בְּתָבוֹר
¿Dónde están los hombres que ustedes mataron en Tabor? (Jueces 8:18)
(a) _____
(b) _____
(c) _____

(2) וַעֲבַדְתֶּם אֶת־יְהוָה בְּכָל־לְבַבְכֶם
Y servirán al Señor con todo su corazón. (1 Sam. 12:20)
(a) _____
(b) _____
(c) _____

(3) וְהוּא הֶעֱבִיר אֶת־בָּנָיו בָּאֵשׁ
Y él pasó sus hijos por fuego. (2 Cr. 33:6)
(a) _____
(b) _____
(c) _____

(4) אֵלִי אֵלִי לָמָה עֲזַבְתָּנִי
Dios mío, Dios mío, ¿por qué me has desamparado? (Sal. 22:2; esp. 22:1)
(a) _____
(b) _____
(c) _____

(5) בָּנַיִךְ עֲזָבוּנִי
Tus hijos me dejaron. (Jer. 5:7)
(a) _____
(b) _____
(c) _____

(6) בְּיוֹם יְשׁוּעָה עֲזַרְתִּיךָ
En el día de salvación te ayudé. (Isa. 49:8)

(a) _____
(b) _____
(c) _____

(7) וְהֶעֱמִיד הַכֹּהֵן אֶת־הָאִשָּׁה לִפְנֵי יְהוָה
Y el sacerdote hará que la mujer se mantenga en pie delante del Señor. (Núm. 5:18)

(a) _____
(b) _____
(c) _____

(8) בַּמָּה אֲהַבְתָּנוּ
¿En qué nos amaste? (Mal. 1:2)

(a) _____
(b) _____
(c) _____

(9) וְלֹא הֶאֱמִין לָהֶם גְּדַלְיָהוּ
Pero Gedalías no los creyó. (Jer. 40:14)

(a) _____
(b) _____
(c) _____

(10) לָמָּה זֶּה עֲזַבְתֶּן אֶת־הָאִישׁ
¿Por qué han dejado al hombre? (Éx. 2:20)

(a) _____
(b) _____
(c) _____

4. Cada una de las siguientes oraciones tiene una forma imperfecta de un verbo Pe Gutural. En el inciso (a), indique su sistema, en (b) su persona, género y número, y en (c) su tema.

Ejemplos:

וַיַּחֲלֹם יוֹסֵף חֲלוֹם
Y José tuvo un sueño. (Gén. 37:5)

(a) Qal
(b) 3 ms
(c) חָלַם

(1) הֲיַהֲפֹךְ כּוּשִׁי עוֹרוֹ
¿Podrá cambiar el etíope su piel? (Jer. 13:23)

(a) _____
(b) _____
(c) _____

(2) הַשֶּׁמֶשׁ יֵהָפֵךְ לְחֹשֶׁךְ
El sol se convertirá en oscuridad. (Joel 3:4; esp.

(a) _____
(b) _____
(c) _____

2:31)

(3) וַיַּהֲרֹג יְהוָה כָּל־בְּכוֹר בְּאֶרֶץ מִצְרָיִם (a) _____
Y mató el Señor a todo primogénito en la tierra de Egipto. (Éx. 13:15) (b) _____
(c) _____

(4) זִקְנֵיכֶם חֲלֹמוֹת יַחֲלֹמוּן (a) _____
Sus ancianos soñarán sueños. (Joel 3:1; esp. 2:28) (b) _____
(c) _____

(5) גַּם־אֲנַחְנוּ נַעֲבֹד אֶת־יְהוָה כִּי־הוּא אֱלֹהֵינוּ (a) _____
Nosotros, pues, también serviremos al Señor, porque él es nuestro Dios. (Josué 24:18) (b) _____
(c) _____

(6) וַיַּעֲבֹד יִשְׂרָאֵל אֶת־יְהוָה כֹּל יְמֵי יְהוֹשֻׁעַ (a) _____
Israel sirvió al Señor durante todo los días de Josué. (Josué 24:31) (b) _____
(c) _____

(7) לֹא תַעַבְדוּ אֶת־מֶלֶךְ בָּבֶל (a) _____
No servirán al rey de Babilonia. (Jer. 27:9) (b) _____
(c) _____

(8) כִּי־תַעֲבֹר בַּמַּיִם אִתְּךָ־אָנִי (a) _____
Cuando pases por las aguas, yo estaré contigo. (Isa. 43:2) (b) _____
(c) _____

(9) אֲנִי אַעֲבִיר כָּל־טוּבִי עַל־פָּנֶיךָ (a) _____
Yo haré pasar toda mi bondad delante de tu rostro. (Éx. 33:19) (b) _____
(c) _____

(10) תַּעֲרֹךְ לְפָנַי שֻׁלְחָן נֶגֶד צֹרְרָי (a) _____
Aderezas mesa delante de mí (b) _____
en presencia de mis (c) _____
angustiadores. (Sal. 23:5)

(11) וַיֶּחֱזַק הָרָעָב בְּאֶרֶץ מִצְרָיִם (a) _____
Porqué había crecido el (b) _____
hambre en la tierra de Egipto. (c) _____
(Gén. 41:56)

(12) וַיֶּאֱהַב גַּם־אֶת־רָחֵל מִלֵּאָה (a) _____
Y él amó también a Raquel, (b) _____
más que a Lea. (Gén. 29:30) (c) _____

5. Cada una de las siguientes oraciones tiene una forma del imperativo de un verbo Pe Gutural. En el inciso (a), indique su sistema, en (b) su persona, género y número, y en (c) su tema.

(1) הַאֲמִינוּ בִנְבִיאָיו (a) _____
Crean en sus profetas. (2 Cr. (b) _____
20:20) (c) _____

(2) עֲבֹר אֶת־הַיַּרְדֵּן הַזֶּה (a) _____
Pasa este Jordán. (Josué 1:2) (b) _____
(c) _____

(3) בֶּן־אָדָם עֲמֹד עַל־רַגְלֶיךָ (a) _____
Hijo de hombre, ponte sobre (b) _____
tus pies. (Ezeq. 2:1) (c) _____

(4) עֲלֵה רֹאשׁ הַפִּסְגָּה (a) _____
Sube a la cumbre del Pisga. (b) _____
(Deut. 3:27) (c) _____

6. Cada una de las siguientes cláusulas tiene un infinitivo constructivo de un verbo Pe Gutural. En el inciso (a), indique su sistema, y en (b) su tema. (El verbo יוּכַל, que aparece en nos. 3, 4, y 5 viene de יָכֹל, un verbo Pe Vav / Pe Yod.)

(1) בַּהֲרֹג אִיזֶבֶל אֵת נְבִיאֵי יְהוָה (a) _____
cuando Jezebel mataba a los (b) _____

profetas del Señor (1 Reyes 18:13)

(2) וְאָדָם אַיִן לַעֲבֹד אֶת־הָאֲדָמָה
Y no había hombre para que labrara la tierra. (Gén. 2:5)
(a) _____
(b) _____

(3) לֹא־יוּכַל הַנַּעַר לַעֲזֹב אֶת־אָבִיו
El joven no puede dejar a su padre. (Gén. 44:22)
(a) _____
(b) _____

(4) אָמְרוּ הֲיוּכַל אֵל לַעֲרֹךְ שֻׁלְחָן בַּמִּדְבָּר
Y dijeron, «¿Podrá Dios poner mesa en el desierto?» (Sal. 78:19)
(a) _____
(b) _____

(5) מִי יוּכַל לַעֲמֹד לִפְנֵי יְהוָה
¿Quién podrá estar delante del Señor? (1 Sam. 6:20)
(a) _____
(b) _____

(6) וּלְהַעֲמִיד אֶת־יְרוּשָׁלָם
y para sostener (establecer, causar a pararse) a Jerusalén. (1 Reyes 15:4)
(a) _____
(b) _____

7. Cada una de las siguientes cláusulas tiene un participio de un verbo Pe Gutural. En el inciso (a), indique su sistema, en (b) su tema, en (c) su género, y en (d) su número.

חַטַּאת יְהוּדָה חֲרוּשָׁה עַל־לוּחַ לִבָּם

El pecado de Judá esta escrito en la tabla de su corazón. (Jer. 17:1)

(a) Qal   (b) חָרַשׁ   (c) fem.   (d) sing.

(1) וְלֹא־רָאִיתִי צַדִּיק נֶעֱזָב
Y no he visto a un justo desamparado. (Sal. 37:25)

(a) _____   (b) _____   (c) _____   (d) _____

(2) כִּי עַזָּה עֲזוּבָה תִהְיֶה
Porque Gaza será desamparada. (Sof. 2:4)

(a) _____ (b) _____ (c) _____ (d) _____

(3) כִּי הַמָּקוֹם אֲשֶׁר אַתָּה עוֹמֵד עָלָיו אַדְמַת־קֹדֶשׁ הוּא
Porque el lugar en que tú estas, tierra santa es. (Éx. 3:5)

(a) _____ (b) _____ (c) _____ (d) _____

(4) לֹא־יִמָּצֵא בְךָ מַעֲבִיר בְּנוֹ־וּבִתּוֹ בָּאֵשׁ
No sea hallado en ti quien haga pasar a su hijo o a su hija, por el fuego. (Deut. 18:10)

(a) _____ (b) _____ (c) _____ (d) _____

(5) בְּכָל־בֵּיתִי נֶאֱמָן הוּא
En toda mi casa él es fiel. (Núm. 12:7)

(a) _____ (b) _____ (c) _____ (d) _____

8. Practique pronunciando el hebreo, tomando nota especial de las formas Pe Gutural. Tape el español y practique traduciendo el hebreo.

(1) וַיֵּהָפְכוּ כָל־הַמַּיִם אֲשֶׁר בַּיְאֹר לְדָם
Y todas las aguas que estaban en el río se convirtieron en sangre. (Éx. 7:20)

(2) וְאַתֶּם חֲשַׁבְתֶּם עָלַי רָעָה אֱלֹהִים חֲשָׁבָהּ לְטֹבָה
Y ustedes pensaron hacerme mal, pero Dios lo encaminó a bien. (Gén. 50:20)

(3) וַיֹּאמֶר אֶעֱבָדְךָ שֶׁבַע שָׁנִים בְּרָחֵל בִּתְּךָ הַקְּטַנָּה
Y él dijo, «Yo te serviré siete años por Raquel, tu hija menor.» (Gén. 29:18)

(4) וְאִם רַע בְּעֵינֵיכֶם לַעֲבֹד אֶת־יְהוָה בַּחֲרוּ לָכֶם הַיּוֹם אֶת־מִי תַעֲבֹדוּן וְאָנֹכִי וּבֵיתִי נַעֲבֹד אֶת־יְהוָה
Y si mal les parece servir al Señor, escojan hoy a quien sirvan. Pero yo y mi casa serviremos al Señor. (Josué 24:15)

(5) וַיַּעַבְדוּ אֶת־הַבְּעָלִים וַיַּעַזְבוּ אֶת־יְהוָה וְלֹא עֲבָדוּהוּ Y sirvieron a los baales, y abandonaron al Señor, y no lo sirvieron. (Jueces 10:6)

(6) וְאַתֶּם עֲזַבְתֶּם אוֹתִי וַתַּעַבְדוּ אֱלֹהִים אֲחֵרִים Y ustedes me han dejado y han servido a dioses ajenos. (Jueces 10:13)

(7) בָּקַע יָם וַיַּעֲבִירֵם Dividió el mar y los hizo pasar. (Sal. 78:13)

(8) וְאַתָּה בְּרַחֲמֶיךָ הָרַבִּים לֹא עֲזַבְתָּם בַּמִּדְבָּר Y tú, por tus muchas misericordias, no los abandonaste en el desierto. (Neh. 9:19)

(9) וַתֹּאמֶר צִיּוֹן עֲזָבַנִי יְהוָה וַאדֹנָי שְׁכֵחָנִי Pero Sión ha dicho, «Me dejó el Señor, y el Señor se olvidó de mí.» (Isa. 49:14)

(10) וְאִם תַּעַזְבֻהוּ יַעֲזֹב אֶתְכֶם Pero si lo dejan, él los dejará. (2 Cr. 15:2)

(11) וַיְחַזֵּק יְהוָה אֶת־לֵב פַּרְעֹה וְלֹא שָׁמַע אֲלֵהֶם Pero el Señor endureció el corazón del faraón, y no los oyó. (Éx. 9:12)

(12) אֵלֶּה יַעַמְדוּ לְבָרֵךְ אֶת־הָעָם עַל־הַר גְּרִזִים Estos estarán sobre el monte Gerizim para bendecir al pueblo. (Deut. 27:12)

(13) וְאַתָּה פֹּה עֲמֹד עִמָּדִי וַאֲדַבְּרָה אֵלֶיךָ Y tú quédate aquí conmigo, para que te hable. (Deut. 5:31)

(14) וַיֹּאמֶר שְׁמָעוּנִי יְהוּדָה וְיֹשְׁבֵי יְרוּשָׁלַםִ הַאֲמִינוּ בַּיהוָה אֱלֹהֵיכֶם וְתֵאָמֵנוּ Y él dijo, «Óiganme, Judá y habitantes de Jerusalén. Crean en el Señor su Dios, y serán establecidos.» (2 Cr. 20:20)

(15) אִם לֹא תַאֲמִינוּ כִּי לֹא תֵאָמֵנוּ Si ustedes no creen, de cierto no permanecerán. (Isa. 7:9)

VOCABULARIO

(1) אָחַז él agarró, tomó posesión (Nif'al) él fue tomado capturado

(2) גָּנַב él robó

(3) הָפַךְ él vertió, cambió (Nif'al) él fue cambiado

(4) הָרַס él quebró, destruyó

(5) חָגַר él amarró

(6) [חדשׁ] (Pi.), él renovó, reparó

(7) חָפֵץ él se gozó en, se deleitó en, deseó

(8) עָרַךְ él ordenó, arregló, puso en orden

(9) אָז entonces

(10) אַךְ ciertamente, seguramente

(11) אֱמוּנָה (f) fidelidad

(12) בְּאֵר (f) pozo de agua

(13) בְּכוֹר primogénito, el mayor

(14) דְּבַשׁ miel

(15) חֹק (f) estatuto

(16) לָשׁוֹן lengua

(17) מָוֶת muerte

(18) מִזְבֵּחַ altar, lugar de sacrificio

Lección XXIII

67. Verbos débiles: los verbos Pe 'Alef

67.1 Estrictamente hablando, un verbo Pe 'Alef es cualquier verbo cuya consonante inicial del tema es א. Sin embargo, la mayoría de los verbos clasificados así se comportan idéntico a los otros verbos Pe Gutural. Esto es cierto, por ejemplo, de los siguientes verbos:

(1) אָבַל 'él se enlutó

(2) אָהַב 'él amó

(3) [אמן] (Nif.) él era confiable, fiel;

(Hif.) él creyó, confió

(4) אָסַף 'él recogió

(5) אָסַר 'él amarró

Todos los verbos de esta lista tienen $s^e g\hat{o}l$ como la vocal preformativa en el Qal imperfecto, independientemente de la vocal del tema. Sin embargo, cuando la adición de aformativas vocálicas causa la yuxtaposición de dos shevás sonoras dentro de una palabra, la primera de las shevás se convierte en păṭăḥ; de la misma manera, la vocal preformativa también se convierte de $s^e g\hat{o}l$ en păṭăḥ. (con meteg).

Ejemplos:

(1) אָבַל 'el se enlutó

    (a) Qal imperfecto 3 ms: יֶאֱבַל

    (b) Qal imperfecto 3 mp יַאַבְלוּ יֶאֶבְלוּ יֶאֱבְלוּ

(2) אָסַף 'él recogió'

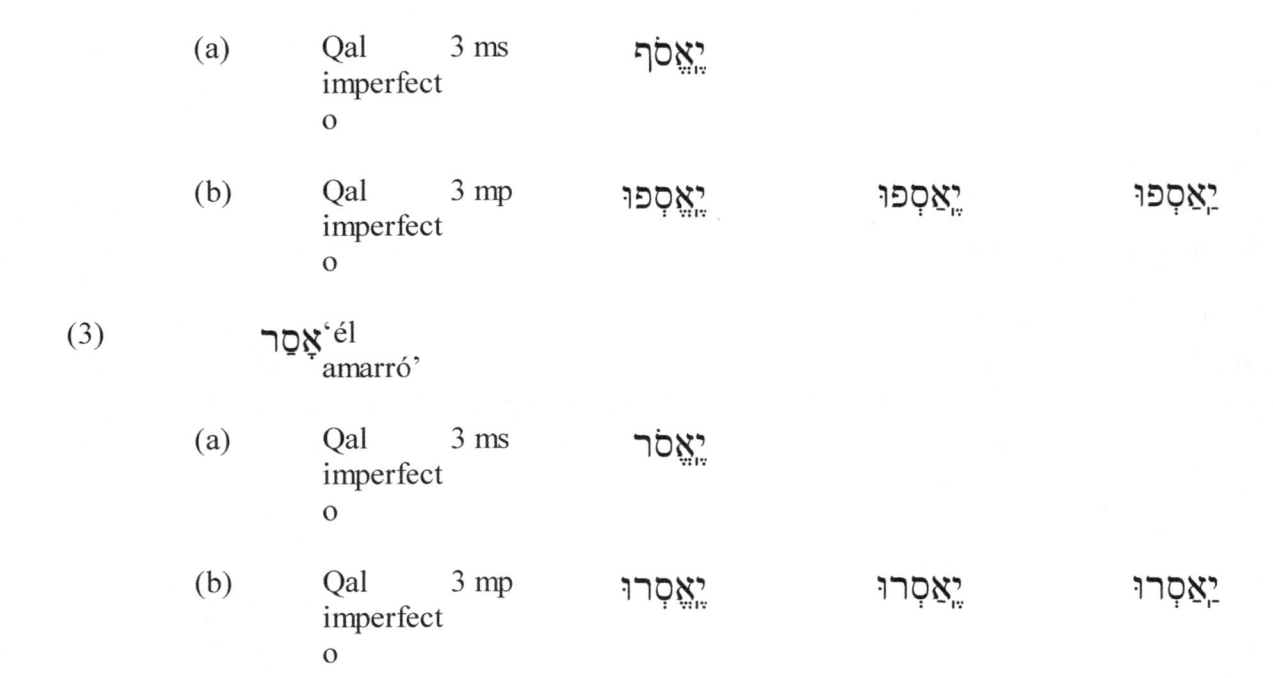

(a)	Qal imperfecto	3 ms	יֶאֱסֹף		
(b)	Qal imperfecto	3 mp	יֶאֶסְפוּ	יֶאֱסְפוּ	יַאַסְפוּ

(3) אָסַר 'él amarró'

(a)	Qal imperfecto	3 ms	יֶאֱסֹר		
(b)	Qal imperfecto	3 mp	יֶאֶסְרוּ	יֶאֱסְרוּ	יַאַסְרוּ

67.2 Además de los verbos presentados arriba, hay un segundo grupo de verbos Pe 'Alef que difieren importantemente de los verbos ordinarios Pe Gutural en el Qal imperfecto.

Estos verbos manifiestan tres características: *Primero*, א se torna muda después de los preformativos del Qal imperfecto, dejando de funcionar como una consonante. En consecuencia, cualquier letra BeGaD KeFaT que va inmediatamente después de א pierde su dagesh lene. *Segundo*, la vocal preformativa del Qal imperfecto es ḥólĕm. *Tercero*, la vocal del tema del Qal imperfecto es pắtăḥ.

67.3 Los tres verbos principales en este grupo son:

(1) אָבַד 'él pereció, se perdió'
(2) אָכַל 'él comió'
(3) אָמַר 'él dijo'

Dos otros verbos a veces se clasifican con estos: אָבָה, 'él quería, estaba en disposición de', y אָפָה, 'él horneó'. Sin embargo, puesto que los dos terminan en ה y por esto son doblemente débiles, ellos serán analizados con los otros verbos Lamed He. Se debe observar que el verbo אָחַז, 'él agarró, cogió, tomó posesión de', presenta una forma mixta en el Qal imperfecto; a veces sigue el patrón normal de los verbos Pe Gutural; en otras ocasiones, sigue el patrón de los tres verbos especiales Pe 'Alef que aparecen arriba.

67.4 La inflexión Qal imperfecto de אָבַד y אָכַל:

3 ms   יֹאבַד   יֹאכַל

3 fs	תֹּאבַד	תֹּאכַל
2 ms	תֹּאבַד	תֹּאכַל
2 fs	תֹּאבְדִי	תֹּאכְלִי
1 cs	אֹבַד	אֹכַל
3 mp	יֹאבְדוּ	יֹאכְלוּ
3 fp	תֹּאבַדְנָה	תֹּאכַלְנָה
2 mp	תֹּאבְדוּ	תֹּאכְלוּ
2 fp	תֹּאבַדְנָה	תֹּאכַלְנָה
1 cp	נֹאבַד	נֹאכַל

(A) Por el hecho de que א deja de servir como consonante, ambos ב y כ están precedidas efectivamente por una vocal ḥólĕm; por lo tanto, ellas pierden el dagesh lene que de otra manera aparecería en ellas.

(B) Meteg aparece debajo de la primera sílaba las formas 2 fs, 3 mp, y 2 mp. Esto sucede porque א se ha tornado muda, lo que coloca la vocal larga preformativa ḥólĕm inmediatamente delante de una shevá sonora (véase IV.9).

(C) La א del preformativo se ha combinado con la א del tema verbal en las formas 1 cs de estos dos verbos. En consecuencia, אֹבַד se ha acortado a אֹבַד, y אֹכַל a אֹכַל.

67.5 La inflexión Qal imperfecto de אָמַר (también con vāv consecutiuva):

3 ms	יֹאמַר	וַיֹּאמֶר
3 fs	תֹּאמַר	וַתֹּאמֶר
2 ms	תֹּאמַר	וַתֹּאמֶר
2 fs	תֹּאמְרִי	וַתֹּאמְרִי
1 cs	אֹמַר	וָאֹמַר
3 mp	יֹאמְרוּ	וַיֹּאמְרוּ

3 fp	תֹּאמַ֫רְנָה	וַתֹּאמַ֫רְנָה
2 mp	תֹּאמְרוּ	וַתֹּאמְרוּ
2 fp	תֹּאמַ֫רְנָה	וַתֹּאמַ֫רְנָה
1 cp	נֹאמַר	וַנֹּ֫אמֶר

(A) Las formas del Qal imperfecto de אָמַר que no tienen aformativos sufren ciertos cambios al ser prefijados por la vāv consecutiva.

En las formas 3 ms, 3 fs, 2 ms, y 1 cp, el acento se mueve de la sílaba final a la penúltima; es decir, de la sílaba del tema que tiene pátăḥ a la sílaba preformativa con hólĕm. Normalmente, esto causa el acortamiento de pátăḥ a sᵉgôl. Sin embargo, no habrá ni cambio de acento ni acortamiento de pátăḥ si la forma está marcada con ʾátnāḥ (véase IV.8.2). Ejemplos de las dos formas aparecen en Números 23:11–12.

La forma 1 cs sigue la regla ordinaria para alargamiento de la vocal de la vāv consecutiva cuando ella va delante de א, puesto que א no se puede duplicar (véase XVI.43.2).

(B) En todos los demás respectos, el Qal imperfecto de אָמַר se forma igual a אָבַד y אָכַל.

67.6 Las formas restantes del Qal de אָמַר
  (1) Qal imperativo

| 2 ms | אֱמֹר | 2 mp | אִמְרוּ |
| 2 fs | אִמְרִי | 2 fp | אֱמֹ֫רְנָה |

(A) א no es silente al inicio de una palabra (ni al incio de una sílaba dentro de una palabra). En las formas del Qal imperativo, pues, א funciona como una consonante.
(B) La shevá debajo de la consonante inicial de las formas 2 ms y 2 fp se convierte en una shevá compuesta porque va después de una gutural. א prefiere ḥátĕf-sᵉgôl.
(C) Las formas 2 fs y 2 mp siguen la inflexión de los verbos fuertes.

  (2) Qal infinitivo constructo

  (a) אֱמֹר (igual al Qal imperativo 2 ms)
  (b) Cuando la preposición inseparable לְ se agrega a אֱמֹר, se convierte primero en לְאֱמֹר, después en לֶאֱמֹר, y finalmente en לֵאמֹר (véase לֵאלֹהִים ⇒ לֵאלֹהִים). Ninguna otra preposición causa este cambio cuando se adhiere al infinitivo constructivo (véase בֶּאֱמֹר, Deut. 4:10; כֶּאֱמֹר, Josué 6:8). Es más, לְ no produce este cambio cuando se adhiere al

infinitivo constructo de otros verbos Pe 'Alef (véase לֶאֱהֹב, Eclesiastés 3:8; לֶאֱכֹל, Gén. 28:20; לֶאֱסֹף, Sof. 3:8).

       (3) Qal infinitivo absoluto

             אָמוֹר

       (4) Qal participio activo

  (a) masculino singular אֹמֵר

  (b) masculino plural אֹמְרִים

  (c) femenino singular אֹמְרָה o אֹמֶרֶת

  (d) femenino plural אֹמְרוֹת

       (5) Qal participio pasivo (no se usa con el verbo אָמַר)

68. Las formas 'en pausa' de palabras fuertemente acentuadas

Cuando una palabra hebrea está marcada con un acento fuerte disyunctivo (véase IV.8.3), se dice que ella está 'en pausa'. A una palabra que normalmente tiene una vocal corta en su sílaba acentuada, se le alargará esta vocal cuando está en pausa. La lista a continuación ilustrará las clases de cambios que se dan en palabras que se colocan en pausa. Se incluyen aquí unas formas en pausa en la que el acento se ha movido de la sílaba final a la shevá sonora que le precede. El resultado es la conversión de la shevá sonora en una vocal completa; por supuesto, esto le añade una sílaba a la palabra.

68.1 Sustantivos

    (1) Segolados

(a)   אֶרֶץ   a   אָרֶץ (Éx 15:12)

(b)   הַדֶּבֶר   a   הַדָּבֶר (Jer. 29:17)

(c)   בַּדֶּרֶךְ   a   בַּדָּרֶךְ (Esdras 8:22)

(d)   הֶבֶל   a   הָבֶל (Gén. 4:2)

(e)   בְּחֶרֶב   a   בֶּחָרֶב (Amós 7:9)

(f)   לֶחֶם   a   לָחֶם (Sal. 37:25)

    (2) Otros

(a)   הַבַּיִת   a   הַבָּיִת (2 Cr. 7:3)

(b)	בֵּיתְךָ	a	בֵּיתֶךָ (2 Sam. 11)
(c)	בַּבַּעַל	a	בַּבָּעַל (Jer. 23:27)
(d)	דְּבָרַי	a	דְּבָרָי (Jer. 18:2)
(e)	הַשָּׁמַיִם	a	הַשָּׁמָיִם (Deut. 7:24)
(f)	חַיַּי	a	חַיָּי (Sal. 23:6)
(g)	יַיִן	a	יָיִן (Jer. 35:5)
(h)	יְרוּשָׁלַם	a	יְרוּשָׁלָם (1 Cr. 9:34)
(i)	מַיִם	a	מָיִם (1 Reyes 13:9)
(j)	מִצְרַיִם	a	מִצְרָיִם (Sal 106:21)
(k)	פָּנַי	a	פָּנָי (Gén. 44:23)

68.2 Pronombres

(1)	אֲנִי ('yo')	a	אָנִי (Jer. 17:18)
(2)	אָנֹכִי ('yo')	a	אָנֹכִי (Gén. 4:9)
(3)	אַתָּה ('tú')	a	אָתָּה (Isa. 44:17)
(4)	אֲנַחְנוּ ('nosotros')	a	אֲנָחְנוּ (Gén. 13:8)

68.3 Verbos

(1) Shevás sonoras levantadas a vocales completas

(a)	יְבָרְכוּ	a	יְבָרֲכוּ (Sal. 62:5; esp. 62:4)
(b)	יָדְעוּ	a	יָדֲעוּ (Jer. 4:22)
(c)	יִכָּרְתוּ	a	יִכָּרֲתוּ (Isa. 11:13)

(d)	יִשְׂמְחוּ	a	יִשְׂמָחוּ (Sal. 34:3; esp. 34:2)
(e)	יֵשְׁבוּ	a	יֵשֵׁבוּ (Sof. 1:13)
(f)	שִׁמְעוּ	a	שָׁמֵעוּ (Ezeq. 12:2)

(2) Imperfectos con vāv consecutiva

(a)	וַיֹּאמֶר	a	וַיֹּאמַר (Éx. 5:22)
(b)	וַתֹּאמֶר	a	וַתֹּאמַר (1 Sam. 2:1)
(c)	וָאֹכֵל	a	וָאֹכֵל (Gén. 3:12)

(3) Otras formas verbales

(a)	יֹאכַל	a	יֹאכֵל (Isa. 65:22)
(b)	לָשֶׁבֶת	a	לָשָׁבֶת (Josué 21:2)
(c)	פָּשַׁעַתְּ	a	פָּשָׁעַתְּ (Jer. 3:13)
(d)	שָׁכַב	a	שָׁכָב (1 Sam. 3:6)
(e)	תִּשְׁכַּח	a	תִּשְׁכָּח (Prov. 3:1)
(f)	תִּשְׁמַע	a	תִּשְׁמָע (Neh. 9:27)

EJERCICIOS

1. Subraya la forma participial que corresponde en cada uno de los ejemplos a continuación.

(1) וּמְפִיבֹשֶׁת (יֹשֵׁב / יָשֶׁבֶת) בִּירוּשָׁלַםִ כִּי עַל־שֻׁלְחַן הַמֶּלֶךְ תָּמִיד הוּא (אֹכֵל / אֹכֶלֶת)
Pero Mefi-boset vivía en Jerusalén, porque comía siempre a la mesa del rey. (2 Sam. 9:13)

(2) (וְהָאֹכֵל/וְהָאֹכְלִים) בַּבַּיִת יְכַבֵּס אֶת־בְּגָדָיו
Y el que coma en la casa lavará sus vestidos. (Lev. 14:47)

(3) כִּי יְהוָה אֱלֹהֶיךָ אֵשׁ (אֹכֵל / אֹכְלָה) הוּא
Porque el Señor, tu Dios, es fuego consumidor. (Deut. 4:24)

(4) וּמַרְאֵה כְּבוֹד יְהוָה כְּאֵשׁ (אֹכֶלֶת / אוֹכְלוֹת) בְּרֹאשׁ הָהָר
Y la apariencia de la gloria del Señor era como fuego abrasador en la cumbre del monte. (Ex. 24:17)

(5) אֶרֶץ (אֹכֵל / אֹכֶלֶת) יוֹשְׁבֶיהָ הוּא
Es una tierra que se traga a sus habitantes. (Núm. 13:32)

(6) אֲשֶׁר לֹא־נְטַעְתֶּם אַתֶּם (אֹכְלִים / אוֹכְלוֹת)
Y lo que ustedes no plantaron, están comiendo. (Josué 24:13)

(7) וּבָנָיו וּבְנֹתָיו (אוֹכְלוֹת / אֹכְלִים) וְשֹׁתִים יַיִן בְּבֵית אֲחִיהֶם הַבְּכוֹר
Y sus hijos e hijas comían y bebían vino en la case de su hermano el primogénito. (Job 1:13)

(8) וְזֹאת (אֹמֶרֶת / אוֹמְרוֹת)
Pero ésta decía ... (1 Reyes 3:26)

(9) (הָאֹמְרָה / הָאֹמֵר) בִּלְבָבָהּ
... la que dice en su corazón ... (Isa. 47:8)

(10) כֵּן נַעֲשֶׂה כַּאֲשֶׁר אַתָּה (אֹמֶרֶת / אוֹמֵר)
Así haremos, como usted dice. (Neh. 5:12)

(11) וָאֶשְׁמַע אֶת־קוֹל אֲדֹנָי (אֹמֵר / אֹמְרָה)
Y oí la voz del Señor, que decía ... (Isa. 6:8)

(12) וְרִבְקָה (אֹהֵב / אֹהֶבֶת) אֶת־יַעֲקֹב
Pero Rebeca amaba a Jacob. (Gén. 25:28)

2. Cada uno de los ejemplos a continuación tiene una forma verbal Pe 'Alef. En inciso (a), identifique el sistema, en (b) la inflexión (perfecto, imperfecto, imperativo, etc.), en (c) la persona, género, y número, y en (d) su tema. Trabaje solamente los verbos Pe 'Alef.

הוּא נָתְנָה־לִּי מִן־הָעֵץ וָאֹכֵל Ella me dio del árbol y yo comí. (Gén. 3:12)

    (a) Qal   (b) Imperfecto   (c) 1 cs   (d) אָכַל

(1) וַתֹּאמֶר הָאִשָּׁה אֶל־הַנָּחָשׁ Y la mujer dijo a la serpiente. (Gén. 3:2)

    (a) _____   (b) _____   (c) _____   (d) _____

(2) מִפְּרִי עֵץ־הַגָּן נֹאכֵל Del fruto de (los) árbol(es) del huerto podemos comer. (Gén. 3:2)

(a) _____ (b) _____ (c) _____ (d) _____

(3) תֹּאכְלֶנּוּ בַּמָּקוֹם אֲשֶׁר יִבְחַר יְהוָה Ustedes lo comerán en el lugar que el Señor escoja. (Deut. 12:18)

(a) _____ (b) _____ (c) _____ (d) _____

(4) וְשָׁם תֹּאכְלוּ אֹתוֹ וְאֶת־הַלֶּחֶם Y ustedes lo comerán allí con el pan. (Lev. 8:31)

(a) _____ (b) _____ (c) _____ (d) _____

(5) אַהֲרֹן וּבָנָיו יֹאכְלֻהוּ Aarón y sus hijos la comerán. (Lev. 8:31)

(a) _____ (b) _____ (c) _____ (d) _____

(6) הֶאֱכַלְתִּי אֶתְכֶם בַּמִּדְבָּר Yo les di a comer en el desierto. (Éx. 16:32)

(a) _____ (b) _____ (c) _____ (d) _____

(7) בְּבַיִת אֶחָד יֵאָכֵל Se comerá en una casa. (Éx 12:46)

(a) _____ (b) _____ (c) _____ (d) _____

(8) וַיַּאֲכִלְךָ אֶת־הַמָּן Y te sustentó con maná. (Deut. 8:3)

(a) _____ (b) _____ (c) _____ (d) _____

(9) וַיְהִי דְבַר־יְהוָה אֵלַי לֵאמוֹר Entonces vino a mí palabra del Señor, diciendo … (Jer. 18:5)

(a) _____ (b) _____ (c) XXX (d) _____

(10) בְּאָמְרִי לָרָשָׁע מוֹת תָּמוּת Cuando yo diga al impío: «De cierto morirás.» (Ezeq. 3:18)

(a) _____ (b) _____ (c) XXX (d) _____

(11) בְּאָמְרָם אֵלַי כָּל־הַיּוֹם אַיֵּה אֱלֹהֶיךָ por decirme (en su decirme) cada día: «¿Dónde está tu Dios?». (Sal. 42:11; esp. 42:10)

(a) _____ (b) _____ (c) _____ (d) _____

(12) כֹּל אֲשֶׁר־תֹּאמְרִי [אֵלַי] אֶעֱשֶׂה־לָּךְ Todo lo que me digas, haré para usted. (Rut 3:11)

(a) _____ (b) _____ (c) _____ (d) _____

(13) וַתֹּאמַרְנָה הֲזֹאת נָעֳמִי Y dijeron, «¿No es ésta Noemí?» (Rut 1:19)

(a) _____ (b) _____ (c) _____ (d) _____

(14) אֱמֹר לִבְנֵי־יִשְׂרָאֵל אֲנִי יְהוָה Di a los hijos de Israel, «Yo soy el Señor.» (Éx. 6:6)

(a) _____ (b) _____ (c) _____ (d) _____

(15) אִמְרִי לְעָרֵי יְהוּדָה הִנֵּה אֱלֹהֵיכֶם Di a las ciudades de Judá, «¡He aquí, su Dios!». (Isa. 40:9)

(a) _____ (b) _____ (c) _____ (d) _____

(16) אִמְרוּ בַגּוֹיִם יְהוָה מָלָךְ Digan entre las naciones: «¡El Señor reina!». (Sal. 96:10)

(a) _____ (b) _____ (c) _____ (d) _____

(17) אֶת־הָאֹבֶדֶת אֲבַקֵּשׁ A la perdida buscaré. (Ezeq. 34:16)

(a) _____ (b) _____ (c) _____ (d) _____

(18) כִּי לֹא־תֹאבַד תּוֹרָה מִכֹּהֵן Porque la instrucción no le faltará al sacerdote. (Jer. 18:18)

(a) _____ (b) _____ (c) _____ (d) _____

(19) וְאַתְּ וּבֵית־אָבִיךְ תֹּאבֵדוּ Más tu y la casa de tu padre perecerán. (Est. 4:14)

(a) _____ (b) _____ (c) _____ (d) _____

(20) וַיְשַׁלְּחֵם בִּיהוּדָה לְהַאֲבִידוֹ Los (las) envió contra Judá para que la destruyeran. (2 Reyes 24:2)

(a) _____ (b) _____ (c) _____ (d) _____

3. Cada uno de los ejemplos a continuación tiene una forma plural constructiva de un participio. Haga las correspondencias.

(1) ( )   (A) אֹהֲבַי   los que lo (la) coman (Lev. 17:14)

(2) ( )   (B) אֹהֲבֶיךָ   todos los que te buscan (Sal. 40:17; esp. 40:16)

(3) ( )   (C) אֹהֲבָיו   todos los que le sirven (2 Reyes 10:19)

(4) ( )   (D) אֹהֲבֶיהָ   todos los que te dejan (Jer. 17:13)

(5)	( )	(E)אֹכְלַיִךְ	todos los que la ayudan (Ezeq. 30:8)
(6)	( )	(F)אֹכְלָיו	de los que me persiguen (Sal. 142:7; esp. 142:6)
(7)	( )	(G)מְבַקְשֵׁי נַפְשָׁם	los que me aman (Prov. 8:17)
(8)	( )	(H)מְבַקְשֵׁי נַפְשֶׁךָ	todos los que la buscan (Jer. 2:24)
(9)	( )	(I)כָּל־מְבַקְשַׁיִךְ	los que te devoran (Jer. 30:16)
(10)	( )	(J)כָּל־מְבַקְשָׁיו	todos los que la persiguen (Lam. 1:3)
(11)	( )	(K)כָּל־מְבַקְשֶׁיהָ	los que te aman (Jer. 20:6)
(12)	( )	(L)כָּל־עֹבְדָיו	los que nos persiguen (Lam. 4:19)
(13)	( )	(M)כָּל־עֹזְבֶיךָ	los que buscan tu vida (Jer. 22:25)
(14)	( )	(N)כָּל־עֹזְבָיו	los que lo aman (Sal. 145:20)
(15)	( )	(O)כָּל־עֹזְרֶיהָ	los que buscan su vida (Jer. 19:7)
(16)	( )	(P)מֵרֹדְפַי	todos los que lo buscan (Esdras 8:22)
(17)	( )	(Q)כָּל־רֹדְפֶיהָ	todos los que lo dejan (Esdras

			8:22)
(18)	( )	(R)רֹדְפֵינוּ	los que la (lo) aman (Prov. 18:21)

4. En las siguientes cláusulas y oraciones, identifique (a) la secuencia verbal (véase XXI.63), (b) los sistemas verbales, y (c) los temas.

Ejemplo:

הֵמָּה כָשְׁלוּ וְנָפָלוּ Ellos tropezaron y cayeron. (Sal. 27:2)

(a) secuencia perfecto + perfecto (b) Qal, Qal (c) נָפַל, כָּשַׁל

(1) שָׁמְעָה וַתִּשְׂמַח צִיּוֹן Oyó Sión y se alegró. (Sal. 97:8)
(a) secuencia _____ + _____ (b) _____, _____ (c) _____,
_____

(2) יִזְכֹּר עֲוֹנָם וְיִפְקֹד חַטֹּאתָם Él se acordará de su maldad y castigará sus pecados. (Jer. 14:10)
(a) secuencia _____ + _____ (b) _____, _____ (c) _____,
_____

(3) נִמְצָא־חֵן בְּעֵינֵי אֲדֹנִי וְהָיִינוּ עֲבָדִים לְפַרְעֹה Hallemos gracia a los ojos de nuestro señor, y seamos siervos del faraón. (Gén. 47:25)
(a) secuencia _____ + _____ (b) _____, _____ (c) _____,
_____

(4) לֹא־תִשְׂנָא אֶת־אָחִיךָ בִּלְבָבֶךָ וְאָהַבְתָּ לְרֵעֲךָ כָּמוֹךָ No aborrecerás a tu hermano en tu corazón, sino amarás a tu prójimo como a ti mismo. (Lev. 19:17, 18)
(a) secuencia _____ + _____ (b) _____, _____ (c) _____,
_____

(5) בַּקֵּשׁ שָׁלוֹם וְרָדְפֵהוּ Busca la paz y (per)síguela. (Sal. 34:15; esp. 34:14)
(a) secuencia _____ + _____ (b) _____, _____ (c) _____,
_____

(6) שִׂנְאוּ־רָע וְאֶהֱבוּ טוֹב Aborrezcan el mal, amen el bien. (Amós 5:15)
(a) secuencia _____ + _____ (b) _____, _____ (c) _____,
_____

(7) שְׁמַע בְּקוֹלָם וְהִמְלַכְתָּ לָהֶם מֶלֶךְ Oye su voz y dales un rey. (1 Sam. 8:22)
(a) secuencia _____ + _____ (b) _____, _____ (c) _____,
_____

(8) שַׁלַּח אֶת־עַמִּי וְיַעַבְדֻנִי Deja ir a mi pueblo para que me sirva. (Éx. 7:26; esp. 8:1)
(a) secuencia _____ + _____ (b) _____, _____ (c) _____,
_____

(9) הָלוֹךְ וְדִבַּרְתָּ אֶל־דָּוִד Ve y di a David. (2 Sam. 24:12)
(a) secuencia _____ + _____ (b) _____, _____ (c) _____,
_____

(10) הוּא נָתְנָה־לִּי מִן־הָעֵץ וָאֹכֵל Ella me dio del árbol, y yo comí. (Gén. 3:12)
(a) secuencia _____ + _____ (b) _____, _____ (c) _____,
_____

5. Practique pronunciando el hebreo, tomando nota especial de las formas Pe 'Alef. Tape el español y practique traduciendo el hebreo.

(1) מִכֹּל עֵץ־הַגָּן אָכֹל תֹּאכֵל וּמֵעֵץ הַדַּעַת טוֹב וָרָע לֹא תֹאכַל מִמֶּנּוּ כִּי בְּיוֹם אֲכָלְךָ מִמֶּנּוּ מוֹת תָּמוּת
De todo árbol del huerto podrás comer; pero del árbol del conocimiento del bien y del mal no comerás; porque el día que de él comas, ciertamente morirás. (Gén. 2:16s)

(2) וַיֹּאמֶר אֶל־הָאִשָּׁה אַף כִּי־אָמַר אֱלֹהִים לֹא תֹאכְלוּ מִכֹּל עֵץ הַגָּן
Y él dijo a la mujer: «¿Conque Dios les ha dicho: No coman de ningún árbol del huerto?» (Gén. 3:1)

(3) וַתִּקַּח מִפִּרְיוֹ וַתֹּאכַל וַתִּתֵּן גַּם־לְאִישָׁהּ עִמָּהּ וַיֹּאכַל
Y ella tomó de su fruto y comió; y dio también a su marido, el cual comió igual a ella. (Gén. 3:6)

(4) וְעָפָר תֹּאכַל כָּל־יְמֵי חַיֶּיךָ
Y polvo comerás todos los días de tu vida. (Gén. 3:14)

(5) כָּל־זָכָר בַּכֹּהֲנִים יֹאכְלֶנּוּ בְּמָקוֹם קָדוֹשׁ יֵאָכֵל
Todo varón de entre los sacerdotes la comerá; Será comida en lugar santo. (Lev. 7:6)

(6) לַחְמֵנוּ נֹאכֵל רַק יִקָּרֵא שִׁמְךָ עָלֵינוּ
Nosotras comeremos de nuestro pan. Solamente permítenos llevar tu nombre. (Isa. 4:1)

(7) וְהַאֲכַלְתִּים אֶת־בְּשַׂר בְּנֵיהֶם וְאֵת בְּשַׂר בְּנֹתֵיהֶם
Y les haré comer la carne de sus hijos y la carne de sus hijas. (Jer. 19:9)

(8) וָאֶשְׁאַל אֹתָהּ וָאֹמַר בַּת־מִי אַתְּ וַתֹּאמֶר בַּת־בְּתוּאֵל בֶּן־נָחוֹר
Y le pregunté: «¿De quién eres hija?» Y ella respondió: «Soy hija de Betuel hijo de Nacor.» (Gén. 24:47)

342

(9) ¿Cómo dicen ustedes: «Nosotros somos sabios, y la ley del Señor está con nosotros.»? (Jer. 8:8)
אֵיכָה תֹאמְרוּ חֲכָמִים אֲנַחְנוּ וְתוֹרַת יְהוָה אִתָּנוּ

(10) Y él me dijo: «Di: 'Así ha dicho el Señor: Así han hablado ustedes, casa de Israel.'» (Ezeq. 11:5)
וַיֹּאמֶר אֵלַי אֱמֹר כֹּה־אָמַר יְהוָה כֵּן אֲמַרְתֶּם בֵּית יִשְׂרָאֵל

(11) ¿Por que dicen las naciones: «¿Dónde está su Dios?»? (Sal. 79:10)
לָמָּה יֹאמְרוּ הַגּוֹיִם אַיֵּה אֱלֹהֵיהֶם

(12) Y le preguntaron: «¿Dónde está Sara, tu mujer?». Y él respondió: «Aquí, en la tienda.» (Gén. 18:9)
וַיֹּאמְרוּ אֵלָיו אַיֵּה שָׂרָה אִשְׁתֶּךָ וַיֹּאמֶר הִנֵּה בָאֹהֶל

(13) Y él dijo: «Ya no te llamarás Jacob, sino Israel.» (Gén. 32:28)
וַיֹּאמֶר לֹא יַעֲקֹב יֵאָמֵר עוֹד שִׁמְךָ כִּי אִם־יִשְׂרָאֵל

(14) Y en el lugar donde se les dijo: «Ustedes no son mi pueblo», se les dirá: «Ustedes son hijos del Dios viviente.» (Oseas 2:1; esp. 1:10)
וְהָיָה בִּמְקוֹם אֲשֶׁר־יֵאָמֵר לָהֶם לֹא־עַמִּי אַתֶּם יֵאָמֵר לָהֶם בְּנֵי אֵל־חָי

(15) Porque el Señor conoce el camino de los justos, mas la senda de los malos perecerá. (Sal. 1:6)
כִּי־יוֹדֵעַ יְהוָה דֶּרֶךְ צַדִּיקִים וְדֶרֶךְ רְשָׁעִים תֹּאבֵד

VOCABULARIO

(1) אָבָה él quería, estaba en disposición de

(2) אָבַל él se enlutó

(3) [אזן] él escuchó, oyó

(4) אָמֵץ él era fuerte, firme, atrevido

(5) אָסַר él amarró, encarceló

(6) אָפָה él horneó

(7) אָרַךְ él alargó

(8) אָשֵׁם él era culpable

(9) אֶלֶף buey, mil

(10) גּוֹי nación

(11) חוּץ fuera de, afuera,

(12) מֵאָה (f) cien

(13) פָּנִים rostro (rostros)

(14) קֹדֶשׁ santidad, cosa sagrada, santuario

(15) שְׁנַיִם dos

שְׁתַּיִם (f)

(16) שָׁלֹשׁ tres

שְׁלֹשָׁה (f)

(17) אַרְבַּע cuatro

אַרְבָּעָה (f)

(18) חָמֵשׁ cinco

חֲמִשָּׁה (f)

Lección XXIV

69. Verbos débiles: los verbos 'Ayin gutural

69.1 Un verbo 'Ayin gutural es aquel cuya consonante media es una gutural. Algunos de los verbos 'Ayin gutural más frecuentes aparecen a continuación:

(a) בָּחַן él probó

(b) בָּחַר él escogió

(c) בָּעַר él quemó, consumió

(d) [בּרד] él bendijo

(e) גָּאַל él redimió

(f) גָּעַר él reprendió

(g) זָעַק él gritó, clamó

(h) [מאן] (Pi'el) él se negó

(i) מָאַס él se negó, rechazó

(j) [מהר] él se apuró

(k) נָחַל él tomó posesión, heredó

(l) [נחם] él se arrepintió, tuvo compasión, se enlutó

(m) פָּעַל él hizo

(n) פָּרַד él dividió, separó

(o) צָחַק él se rió, se burló de

(p) צָעַק él clamó

(q) קָרַב él se acercó; (Hif'il) él ofreció

(r) רָחַץ él lavó

(s) שָׂחַק él se rió

(t) שָׁאַל él pidió, solicitó

(u) שָׁחַט él mató, sacrificó

69.2 Las tres características de las guturales entran al juego cuando se trata de la inflexión de los verbos 'Ayin gutural.

(1) Las guturales no pueden ser duplicadas.

Las consonantes medias de los verbos fuertes se duplican en los sistemas Pi'el, Pu'al, y Hitpa'el. Por lo tanto, los mayores cambios en el caso de los verbos 'Ayin gutural toman lugar en estos tres sistemas.

(a) Cuando א y ר (y ocasionalmente ע) aparecen en verbos 'Ayin gutural y rechazan dagesh forte, la vocal que precede tiene que ser alargada. En todos estos respectos, estas formas son como sus similares en el verbo fuerte. Las reglas para el alargamiento vocálico aparecen a continuación:

—Pătăḥ se alarga a qāmĕṣ (ָa).

—Ḥírĕq se alarga a ṣērê (ֵa).

—Qĭbbûṣ se alarga a ḥólĕm (ֹa).

Ejemplos:

(i) וַאֲנַחְנוּ נְבָרֵךְ יָהּ Pero nosotros bendeciremos a Jah. (Sal. 115:18)
(נְבָרֵךְ pasa a ser נְבַרֵךְ)

(ii) הִנֵּה בֵּרַכְתִּי אֹתוֹ He aquí lo bendeciré. (Gén. 17:20)
(בֵּרַכְתִּי pasa a ser בִּרַכְתִּי)

(iii) יְהִי שֵׁם יְהוָה מְבֹרָךְ Sea alabado el nombre del Señor. (Sal. 113:2)
(מְבֹרָךְ pasa a ser מְבֻרָךְ)

(b) Cuando ה y ח aparecen en verbos 'Ayin gutural y rechazan dagesh forte, la vocal en la sílaba que precede sigue siendo corta, pues a ה y ח se les considera duplicada por implicación ('virtualmente duplicada'). Ordinariamente esta regla se le aplica también a ע:

Ejemplos:

(i) וַיְמַהֵר אַבְרָהָם הָאֹהֱלָה אֶל־שָׂרָה Entonces Abraham fue de prisa a la tienda donde estaba Sara. (Gén. 18:6)

(ii) וַיְצַחֵק לִפְנֵיהֶם Y les divirtió (RV: 'les sirvió de juguete') (Jueces 16:25)

(iii) וּבִעֵר עָלֶיהָ הַכֹּהֵן עֵצִים Y el sacerdote quemará leña sobre él. (Lev. 6:5; esp. 6:12)

(2) Las guturales generalmente toman vocales de clase 'a'.

(a) Cuando esta regla se le aplica a los verbos 'Ayin gutural, ella causa que la vocal del tema de las formas Qal imperfecto y Qal imperativo sea păt̮aḥ en lugar de ḥólĕm.

Ejemplos:

(i) וַיִּבְחַר אֶת־שֵׁבֶט יְהוּדָה Y escogió la tribu de Judá. (Sal. 78:68)
(יִבְחֹר en lugar de יִבְחַר)

(ii) בְּחַר־לָנוּ אֲנָשִׁים Escoge para nosotros algunos hombres. (Éx. 17:9)
(בְּחֹר en lugar de בְּחַר)

(iii) כְּאֵשׁ תִּבְעַר־יָעַר como fuego quema el monte (Sal. 83:15; esp. 83:14)
(תִּבְעֹר en lugar de תִּבְעַר)

(iv) וַנִּצְעַק אֶל־יְהוָה Entonces clamamos al Señor. (Núm. 20:16)
(נִצְעֹק en lugar de נִצְעַק)

(v) שְׁאַל־לְךָ אוֹת מֵעִם יְהוָה אֱלֹהֶיךָ Pide para ti una señal de parte del Señor tu Dios. (Isa. 7:11)
(שְׁאֹל en lugar de שְׁאַל)

(b) Las formas Pi'el perfecto 3 ms a veces aparecen con păt̮aḥ en lugar de ṣērê como la segunda vocal del tema:

Ejemplos:

(i) וַיהוָה בֵּרַךְ אֶת־אַבְרָהָם Y el Señor bendijo a Abraham. (Gén. 24:1)
(בֵּרֵךְ en lugar de בֵּרַךְ)

(ii) וְהָאִישׁ מִהַר Y el hombre se apuró. (1 Sam.

4:14)
(מְהַר en lugar de מַהֵר)

(3) Las guturales generalmente toman shevás compuestas.

(a) Esta regla rige en todos los verbos 'Ayin Gutural con todas las guturales menos ר. Puesto que una shevá sonora normalmente aparece debajo de la consonante media del tema de todos las formas verbales que tienen aformativos vocálicos (excepto en el sistema Hif'il), y puesto que la consonante media del tema de los verbos 'Ayin gutural es una gutural, entonces cualquier shevá sonora que aparece en verbos de esta clase tiene que ser una shevá compuesta. Normalmente será ḥătĕf-pătăḥ. (ֲ).

(b) En cada uno de los siete sistemas, los aformativos vocálicos ocurren en las siguientes formas:

> Perfecto: 3 fs, 3 cp
> Imperfecto: 2 fs, 3 mp, 2 mp
> Imperativo: 2 fs, 2 mp

Una comparación de los sistemas Qal del verbo fuerte מָשַׁל y el verbo débil בָּחַר servirá para ilustrar los cambios que los verbos 'Ayin gutural sufren ante todos los aformativos vocálicos (excepto en el sistema Hif'il).

	מָשַׁל	בָּחַר
Qal perfecto 3 fs	מָשְׁלָה	בָּחֲרָה
Qal perfecto 3 cp	מָשְׁלוּ	בָּחֲרוּ
Qal imperfecto 2 fs	תִּמְשְׁלִי	תִּבְחֲרִי
Qal imperfecto 3 mp	יִמְשְׁלוּ	יִבְחֲרוּ
Qal imperfecto 2 mp	תִּמְשְׁלוּ	תִּבְחֲרוּ
Qal imperativo 2 fs	מִשְׁלִי	בַּחֲרִי
Qal imperativo 2 mp	מִשְׁלוּ	בַּחֲרוּ

Nota: Las formas Qal imperativo de בָּחַר que aparecen arriba son irregulares en el sentido de tener pătăḥ en lugar de ḥîrĕq como la vocal que aparece debajo de la consonante inicial. Esto ocurrió por medio de la pérdida de los preformativos del Qal imperfecto 2 fs y 2 mp. Puesto que

348

esto dejó dos shevás sonoras consecutivas, una al inicio de cada una de estas formas acortadas, la primera shevá se tuvo que levantar a păṭăḥ, puesto que precedía a una ḥắṭĕf-păṭăḥ.

בַּחֲרִי	⇒	בְחֲרִי	⇒	תִּבְחֲרִי
בַּחֲרוּ	⇒	בְחֲרוּ	⇒	תִּבְחֲרוּ

Ejemplos:

(i) בַּחֲרוּ לָכֶם הַיּוֹם אֶת־מִי תַעֲבֹדוּן Escójanse hoy a quién servirán. (Josué 24:15)

(ii) לְכוּ וְזַעֲקוּ אֶל־הָאֱלֹהִים אֲשֶׁר בְּחַרְתֶּם בָּם Anden y clamen a los dioses que han elegido. (Jueces 10:14)

69.3 Una sinopsis de בָּחַר, 'él escogió'

	Qal	Nif'al	Pi'el	Pu'al	Hitpa'el	Hif'il	Hof'al
Perfecto 3 ms	בָּחַר	נִבְחַר	בִּחַר	בֻּחַר	הִתְבַּחֵר	הִבְחִיר	חָבְחַר
Imperfecto 3 ms	יִבְחַר	יִבָּחֵר	יְבַחֵר	יְבֻחַר	יִתְבַּחֵר	יַבְחִיר	יָבְחַר
Imperativo 2 ms	בְּחַר	הִבָּחֵר	בַּחֵר		הִתְבַּחֵר	הַבְחֵר	
Infinitivo const.	בְּחֹר	הִבָּחֵר	בַּחֵר	בֻּחַר	הִתְבַּחֵר	הַבְחִיר	הָבְחַר
Infinitivo abs.	בָּחוֹר	נִבְחֹר	בַּחֵר	בֻּחַר	הִתְבַּחֵר	הַבְחֵר	הָבְחֵר
Participio act.	בֹּחֵר		מְבַחֵר		מִתְבַּחֵר	מַבְחִיר	
Participio pas.	בָּחוּר	נִבְחָר		מְבֻחָר			מָבְחָר

69.4 Una sinopsis de גָּאַל, 'él redimió, rescató

	Qal	Nif'al	Pi'el	Pu'al	Hitpa'el	Hif'il	Hof'al

Perfecto 3 ms	גָּאַל	נִגְאַל	גֵּאֵל	גֹּאַל גאל	הִתְגָּאֵל	הִגְאִיל	הָגְאַל
Imperfecto 3 ms	יִגְאַל	יִגָּאֵל	יְגָאֵל	יְגֹאַל	יִתְגָּאֵל	יַגְאִיל	יָגְאַל
Imperativo 2 ms	גְּאַל	הִגָּאֵל	גָּאֵל		הִתְגָּאֵל	הַגְאֵל	
Infinitivo const.	גְּאֹל	הִגָּאֵל	גָּאֵל	גֹּאַל גאל	הִתְגָּאֵל	הַגְאִיל	הָגְאַל
Infinitivo abs.	גָּאוֹל	נִגְאֹל	גָּאֵל	גֹּאַל גאל	הִתְגָּאֵל	הַגְאֵל	הָגְאֵל
Participio act.	גֹּאֵל		מְגָאֵל		מִתְגָּאֵל	מַגְאִיל	
Participio pas.	גָּאוּל	נִגְאָל		מְגֹאָל			מָגְאָל

69.5 *Una comparación de los verbos fuertes y ʿAyin gutural en los sistemas Qal, Piʾel, y Puʾal. Las formas ʿAyin gutural que aparecen entre corchetes difieren de las formas del verbo fuerte que corresponden.*

	Qal		Piʾel		Puʾal	
	(fuerte)	(débil)	(fuerte)	(débil)	(fuerte)	(débil)
PERFECTO	קָטַל	בָּחַר	שִׁבֵּר	בֵּרַךְ	שֻׁבַּר	בֹּרַךְ
3 ms	קָטַל	בָּחַר	שִׁבֵּר	(בֵּרֵךְ)	שֻׁבַּר	(בֹּרַךְ)
3 fs	קָטְלָה	(בָּחֲרָה)	שִׁבְּרָה	(בֵּרְכָה)	שֻׁבְּרָה	(בֹּרְכָה)
2 ms	קָטַלְתָּ	בָּחַרְתָּ	שִׁבַּרְתָּ	(בֵּרַכְתָּ)	שֻׁבַּרְתָּ	(בֹּרַכְתָּ)
2 fs	קָטַלְתְּ	בָּחַרְתְּ	שִׁבַּרְתְּ	(בֵּרַכְתְּ)	שֻׁבַּרְתְּ	(בֹּרַכְתְּ)
1 cs	קָטַלְתִּי	בָּחַרְתִּי	שִׁבַּרְתִּי	(בֵּרַכְתִּי)	שֻׁבַּרְתִּי	(בֹּרַכְתִּי)
3 cp	קָטְלוּ	(בָּחֲרוּ)	שִׁבְּרוּ	(בֵּרְכוּ)	שֻׁבְּרוּ	(שֻׁבְּרְכוּ)

2 mp	קְטַלְתֶּם	בְּחַרְתֶּם	שֻׁבַּרְתֶּם	(בֹּרַכְתֶּם)	שִׁבַּרְתֶּם	(בֵּרַכְתֶּם)
2 fp	קְטַלְתֶּן	בְּחַרְתֶּן	שֻׁבַּרְתֶּן	(בֹּרַכְתֶּן)	שִׁבַּרְתֶּן	(בֵּרַכְתֶּן)
1 cp	קָטַלְנוּ	בָּחַרְנוּ	שֻׁבַּרְנוּ	(בֹּרַכְנוּ)	שִׁבַּרְנוּ	(בֵּרַכְנוּ)

IMPERFECTO

3 ms	יִקְטֹל	(יִבְחַר)	יְשַׁבֵּר	(יְבָרֵךְ)	יְשֻׁבַּר	(יְבֹרַךְ)
3 fs	תִּקְטֹל	(תִּבְחַר)	תְּשַׁבֵּר	(תְּבָרֵךְ)	תְּשֻׁבַּר	(תְּבֹרַךְ)
2 ms	תִּקְטֹל	(תִּבְחַר)	תְּשַׁבֵּר	(תְּבָרֵךְ)	תְּשֻׁבַּר	(תְּבֹרַךְ)
2 fs	תִּקְטְלִי	(תִּבְחֲרִי)	תְּשַׁבְּרִי	(תְּבָרְכִי)	תְּשֻׁבְּרִי	(תְּבֹרְכִי)
1 cs	אֶקְטֹל	(אֶבְחַר)	אֲשַׁבֵּר	(אֲבָרֵךְ)	אֲשֻׁבַּר	(אֲבֹרַךְ)
3 mp	יִקְטְלוּ	(יִבְחֲרוּ)	יְשַׁבְּרוּ	(יְבָרְכוּ)	יְשֻׁבְּרוּ	(יְבֹרְכוּ)
3 fp	תִּקְטֹלְנָה	(תִּבְחַרְנָה)	תְּשַׁבֵּרְנָה	(תְּבָרֵכְנָה)	תְּשֻׁבַּרְנָה	(תְּבֹרַכְנָה)
2 mp	תִּקְטְלוּ	(תִּבְחֲרוּ)	תְּשַׁבְּרוּ	(תְּבָרְכוּ)	תְּשֻׁבְּרוּ	(תְּבֹרְכוּ)
2 fp	תִּקְטֹלְנָה	(תִּבְחַרְנָה)	תְּשַׁבֵּרְנָה	(תְּבָרֵכְנָה)	תְּשֻׁבַּרְנָה	(תְּבֹרַכְנָה)
1 cp	נִקְטֹל	(נִבְחַר)	נְשַׁבֵּר	(נְבָרֵךְ)	נְשֻׁבַּר	(נְבֹרַךְ)

IMPERATIVO

2 ms	קְטֹל	(בְּחַר)	שַׁבֵּר	(בָּרֵךְ)	
2 fs	קִטְלִי	(בַּחֲרִי)	שַׁבְּרִי	(בָּרְכִי)	
2 mp	קִטְלוּ	(בַּחֲרוּ)	שַׁבְּרוּ	(בָּרְכוּ)	
2 fp	קְטֹלְנָה	(בְּחַרְנָה)	שַׁבֵּנָה	(בָּרֵכְנָה)	

Qal	Pi'el	Pu'al

INFINITIVO CONSTRUCTO

(בָּרֵךְ) שֵׁבַּר (בָּרֵךְ) שַׁבֵּר בְּחֹר קְטֹל

INFINITIVO ABSOLUTO

שֹׁבֵּר (בָּרֵךְ) שַׁבֵּר בָּחוֹר קָטוֹל

PARTICIPIOS

Activo ms	(מְבָרֵךְ)	מְשַׁבֵּר	בֹּחֵר	קֹטֵל
Activo mp	(מְבָרְכִים)	מְשַׁבְּרִים	(בֹּחֲרִים)	קֹטְלִים
Activo fs	(מְבָרְכָה)	מְשַׁבֶּרֶת	(בֹּחֲרָה)	קֹטֶלֶת
Activo fp	(מְבָרְכוֹת)	מְשַׁבְּרוֹת	(בֹּחֲרוֹת)	קֹטְלוֹת
Pasivo ms	(מְבֹרָךְ) מְשֻׁבָּר		בָּחוּר	קָטוּל
Pasivo mp	(מְבֹרָכִים) מְשֻׁבָּרִים		בְּחוּרִים	קְטוּלִים
Pasivo fs	(מְבֹרָכָה) מְשֻׁבֶּרֶת		בְּחוּרָה	קְטוּלָה
Pasivo fp	(מְבֹרָכוֹת) מְשֻׁבָּרוֹת		בְּחוּרוֹת	קְטוּלוֹת

EJERCICIOS

1. Observe la formas verbales 'Ayin gutural que ocurren en las oraciones a continuación. Escriba los pronombres y complete los verbos.

(1) אָז יִזְעֲקוּ אֶל־יְהוָה וְלֹא יַעֲנֶה אוֹתָם Entonces clamar _____ al Señor, pero _____ no _____ respond_____. (Miq. 3:4)

(2) וַיִּמְאֲסוּ אֶת־חֻקָּיו וְאֶת־בְּרִיתוֹ אֲשֶׁר כָּרַת אֶת־אֲבוֹתָם Y _____
desechar_____ ____ estatutos y _____ pacto que _____
establec_____con _____ padres. (2 Reyes 17:15)

(3) וַנִּצְעַק אֶל־יְהוָה וַיִּשְׁמַע קֹלֵנוּ Y _____ clam_____ al Señor, y _____
escuch____ _____ voz. (Núm. 20:16)

(4) וְרָחֲצוּ יְדֵיהֶם וְרַגְלֵיהֶם Y _____ lavar_____ _____ manos y _____
pies. (Éx. 30:21)

(5) אַל־תַּעַזְבֵנִי יְהוָה אֱלֹהָי No _____ desampar_____, o Señor, mi Dios. (Sal. 38:22; esp. 38:21)

(6) וּבֵרַכְתָּ אֶת־יְהוָה אֱלֹהֶיךָ Y bendecir_____ al Señor, _____ Dios. (Deut. 8:10)

(7) בֵּרַכְנוּ אֶתְכֶם בְּשֵׁם יְהוָה ¡ _____ bendec_____ en nombre del Señor! (Sal. 129:8)

(8) בֵּרַכְנוּכֶם מִבֵּית יְהוָה _____ ____ bendec_____ desde la casa del Señor. (Sal. 118:26)

(9) וַאֲבָרֶכְךָ וַאֲגַדְּלָה שְׁמֶךָ Y _____ bendecir_____ y engrandec_____
_____ nombre. (Gén. 12:2)

(10) יְבָרְכֵנוּ אֱלֹהִים אֱלֹהֵינוּ Que Dios, el Dios _____, ____ bendi_____. (Sal. 67:7; esp. 67:6)

(11) זָכָר וּנְקֵבָה בְּרָאָם וַיְבָרֶךְ אֹתָם וַיִּקְרָא אֶת־שְׁמָם אָדָם Hombre y mujer _____
_____ cre____, y _____ bendi_____, y _____ puso por nombre Adán. (Gén. 5:2)

(12) כִּי נִחַמְתִּי כִּי עֲשִׂיתִם ... pues ____ _____ arrep_____ de haber_____
hecho. (Gén. 6:7)

2. Cada una de las oraciones a continuación contiene una forma de un verbo 'Ayin gutural. En el inciso (a), identifique el sistema verbal, en (b) su forma verbal (perfecto, imperfecto, etc.), en (c) la persona, el género, y el número del verbo, y en (d) su tema.

Ejemplos:

וַיִּזְעֲקוּ אִישׁ אֶל־אֱלֹהָיו Y cada uno clamaba a su dios. (Jonás 1:5)

(a) Qal   (b) Imperfecto   (c) 3 mp   (d) זָעַק

(1) וְעַתָּה הִנֵּה הַמֶּלֶךְ אֲשֶׁר בְּחַרְתֶּם Ahora, pues, aquí tienen al rey que eligieron. (1 Sam. 12:13)

(a) _____ (b) _____ (c) _____ (d) _____

(2) אֶחָד מֵאֶחָיו יִגְאָלֶנּוּ Uno de sus hermanos lo rescatará. (Lev. 25:48)

(a) _____ (b) _____ (c) _____ (d) _____

(3) וְלֹא־זָעֲקוּ אֵלַי בְּלִבָּם Pero no claman a mí de su corazón. (Os. 7:14)

(a) _____ (b) _____ (c) _____ (d) _____

(4) וַיִּזְעַק הַמֶּלֶךְ קוֹל גָּדוֹל בְּנִי אַבְשָׁלוֹם אַבְשָׁלוֹם בְּנִי בְנִי Pero el rey clamaba en alta voz: «¡Hijo mío Absalón, Absalón, hijo mío, hijo mío!» (2 Sam. 19:5; esp. 19:4)

(a) _____ (b) _____ (c) _____ (d) _____

(5) גַּם־אֲנִי אֶמְאַס בְּכָל־זֶרַע יִשְׂרָאֵל También yo desecharé toda la descendencia de Israel. (Jer. 31:37)

(a) _____ (b) _____ (c) _____ (d) _____

(6) וְאִשָּׁה צָעֲקָה אֵלָיו Una mujer le gritó. (2 Reyes 6:26)

(a) _____ (b) _____ (c) _____ (d) _____

(7) וַיִּצְעֲקוּ בְנֵי־יִשְׂרָאֵל אֶל־יְהוָה Y los hijos de Israel clamaron al Señor. (Éx. 14:10)

(a) _____ (b) _____ (c) _____ (d) _____

(8) וַיִּרְחֲצוּ רַגְלֵיהֶם Y lavaron sus pies. (Gén. 43:24)

(a) _____ (b) _____ (c) _____ (d) _____

(9) וָאֶשְׁאַל אֹתָהּ בַּת־מִי אַתְּ Entonces le pregunté: «¿De quién eres hija?» (Gén. 24:47)

    (a) _____ (b) _____ (c) _____ (d) _____

(10) שַׁאֲלוּ שְׁלוֹם יְרוּשָׁלָ͏ִם Pidan por la paz de Jerusalén. (Sal. 122:6)

    (a) _____ (b) _____ (c) _____ (d) _____

(11) יְהוָה יְבָרֵךְ אֶת־עַמּוֹ בַשָּׁלוֹם ¡El Señor bendiga su pueblo con paz! (Sal. 29:11)

    (a) _____ (b) _____ (c) _____ (d) _____

(12) וַאֲנַחְנוּ נְבָרֵךְ יָהּ מֵעַתָּה וְעַד־עוֹלָם Pero nosotros bendeciremos a Yah desde ahora y para siempre. (Sal. 115:18)

    (a) _____ (b) _____ (c) _____ (d) _____

(13) וַיְבָרֲכוּ אֱלֹהִים בְּנֵי יִשְׂרָאֵל Y los hijos de Israel bendijeron a Dios. (Josué 22:33)

    (a) _____ (b) _____ (c) _____ (d) _____

(14) בָּרֲכִי נַפְשִׁי אֶת־יְהוָה Bendice, alma mía, al Señor. (Sal. 103:1)

    (a) _____ (b) _____ (c) _____ (d) _____

(15) וַיְנַחֵם דָּוִד אֵת בַּת־שֶׁבַע אִשְׁתּוֹ Y David consoló a Betsabé, su mujer. (2 Sam. 12:24)

    (a) _____ (b) _____ (c) _____ (d) _____

(16) שִׁבְטְךָ וּמִשְׁעַנְתֶּךָ הֵמָּה יְנַחֲמֻנִי Tu vara y tu cayado me infunden aliento. (Sal. 23:4)

(a) _____ (b) _____ (c) _____ (d) _____

(17) וּבְתוֹךְ בְּנֵי יִשְׂרָאֵל לֹא יִנְחֲלוּ נַחֲלָה No poseerán heredad entre los hijos de Israel. (Núm. 18:23).

(a) _____ (b) _____ (c) _____ (d) _____

(18) וְהִתְנַחַלְתֶּם אֶת־הָאָרֶץ בְּגוֹרָל Ustedes heredarán la tierra por sorteo. (Núm. 33:54)

(a) _____ (b) _____ (c) _____ (d) _____

3. Cada una de las oraciones a continuación contiene un infinitivo constructo. En el inciso (a), identifique su sistema, y en (b) su tema.

(1) וְאָכַלְתָּ לִפְנֵי יְהוָה אֱלֹהֶיךָ בַּמָּקוֹם אֲשֶׁר־יִבְחַר לְשַׁכֵּן שְׁמוֹ שָׁם
Y comerás delante del Señor, tu Dios, en el lugar que él escoja para poner allí su nombre. (Deut. 14:23)

(a) _____ (b) _____

(2) וָאֶבְחַר בִּירוּשָׁלַםִ לִהְיוֹת שְׁמִי שָׁם
Pero a Jerusalén he elegido para que en ella esté mi nombre. (2 Cr. 6:6)

(a) _____ (b) _____

(3) וְאִם רַע בְּעֵינֵיכֶם לַעֲבֹד אֶת־יְהוָה בַּחֲרוּ לָכֶם הַיּוֹם אֶת־מִי תַעֲבֹדוּן
Y si mal les parece servir al Señor, escójanse hoy a quién servirán. (Josué 24:15)

(a) _____ (b) _____

(4) כִּי־אֹתִי מָאֲסוּ מִמְּלֹךְ עֲלֵיהֶם

Porque a mí me han desechado, para que no reine sobre ellos. (1 Sam. 8:7)

(a) _____ (b) _____

(5) אֵלֶּה יַעַמְדוּ לְבָרֵךְ אֶת־הָעָם עַל־הַר גְּרִזִים
Estos estarán sobre el monte Gerizim. (Deut 27:12)

(a) _____ (b) _____

(6) כִּי לֹא אָדָם הוּא לְהִנָּחֵם
Porque no es hombre para que se arrepienta. (1 Sam. 15:29)

(a) _____ (b) _____

(7) וַיְמָאֵן לְהִתְנַחֵם
Pero él no quiso recibir consuelo. (Gén. 37:35)

(a) _____ (b) _____

(8) כָּבֵד לֵב פַּרְעֹה מֵאֵן לְשַׁלַּח הָעָם
El corazón del faraón está endurecido. (Éx. 7:14)

(a) _____ (b) _____

(9) מֵאֲנוּ לָשׁוּב
No quisieron convertirse. (Jer. 5:3)

(a) _____ (b) _____

(10) וַיְמָאֲנוּ הָעָם לִשְׁמֹעַ בְּקוֹל שְׁמוּאֵל
Pero el pueblo no quiso oír la voz de Samuel (1 Sam. 8:19)

(a) _____ (b) _____

4. Cada una de las oraciones a continuación contiene un participio. En el inciso (a), escriba el participio; en (b) indique sus sistema, en (c) su género y número, y en (d) su tema.

Ejemplos:

וּבָעֲרוּ שְׁנֵיהֶם יַחְדָּו וְאֵין מְכַבֶּה Ambos serán encendidos juntamente y no habrá quien apague el fuego. (Isa. 1:31)

(a) מְכַבֶּה   (b) Pi'el   (c) ms   (4) כָּבָה

(1) וְהָיָה בְלִבִּי כְּאֵשׁ בֹּעֶרֶת Pero había en mi corazón como un fuego ardiente. (Jer. 20:9)

(a) _____ (b) _____ (c) _____ (d) _____

(2) וְהִנֵּה יִצְחָק מְצַחֵק אֵת רִבְקָה אִשְׁתּוֹ Y he aquí, Isaac acariciaba a Rebeca, su mujer. (Gén. 26:8)

(a) _____ (b) _____ (c) _____ (d) _____

(3) וַיְהִי מֶלֶךְ יִשְׂרָאֵל עֹבֵר עַל־הַחֹמָה Y el rey de Israel pasaba por el muro. (2 Reyes 6:26)

(a) _____ (b) _____ (c) _____ (d) _____

(4) מֶה עָשִׂיתָ קוֹל דְּמֵי אָחִיךָ צֹעֲקִים אֵלַי מִן־הָאֲדָמָה ¿Qué has hecho? La voz de la sangre de tu hermano está clamando a mí desde la tierra. (Gén. 4:10)

(a) _____ (b) _____ (c) _____ (d) _____

(5) וְדָוִיד וְכָל־יִשְׂרָאֵל מְשַׂחֲקִים לִפְנֵי הָאֱלֹהִים בְּכָל־עֹז David y todo Israel se regocijaban delante de Dios con todas sus fuerzas. (1 Cr. 13:8)

(a) _____ (b) _____ (c) _____ (d) _____

(6) וַאֲבָרֲכָה מְבָרְכֶיךָ Bendeciré a los que te bendigan. (Gén. 12:3)

(a) _____ (b) _____ (c) _____ (d) _____

(7) כִּי יָדַעְתִּי אֵת אֲשֶׁר־תְּבָרֵךְ מְבֹרָךְ Pues yo sé que el que tú bendigas bendito quedará. (Núm. 22:6)

    (a) _____ (b) _____ (c) _____ (d) _____

(8) אֵין מְנַחֵם לָהּ Ella no tiene quien la consuele. (Lam. 1:9)

    (a) _____ (b) _____ (c) _____ (d) _____

(9) מֵאַיִן אֲבַקֵּשׁ מְנַחֲמִים לָךְ ¿Dónde te buscaré consoladores? (Nahúm. 3:7)

    (a) _____ (b) _____ (c) _____ (d) _____

(10) אָנֹכִי אָנֹכִי הוּא מְנַחֶמְכֶם Yo, yo soy su consolador. (Isa. 51:12)

    (a) _____ (b) _____ (c) _____ (d) _____

5. Practique pronunciando el hebreo, tomando nota especial de los verbos 'Ayin gutural. Tape el español y practique traduciendo.

(1) וַיַּעֲבֵר יִשַׁי שִׁבְעַת בָּנָיו לִפְנֵי שְׁמוּאֵל וַיֹּאמֶר שְׁמוּאֵל אֶל־יִשַׁי לֹא־בָחַר יְהוָה בָּאֵלֶּה E Isaí hizo pasar siete hijos suyos delante de Samuel; pero Samuel dijo a Isaí: «El Señor no ha elegido a estos.» (1 Sam. 16:10)

(2) וַיִּבְחַר יְהוָה אֱלֹהֵי יִשְׂרָאֵל בִּי מִכֹּל בֵּית־אָבִי לִהְיוֹת לְמֶלֶךְ עַל־יִשְׂרָאֵל לְעוֹלָם Y el Señor, el Dios de Israel, me eligió de entre toda la casa de mi padre, para que fuera rey de Israel perpetuamente. (1 Cr. 28:4)

(3) וְאִם־לֹא יִגְאַל אֶת־הַשָּׂדֶה וְאִם־מָכַר אֶת־הַשָּׂדֶה לְאִישׁ אַחֵר לֹא יִגָּאֵל עוֹד Pero si él no rescata la tierra, y la tierra se vende a otro, no será rescatada más. (Lev. 27:20)

(4) אֶזְעַק אֵלֶיךָ חָמָס וְלֹא תוֹשִׁיעַ Clamo a ti: «¡Violencia!», pero no salvas. (Hab. 1:2)

(5) וַיִּזְעַק שְׁמוּאֵל אֶל־יְהוָה בְּעַד יִשְׂרָאֵל וַיַּעֲנֵהוּ יְהוָה Y clamó Samuel al Señor por Israel, y el Señor le escuchó. (1 Sam. 7:9)

(6) וַיְצַחֵק לִפְנֵיהֶם וַיַּעֲמִידוּ אוֹתוֹ בֵּין הָעַמּוּדִים Y les sirvió de juguete, y lo pusieron entre las columnas. (Jueces 16:25)

(7) וַיִּשְׁחַט מֶלֶךְ בָּבֶל אֶת־בְּנֵי צִדְקִיָּהוּ בְּרִבְלָה לְעֵינָיו Y el rey de Babilonia hizo degollar a todos los hijos de Sedequías delante de él en Ribla. (Jer. 39:6)

(8) וְאֶת־בָּרוּךְ שָׁאֲלוּ לֵאמֹר אֵיךְ כָּתַבְתָּ אֶת־כָּל־הַדְּבָרִים הָאֵלֶּה מִפִּיו Y preguntaron a Baruc: «¿Cómo escribiste todas esas palabras de su boca?» (Jer. 36:17)

(9) יְבָרֶכְךָ יְהוָה וְיִשְׁמְרֶךָ El Señor te bendiga y te guarde. (Núm. 6:24)

(10) עַל־כֵּן בֵּרַךְ יְהוָה אֶת־יוֹם הַשַּׁבָּת וַיְקַדְּשֵׁהוּ Por tanto, el Señor bendijo el sábado y lo santificó. (Éx. 20:11)

(11) וַיְבָרֶךְ אֱלֹהִים אֶת־יוֹם הַשְּׁבִיעִי וַיְקַדֵּשׁ אֹתוֹ Entonces Dios bendijo el séptimo día y lo santificó. (Gén. 2:3)

(12) וַיִּצְעַק צְעָקָה גְּדֹלָה וּמָרָה Y lanzó una muy grande y

	עַד־מְאֹד וַיֹּאמֶר לְאָבִיו בָּרֲכֵנִי גַם־אָנִי אָבִי	muy amarga exclamación, y le dijo: «¡Bendíceme también a mí, padre mío!» (Gén. 27:34)
(13)	נִחַמְתִּי כִּי־הִמְלַכְתִּי אֶת־שָׁאוּל	Me pesa haber hecho rey a Saúl. (1 Sam. 15:11)
(14)	כְּאִישׁ אֲשֶׁר אִמּוֹ תְּנַחֲמֶנּוּ כֵּן אָנֹכִי אֲנַחֶמְכֶם וּבִירוּשָׁלַם תְּנֻחָמוּ	Como aquel a quien consuela su madre, así les consolaré; y en Jerusalén serán consolados. (Isa. 66:13)
(15)	יְהִי שֵׁם יְהוָה מְבֹרָךְ מֵעַתָּה וְעַד־עוֹלָם	Sea el nombre del Señor bendito desde ahora y para siempre. (Sal. 113:2)

VOCABULARIO

(1)	בָּחַן	él probó
(2)	בָּחַר	él escogió, seleccionó
(3)	בָּעַר	él quemó
(4)	זָעַק	él clamó, gritó
(5)	[מהר]	él se apuró
(6)	נָחַל	él tomó posesión de, heredó
(7)	[נחם]	él se arrepintió, sintió compasión, se entristeció
(8)	צָחַק	él se rió
(9)	צָעַק	él clamó, gritó, lloró

(10) שָׂחַק él se rió, bromeó

(11) שָׁחַט él mató, sacrificó

(12) אַחֵר otro

(13) אַחַר detrás de, después de

(14) אֹיֵב enemigo

(15) בָּקָר ganado

(16) מִגְדָּל torre, fortaleza

(17) זֶבַח sacrificio

(18) מִנְחָה (f) ofrenda, regalo, tributo

Lección XXV

70. Verbos débiles: los verbos Lamed Gutural

70.1 *Definición*

Un verbo Lamed gutural es aquel cuya consonante final del tema es ה (rara vez), ח, o ע. ר final no se porta como una gutural, sino como una consonante fuerte (véase שָׁמַר, 'él guardó'). Los verbos que terminan en א o ה se portan tan diferentemente que se les clasifica como grupos independientes de verbos débiles.

70.2 *Una lista de algunos de los verbos Lamed Gutural más frecuentes*

(a) בָּטַח él confió

(b) בָּלַע él tragó

(c) בָּקַע él partió

(d) בָּרַח él huyó

(e) גָּבַהּ él estaba alto, exaltado

(f) זָבַח él sacrificó

(g) זָרַע él sembró

(h) כָּרַע él se arrodilló

(i) מָשַׁח él ungió

(j) סָלַח él perdonó

(k) פָּגַע él se encontró con, intercedió

(l) פָּשַׁע él se rebeló

(m) פָּתַח él abrió

(n) קָרַע él rasgó

(o) רָצַח él mató, asesinó

(p) שָׂבַע él estaba satisfecho, lleno

(q) שָׂמַח él se regocijó

(r) שָׁכַח él se olvidó

(s) שָׁלַח él envió, (Pi.) él liberó

(t) שָׁמַע él escuchó

(u) תָּקַע él golpeó, atravesó (con una arma), tocó (una trompeta), él armó (una tienda de campaña)

70.3 *Las características distintivas de los verbos Lamed Gutural*

(1) Cuando una forma verbal Lamed Gutural no tiene un sufijo (aformativo), y por ende termina en ה, ח, o ע, la gutural final tiene que ir precedida por păṭăḥ (alargada a qāmĕṣ en las formas masculinas singulares de participios pasivos) o por păṭăḥ furtiva (véase V.13.2).

(a) Si una forma del verbo fuerte tiene păṭăḥ o qāmĕṣ como su vocal de tema, entonces la forma correspondiente del verbo Lamed Gutural será idéntica.

Ejemplos:

	Verbo fuerte	Lamed Gutural
Nif'al perfecto 3 ms	נִמְשַׁל	נִשְׁמַע
Nif'al participio ms	נִמְשָׁל	נִשְׁמָע
Pu'al imperfecto 3 ms	יְמֻשַּׁל	יְשֻׁמַּע
Pu'al participio ms	מְמֻשָּׁל	מְשֻׁמָּע

(b) Si una forma del perfecto, el imperfecto, el imperativo o el infinitivo constructo (con la excepción del Qal, infinitivo constructo) del verbo fuerte tiene una vocal de tema que no es de la clase 'a', esta vocal tiene que convertirse en păṭăḥ en la forma correspondiente del verbo Lamed Gutural. Esta regla se aplica en todos los sistemas excepto el Hif'il. Tome nota de la transposición de ת y שׁ en el Hitpa'el de שָׁמַע (véase XIV.36.4.[3].).

Ejemplos:

	Verbo fuerte	Lamed Gutural
Qal imperfecto 3 ms	יִמְשֹׁל	יִשְׁמַע
Qal imperativo 2 ms	מְשֹׁל	שְׁמַע
Nif'al imperfecto 3 ms	יִמָּשֵׁל	יִשָּׁמַע
Nif'al imperativo 2 ms	הִמָּשֵׁל	הִשָּׁמַע
Nif'al infinitivo constructo	הִמָּשֵׁל	הִשָּׁמַע
Pi'el perfecto 3 ms	מִשֵּׁל	שִׁמַּע
Pi'el imperfecto 3 ms	יְמַשֵּׁל	יְשַׁמַּע

Pi'el imperativo 2 ms	מַשֵּׁל	שַׁמַּע
Pi'el infinitivo constructo	מַשֵּׁל	שַׁמַּע
Hitpa'el perfecto 3 ms	הִתְמַשֵּׁל	הִשְׁתַּמַּע
Hitpa'el imperfecto 3 ms	יִתְמַשֵּׁל	יִשְׁתַּמַּע

(c) Si la vocal de tema de un verbo fuerte es inalterablemente larga (י, וֹ, וּ), la forma correspondiente del verbo Lamed Gutural también tendrá la vocal inalterablemente larga como su vocal de tema, pero se insertará păṭăḥ furtiva después de esta vocal y la gutural final. Esta regla rige en el Qal infinitivo absoluto, el Qal participio pasivo (ms), y en todas las formas del Hif'il que tienen י como la vocal de tema.

Ejemplos:

	Verbo fuerte	Lamed Gutural
Qal infinitivo absoluto	מָשׁוֹל	שָׁמוֹעַ
Qal participio pasivo (ms)	מָשׁוּל	שָׁמוּעַ
Hif'il perfecto 3 ms	הִמְשִׁיל	הִשְׁמִיעַ
Hif'il imperfecto 3 ms	יַמְשִׁיל	יַשְׁמִיעַ
Hif'il infinitivo constructo	הַמְשִׁיל	הַשְׁמִיעַ
Hif'il participio (ms)	מַמְשִׁיל	מַשְׁמִיעַ

(d) Aunque normalmente ḥốlĕm y ṣḗrê no se consideran vocales inalterablemente largas, ellas funcionan como si lo fueran, en ciertas formas de los verbos Lamed Gutural. En todas estas formas, se inserta păṭăḥ furtiva después de la vocal de tema y antes de la gutural final. En el caso de ḥốlĕm, esta regla gobierna el Qal infinitivo constructo, Nif'al infinitivo absoluto, Pu'al infinitivo absoluto, y Hitpa'el infinitivo absoluto. En el caso de ṣḗrê, gobierna el Qal participio activo (ms), Pi'el infinitivo absoluto, Pi'el participio (ms), Hitpa'el Participio (ms), Hif'il infinitivo absoluto, y Hof'al infinitivo absoluto.

Ejemplos:

	Verbo fuerte	Lamed Gutural
Qal infinitivo constructo	מְשֹׁל	שְׁמֹעַ

Nif'al infinitivo absoluto	נִמְשֹׁל	נִשְׁמֹעַ
Pu'al infinitivo absoluto	מֻשֹּׁל	שֻׁמֹּעַ
Hitpa'el infinitivo absoluto	הִתְמַשֵּׁל	הִשְׁתַּמֹּעַ
Qal participio activo (ms)	מֹשֵׁל	שֹׁמֵעַ
Pi'el infinitivo absoluto	מַשֵּׁל	שַׁמֵּעַ
Pi'el participio (ms)	מְמַשֵּׁל	מְשַׁמֵּעַ
Hitpa'el participio (ms)	מִתְמַשֵּׁל	מִשְׁתַּמֵּעַ
Hif'il infinitivo absoluto	הַמְשֵׁל	הַשְׁמֵעַ
Hof'al infinitivo absoluto	הָמְשֵׁל	הָשְׁמֵעַ

(2) Cuando a las formas verbales Lamed Gutural se les agrega un sufijo (aformativos), los verbos quedan puntuados como en las formas correspondientes del verbo fuerte, con tan sólo dos excepciones.

(a) La vocal de tema delante de todos los sufijos נָה es pătăḥ; no importa si la voz es activa o pasiva. Este fenómeno contrasta con el patrón que encontramos en los verbos fuertes, en los que la vocal de tema delante de sufijos נָה es ḥólĕm en el Qal imperfecto e imperativo, ṣḗrê en todos los sistemas activos (Pi'el, Hitpa'el, y Hif'il), y pătăḥ en todos los sistemas pasivos (Nif'al, Pu'al, y Hof'al).

Ejemplos:

	Verbo fuerte	Lamed Gutural
Qal imperfecto 3 fp, 2 fp	תִּמְשֹׁלְנָה	תִּשְׁמַעְנָה
Qal imperativo 2 fp	מְשֹׁלְנָה	שְׁמַעְנָה
Pi'el imperfecto 3 fp, 2 fp	תְּמַשֵּׁלְנָה	תְּשַׁמַּעְנָה
Pi'el imperativo 2 fp	מַשֵּׁלְנָה	שַׁמַּעְנָה
Hif'il imperativo 3 fp, 2 fp	תַּמְשֵׁלְנָה	תַּשְׁמַעְנָה

Hif'il imperativo 2 fp	הַמְשֵׁלְנָה	הַשְׁמַעְנָה

(b) El segundo sentido en el que los verbos Lamed Gutural difieren de los verbos fuertes cuando se les agrega un sufijo se manifiesta en la forma 2 fs del perfecto, en todos los sistemas. En los verbos fuertes, una shevá muda se coloca debajo de la consonante final del tema; en las formas Lamed Gutural correspondientes, se le substituye a esta shevá muda una păṭăḥ. Dado que el acento no pasa a la sílaba adicional, éste tiene que ser marcado en su posición original.

Ejemplos:

	Verbo fuerte	Lamed Gutural
Qal perfecto 2 fs	מָשַׁלְתְּ	שָׁמַעַתְּ
Nif'al perfecto 2 fs	נִמְשַׁלְתְּ	נִשְׁמַעַתְּ
Pi'el perfecto 2 fs	מִשַּׁלְתְּ	שִׁמַּעַתְּ
Pu'al perfecto 2 fs	מֻשַּׁלְתְּ	שֻׁמַּעַתְּ
Hitpa'el perfecto 2 fs	הִתְמַשַּׁלְתְּ	הִשְׁתַּמַּעַתְּ
Hif'il perfecto 2 fs	הִמְשַׁלְתְּ	הִשְׁמַעַתְּ
Hof'al perfecto 2 fs	הָמְשַׁלְתְּ	הָשְׁמַעַתְּ

70.4 *Una sinopsis de* שָׁמַע, *'él escuchó'*

	Qal	Nif'al	Pi'el	Pu'al	Hitpa'el	Hif'il	Hof'al
Perfecto 3 ms	שָׁמַע	נִשְׁמַע	שִׁמַּע	שֻׁמַּע	הִשְׁתַּמַּע	הִשְׁמִיעַ	הָשְׁמַע
Imperfecto 3 ms	יִשְׁמַע	יִשָּׁמַע	יְשַׁמַּע	יְשֻׁמַּע	יִשְׁתַּמַּע	יַשְׁמִיעַ	יָשְׁמַע
Imperativo 2 ms	שְׁמַע	הִשָּׁמַע	שַׁמַּע		הִשְׁתַּמַּע	הַשְׁמַע	
Infinitivo const.	שְׁמֹעַ	הִשָּׁמַע	שַׁמַּע	שֻׁמַּע	הִשְׁתַּמַּע	הַשְׁמִיעַ	הָשְׁמַע
Infinitivo abs.	שָׁמוֹעַ	נִשְׁמֹעַ	שַׁמֵּעַ	שֻׁמֹּעַ	הִשְׁתַּמֵּעַ	הַשְׁמֵעַ	הָשְׁמֵעַ

Participio act.	שֹׁמֵעַ	מְשַׁמֵּעַ	מִשְׁתַּמֵּעַ	מַשְׁמִיעַ
Participio pas.	שָׁמוּעַ נִשְׁמָע	מְשֻׁמָּע		מֻשְׁמָע

EJERCICIOS

1. Complete los espacios con la traducción correcta de los verbos.

   (1) וַיְמָאֲנוּ הָעָם לִשְׁמֹעַ בְּקוֹל שְׁמוּאֵל Pero el pueblo _____ _____ la voz de Samuel. (1 Sam. 8:19)

   (2) וּכְשָׁמְעִי אֶת־הַדָּבָר הַזֶּה קָרַעְתִּי אֶת־בִּגְדִי Y cuando _____ esto, _____ mi vestido. (Esdras 9:3)

   (3) בָּרוּךְ הַגֶּבֶר אֲשֶׁר יִבְטַח בַּיהוָה ¡_____ el hombre que _____ en el Señor! (Jer. 17:7)

   (4) כִּי־יָדְעוּ הָאֲנָשִׁים כִּי־מִלִּפְנֵי יְהוָה הוּא בֹרֵחַ Pues los hombres _____ que él _____ de la presencia del Señor. (Jonás 1:10)

   (5) אֶשְׁלַח אֵלֶיךָ אִישׁ מֵאֶרֶץ בִּנְיָמִן Yo _____ a ti un hombre de la tierra de Benjamín. (1 Sam. 9:16)

   (6) לֹא אֶשְׁכַּח דְּבָרֶךָ No _____ de tu palabra. (Sal. 119:16)

   (7) בְּרִית עוֹלָם לֹא תִשָּׁכֵחַ Un pacto eterno que no _____. (Jer. 50:5)

   (8) וְשֵׁשׁ שָׁנִים תִּזְרַע אֶת־אַרְצֶךָ Y seis años _____ tu tierra. (Éx. 23:10)

   (9) כִּי כִגְבֹהַּ שָׁמַיִם עַל־הָאָרֶץ porque _____ los cielos sobre la tierra... (Sal. 103:11)

   (10) כִּי בַּיהוָה אֱלֹהַיִךְ פָּשָׁעַתְּ Porque contra el Señor tu Dios _____. (Jer. 3:13)

2. Cada una de las oraciones a continuación presenta una forma perfecto de un verbo Lamed Gutural. En el inciso (a), indique su sistema, en (b) su persona, género, y número, y en (c) su tema.

   (1) הֵן בְּנֵי־יִשְׂרָאֵל לֹא־שָׁמְעוּ אֵלַי
   (a) _____
   (b) _____
   (c) _____

He aquí, los hijos de Israel no me han escuchado. (Éx. 6:12)

(2)   אֲשֶׁר שִׁלַּחְתִּי מִירוּשָׁלַם בָּבֶלָה
que envié de Jerusalén a Babilonia (Jer. 29:20)
(a) _____
(b) _____
(c) _____

(3)   יְהוָה אֱלֹהֵי הָעִבְרִים שְׁלָחַנִי אֵלֶיךָ
El Señor, el dios de los hebreos me ha enviado a ti. (Éx. 7:16)
(a) _____
(b) _____
(c) _____

(4)   כַּאֲשֶׁר שָׁכְחוּ אֲבוֹתָם אֶת־שְׁמִי בַּבָּעַל
del mismo modo que sus padres se olvidaron de mi nombre a causa de Baal (Jer. 23:27)
(a) _____
(b) _____
(c) _____

(5)   וְגַם־בְּזֹאת לֹא שָׂבָעַתְּ
Y ni aún con esto te saciaste. (Ezeq. 16:29)
(a) _____
(b) _____
(c) _____

3. Cada una de las oraciones a continuación presenta una forma imperfecto de un verbo Lamed Gutural. En el inciso (a), indique su sistema, en (b) su persona, género, y número, y en (c) su tema.

(1)   וְגַם אֶת־יִשְׂרָאֵל לֹא אֲשַׁלֵּחַ
Ni tampoco dejaré ir a Israel. (Éx. 5:2)
(a) _____
(b) _____
(c) _____

(2)   וְאֵיךְ יִשְׁמַע אֵלַי פַּרְעֹה
¿Cómo, pues, oirá el faraón? (Éx. 6:30)
(a) _____
(b) _____
(c) _____

(3)   כִּי נִשְׁמַע בְּקוֹל יְהוָה אֱלֹהֵינוּ
Porque obedeceremos a la
(a) _____
(b) _____

369

voz del Señor. (Jer. 42:6) (c) _____

(4) וְלֹא־יִשָּׁמַע בָּהּ עוֹד קוֹל בְּכִי (a) _____
Y nunca más se oirá en ella (b) _____
voz de lloro. (Isa. 65:19) (c) _____

(5) לְךָ־אֶזְבַּח זֶבַח תּוֹדָה (a) _____
Te ofreceré sacrificio de (b) _____
alabanza. (Sal. 116:17) (c) _____

(6) וָאֶשְׁלַח לְפָנֶיךָ אֶת־מֹשֶׁה (a) _____
אַהֲרֹן וּמִרְיָם (b) _____
Y envié delante de ti a (c) _____
Moisés, a Aarón y a María.
(Miq. 6:4)

(7) וְלֹא יְשַׁלַּח אֶת־הָעָם (a) _____
Y no dejará ir al pueblo. (Éx. (b) _____
4:21) (c) _____

(8) בְּנִי תּוֹרָתִי אַל־תִּשְׁכָּח (a) _____
Hijo mío, no te olvides de mi (b) _____
Ley. (Prov. 3:1) (c) _____

(9) כִּי לֹא לָנֶצַח יִשָּׁכַח אֶבְיוֹן (a) _____
El menesteroso no para (b) _____
siempre será olvidado. (Sal. (c) _____
9:19; esp. 9:18)

(10) וְהַמֶּלֶךְ יִשְׂמַח בֵּאלֹהִים (a) _____
Pero el rey se alegrará en (b) _____
Dios. (Sal. 63:12; esp. 63:11) (c) _____

(11) וְיַיִן יְשַׂמַּח לְבַב־אֱנוֹשׁ (a) _____
Y vino alegrará el corazón (b) _____
del hombre. (Sal. 104:15) (c) _____

(12) וַיִּגְבַּה יְהוָה צְבָאוֹת בַּמִּשְׁפָּט (a) _____
Pero el Señor de los ejércitos (b) _____
será exaltado en juicio. (Isa. (c) _____
5:16)

4. Cada una de las oraciones a continuación presenta o un infinitivo constructo o un infinitivo absoluto de un verbo Lamed Gutural. En el inciso (a), indique su sistema, en (b) si es constructo o absoluto, y en (c) su tema.

(1) וַיְהִי כִּשְׁמֹעַ הָעָם אֶת־קוֹל הַשּׁוֹפָר (a) _____
(b) _____
Y cuando el pueblo escuchó (c) _____
el sonido de la bocina …
(Josué 6:20)

(2) אָזְנַיִם לָהֶם לִשְׁמֹעַ וְלֹא שָׁמֵעוּ (a) _____
(b) _____
Tiene oídos para oír, pero no (c) _____
oyen. (Ezeq. 12:2)

(3) מִי יְהוָה אֲשֶׁר אֶשְׁמַע בְּקֹלוֹ לְשַׁלַּח אֶת־יִשְׂרָאֵל (a) _____
(b) _____
¿Quién es el Señor para que (c) _____
yo oiga su voz y deje ir a
Israel? (Éx. 5:2)

(4) שִׁמְעוּ שָׁמוֹעַ אֵלַי וְאִכְלוּ־טוֹב (a) _____
(b) _____
¡Óiganme atentamente y (c) _____
coman lo que es bueno! (Isa.
55:2)

(5) אִם־שָׁמוֹעַ תִּשְׁמַע לְקוֹל יְהוָה אֱלֹהֶיךָ (a) _____
(b) _____
Si escuchas atentamente la (c) _____
voz del Señor, tu Dios …
(Éx. 15:26)

(6) שַׁלֵּחַ תְּשַׁלַּח אֶת־הָאֵם
Seguramente dejarás ir a la madre. (Deut. 22:7)
(a) _____
(b) _____
(c) _____

(7) וְהָיָה אִם־שָׁכֹחַ תִּשְׁכַּח אֶת־יְהוָה אֱלֹהֶיךָ
Pero si llegas a olvidarte totalmente del Señor tu Dios … (Deut. 8:19)
(a) _____
(b) _____
(c) _____

(8) הַחֹשְׁבִים לְהַשְׁכִּיחַ אֶת־עַמִּי שְׁמִי בַּחֲלוֹמֹתָם
… los que pretenden hacer que mi pueblo se olvide de mi nombre a través de sus sueños … (Jer. 23:27)
(a) _____
(b) _____
(c) _____

(9) כִּי כִגְבֹהַּ שָׁמַיִם עַל־הָאָרֶץ
Porque, como la altura de los cielos sobre la tierra … (Sal. 103:11)
(a) _____
(b) _____
(c) _____

(10) לִזְבֹּחַ לַיהוָה אֱלֹהֶיךָ בַּגִּלְגָּל
… para ofrecer sacrificios al Señor, tu Dios, en Gilgal. (1 Sam. 15:21)
(a) _____
(b) _____
(c) _____

5. Cada una de las oraciones a continuación presenta o un infinitivo constructo o un infinitivo absoluto de un verbo Lamed Gutural. En el inciso (a), indique su sistema, en (b) si es constructo o absoluto, y en (c) su tema.

(1) וַיְהִי כִּשְׁמֹעַ הָעָם אֶת־קוֹל הַשּׁוֹפָר
Y cuando el pueblo escuchó el sonido de la bocina … (Josué 6:20)
(a) _____
(b) _____
(c) _____

(2) אָזְנַיִם לָהֶם וְלֹא שָׁמֵעוּ לִשְׁמֹעַ
(a) _____
(b) _____

	Tiene oídos para oír, pero no oyen. (Ezeq. 12:2)	(c) _____
(3)	מִי יְהוָה אֲשֶׁר אֶשְׁמַע בְּקֹלוֹ לְשַׁלַּח אֶת־יִשְׂרָאֵל ¿Quién es el Señor para que yo oiga su voz y deje ir a Israel? (Éx. 5:2)	(a) _____ (b) _____ (c) _____
(4)	שִׁמְעוּ שָׁמוֹעַ אֵלַי וְאִכְלוּ־טוֹב ¡Óiganme atentamente y coman lo que es bueno! (Isa. 55:2)	(a) _____ (b) _____ (c) _____
(5)	אִם־שָׁמוֹעַ תִּשְׁמַע לְקוֹל יְהוָה אֱלֹהֶיךָ Si escuchas atentamente la voz del Señor, tu Dios … (Éx. 15:26)	(a) _____ (b) _____ (c) _____
(6)	שַׁלֵּחַ תְּשַׁלַּח אֶת־הָאֵם Seguramente dejarás ir a la madre. (Deut. 22:7)	(a) _____ (b) _____ (c) _____
(7)	וְהָיָה אִם־שָׁכֹחַ תִּשְׁכַּח אֶת־יְהוָה אֱלֹהֶיךָ Pero si llegas a olvidarte totalmente del Señor tu Dios … (Deut. 8:19)	(a) _____ (b) _____ (c) _____
(8)	הַחֹשְׁבִים לְהַשְׁכִּיחַ אֶת־עַמִּי שְׁמִי בַּחֲלֹמֹתָם … los que pretenden hacer que mi pueblo se olvide de mi nombre a través de sus sueños … (Jer. 23:27)	(a) _____ (b) _____ (c) _____

(9) כִּי כִגְבֹהַּ שָׁמַיִם עַל־הָאָרֶץ (a) _____
Porque, como la altura de los (b) _____
cielos sobre la tierra … (Sal. (c) _____
103:11)

(10) לִזְבֹּחַ לַיהוָה אֱלֹהֶיךָ בַּגִּלְגָּל (a) _____
… para ofrecer sacrificios al (b) _____
Señor, tu Dios, en Gilgal. (1 (c) _____
Sam. 15:21)

6. Cada una de las oraciones a continuación presenta un participio derivado de un verbo Lamed Gutural. En el inciso (a), indique su sistema, en (b) su género y número, y en (c) su tema.

(1) וַיֹּאמֶר שְׁמוּאֵל דַּבֵּר כִּי שֹׁמֵעַ עַבְדֶּךָ (a) _____
(b) _____
(c) _____
Entonces Samuel dijo: «Habla, que tu siervo escucha.» (1 Sam. 3:10)

(2) בְּזֹאת אֲנִי בוֹטֵחַ (a) _____
Aún en esto confiaré. (Sal. (b) _____
27:3) (c) _____

(3) מִפְּנֵי שָׂרַי גְּבִרְתִּי אָנֹכִי בֹּרַחַת (a) _____
(b) _____
(c) _____
Huyo de delante de Sarai, mi señora. (Gén. 16:8)

(4) בֶּן־אָדָם שׁוֹלֵחַ אֲנִי אוֹתְךָ אֶל־בְּנֵי יִשְׂרָאֵל (a) _____
(b) _____
(c) _____
Hijo de hombre, te envío a los hijos de Israel. (Ezeq. 2:3)

(5) הִנְנִי מְשַׁלֵּחַ בָּם אֶת־הַחֶרֶב אֶת־הָרָעָב וְאֶת־הַדָּבֶר (a) _____
(b) _____
(c) _____
Yo envío contra ellos espada, hambre, y peste. (Jer. 29:17)

7. Practique pronunciando el hebreo, tomando nota especial de los verbos Lamed Gutural. Tape el español y practique traduciendo.

(1) וָאֶשְׁמַע אֶת־קוֹל אֲדֹנָי אֹמֵר אֶת־מִי אֶשְׁלַח וּמִי יֵלֶךְ־לָנוּ וָאֹמַר הִנְנִי שְׁלָחֵנִי

Después oí la voz del Señor, que decía: «¿A quién enviaré y quién ira por nosotros?» Entonces respondí yo: «Heme aquí, envíame a mí.» (Isa. 6:8)

(2) וּבְעֵת צָרָתָם יִצְעֲקוּ אֵלֶיךָ וְאַתָּה מִשָּׁמַיִם תִּשְׁמָע

Pero en el tiempo de su tribulación clamaron a ti y tú desde los cielos oíste. (Neh. 9:27)

(3) מַה־נָּאווּ עַל־הֶהָרִים רַגְלֵי מְבַשֵּׂר מַשְׁמִיעַ שָׁלוֹם מְבַשֵּׂר טוֹב מַשְׁמִיעַ יְשׁוּעָה אֹמֵר לְצִיּוֹן מָלַךְ אֱלֹהָיִךְ

¡Cuán hermosos (de נָאֶה) son sobre los montes los pies del que trae alegres nuevas, del que anuncia la paz, del que trae nuevas de bien, del que publica salvación, del que dice a Sión: «¡Tu Dios reina!»! (Isa. 52:7)

(4) וַיִּמְשַׁח אֶת־שְׁלֹמֹה וַיִּתְקְעוּ בַּשּׁוֹפָר וַיֹּאמְרוּ כָּל־הָעָם יְחִי הַמֶּלֶךְ שְׁלֹמֹה

Y ungió a Salomón, y tocaron la trompeta y gritó todo el pueblo: «¡Viva el rey Salomón!». (1 Reyes 1:39)

(5) וַיִּשְׁמְעוּ פְלִשְׁתִּים כִּי־נִמְשַׁח דָּוִיד לְמֶלֶךְ עַל־כָּל־יִשְׂרָאֵל

Y oyeron los filisteos que David había sido ungido (como rey) sobre todo Israel … (1 Cr. 14:8)

(6) בִּי נִשְׁבַּעְתִּי כִּי־לִי תִּכְרַע כָּל־בֶּרֶךְ תִּשָּׁבַע כָּל־לָשׁוֹן

Por mí mismo hice juramento: «Que ante mí se doblará toda rodilla, y jurará toda lengua.» (Isa 45:23)

(7) וַיִּשְׁלַח יְהוָה אֱלֹהֵי אֲבוֹתֵיהֶם

Y el Señor, el Dios de sus

	עֲלֵיהֶם בְּיַד מַלְאָכָיו הַשְׁכֵּם וְשָׁלוֹחַ	padres, les envió constantemente (literalmente: levantándose temprano y a enviar) avisos por medio de sus mensajeros. (2 Cr. 36:15)
(8)	הִנֵּה אָנֹכִי שֹׁלֵחַ מַלְאָךְ לְפָנֶיךָ לִשְׁמָרְךָ בַּדָּרֶךְ	Yo envío un ángel delante de ti, para que te guarde en el camino. (Éx. 23:20)
(9)	וַיְחַזֵּק יְהוָה אֶת־לֵב פַּרְעֹה וְלֹא־שִׁלַּח אֶת־בְּנֵי־יִשְׂרָאֵל מֵאַרְצוֹ	Y el Señor endureció el corazón del faraón, y no dejó salir a los hijos de Israel fuera de su país. (Éx. 11:10)
(10)	וַיְשַׁלְּחֵהוּ יְהוָה אֱלֹהִים מִגַּן־עֵדֶן לַעֲבֹד אֶת־הָאֲדָמָה אֲשֶׁר לֻקַּח מִשָּׁם	Y lo sacó el Señor Dios del huerto de Edén, para que labrara la tierra de la que fue tomado. (Gén. 3:23)
(11)	הֲתִשְׁכַּח אִשָּׁה עוּלָהּ גַּם־אֵלֶּה תִשְׁכַּחְנָה וְאָנֹכִי לֹא אֶשְׁכָּחֵךְ	¿Se olvidará la mujer del hijo de su vientre? ¡Aunque éstas se olvidan, yo no me olvidaré de ti. (Isa. 49:15)
(12)	זֶה־הַיּוֹם עָשָׂה יְהוָה נָגִילָה וְנִשְׂמְחָה בוֹ	Este es el día que hizo el Señor. ¡nos gozaremos y alegraremos en él! (Sal. 118:24)
(13)	אֵין־טוֹב לָאָדָם תַּחַת הַשֶּׁמֶשׁ כִּי אִם־לֶאֱכֹל וְלִשְׁתּוֹת וְלִשְׂמוֹחַ	No tiene el hombre más bien debajo del sol que comer, beber, y alegrarse. (Ecl. 8:15)
(14)	וַיִּתְקַע יוֹאָב בַּשּׁוֹפָר וַיַּעַמְדוּ כָּל־הָעָם	Entonces Joab tocó el cuerno, y todo el pueblo se detuvo. (2

(15) כִּי־גָבְהוּ שָׁמַיִם מֵאָרֶץ כֵּן גָּבְהוּ דְרָכַי מִדַּרְכֵיכֶם

Como son más altos los cielos que la tierra; así son mis caminos que sus caminos. (Isa. 55:9)

VOCABULARIO

(1) בָּלַע él tragó, consumió

(2) בָּקַע él partió

(3) גָּבַה él estaba alto, era orgulloso

(4) זָרַע él sembró

(5) כָּרַע él se arrodilló, se postró

(6) מָשַׁח él ungió

(7) סָלַח él perdonó

(8) פָּגַע él se encontró con, intercedió

(9) פָּתַח él abrió

(10) קָרַע él rasgó

(11) רָצַח él mató, asesinó

(12) שָׂבַע él estaba satisfecho, lleno

(13) בָּמָה (f) lugar alto

(14) צוּר roca

(15) קֵץ final, extremo

(16) שֻׁלְחָן mesa

(17) שֶׁמֶשׁ sol

(18) תּוֹלְדוֹת generaciones

Lección XXVI

71. Verbos débiles: los verbos Lamed 'Alef

71.1 *Definición*

Un verbo Lamed 'Alef es aquel cuya consonante final es 'ālĕf. Esto incluye una cantidad de verbos de estado, además de otros que son doblemente débiles.

71.2 *Una lista de los verbos Lamed 'Alef más frecuentes*

(1) Verbos Lamed 'Alef regulares

(a) בָּרָא él creó

(b) מָצָא él encontró, descubrió

(c) קָרָא él llamó, anunció, leyó, convocó

(d) רָפָא él sanó

(2) Verbos Lamed 'Alef de estado

(a) יָרֵא él tenía miedo, temía

(b) מָלֵא él estaba lleno

(c) צָמֵא él tenía sed

(d) שָׂנֵא él odiaba

(e) טָמֵא él estaba impuro, inmundo

(3) Verbos Lamed ʿAlef doblemente débiles

(a) [חבא] él se escondió

(b) חָטָא él pecó

(c) יָצָא él salió

(d) [נבא] él profetizó

(e) נָשָׂא él levantó, portó, llevó

71.3 *Las características distintivas de los verbos Lamed ʿAlef*

(1) א siempre se torna muda (es decir, deja de funcionar como consonante) al final de una sílaba. Por lo tanto, cualquier sílaba que termina en א será una sílaba abierta, y debe tener una vocal larga. Si la vocal delante de א muda ya es larga, permanece así como está. Pero si es corta, tiene que ser alargada. En la práctica, esto significa el alargamiento de la pătăḥ del tema a qămēṣ.

Ejemplos:

	Qal perfecto	Nifʿal perfecto	Piʿel perfecto	Puʿal perfecto
Verbo fuerte, 3 ms	מָשַׁל	נִמְשַׁל	מִשֵּׁל	מֻשַּׁל
Lamed ʿAlef 3 ms	מָצָא	נִמְצָא	מִצֵּא	מֻצָּא

(2) א se torna muda no solamente cuando aparece en la posición final de una forma verbal, sino también cuando א aparece delante de un aformativo consonántico. Cuando va delante de un aformativo vocálico, mantiene su función de consonante.

Ejemplos:

Qal perfecto

3 ms	מָצָא	muda (consonante final del verbo)
3 fs	מָצְאָה	no es muda (delante de un aformativo vocálico)
3 cp	מָצְאוּ	no es muda (delante de un aformativo vocálico)
1 cp	מָצָאנוּ	muda (delante de una aformativo consonántico)

(3) Una letra BeGaD KeFaT que va inmediatamente después de una א muda pierde su dagesh lene (véase I.1.9.)

Ejemplos:

	Qal perfecto 2 ms	Qal perfecto 1 cs	Qal perfecto 2 mp
Verbo fuerte	מָשַׁלְתָּ	מָשַׁלְתִּי	מְשַׁלְתֶּם
Lamed 'Alef	מָצָאתָ	מָצָאתִי	מְצָאתֶם

(4) En el Qal perfecto y Hof'al perfecto de verbos Lamed 'Alef, la vocal del tema delante de aformativos consonánticos es qā́mĕṣ.

Ejemplos:

	Qal perfecto	Hof'al perfecto
2 ms	מָצָאתָ	הָמְצֵאתָ
2 fs	מָצָאת	הָמְצֵאת
1 cs	מָצָאתִי	הָמְצֵאתִי
2 mp	מְצָאתֶם	הָמְצֵאתֶם

2 fp	מְצָאתֶן	הִמְצָאתֶן
1 cp	מָצָאנוּ	הִמְצָאנוּ

(5) En todos los sistemas menos Qal y Hof'al, la vocal del tema delante de aformativos consonánticos en el perfecto es ṣērê.

Ejemplos:

	Nif'al perfecto	Pi'el perfecto	Pu'al perfecto	Hif'il perfecto
2 ms	נִמְצֵאתָ	מִצֵּאתָ	מֻצֵּאתָ	הִמְצֵאתָ
2 fs	נִמְצֵאת	מִצֵּאת	מֻצֵּאת	הִמְצֵאת
1 cs	נִמְצֵאתִי	מִצֵּאתִי	מֻצֵּאתִי	הִמְצֵאתִי
2 mp	נִמְצֵאתֶם	מִצֵּאתֶם	מֻצֵּאתֶם	הִמְצֵאתֶם
2 fp	נִמְצֵאתֶן	מִצֵּאתֶן	מֻצֵּאתֶן	הִמְצֵאתֶן
1 cp	נִמְצֵאנוּ	מִצֵּאנוּ	מֻצֵּאנוּ	הִמְצֵאנוּ

(6) La vocal del tema delante de א muda en todas las formas del Qal imperfecto (excepto 3 fp y 2 fp) cambia de ḥōlĕm en el verbo fuerte a qā́mĕṣ en el verbo Lamed 'Alef. Este cambio también se da en el Qal imperativo 2 ms.

Ejemplos:

	(מָשַׁל)	(מָצָא)
Qal imperfecto 3 ms	יִמְשֹׁל	יִמְצָא
Qal imperfecto 3 fs	תִּמְשֹׁל	תִּמְצָא
Qal imperfecto 2 ms	תִּמְשֹׁל	תִּמְצָא
Qal imperfecto 1 cs	אֶמְשֹׁל	אֶמְצָא
Qal imperfecto 1 cp	נִמְשֹׁל	נִמְצָא
Qal imperativo 2 ms	מְשֹׁל	מְצָא

(7) La vocal del tema delante de terminaciones con נָה en el imperfecto 3 fp y 2 fp, y en el imperativo 2 fp, es sᵉgôl en todas las terminaciones de los verbos Lamed ʾAlef.

Ejemplos:

	Qal	Nifʾal	Piʾel	Puʾal	Hitpaʾel	Hifʾil	Hofʾal
Imperfecto, 2 fp, 2 fp	תִּמְצֶאנָה	תִּמָּצֶאנָה	תְּמַצֶּאנָה	תְּמֻצֶּאנָה	תִּתְמַצֶּאנָה	תַּמְצֶאנָה	תֻּמְצֶאנָה
Imperativo, 2 fs	מְצֶאנָה	הִמָּצֶאנָה	מַצֶּאנָה		הִתְמַצֶּאנָה	הַמְצֶאנָה	

(8) La vocal preformativa de las formas Hofʾal de los verbos Lamed ʾAlef generalmente se considera qĭbbûṣ en lugar de qāmĕṣ-ḥāṭûf, aunque el número de formas Hofʾal que aparecen en la Biblia Hebrea es demasiado reducido para comprobarlo.

Ejemplos:

	(מָשַׁל)	(מָצָא)
Hofʾal perfecto 3 ms	הָמְשַׁל	הָמְצָא
Hofʾal imperfecto 3 ms	יָמְשַׁל	יָמְצָא
Hofʾa infinitivo constructo	הָמְשַׁל	הָמְצָא
Hofʾal infinitivo absoluto	הָמְשַׁל	הָמְצָא
Hofʾal participio (ms)	מָמְשָׁל	מָמְצָא

(9) Los participios de verbos Lamed ʾAlef siguen el patrón de los verbos fuertes, excepto que la forma segolada del participio femenino singular tiene ṣērê como su vocal de tema, y también pierde la vocal después de א (מֹצֶאת pasa a ser מֹצֵאת).

Ejemplos:

	Qal (activo)	Nifʾal	Piʾel	Hifʾil
ms	מֹצֵא	נִמְצָא	מְמַצֵּא	מַמְצִיא
mp	מֹצְאִים	נִמְצָאִים	מְמַצְּאִים	מַמְצִיאִים
fs	מֹצֵאת	נִמְצֵאת	מְמַצֵּאת	מַמְצִיאָה

			נִמְצָאָה	מְמֻצָּאָה	
fp		מֹצְאוֹת	נִמְצָאוֹת	מְמֻצָּאוֹת	מַמְצִיאוֹת

(10) Todas las otras formas de los verbos Lamed 'Alef siguen el patrón de los verbos fuertes que corresponden.

71.4 *Una sinopsis de* מָצָא, 'él encontró'

	Qal	Nif'al	Pi'el	Pu'al	Hitpa'el	Hif'il	Hof'al
Perfecto 3 ms	מָצָא	נִמְצָא	מִצֵּא	מֻצָּא	הִתְמַצֵּא	הִמְצִיא	הֻמְצָא
Imperfecto 3ms	יִמְצָא	יִמָּצֵא	יְמַצֵּא	יְמֻצָּא	יִתְמַצֵּא	יַמְצִיא	יֻמְצָא
Imperativo 2 ms	מְצָא	הִמָּצֵא	מַצֵּא		הִתְמַצֵּא	הַמְצֵא	
Infinitivo constr.	מְצֹא	הִמָּצֵא	מַצֵּא	מֻצָּא	הִתְמַצֵּא	הַמְצִיא	הֻמְצָא
Infinitivo abs.	מָצוֹא	נִמְצֹא	מַצֵּא	מֻצָּא	הִתְמַצֵּא	הַמְצֵא	הֻמְצֵא
Participio activo	מֹצֵא		מְמַצֵּא		מִתְמַצֵּא	מַמְצִיא	
Participio pasivo	מָצוּא	נִמְצָא		מְמֻצָּא			מֻמְצָא

71.5 Los verbos Lamed 'Alef de estado difieren de otros verbos Lamed 'Alef en tres aspectos importantes.

(1) La vocal del tema que va delante de los aformativos consonánticos en el Qal perfecto es ṣērê en lugar de qāmēṣ.

Ejemplos:

Qal perfecto

	Regular	De estado	De estado	De estado
3 ms	מָצָא	מָלֵא	יָרֵא	שָׂנֵא

383

2 ms	מָצָאתָ	מָלֵאתָ	יָרֵאתָ	שָׂנֵאתָ
2 fs	מָצָאת	מָלֵאת	יָרֵאת	שָׂנֵאת
1 cs	מָצָאתִי	מָלֵאתִי	יָרֵאתִי	שָׂנֵאתִי
2 mp	מְצָאתֶם	מְלֵאתֶם	יְרֵאתֶם	שְׂנֵאתֶם
2 fp	מְצָאתֶן	מְלֵאתֶן	יְרֵאתֶן	שְׂנֵאתֶן
1 cp	מָצָאנוּ	מָלֵאנוּ	יָרֵאנוּ	שָׂנֵאנוּ

(2) El algunos verbos de esta clase, el Qal participio activo (ms) tiene la misma forma que el Qal perfecto 3 ms.

Ejemplos:

יָרֵא 'él tenía miedo'   מָלֵא 'él estaba lleno'

Qal perfecto 3 ms	יָרֵא	מָלֵא
Qal participio act. (ms)	יָרֵא	מָלֵא

(3) El algunos verbos de esta clase, las formas del infinitivo constructo a veces terminan en הָ o en ת.

Ejemplos:

		Qal infinitivo constructo	Pi'el infinitivo constructo
(a)	יָרֵא 'él tenía miedo'	יִרְאָה	
(b)	מָלֵא 'él estaba lleno'	מְלֹאת	מַלֹּאת
(c)	טָמֵא 'él era impuro'	טָמְאָה	
		טָמֵאת	

EJERCICIOS

1. Complete los espacios, tomando nota especial de los verbos Lamed 'Alef.

   (1) אָמַרְתִּי אֶשְׁמְרָה דְרָכַי מֵחֲטוֹא בִלְשׁוֹנִי Yo dije: «_____ mis caminos de _____ con mi lengua.» (Sal. 39:2; esp. 39:1)

   (2) רְפָאָה נַפְשִׁי כִּי־חָטָאתִי לָךְ _____ mi alma, porque contra ti _____. (Sal. 41:5; esp. 41:4)

   (3) וַאֲנִי אֶשְׁמַע מִן־הַשָּׁמַיִם וְאֶסְלַח לְחַטָּאתָם וְאֶרְפָּא אֶת־אַרְצָם Y yo _____ desde los cielos, _____ sus pecados y _____ su tierra. (2 Cr. 7:14)

   (4) קוֹל אֹמֵר קְרָא וְאָמַר מָה אֶקְרָא Voz que decía: «¡_____!» Y él _____: «¿Qué _____?» (Isa. 40:6)

   (5) וְדֶרֶךְ הַקֹּדֶשׁ יִקָּרֵא לָהּ Y _____ 'Camino de Santidad'. (Isa. 35:8)

   (6) יְהוָה יִשְׁמַע בְּקָרְאִי אֵלָיו El Señor _____ cuando a él _____. (Sal. 4:4; esp. 4:3)

   (7) סֵפֶר הַתּוֹרָה מָצָאתִי בְּבֵית יְהוָה _____ el libro de la Ley en la casa del Señor. (2 Reyes 22:8)

   (8) וַיִּקְרָא אֶת־שְׁמָם אָדָם בְּיוֹם הִבָּרְאָם Y él _____ su nombre 'Humanidad' en el día en que _____. (Gén. 5:2)

   (9) מָה אוֹת כִּי־יִרְפָּא יְהוָה לִי ¿Qué es la señal de que el Señor me _____? (2 Reyes 20:8)

   (10) בְּצֵל יָדוֹ הֶחְבִּיאָנִי En la sombra de su mano me _____. (Isa. 49:2)

   (11) וְהִנֵּה מָלֵא כְבוֹד־יְהוָה הַבָּיִת Y he aquí la gloria del Señor _____ la casa. (Ezeq. 43:5)

   (12) מַלֵּא קַרְנְךָ שֶׁמֶן _____ tu cuerno de aceite. (1 Sam. 16:1)

   (13) עֵת לֶאֱהֹב וְעֵת לִשְׂנֹא tiempo de _____ y tiempo de _____ (Ecl. 3:8)

   (14) שָׂנֵאתָ כָּל־פֹּעֲלֵי אָוֶן _____ a todos los que hacen iniquidad. (Sal. 5:6; esp. 5:5)

   (15) חָטָאנוּ כִּי־דִבַּרְנוּ בַיהוָה וָבָךְ _____ porque _____ contra el Señor y contra ti. (Núm. 21:7)

   (16) וְהֶחֱטִיאָם חֲטָאָה גְדוֹלָה Y él _____ un gran pecado. (2 Reyes 17:21)

2. Complete los espacios, tomando nota especial de las formas verbales Lamed 'Alef.

(1) פֶּן־יַחֲטִיאוּ אֹתְךָ לִי ... no sea que _____ hag_____ pecar contra _____. (Éx. 23:33)

(2) חָטָאתִי לַיהוָה אֱלֹהֵיכֶם וְלָכֶם _____ pecado contra el Señor _____ Dios y contra _____. (Éx. 10:16)

(3) כִּי־יָרֵא אָנֹכִי אֹתוֹ Porque l____ tem_____. (Gén. 32:12; esp. 32:11)

(4) הוּא יִקְרָא בִשְׁמִי וַאֲנִי אֶעֱנֶה אֹתוֹ E____ invocar____ ____ nombre, y l_____ oi____. (Zac. 13:9)

(5) יִקְרָאֵנִי וְאֶעֱנֵהוּ M____ invocar____, y l____ responder____. (Sal. 91:15)

(6) וְקָרָאת שְׁמוֹ עִמָּנוּ אֵל Y l____ pondr____ por nombre Emanuel. (Isa. 7:14)

(7) וַתִּקְרָא לְאַנְשֵׁי בֵיתָהּ Y e____ llam____ a los hombres de ____ casa. (Gén. 39:14)

(8) קְרָאתִיו וְלֹא עָנָנִי L____ llam____, pero no _____ respond_____. (Cant. 5:6)

(9) בִּקַּשְׁתִּיו וְלֹא מְצָאתִיו L_____ busq____, mas no l_____ hall_____. (Cant. 3:1)

(10) וְגַם־מָצָאתָ חֵן בְּעֵינָי Y también h_____ hallado gracia en _____ ojos. (Éx. 33:12)

(11) וּבִקַּשְׁתֶּם אֹתִי וּמְצָאתֶם (אֹתִי) Y _____ buscar____ y ____ hallar____. (Jer. 29:13)

(12) זָכָר וּנְקֵבָה בְּרָאָם וַיְבָרֶךְ אֹתָם Hombre y mujer l_____ cre_____, y l_____ bendij____. (Gén. 5:2)

(13) וּמִלֵּאתִי אֶת־הַבַּיִת הַזֶּה כָּבוֹד Y llenar_____ de gloria _____ casa. (Hageo 2:7)

(14) אֶת־מִסְפַּר יָמֶיךָ אֲמַלֵּא Y alargar_____ el número de _____ días. (Éx. 23:26)

(15) כָּל־רָעָתָם בַּגִּלְגָּל כִּי־שָׁם שְׂנֵאתִים Toda la maldad de _____ se manifestó en Gilgal; allí, pues, los odi_____. (Óseas 9:15)

(16) וַיֹּאמֶר אָבִיהָ אָמֹר אָמַרְתִּי כִּי־שָׂנֹא שְׂנֵאתָהּ Pero el padre de _____ dijo: «De seguro h_____ dicho que ciertamente l_____ odi_____.» (Jueces 15:2)

(17) יָרֵא אֲנִי אֶת־אֲדֹנִי הַמֶּלֶךְ Tem_____ a _____ señor el rey. (Dan. 1:10)

(18) לְמַעַן לֹא אֶחֱטָא־לָךְ Para que yo no peq_____ contra _____. (Sal. 119:11)

3. Cada uno de los ejemplos a continuación tiene un participio de un verbo Lamed 'Alef. En el inciso (a), indique su tema, en (b) si es *activo* o *pasivo*, en (c) su género y número, y en (d) su tema.

(1) כִּי־הִנְנִי בוֹרֵא שָׁמַיִם חֲדָשִׁים Porque he aquí que yo crearé nuevos cielos y nueva tierra. (Isa. 65:17)

    (a) _____ (b) _____ (c) _____ (d) _____

(2) הָרֹפֵא לִשְׁבוּרֵי לֵב el que sana a los quebrantados de corazón (Sal. 147:3)

    (a) _____ (b) _____ (c) _____ (d) _____

(3) שֹׂנְאֵי טוֹב וְאֹהֲבֵי רָע los que aborrecen lo bueno y aman lo malo (Miq. 3:2)

    (a) _____ (b) _____ (c) _____ (d) _____

(4) הָאַחַת אֲהוּבָה וְהָאַחַת שְׂנוּאָה la una amada y la otra aborrecida (Deut. 21:15)

    (a) _____ (b) _____ (c) _____ (d) _____

(5) הֲלוֹא־מְשַׂנְאֶיךָ יְהוָה אֶשְׂנָא ¿No odio, o Señor, a los que te aborrecen? (Sal. 139:21)

    (a) _____ (b) _____ (c) _____ (d) _____

(6) וְאֶת־יְהוָה אֱלֹהֵי הַשָּׁמַיִם אֲנִי יָרֵא Y temo al Señor, Dios de los cielos. (Jon. 1:9)

    (a) _____ (b) _____ (c) _____ (d) _____

(7) וְשׁוּלָיו מְלֵאִים אֶת־הַהֵיכָל Y sus faldas llenaban el Templo. (Isa. 6:1)

    (a) _____ (b) _____ (c) _____ (d) _____

(8) הוֹי גּוֹי חֹטֵא ¡Ay gente pecadora! (Isa. 1:4)

    (a) _____ (b) _____ (c) _____ (d) _____

(9) הַנֶּפֶשׁ הַחֹטֵאת הִיא תָמוּת La persona que peque esa morirá. (Ezeq. 18:4)

    (a) _____ (b) _____ (c) _____ (d) _____

(10) תְּהוֹם אֶל־תְּהוֹם קוֹרֵא Un abismo llama a otro. (Sal. 42:8; esp. 42:7)

    (a) _____ (b) _____ (c) _____ (d) _____

4. Cada uno de los ejemplos a continuación tiene un verbo Lamed 'Alef. En el inciso (a), indique su forma (perfecto, imperfecto, o imperativo), en (b) su tema en (c) su persona, género y número, y en (d) su tema.

(1) קְרָא שְׁמוֹ לֹא עַמִּי Llámalo Lo-ammi (no es mi pueblo). (Os. 1:9)

    (a) _____ (b) _____ (c) _____ (d) _____

(2) לֹא־יִקָּרֵא שִׁמְךָ עוֹד יַעֲקֹב Ya no te llamarás Jacob. (Gén. 35:10)

    (a) _____ (b) _____ (c) _____ (d) _____

(3) אֲנִי יְהוָה קְרָאתִיךָ בְצֶדֶק Yo, el Señor te he llamado en justicia. (Isa. 42:6)

    (a) _____ (b) _____ (c) _____ (d) _____

(4) וַתִּקְרֶאנָה שְׁמוֹ עוֹבֵד הוּא אֲבִי־יִשַׁי אֲבִי דָוִד Y ellas le pusieron por nombre Obed. El fue el padre de Isaí, padre de David. (Rut 4:17)

    (a) _____ (b) _____ (c) _____ (d) _____

(5) הַמְצָאתַנִי אֹיְבִי ¿Me has hallado, enemigo mío? (1 Reyes 21:20)

    (a) _____ (b) _____ (c) _____ (d) _____

(6) אוּלַי יִמָּצְאוּן שָׁם אַרְבָּעִים Quizá se encuentren allí cuarenta. (Gén 18:29)

    (a) _____ (b) _____ (c) _____ (d) _____

(7) אֲנִי יְהֹוָה בְּרָאתִיו Yo, el Señor, lo he creado. (Isa. 45:8)

    (a) _____ (b) _____ (c) _____ (d) _____

(8) לֵב טָהוֹר בְּרָא־לִי אֱלֹהִים ¡Crea para mí, Dios, un corazón limpio! (Sal. 51:12; esp. 51:10)

    (a) _____ (b) _____ (c) _____ (d) _____

(9) וְהַבַּיִת יִמָּלֵא עָשָׁן Y la Casa se llenó de humo. (Isa. 6:4)

    (a) _____ (b) _____ (c) _____ (d) _____

(10) וָאֲמַלֵּא אֹתוֹ רוּחַ אֱלֹהִים Y lo he llenado del espíritu de Dios. (Éx. 31:3)

    (a) _____ (b) _____ (c) _____ (d) _____

(11) וְאֶת־עֵשָׂו שָׂנֵאתִי Y a Esaú aborrecí. (Mal. 1:3)

    (a) _____ (b) _____ (c) _____ (d) _____

(12) חָדְשֵׁיכֶם וּמוֹעֲדֵיכֶם שָׂנְאָה נַפְשִׁי Sus lunas nuevas y sus fiestas solemnes mi alma aborrece. (Isa. 1:4)

(a) _____ (b) _____ (c) _____ (d) _____

5. Practique pronunciando el hebreo, tomando nota especial de los verbos Lamed 'Alef. Tape el español y practique traduciendo.

(1) כִּי אֵין אָדָם אֲשֶׁר לֹא־יֶחֱטָא Porque no hay hombre que no peque. (1 Reyes 8:46)

(2) וְקָרָא זֶה אֶל־זֶה וְאָמַר קָדוֹשׁ קָדוֹשׁ קָדוֹשׁ יְהוָה צְבָאוֹת Y el uno al otro daba voces, y decía: «¡Santo, santo, santo, el Señor de los ejércitos!» (Isa. 6:3)

(3) כִּי בֵיתִי בֵּית־תְּפִלָּה יִקָּרֵא לְכָל־הָעַמִּים Porque mi casa será llamada casa de oración para todos los pueblos. (Isa. 56:7)

(4) וְטָמֵא טָמֵא יִקְרָא Y él gritará: «¡Impuro! ¡Impuro!» (Lev. 13:45)

(5) וְהָיָה כֹּל אֲשֶׁר־יִקְרָא בְּשֵׁם יִמָּלֵט Y todo aquel que invoque el nombre del Señor, será salvo. (Joel 3:5; esp. 2:32)

(6) דִּרְשׁוּ יְהוָה בְּהִמָּצְאוֹ קְרָאֻהוּ בִּהְיוֹתוֹ קָרוֹב ¡Busquen al Señor mientras puede ser hallado, llámenle en tanto que está cercano! (Isa. 55:6)

(7) וְנֹחַ מָצָא חֵן בְּעֵינֵי יְהוָה Pero Noé halló gracia ante los ojos del Señor. (Gén. 6:8)

(8) וַיִּמְצָא יוֹסֵף חֵן בְּעֵינָיו Así halló José gracia a sus ojos. (Gén. 39:4)

(9) וּבָעֵת הַהִיא יִמָּלֵט עַמְּךָ כָּל־הַנִּמְצָא כָּתוּב בַּסֵּפֶר Y en aquel tiempo será libertado tu pueblo, todos los que se hallen inscritos en el libro. Dan. 12:1)

(10) הֲלוֹא אָב אֶחָד לְכֻלָּנוּ הֲלוֹא אֵל אֶחָד בְּרָאָנוּ ¿Acaso no tenemos todos un mismo Padre? ¿No nos creó un mismo Dios? (Mal. 2:10)

(11) וַיִּבְרָא אֱלֹהִים אֶת־הָאָדָם בְּצַלְמוֹ בְּצֶלֶם אֱלֹהִים בָּרָא אֹתוֹ זָכָר וּנְקֵבָה בָּרָא אֹתָם Y creó Dios al hombre a su imagen, a imagen de Dios lo creó; varón y hembra los creó. (Gén. 1:27)

(12) וְלֹא יָדְעוּ כִּי רְפָאתִים Mas ellos no comprendieron que yo los sanaba. (Os. 11:3)

(13) רְפָאֵנִי יְהוָה וְאֵרָפֵא ¡Sáname, Señor, y seré sanado! (Jer. 17:14)

(14) לֹא־תִשְׂנָא אֶת־אָחִיךָ בִּלְבָבֶךָ וְאָהַבְתָּ לְרֵעֲךָ כָּמוֹךָ אֲנִי יְהוָה No aborrecerás a tu hermano en tu corazón, sino amarás a tu prójimo como a ti mismo. Yo, el Señor. (Lev. 19:17, 18)

(15) שִׂנְאוּ־רָע וְאֶהֱבוּ טוֹב Aborrezcan el mal, amen el bien. (Amós 5:15)

VOCABULARIO

(1) [חבא] él escondió

(2) טָמֵא él estaba impuro, inmundo

(3) [נבא]él profetizó

(4) צָמֵא él tenía sed

(5) קָבַץ él reunió

(6) קָדַשׁ él era santo

(7) [שחת]él destruyó, corrompió

(8) שָׁלֵם él era entero, íntegro

(9) כְּלִי herramienta, arma, recipiente

(10) נְאֻם declaración, oráculo

(11) סָבִיב alrededor de

(12) עֶשֶׂר diez

(13) עֲשָׂרָה (f) diez

(14) צֶדֶק justicia

(15) צְדָקָה (f) justicia

(16) שֶׁבַע siete

(17) שִׁבְעָה (f) siete

(18) שַׁעַר portón, puerta

Lección XXVII

72. Verbos débiles: los verbos Lamed He

72.1 *Definición*

Un verbo Lamed He es aquel cuya consonante final es una ה. Sin embargo, hay evidencia de que la consonante final de estos verbos en una etapa más primitiva del idioma era י, y que ella evolucionó hasta ser ה. La י primitiva vuelve a aparecer en muchas formas de los verbos Lamed He.

72.2 *Una lista de algunos de los verbos Lamed He más frecuentes*

(1) Verbos Lamed He regulares

(a) בָּכָה él lloró

(b) בָּנָה él construyó

(c) גָּלָה él descubrió, reveló fue al exilio

(d) זָנָה él cometió adulterio fornicó

(e) כָּלָה él completó, terminó

(f) כָּסָה él cubrió, veló

(g) פָּדָה él redimió, rescató

(h) פָּנָה él viró, volvió la cara

(i) [צוה](Pi'el) él mandó

(j) צָפָה él vigiló, espió

(k) קָנָה él tomó posesión de, compró adquirió

(l) רָבָה él era mucho, se hizo numeroso, se multiplicó

(m) שָׁתָה él bebió

(n) רָצָה él se complació, quedó satisfecho

(2) Verbos Lamed He doblemente débiles

(a) אָבָה él quería, deseaba

(b) אָפָה él horneó

(c) הָיָה él era, estaba

(d) חָזָה él vio (en una visión)

(e) חָיָה él vivió

(f) חָלָה él estaba enfermo, débil

(g) חָנָה él se acampó

(h) חָרָה él (enojo, ira) era caliente, quemaba

(i) [ידה] él alabó, agradeció, confesó

(j) יָרָה él enseñó, instruyó

(k) נָטָה él extendió

(l) [נכה] él hirió, mató

(m) עָלָה él subió

(n) עָנָה (1) él respondió, contestó; (2) él se postró, se humilló

(o) עָשָׂה él hizo

(p) רָאָה él vio

(q) רָעָה él dio a comer, pastoreó

(r) [שחה] él se postró, adoró, confesó

72.3 *Las características distintivas de los verbos Lamed He*

(1) Se puede observar un patrón vocálico del tema muy uniforme en todos aquellos verbos Lamed He que no tienen aformativos.

(a) Todos los perfectos sin aformativos terminan en הָ.

(b) Todos los imperfectos sin aformativos terminan en הֶ.

(c) Todos los imperativos sin aformativos terminan en הֵ.

(d) Todos los infinitivos constructos pierden la ה final, en conjunto con la vocal que le precede, y sustituyen וֹת.

(e) Los infinitivos absolutos terminan en ה (ḥṓlĕm + hēʾ) (Qal, Nifʾal, Piʾel, Puʾal y Hitpaʾel) o en הֵ (ṣḗrê + hēʾ) (Hifʾil, Hofʾal, y a veces Piʾel).

(f) Todos los participios masculinos singulares (excepto el Qal pasivo) terminan en הֶ (sᵉgôl + hēʾ), lo que cambia a הֵ (ṣḗrê + hēʾ) en el estado constructo.

(g) El Qal pasivo participio (ms) sigue el patrón del verbo fuerte, excepto que yôd (י) toma el lugar de la hēʾ (ה) final. Por ejemplo, בָּנוּה se convierte en בָּנוּי.

La sinopsis de בָּנָה, 'él construyó', ilustra los cambios en las formas verbales Lamed He que no tienen aformativos.

Sinopsis

	Qal	Nifʾal	Piʾel	Puʾal	Hitpaʾel	Hifʾil	Hofʾal
Perfecto 3 ms	בָּנָה	נִבְנָה	בִּנָּה	בֻּנָּה	הִתְבַּנָּה	הִבְנָה	הָבְנָה
Imperfecto 3 ms	יִבְנֶה	יִבָּנֶה	יְבַנֶּה	יְבֻנֶּה	יִתְבַּנֶּה	יַבְנֶה	יָבְנֶה
Imperativo 2 ms	בְּנֵה	הִבָּנֵה	בַּנֵּה		הִתְבַּנֵּה	הַבְנֵה	
Infinitivo constr.	בְּנוֹת	הִבָּנוֹת	בַּנּוֹת	בֻּנּוֹת	הִתְבַּנּוֹת	הַבְנוֹת	הָבְנוֹת
Infinitivo abs.	בָּנֹה	נִבְנֹה	בַּנֹּה	בֻּנֹּה	הִתְבַּנֹּה	הַבְנֵה	הָבְנֵה
Part. act. ms	בּוֹנֶה		מְבַנֶּה		מִתְבַּנֶּה	מַבְנֶה	
Part. pas. ms	בָּנוּי	נִבְנֶה		מְבֻנֶּה		מָבְנֶה	

(2) Hay cambios uniformes que se dan al añadirse un aformativo o un sufijo pronominal a un verbo Lamed He. Las formas que tienen aformativos *vocálicos* sufren los siguientes cambios:

(a) El perfecto 3 fs en todos los sistemas de los verbos Lamed He se forma sustituyendo ה final del tema verbal por la terminación antigua femenina ת y agregando הָ, lo que es el aformativo 3 fs.

Ejemplos del perfecto 3 fs de בָּנָה

Qal	בָּנְתָה pasa a ser	בָּנְתָה
Nif'al	נִבְנְתָה pasa a ser	נִבְנְתָה
Pi'el	בִּנְּתָה pasa a ser	בִּנְּתָה
Pu'al	בֻּנְּתָה pasa a ser	בֻּנְּתָה
Hitpa'el	הִתְבַּנְּתָה pasa a ser	הִתְבַּנְּתָה
Hif'il	הִבְנְתָה pasa a ser	הִבְנְתָה
Hof'al	הָבְנְתָה pasa a ser	הָבְנְתָה

(b) Todas las demás formas que tienen aformativos vocálicos sencillamente quedan acortadas, perdiendo la ה y la vocal o shevá sonora que le precede. Esta regla gobierna todos los sistemas del verbo y contempla el acortamiento de todos los perfectos 3 cp, todos los imperfectos 2 fs, 3 mp, y 2 mp, y todos los imperativos 2 fs y 2 mp.

Ejemplos:

Qal perfecto 3 cp	בָּנְהוּ pasa a ser	בָּנוּ
Nif'al perfecto 3 cp	נִבְנְהוּ pasa a ser	נִבְנוּ
Pi'el perfecto 3 cp	בִּנְּהוּ pasa a ser	בִּנּוּ
Qal imperfecto 2 fs	תִּבְנְהִי pasa a ser	תִּבְנִי
Qal imperativo 2 mp	בְּנְהוּ pasa a ser	בְּנוּ

(3) Las formas verbales Lamed He con aformativos *consonánticos* pierden la ה del tema verbal y sustituyen י en su lugar. Este fenómeno se da de manera consistente. Esta י se combina con la vocal anterior para formar un diptongo.

(a) Esto resulta en una יִ (ḥîrĕq-yôd) delante de un aformativo consonántico en todos los sistemas *activos*. (Qal, Pi'el, Hitpa'el, Hif'il).

Ejemplos:

	Qal	Pi'el	Hif'il
Perfecto 2 ms	בָּנִיתָ	בִּנִּיתָ	הִבְנִיתָ
Perfecto 2 fs	בָּנִית	בִּנִּית	הִבְנִית
Perfecto 1 cs	בָּנִיתִי	בִּנִּיתִי	הִבְנִיתִי
Perfecto 2 mp	בְּנִיתֶם	בִּנִּיתֶם	הִבְנִיתֶם
Perfecto 2 fp	בְּנִיתֶן	בִּנִּיתֶן	הִבְנִיתֶן
Perfecto 1 cp	בָּנִינוּ	בִּנִּינוּ	הִבְנִינוּ

(b) La vocal delante de los aformativos perfectos consonánticos en todos los sistemas *pasivos* (Nif'al, Pu'al, y Hof'al) es יֵ (ṣērê-yôd)

Ejemplos:

	Nif'al	Pu'al	Hof'al
Perfecto 2 ms	נִבְנֵיתָ	בֻּנֵּיתָ	הָבְנֵיתָ
Perfecto 2 fs	נִבְנֵית	בֻּנֵּית	הָבְנֵית
Perfecto 1 cs	נִבְנֵיתִי	בֻּנֵּיתִי	הָבְנֵיתִי
Perfecto 2 mp	נִבְנֵיתֶם	בֻּנֵּיתֶם	הָבְנֵיתֶם
Perfecto 2 fp	נִבְנֵיתֶן	בֻּנֵּיתֶן	הָבְנֵיתֶן
Perfecto 1 cp	נִבְנֵינוּ	בֻּנֵּינוּ	הָבְנֵינוּ

(c) La vocal delante de los aformativos consonánticos imperfectos e imperativos en todos los sistemas es יֶ (sᵉgôl-yôd). Esto contempla todas las formas con terminaciones נָה (imperfecto 3 fp y 2 fp; imperativo 2 fp).

Ejemplos:

	Qal	Nif'al	Hif'il
Imperfecto 3 fp, 2 fp	תִּבְנֶינָה	תִּבָּנֶינָה	תַּבְנֶינָה
Imperativo 2 fp	בְּנֶינָה	הִבָּנֶינָה	הַבְנֶינָה

72.4 *La inflexión del sistema Qal de* גָּלָה, 'él descubrió, reveló, se fue al exilio'

Perfecto		Imperfecto		Imperativo	
3 ms	גָּלָה	3 ms	יִגְלֶה		
3 fs	גָּלְתָה	3 fs	תִּגְלֶה		
2 ms	גָּלִיתָ	2 ms	תִּגְלֶה	2 ms	גְּלֵה
2 fs	גָּלִית	2 fs	תִּגְלִי	2 fs	גְּלִי
1 cs	גָּלִיתִי	1 cs	אֶגְלֶה		
3 cp	גָּלוּ	3 mp	יִגְלוּ		
		3 fp	תִּגְלֶינָה		
2 mp	גְּלִיתֶם	2 mp	תִּגְלוּ	2 mp	גְּלוּ
2 fp	גְּלִיתֶן	2 fp	תִּגְלֶינָה	2 fp	גְּלֶינָה
1 cp	גָּלִינוּ	1 cp	נִגְלֶה		

| Infinitivo constructo | גְּלוֹת | Participio activo ms | גֹּלֶה |
| Infinitivo absoluto | גָּלֹה | Participio pasivo ms | גָּלוּי |

72.5 *La inflexión del sistema Qal de* אָבָה, 'él estaba dispuesto, tenía ganas de', un verbo doblemente débil (Pe 'Alef y Lamed He)

Perfecto		Imperfecto		Imperativo
3 ms	אָבָה	3 ms	יֹאבֶה	

398

	Perfecto		Imperfecto		Imperativo
3 fs	אָבְתָה	3 fs	תֹּאבֶה		
2 ms	אָבִיתָ	2 ms	תֹּאבֶה	2 ms	אֲבֵה
2 fs	אָבִית	2 fs	תֹּאבִי	2 fs	אֲבִי
1 cs	אָבִיתִי	1 cs	אֹבֶה		
3 cp	אָבוּ	3 mp	יֹאבוּ		
		3 fp	תֹּאבֶינָה		
2 mp	אֲבִיתֶם	2 mp	תֹּאבוּ	2 mp	אֲבוּ
2 fp	אֲבִיתֶן	2 fp	תֹּאבֶינָה	2 fp	אֲבֶינָה
1 cp	אָבִינוּ	1 cp	נֹאבֶה		
Infinitivo constructo	אֲבוֹת	Participio activo ms	אֹבֶה		
Infinitivo absoluto	אָבֹה	Participio pasivo ms	אָבוּי		

72.6 *La inflexión del sistema Qal de* עָשָׂה, 'él hizo', *un verbo doblemente débil (Pe Gutural y Lamed He)*

	Perfecto		Imperfecto		Imperativo
3 ms	עָשָׂה	3 ms	יַעֲשֶׂה		
3 fs	עָשְׂתָה	3 fs	תַּעֲשֶׂה		
2 ms	עָשִׂיתָ	2 ms	תַּעֲשֶׂה	2 ms	עֲשֵׂה
2 fs	עָשִׂית	2 fs	תַּעֲשִׂי	2 fs	עֲשִׂי
1 cs	עָשִׂיתִי	1 cs	אֶעֱשֶׂה		
3 cp	עָשׂוּ	3 mp	יַעֲשׂוּ		

		3 fp	תַּעֲשֶׂינָה		
2 mp	עֲשִׂיתֶם	2 mp	תַּעֲשׂוּ	2 mp	עֲשׂוּ
2 fp	עֲשִׂיתֶן	2 fp	תַּעֲשֶׂינָה	2 fp	עֲשֶׂינָה
1 cp	עָשִׂינוּ	1 cp	נַעֲשֶׂה		

Infinitivo constructo	עֲשׂוֹת	Participio activo ms	עוֹשֶׂה
Infinitivo absoluto	עָשׂוֹ	Participio activo mp	עוֹשִׂים
	עָשֹׂה	Participio activo fs	עוֹשָׂה
		Participio activo fp	עוֹשׂוֹת
		Participio pasivo ms	עָשׂוּי

72.7 *La inflexión de los sistemas Qal y Nif'al de* הָיָה, 'él era' (sólo ejemplos que ocurren en la Biblia Hebrea).

Qal

	Perfecto		Imperfecto		Imperativo
3 ms	הָיָה	3 ms	יִהְיֶה		
3 fs	הָיְתָה	3 fs	תִּהְיֶה		
2 ms	הָיִיתָ	2 ms	תִּהְיֶה	2 ms	הֱיֵה
2 fs	הָיִית	2 fs	תִּהְיִי	2 fs	הֲיִי
1 cs	הָיִיתִי	1 cs	אֶהְיֶה		
3 cp	הָיוּ	3 mp	יִהְיוּ		
		3 fp	תִּהְיֶינָה		

400

2 mp	הֱיִיתֶם	2 mp	תִּהְיוּ	2 mp	הָיוּ
2 fp	הֱיִיתֶן	2 fp	תִּהְיֶינָה	2 fp	הָיֶינָה
1 cp	הָיִינוּ	1 cp	נִהְיֶה		
Infinitivo constructo	הֱיוֹת	Participio activo ms	הֹוֶה		
Infinitivo absoluto	הָיוֹ	Participio activo fs	הֹוָה		

Nif'al perfecto

3 ms	נִהְיָה	Nota: En la Biblia Hebrea, no aparecen otras formas de este verbo
3 fs	נִהְיְתָה	importante en ninguno de los sistemas. Sin embargo, las formas
2 ms	נִהְיֵיתָ	presentadas aquí pueden aparecer con vāv conjunción y con vāv
1 cs	נִהְיֵיתִי	consecutiva (véase 72.8[8]).

72.8 Los imperfectos de los verbos Lamed He que no tienen aformativos—y en consecuencia tienen ה como su consonante final—frecuentemente aparecen en formas acortadas. Esto ocurre cuando ellos funcionan como yusivos (véase XV.41). Este acortamiento involucra la pérdida de la ה final y de la vocal que le precede. Puede haber otros cambios vocálicos en consecuencia del acortamiento de estas formas del imperfecto. La tabla a continuación ilustra como este acortamiento se realiza en varios verbos Lamed He representativos.

	Tema	Significado	Sistema/Persona	Imperfecto	Con וַ	Yusivo	Con וְ
(1)	בָּנָה	él construyó	Qal 3 ms	יִבְנֶה	וַיִּבֶן	יִבֶן	וְיִבֶן
(2)	גָּלָה	él reveló	Qal 3 ms	יִגְלֶה	וַיִּגֶל	יִגֶל	וְיִגֶל

(3)	פָּנָה él volvió a	Qal 3 ms	יִפְנֶה	וַיִּפֶן	יִפֶן	וַיִּפֶן	
(4)	רָבָה él era cuantioso	Qal 3 ms	יִרְבֶּה	וַיִּרֶב	יֶרֶב	וַיִּרֶב	
		Hif. 3 ms	יַרְבֶּה	וַיֶּרֶב	יֶרֶב	וַיֶּרֶב	
(5)	כָּסָה él cubrió	Pi'el 3 ms	יְכַסֶּה	וַיְכַס			
(6)	בָּכָה él lloró	Qal 3 ms	יִבְכֶּה	וַיֵּבְךְּ	יֵבְךְּ		
(7)	שָׁתָה él bebió	Qal 3 ms	יִשְׁתֶּה	וַיֵּשְׁתְּ	יֵשְׁתְּ	וְיֵשְׁתְּ	
(8)	הָיָה él era, estaba	Qal 3 ms	יִהְיֶה	וַיְהִי	יְהִי	וִיהִי	
		Qal 2 ms	תִּהְיֶה	וַתְּהִי	תְּהִי	וּתְהִי	
		Qal 1 cs	אֶהְיֶה	וָאֱהִי			
(9)	חָיָה él vivió	Qal 3 ms	יִחְיֶה	וַיְחִי	יְחִי	וִיחִי	
(10)	רָאָה él vio	Qal 3 ms	יִרְאֶה	וַיַּרְא	יֵרֶא	וַיֵּרֶא	
		Nif. 3 ms	יֵרָאֶה	וַיֵּרָא	יֵרָא	וְיֵרָא	
		Hif. 3 ms	יַרְאֶה	וַיַּרְא			
(11)	עָלָה él subió	Qal 3 ms	יַעֲלֶה	וַיַּעַל	יַעַל	וְיַעַל	
		Hif. 3 ms	יַעֲלֶה	וַיַּעַל	יַעַל	וְיַעַל	
(12)	עָלָה él respondió	Qal 3 ms	יַעַן	וַיַּעַן	יַעַן		
(13)	עָשָׂה él hizo	Qal 3 ms	יַעֲשֶׂה	וַיַּעַשׂ	יַעַשׂ	וְיַעַשׂ	
		Qal 2 ms	תַּעֲשֶׂה	וַתַּעַשׂ	תַּעַשׂ		
		Qal 1 cs	אֶעֱשֶׂה	וָאַעַשׂ			

(14)   [צוה]él mandó   Pi'el 3 ms   יְצַו   וַיְצַו   יְצַוֶּה

Utilice la tabla a continuación como modelo para la traducción de las formas en la tabla anterior.

                                        בָּנָה   הָיָה

(a)   יִבְנֶה el construirá   (a)   יִהְיֶה él será, estará

(b)   וַיִּבֶן y el construyó   (b)   וַיְהִי y él fue, estuvo (hubo)

(c)   יִבֶן que él construya   (c)   יְהִי que haya

(d)   וְיִבֶן y que él construya   (d)   וִיהִי y que haya

EJERCICIOS

1. Cada una de las oraciones a continuación tiene una forma verbal Lamed He. En el inciso (a), indique su sistema; en (b) su inflexión (perfecto, imperfecto, o imperativo); en (c) su persona, género, y número, y en (d) su tema. *Ignore todas las formas verbales que no son Lamed He.*

(1) וַיֹּאמְרוּ כֹּל אֲשֶׁר־דִּבֶּר יְהוָה נַעֲשֶׂה וְנִשְׁמָע Y ellos dijeron, «Todas las cosas que el Señor ha dicho, haremos y escucharemos.» (Éx. 24:7)

    (a) _____   (b) _____   (c) _____   (d) _____

(2) בְּטַח בַּיהוָה וַעֲשֵׂה־טוֹב Confía en el Señor, y haz el bien. (Sal. 37:3)

    (a) _____   (b) _____   (c) _____   (d) _____

(3) לָמָּה לֹא־בְנִיתֶם לִי בֵּית אֲרָזִים ¿Por qué no me han edificado casa de cedro? (2 Sam. 7:7)

    (a) _____   (b) _____   (c) _____   (d) _____

(4) וַיַּעֲלוּ עֹלוֹת וּשְׁלָמִים Y ofrecieron holocaustos y ofrendas de paz.

(Jueces 21:4)

(a) _____ (b) _____ (c) _____ (d) _____

(5) וַיִּ֧בֶן נֹ֛חַ מִזְבֵּ֖חַ לַֽיהוָ֑ה Y edificó Noé un altar al Señor. (Gén. 8:20)

(a) _____ (b) _____ (c) _____ (d) _____

(6) בֵּיתִי֙ יִבָּ֣נֶה בָּ֔הּ En ella será edificada mi casa. (Zac. 1:16)

(a) _____ (b) _____ (c) _____ (d) _____

(7) כֻּלָּ֖ם לְדַרְכָּ֣ם פָּנ֑וּ Todos ellos siguen su propio camino. (Isa. 56:11)

(a) _____ (b) _____ (c) _____ (d) _____

(8) בְּנוֹת֙ יִשְׂרָאֵ֔ל אֶל־שָׁא֖וּל בְּכֶ֑ינָה Hijas de Israel, lloren por Saúl. (2 Sam. 1:24)

(a) _____ (b) _____ (c) _____ (d) _____

(9) צִיּ֖וֹן בְּמִשְׁפָּ֣ט תִּפָּדֶ֑ה Sión será rescatada con juicio. (Isa. 1:27)

(a) _____ (b) _____ (c) _____ (d) _____

(10) וְנִגְלָ֖ה כְּב֣וֹד יְהוָ֑ה Y se manifestará la gloria del Señor. (Isa. 40:5)

(a) _____ (b) _____ (c) _____ (d) _____

(11) וְרָא֤וּ כָל־בָּשָׂר֙ יַחְדָּ֔ו Y toda carne juntamente la verá. (Isa. 40:5)

(a) _____ (b) _____ (c) _____ (d) _____

(12) אֶרֶץ אַל־תְּכַסִּי דָמִי ¡O tierra! ¡No cubras mi sangre! (Job. 16:18)

    (a) _____ (b) _____ (c) _____ (d) _____

(13) וְיִתְכַּסּוּ שַׂקִּים הָאָדָם וְהַבְּהֵמָה Sino cúbrase de cilicio hombre y animal. (Jonás 3:8)

    (a) _____ (b) _____ (c) _____ (d) _____

(14) כְּרֹעֶה עֶדְרוֹ יִרְעֶה Como pastor apacentará su rebaño. (Isa. 40:11)

    (a) _____ (b) _____ (c) _____ (d) _____

(15) לֶחֶם לֹא אָכַלְתִּי לֹא שָׁתִיתִי Pan no comí, ni bebí agua. (Deut. 9:9)

    (a) _____ (b) _____ (c) _____ (d) _____

(16) וַתֹּאמֶר שְׁתֵה אֲדֹנִי Y ella respondió, «Bebe, señor mío.»

    (a) _____ (b) _____ (c) _____ (d) _____

(17) וְתֵרָאֶה הַיַּבָּשָׁה Y descúbrase lo seco. (Gén. 1:9)

    (a) _____ (b) _____ (c) _____ (d) _____

(18) יְהוָה הֶעֱלִיתָ מִן־שְׁאוֹל נַפְשִׁי O Señor, hiciste subir mi vida del Seol. (Sal. 30:4; esp. 30:3)

    (a) _____ (b) _____ (c) _____ (d) _____

2. Cada una de las oraciones a continuación tiene una forma Qal de הָיָה. En el inciso (a), indique su forma (perfecto, imperfecto, etc.); en (b) su persona, género, y número; y si la forma tiene una vāv prefijada, indique en (c) si es una vāv conjunción o una vāv consecutiva. *Ignore todas las formas verbales que son derivadas de* הָיָה.

(1) וְהָאָרֶץ הָיְתָה תֹהוּ וָבֹהוּ Y la tierra estaba desordenada y vacía. (Gén. 1:2)

(a) _____ (b) _____

(2) וַיֹּאמֶר אֱלֹהִים יְהִי אוֹר Y Dios dijo, «¡Sea la luz!» (Gén. 1:3)

(a) _____ (b) _____

(3) וַיְהִי־אוֹר Y fue la luz. (Gén. 1:3)

(a) _____ (b) _____ (c) _____

(4) וְהָיוּ לְאֹתֹת וּלְמוֹעֲדִים וּלְיָמִים וְשָׁנִים Y sirvan de señales para las estaciones, para días y años. (Gén. 1:14)

(a) _____ (b) _____ (c) _____

(5) לֹא־טוֹב הֱיוֹת הָאָדָם לְבַדּוֹ No es bueno que el hombre esté solo. (Gén. 2:18)

(a) _____

(6) וֶהְיֵה־לָנוּ לְאָב וּלְכֹהֵן Y sé para nosotros padre y sacerdote. (Jueces 18:19)

(a) _____ (b) _____ (c) _____

(7) וַיֹּאמֶר אֱלֹהִים אֶל־מֹשֶׁה אֶהְיֶה אֲשֶׁר אֶהְיֶה Y respondió Dios a Moisés, «Yo soy el que soy.» (o, «Yo seré el que seré.») (Éx. 3:14)

(a) _____ (b) _____

(8) תְּהִי נָא יָדְךָ בִּי וּבְבֵית אָבִי Te ruego que tu mano se vuelva contra mí, y contra la casa de mi padre. (2 Sam. 24:17)

406

(a) _____ (b) _____

(9) כִּי־תִהְיֶיןָ לְאִישׁ שְׁתֵּי נָשִׁים Su un hombre tuviere dos mujeres … (Deut. 21:15)

(a) _____ (b) _____ (c) _____

(10) וַיִּהְיוּ שְׁנֵיהֶם עֲרוּמִּים הָאָדָם וְאִשְׁתּוֹ Y estaban ambos desnudos, el hombre y su esposa. (Gén. 2:25)

(a) _____ (b) _____ (c) _____

(11) … וִיהִי חֹשֶׁךְ עַל־אֶרֶץ מִצְרָיִם para que haya tinieblas sobre la tierra de Egipto. (Éx. 10:21)

(a) _____ (b) _____ (c) _____

(12) וְהָיוּ לְבָשָׂר אֶחָד Y serán una sola carne. (Gén. 2:24)

(a) _____ (b) _____ (c) _____

(13) וְאַתֶּם תִּהְיוּ־לִי מַמְלֶכֶת כֹּהֲנִים וְגוֹי קָדוֹשׁ Y ustedes me serán un reino de sacerdotes, y gente santa. (Éx. 19:6)

(a) _____ (b) _____

(14) הֱיֵה־עֹזֵר לִי ¡Sé tú mi ayudador! (Sal. 30:11; esp. 30:10)

(a) _____ (b) _____

(15) הִתְחַזְּקוּ וִהְיוּ לַאֲנָשִׁים ¡Fortalézcanse y sean hombres! (1 Sam. 4:9)

(a) _____ (b) _____ (c) _____

(16) וַתְּהִי־לִי לְאִשָּׁה Y ella llegó a ser mi esposa. (Gén. 20:12)

(a) _____ (b) _____ (c) _____

(17) לְמַעַן תִּהְיֶה תּוֹרַת יְהוָה בְּפִיךָ ... para que la ley del Señor esté en tu boca. (Éx. 13:9)

(a) _____ (b) _____

(18) לִהְיוֹת שְׁמִי שָׁם עַד־עוֹלָם para que esté en ella mi nombre para siempre. (2 Cr. 7:16)

(a) _____

3. Cada una de las siguientes cláusulas u oraciones tiene un participio de un verbo Lamed He. Subraya la opción correcta.

(1) הַבַּיִת הַזֶּה אֲשֶׁר־אַתָּה (בֹּנֶה / בֹּנָה)
Esta casa que tú edificas (1 R. 6:12)

(2) וַיֹּאמֶר חֲזָאֵל מַדּוּעַ אֲדֹנִי (בֹּכֶה / בוֹכִים)
Entonces le dijo Hazael, «¿Por qué llora mi señor?» (2 R. 8:12)

(3) רָחֵל (מְבַכֶּה / מְבַכָּה) עַל־בָּנֶיהָ
Raquel, lamentando por sus hijos (Jer. 31:15)

(4) וְיַעֲקֹב (רֹעֶה / רֹעִים) אֶת־צֹאן לָבָן
Y Jacob apacentaba las ovejas de Labán. (Gén. 30:36)

(5) מָה־אַתָּה (רֹאָה / רֹאֶה) עָמוֹס
¿Qué ves, Amós? (Amós 7:8)

(6) כַּאֲשֶׁר אַתֶּם (רֹאִים / רֹאֶה) בְּעֵינֵיכֶם
como ustedes ven con sus ojos (2 Cr. 29:8)

(7) וַיֹּאמֶר אֶל־הַשֹּׁפְטִים רְאוּ מָה־אַתֶּם (עֹשֶׂה / עֹשִׂים)
Y él dijo a los jueces, «¡Consideren lo que están haciendo!» (2 Cr. 19:6)

(8) עֲבָדֶיךָ יַעֲשׂוּ כַּאֲשֶׁר אֲדֹנִי (מְצַוֶּה / מְצַוִּים)
Tus siervos harán como mi señor mande. (Núm. 32:25)

(9) מִי זֹאת (עֹלֶה / עֹלָה) מִן־הַמִּדְבָּר
¿Quién es ésta que sube del desierto? (Can. 3:6)

(10) וְהִנֵּה מִן־הַיְאֹר (עֹלִים / עֹלֹת) שֶׁבַע פָּרוֹת

Y he aquí, del río suben siete vacas. (Gén. 41:2)

(11) וַיְהִי שְׁמוּאֵל (מַעֲלֶה / מַעֲלָה / הָעוֹלָה)
Y Samuel estaba sacrificando el holocausto. (1 Sam. 7:10)

(12) כִּי אֲנִי יְהוָה (הַמַּעֲלֶה / הַמַּעֲלָה / הַמַּעֲלִים) אֶתְכֶם מֵאֶרֶץ מִצְרָיִם
Porque yo soy el Señor, que les hago subir de la tierra de Egipto. (Lev. 11:45)

(13) וַיִּהְיוּ (מַעֲלִים / מַעֲלוֹת) עֹלוֹת בְּבֵית־יְהוָה תָּמִיד
Y sacrificaban holocaustos continuamente en la casa del Señor. (2 Cr. 24:14)

(14) וַיֹּאמֶר אֲלֵיהֶם הַכֹּהֵן מָה אַתֶּם (עֹשֶׂה / עֹשִׂים)
Y el sacerdotes les dijo, «¿Qué hacen ustedes? (Jueces 18:18)

(15) הוֹי (הַמַּרְבֶּה / הַמַּרְבָּה) לֹּא־לוֹ
¡Ay del que multiplica lo que no es de él! (Hab. 2:6)

4. Escriba los pronombres y los verbos indicados en las traducciones de las oraciones hebreas que siguen a continuación.

(1) וַיֹּאמְרוּ אֵלָיו מַה־זֹּאת עָשִׂיתָ Y _____ dij_____, «¿Por qué ha___ hecho esto? (Jon. 1:10)

(2) וְאָמְרוּ לֶהָרִים כַּסּוּנוּ ¿Y _____ dir_____ a los montes, «¡Cubran_____! (Os. 10:8)

(3) וָאֹמַר אֲלֵיהֶם שְׁתוּ־יָיִן Y _____ dij_____, «¡Beban vino!» (Jer. 3:5.)

(4) וַיַּרְא אֹתָם אֶת־בֶּן־הַמֶּלֶךְ Y _____ mostr_____ el hijo del rey. (2 R. 11:4)

(5) וַיַּרְאוּם אֶת־פְּרִי הָאָרֶץ Y _____ mostrar_____ el fruto de la tierra. (Núm. 13:26)

(6) וַיֹּאמַר הַרְאֵנִי נָא אֶת־כְּבֹדֶךָ Y _____ dij____, «¡Muéstra_____ tu gloria!» (Ex. 33:18)

(7) לֹא־תִרְאֶה אֶת־פָּנָי _____ no ver_____ mi rostro. (2 Sam. 3:13)

(8) לַעֲשׂוֹת כְּכֹל אֲשֶׁר צִוִּיתִךָ para hacer todas las cosas que _____ _____ h_____ mandado. (1 R. 9:4)

(9) וּכְבוֹדוֹ עָלַיִךְ יֵרָאֶה Y sobre _____ será vista _____ gloria. (Isa. 60:2)

(10) עָשִׂיתִי כְּכֹל אֲשֶׁר צִוִּיתָנִי _____ h_____ hecho conforme a todo lo que _____ _____ h_____ mandado a hacer. (Deut. 26:14)

(11) וְלָהּ אָמַר עֲלִי לְשָׁלוֹם לְבֵיתֵךְ Y ____ l____ dij_____, «Sube en paz a _____ casa». (1 Sam. 25:35)

(12) וַיֹּאמְרוּ זֶה אֱלֹהֶיךָ אֲשֶׁר הֶעֶלְךָ מִמִּצְרַיִם Y _____ dij_____, «Este es _____ Dios, que _____ hizo subir de Egipto». (Neh. 9:18)

(13) וַיֹּאמְרוּ אֵלֶּה אֱלֹהֶיךָ אֲשֶׁר הֶעֱלוּךָ מֵאֶרֶץ מִצְרָיִם Y _____ dij_____, «Estos son _____ dioses, que _____ hicieron subir de la tierra de Egipto». (Ex. 32:4)

(14) וָאֶקְרָא לָהֶם וְלֹא עָנוּ Y _____ _____ habl_____, pero _____ no _____ respond_____. (Jer. 35:17)

(15) עַמִּי מֶה־עָשִׂיתִי לְךָ עֲנֵה בִי Pueblo _____, ¿Qué _____ h____ hecho? Respond_____ contra _____. (Miq. 6:3)

(16) עֲשֵׂה־לָנוּ אֱלֹהִים אֲשֶׁר יֵלְכוּ לְפָנֵינוּ Haz_____ dioses que vayan delante de _____. (Ex. 32:1)

(17) וַיֹּאמֶר לוֹ עֲשֵׂה כָּל־אֲשֶׁר בִּלְבָבֶךָ Y _____ _____ dij_____, «Haz todo lo que tien____ en _____ corazón». (1 Sam. 14:7)

(18) וְלֹא אָבִיתִי לִשְׁלֹחַ יָדִי בִּמְשִׁיחַ יְהוָה Pero _____ no quis____ extender ____ mano contra el ungido del Señor. (1 Sam. 26:23)

5. Practique pronunciando el hebreo, observando en particular los verbos Lamed He. Tape la traducción y practique traduciendo el hebreo.

(1) וַיַּעֲשֵׂהוּ כְּלִי אַחֵר כַּאֲשֶׁר יָשַׁר בְּעֵינֵי הַיּוֹצֵר לַעֲשׂוֹת Y volvió y la hizo otra vasija, según le pareció al alfarero mejor hacerla. (Jer. 18:4)

(2) וַיֹּאמֶר יַעֲקֹב אֶל־יוֹסֵף אֵל שַׁדַּי נִרְאָה־אֵלַי בְּאֶרֶץ כְּנַעַן וַיְבָרֶךְ אֹתִי Y Jacob dijo a José: El Dios Omnipotente me apareció en la tierra de Canaán, y me bendijo. (Gén. 48:3)

(3) וְהַבַּיִת אֲשֶׁר־אֲנִי בוֹנֶה גָּדוֹל כִּי־גָדוֹל אֱלֹהֵינוּ מִכָּל־הָאֱלֹהִים Y la casa que tengo que edificar, ha de ser grande; porque el Dios nuestro es grande sobre todos los dioses. (2 Cr. 2:4; esp. 2:5)

(4) וָאֶבְחַר בִּירוּשָׁלַ͏ִם לִהְיוֹת שְׁמִי שָׁם וָאֶבְחַר בְּדָוִד לִהְיוֹת עַל־עַמִּי יִשְׂרָאֵל Mas a Jerusalén he elegido para que en ella esté mi nombre, y a David he elegido para que esté sobre mi pueblo Israel. (2 Cr. 6:6)

(5) וַיֹּאמְרוּ נִבְנֶה־לָּנוּ עִיר וּמִגְדָּל וְרֹאשׁוֹ בַשָּׁמַיִם וְנַעֲשֶׂה־לָּנוּ שֵׁם Y dijeron: Vamos, edifiquémonos una ciudad y una torre, cuya cúspide llegue al cielo; y hagámonos un nombre. (Gén. 11:4)

(6) כֻּלָּנוּ כַּצֹּאן תָּעִינוּ אִישׁ לְדַרְכּוֹ פָּנִינוּ וַיהוָה הִפְגִּיעַ בּוֹ אֵת עֲוֹן כֻּלָּנוּ Todos nosotros nos descarriamos como ovejas, cada cual se apartó por su camino; mas Jehová cargó en él el pecado de todos nosotros. (Isa. 53:6)

(7) וַיַּעֲנוּ אֶת־יְהוֹשֻׁעַ לֵאמֹר כֹּל אֲשֶׁר־צִוִּיתָנוּ נַעֲשֶׂה Entonces respondieron a Josué, diciendo: Nosotros haremos todas las cosas que nos has mandado. (Josué 1:16)

(8) וְהָיוּ־לִי לְעָם וְאָנֹכִי אֶהְיֶה לָהֶם לֵאלֹהִים Y me serán por pueblo, y yo les seré a ellos por Dios. (Jer. 24:7)

(9) כֹּה תֹאמַר לִבְנֵי יִשְׂרָאֵל אֶהְיֶה שְׁלָחַנִי אֲלֵיכֶם Así dirás a los hijos de Israel: YO SOY me envió a ustedes. (Éx. 3:14)

(10) יְהִי יְהוָה אֱלֹהֵינוּ עִמָּנוּ כַּאֲשֶׁר הָיָה עִם־אֲבֹתֵינוּ Esté con nosotros el Señor nuestro Dios, como estuvo con nuestros padres. (1 R 8:57)

(11) וַיְחַזֵּק יְהוָה אֶת־לֵב פַּרְעֹה וְלֹא אָבָה לְשַׁלְּחָם Pero el Señor endureció el corazón de Faraón, y no quiso dejarlos ir. (Éx. 10:27)

(12) כִּי תִּמָּלֵא הָאָרֶץ לָדַעַת אֶת־כְּבוֹד יְהוָה כַּמַּיִם יְכַסּוּ עַל־יָם Porque la tierra será llena del conocimiento de la gloria del Señor, como las aguas cubren el mar. (Hab. 2:14)

(13) וַיַּרְא אֱלֹהִים אֶת־כָּל־אֲשֶׁר עָשָׂה וְהִנֵּה־טוֹב מְאֹד Y vio Dios todo lo que había hecho, y he aquí que era bueno en gran manera. (Gén. 1:31)

(14) וָאֵרָא אֶל־אַבְרָהָם אֶל־יִצְחָק וְאֶל־יַעֲקֹב בְּאֵל שַׁדָּי Y aparecí a Abraham, a Isaac y a Jacob como Dios Omnipotente. (Éx. 6:3)

(15) נְהָרוֹת בָּבֶל שָׁם יָשַׁבְנוּ גַּם־בָּכִינוּ בְּזָכְרֵנוּ אֶת־צִיּוֹן Junto a los ríos de Babilonia, Allí nos sentábamos, y aun llorábamos, Acordándonos de Sión. (Sal. 137:1)

(16) וַיְכַל אֱלֹהִים בַּיּוֹם הַשְּׁבִיעִי מְלַאכְתּוֹ אֲשֶׁר עָשָׂה וַיִּשְׁבֹּת בַּיּוֹם הַשְּׁבִיעִי מִכָּל־מְלַאכְתּוֹ Y acabó Dios en el día séptimo la obra que hizo; y reposó el día séptimo de toda la obra que hizo. (Gén. 2:2)

אֲשֶׁר עָשָׂה

(17) בִּשְׁתַּיִם יְכַסֶּה פָנָיו וּבִשְׁתַּיִם יְכַסֶּה רַגְלָיו׃ Con dos cubría su rostro y con dos cubría sus pies. (Isa. 6:2)

(18) וְרָאוּ כָּל־אַפְסֵי־אָרֶץ אֵת יְשׁוּעַת אֱלֹהֵינוּ׃ Y todos los confines de la tierra verán la salvación del Dios nuestro. (Isa. 52:10)

VOCABULARIO

(1) בָּכָה él lloró

(2) זָנָה él cometió adulterio, fornicó

(3) חָזָה él vio (en una visión)

(4) חָלָה él era débil, enfermo

(5) חָנָה él acampó

(6) חָרָה él se enojó, era caliente

(7) יָרָה él enseñó

(8) כָּסָה él cubrió, veló

(9) עָנָה (1) él respondió, contestó
(2) él estaba afligido

(10) צָפָה él vigiló, espió

(11) קָנָה él tomó posesión, adquirió compró

(12) [שׁחה] él se postró, adoró

(13) אַמָּה (f) codo

(14) מַחֲנֶה(m y f) campamento

(15) מַטֶּה vara, cayado, tribu

(16) מַעֲשֶׂה obra, hecho

(17) מִשְׁפָּחָה(f) familia, clan

(18) עֹלָה(f) holocausto

Lección XXVIII

73. Verbos débiles: los verbos Pe Nun

73.1 *Definición*

Un verbo Pe Nun es aquel cuya consonante inicial del tema es נ.

(1) Verbos Pe Nun regulares

(a) [נבט](Hif.) él vio, miró

(b) [נגד](Hif.) él dijo, declaró

(c) נָגַף él golpeó, hirió

(d) נָגַשׁ él se acercó

(e) נָדַר él se tomó un juramento

(f) נָטַשׁ él dejó, abandonó

(g) נָפַל él se cayó

(h) [נצב](Nif.) él se paró, tomó su lugar, (Hif.) él puso, hizo parar, colocó

(i) [נצל](Hif.), él quitó, rescató

(j) נָצַר él miró, guardó, mantuvo

(k)   נָקַם él vengó, se vengó de

(l)   [נשׂג](Hif.) él extendió, alcanzó, adquirió, sobrecogió

(m)   נָתַךְ él vertió

(n)   נָתַץ él bajó, abatió

                       (2) Verbos doblemente débiles: Pe Nun y Lamed 'Alef

(a)   [נבא](Nif.) él profetizó

(b)   נָשָׂא él levantó, llevó, portó

                       (3) Verbos doblemente débiles: Pe Nun y Lamed He

(a)   נָזָה él salió en chorro, salpicó (Hif.) él roció

(b)   נָטָה él estiró, extendió, desplegó, desvió

(c)   [נכה](Hif.) él golpeó, hirió, mató

(d)   [נסה] él probó

(e)   נָקָה él era limpio, inocente, sin culpa

(f)   נָשָׁה(1) él prestó, pidió prestado

(g)   נָשָׁה(2) él se olvidó

                       (4) Verbos doblemente débiles: Pe Nun y Lamed Gutural

(a)   נָגַע él tocó, golpeó

(b)   נָדַח él expulsó, echó fuera, desterró

(c)   נָטַע él sembró

(d) נָסַע ‎ él partió, se marchó, emprendió viaje

(e) נָפַח ‎ él sopló

Nota: לָקַח, 'él tomó', también sigue el patrón de un verbo doblemente débil de la clase Pe Nun/Lamed Gutural.

(5) Verbos doblemente débiles: Pe Nun y Lamed Nun

Solamente un verbo cae dentro de esta categoría, el frecuentemente usado verbo נָתַן, 'él dio, puso, pagó, permitió'.

73.2 *Características distintivas de los verbos Pe Nun*

(1) Cuando נ es la consonante final en una sílaba, que no es la última de la palabra, es asimilada por la siguiente consonante, dejando dagesh forte.

(2) Sin embargo, si la consonante siguiente es una gutural, y por lo tanto no puede ser duplicada, se permite que נ se mantenga como una consonante, sin asimilar. Este es el caso de verbos tales como נָאַץ, 'él despreció, menospreció, oprobió', נָהַג, 'él condujo' y נָחַל 'él heredó, tomó posesión de'. Una excepción a esta regla es el verbo [נחם] 'él se arrepintió, se consoló', el cual tiene la nûn asimilada en el Nif'al perfecto y el Nif'al participio.

Ejemplos:

(a) Qal imperfecto 3 ms de נָחַל: יִנְחַל
(b) Nif'al perfecto 3 ms de [נחם] : נִנְחַם pasa a נִחַם (ח duplicada virtualmente)
(c) Nif'al participio (ms) de [נחם]: נִנְחָם pasa a נִחָם (ח duplicada virtualmente)

(3) La asimilación de la נ en los verbos Pe Nun, aparte de las excepciones mencionadas arriba, ocurre en todas las formas del Qal imperfecto, Nif'al perfecto y el Nif'al participio. Además, ocurre en las inflexiones completas Hif'il y Hof'al. En el Pi'el, Pu'al y Hitpa'el, los verbos Pe Nun regulares siguen el mismo patrón de los verbos fuertes.

Ejemplos:

(a) Qal imperfecto de נָפַל, 'él se cayó'

3 ms	יִנְפֹּל pasa a	יִפֹּל
3 fs	תִּנְפֹּל pasa a	תִּפֹּל

etc.

(b) Nif'al perfecto de נָגַשׁ, 'él se acercó'

3 ms	נִגַּשׁ pasa a נִנְגַּשׁ
3 fs	נִגְּשָׁה pasa a נִנְגְּשָׁה
	etc.

(c) Hif'il perfecto de [נצל], 'él quitó, rescató'

3 ms	הִצִּיל pasa a הִנְצִיל
3 fs	הִצִּילָה pasa a הִנְצִילָה
2 ms	הִצַּלְתָּ pasa a הִנְצַלְתָּ
	etc.

(d) Hif'il imperfecto de נָגַשׁ, 'él se acercó'; (Hif.) 'él llevó cerca, presentó'

3 ms	יַגִּישׁ pasa a יַנְגִּישׁ
3 fs	תַּגִּישׁ pasa a תַּנְגִּישׁ
	etc.

(4) La vocal del tema de los imperfectos y los imperativos del Qal de los verbos Pe Nun presenta las siguientes variaciones.

(a) La vocal del tema es ḥólĕm en la mayoría de los verbos regulares Pe Nun.

Ejemplos:

Qal imperfecto

נָפַל, 'él se cayó'   נָטַשׁ, 'él dejó, abandonó'

3 ms   יִפֹּל   3 ms   יִטֹּשׁ

416

3 fs	תִּפֹּל		3 fs	תִּטֹּשׁ
2 ms	תִּפֹּל		2 ms	תִּטֹּשׁ
2 fs	תִּפְּלִי		2 fs	תִּטְּשִׁי
1 cs	אֶפֹּל		1 cs	אֶטֹּשׁ
3 mp	יִפְּלוּ		3 mp	יִטְּשׁוּ
3 mp	תִּפֹּלְנָה		3 mp	תִּטֹּשְׁנָה
2 mp	תִּפְּלוּ		2 mp	תִּטְּשׁוּ
2 fp	תִּפֹּלְנָה		2 fp	תִּטֹּשְׁנָה
1 cp	נִפֹּל		1 cp	נִטֹּשׁ

Qal imperativo

2 ms	נְפֹל		2 ms	נְטֹשׁ
2 fs	נִפְלִי		2 fs	נְטְשִׁי
2 mp	נִפְלוּ		2 mp	נְטְשׁוּ
2 fp	נְפֹלְנָה		2 fp	נְטֹשְׁנָה

(b) La vocal del tema es pătăḥ en unos pocos verbos regulares Pe Nun (véanse נָגַשׁ, נָתַךְ), en todos los verbos débiles Pe Nun/Lamed Gutural, y en el verbo לָקַח, 'él tomó', un verbo que exhibe las características de los verbos Pe Nun/Lamed Gutural.

Ejemplos de formas del Qal imperfecto:

3 ms		יִגַּשׁ	de	נָגַשׁ
3 ms		יִגַּע	de	נָגַע
3 ms		יִטַּע	de	נָטַע

3 ms	נָסַע	de	יִסַּע
3 ms	לָקַח	de	יִקַּח

Los verbos Pe Nun en esta categoría forman el Qal imperativo eliminando la נ inicial completamente.

Ejemplos del Qal imperativo de verbos representativos de esta categoría:

נָגַשׁ, 'él se acercó'   נָגַע, 'él tocó'   לָקַח, 'él tomó'

2 ms	גַּשׁ	גַּע	קַח
2 fs	גְּשִׁי	גְּעִי	קְחִי
2 mp	גְּשׁוּ	גְּעוּ	קְחוּ
2 fp	גַּשְׁנָה	גַּעְנָה	קַחְנָה

(c) La vocal del tema es ṣērê en el Qal imperfecto y Qal imperativo del verbo doblemente débil Pe Nun/Lamed Nun נָתַן, 'él dio'.

Ejemplos:
               Qal imperfecto   Qal imperativo

3 ms	יִתֵּן	2 ms	תֵּן
3 fs	תִּתֵּן	2 fs	תְּנִי
2 ms	תִּתֵּן	2 mp	תְּנוּ
2 fs	תִּתְּנִי	2 fp	תֵּנָּה(תֵּנְנָה) pasa a (תֵּנָּה)
1 cs	אֶתֵּן		

etc.

(d) La vocal del tema es qāmeṣ en el Qal imperfecto y el Qal imperativo 2 ms del verbo doblemente débil Pe Nun/Lamed 'Alef נָשָׂא, 'él levantó'.

Ejemplos:

	Qal imperfecto		Qal imperativo
3 ms	יִשָּׂא	2 ms	שָׂא
3 fs	תִּשָּׂא	2 fs	שְׂאִי
2 ms	תִּשָּׂא	2 mp	שְׂאוּ
2 fs	תִּשְׂאִי	2 fp	שֶׂאנָה
1 cs	אֶשָּׂא		

etc.

(5) En los verbos Pe Nun que no tienen ḥólĕm como la vocal del tema en el Qal imperfecto, el Qal infinitivo constructo se forma eliminando la נ inicial y agregando ת al final para formar un segolado. Esta regla aplica también a לָקַח. El verbo doblemente débil נָתַן forma el Qal infinitivo constructo eliminando la נ inicial y sustituyendo ת por la נ final, llegando a la forma תֵּת.

Cuando una preposición es agregada a una de las formas infinitivo constructo segolado, o a una forma monosilábica, es marcada con qámĕṣ, puesto que queda antes de la sílaba acentuada de la palabra.

Ejemplos:

	Tema verbal	Qal Infinitivo constructo	Con preposición
(a)	נָגַשׁ	גֶּשֶׁת	לָגֶשֶׁת
(b)	נָגַע	גַּעַת	לָגַעַת
(c)	נָטַע	(נְטֹעַ)טַעַת	לָטַעַת
(d)	נָשָׂא	שְׂאֵת	לָשֵׂאת
(e)	נָתַן	תֵּת	לָתֵת
(f)	לָקַח	קַחַת	לָקַחַת

(6) El verbo נָתַן también asimila la נ final cuando está al final de una sílaba antes del aformativo consonántico.

Ejemplos:

Qal perfecto

2 ms	נָתַנְתָּpasa a	נָתַתָּ	(נָתַתָּה)
2 fs	נָתַנְתְּpasa a	נָתַתְּ	
1 cs	נָתַנְתִּיpasa a	נָתַתִּי	
2 mp	נְתַנְתֶּםpasa a	נְתַתֶּם	
1 cp	נָתַנּוּpasa a	נָתַנּוּ	

Qal imperfecto

3 fp, 2 fp	תִּנְתֵּנְנָהpasa a	תִּתֵּנָּה

Qal imperativo

2 fp	תֵּנְתֵּנָהpasa a	תֵּנָּה

(7) Los verbos doblemente débiles, que son Pe Nun y Lamed He a la vez presentan problemas especiales para el estudiante principiante. No solamente la נ inicial es asimilada de acuerdo con las reglas dadas arriba, sino también la debilidad de la ה final algunas veces produce formas verbales apocopadas (acortadas), especialmente cuando son usados como yusivos o cuando son prefijados con vāv consecutiva. La inflexión del sistema Hif'il ilustrará las características peculiares de esta clase de verbos

Hif'il de נָכָה, 'él golpeó, hirió, mató'

	Perfecto		Imperfecto	Yusivo	Imperf. + וְ
3 ms	הִכָּה	3 ms	יַכֶּה	יַךְ	וַיַּךְ
3 fs	הִכְּתָה	3 fs	תַּכֶּה		וַתַּךְ
2 ms	הִכִּיתָ	2 ms	תַּכֶּה		
2 fs	הִכִּית	2 fs	תַּכִּי		

1 cs	הִכֵּיתִי	1 cs	אַכֶּה		וָאַךְ
3 cp	הִכּוּ	3 mp	יַכּוּ	יַכּוּ	וַיַּכּוּ
		3 fp	תַּכֶּינָה		
2 mp	הִכִּיתֶם	2 mp	תַּכּוּ		
2 fp	הִכִּיתֶן	2 fp	תַּכֶּינָה		
1 cp	הִכִּינוּ	1 cp	נַכֶּה		וַנַּךְ

Imperativo

2 ms	הַךְ(הַכֵּה)
2 fs	הַכִּי
2 mp	הַכּוּ
2 fp	הַכֶּינָת

Infinitivo constructo	Infinitivo absoluto	Participio	
הַכּוֹת (לְהַכּוֹת)	הַכֵּה	ms	מַכֶּה
		mp	מַכִּים

(8) El sistema Qal de לָקַח, 'él tomó'

	Perfecto		Imperfecto		Imperativo
3 ms	לָקַח	3 ms	יִקַּח		
3 fs	לָקְחָה	3 fs	תִּקַּח		
2 ms	לָקַחְתָּ	2 ms	תִּקַּח	2 ms	קַח
2 fs	לָקַחַתְּ	2 fs	תִּקְחִי	2 fs	קְחִי

1 cs	לָקַחְתִּי	1 cs	אֶקַּח			
3 cp	לָקְחוּ	3 mp	יִקְחוּ			
		3 fp	תִּקַּחְנָה			
2 mp	לְקַחְתֶּם	2 mp	תִּקְחוּ	2 mp	קְחוּ	
2 fp	לְקַחְתֶּן	2 fp	תִּקַּחְנָה	2 fp	קַחְנָה	
1 cp	לָקַחְנוּ	1 cp	נִקַּח			
Infinitivo constructo	קַחַת (לָקַחַת)	Participio activo	ms	לֹקֵחַ		
Infinitivo absoluto	לָקוֹחַ		mp	לוֹקְחִים		
			constructo	לוֹקְחֵי		
		Participio pasivo	ms	לָקוּחַ		

(9) La sinopsis de נָגַשׁ, 'él se acercó'

	Qal	Nif'al	Pi'el	Pu'al	Hitpa'el	Hif'il	Hof'al
Perf. 3 ms	נָגַשׁ	נִגַּשׁ	נִגֵּשׁ	נֻגַּשׁ	הִתְנַגֵּשׁ	הִגִּישׁ	הֻגַּשׁ
Imperf. 3 ms	יִגַּשׁ	יִנָּגֵשׁ	יְנַגֵּשׁ	יְנֻגַּשׁ	יִתְנַגֵּשׁ	יַגִּישׁ	יֻגַּשׁ
Impera. 2 ms	גַּשׁ	הִנָּגֵשׁ	נַגֵּשׁ		הִתְנַגֵּשׁ	הַגֵּשׁ	
Inf. Const.	גֶּשֶׁת	הִנָּגֵשׁ	נַגֵּשׁ	נֻגַּשׁ	הִתְנַגֵּשׁ	הַגִּישׁ	הֻגַּשׁ
Inf. Abs.	נָגוֹשׁ	הִנָּגֵשׁ	נַגֵּשׁ	נֻגַּשׁ	הִתְנַגֵּשׁ	הַגֵּשׁ	הֻגַּשׁ
Part. Act.	נֹגֵשׁ		מְנַגֵּשׁ		מִתְנַגֵּשׁ	מַגִּישׁ	
Part. Pas.	נָגוּשׁ	נִגָּשׁ		מְנֻגָּשׁ			מֻגָּשׁ

EJERCICIOS

1. Cada una de las siguientes oraciones tiene una forma verbal Pe Nun. Escriba la traducción de cada forma. En el inciso (a) escriba su sistema, en (b) su inflexión (perfecto, imperfecto, etc.), en (c) su persona, género y número, y en (d) su tema. Aporte esta información solamente para aquellos verbos que son Pe Nun y para el verbo לָקַח, 'él tomó'.

(1) לֹא־יִשָּׂא גוֹי אֶל־גּוֹי חֶרֶב No _____ espada nación contra nación. (Isa. 2:4)

    (a) _____ (b) _____ (c) _____ (d) _____

(2) כִּי אֶת־כָּל־הָאָרֶץ אֲשֶׁר אַתָּה רֹאֶה לְךָ אֶתְּנֶנָּה Porque toda la tierra que ves, la _____ a ti. (Gén. 13:15)

    (a) _____ (b) _____ (c) _____ (d) _____

(3) שְׂאוּ שְׁעָרִים רָאשֵׁיכֶם ¡ _____, oh puertas, sus cabezas! (Sal. 24:7)

    (a) _____ (b) _____ (c) _____ (d) _____

(4) וַיִּפֹּל הַגּוֹרָל עַל־יוֹנָה Y la suerte _____ sobre Jonás. (Jonás 1:7)

    (a) _____ (b) _____ (c) _____ (d) _____

(5) וְיִתְפַּלֵּל אֵלָיו וְיֹאמַר הַצִּילֵנִי כִּי אֵלִי אָתָּה Y se postra delante de él y dice, «_____, porque tú eres mi dios!». (Isa. 44:17)

    (a) _____ (b) _____ (c) _____ (d) _____

(6) לָמָּה לֹא־הִגַּדְתָּ לִּי כִּי אִשְׁתְּךָ הִוא ¿Por qué no me _____ que ella era tu mujer? (Gén. 12:18)

    (a) _____ (b) _____ (c) _____ (d) _____

(7) וַיִּשְׁלַח יְהוָה אֶת־יָדוֹ וַיַּגַּע עַל־פִּי Y extendió el Señor su mano y _____ mi boca. (Jer. 1:9)

(a) _____ (b) _____ (c) _____ (d) _____

(8) וַיֹּאמֶר יְהוָה אֵלַי הִנֵּה נָתַתִּי דְבָרַי בְּפִיךָ Y el Señor me dijo, «He aquí, he _____ mis palabras en tu boca». (Jer. 1:9)

(a) _____ (b) _____ (c) _____ (d) _____

(9) וַיִּטַּע יְהוָה אֱלֹהִים גַּן־בְּעֵדֶן Y el Señor _____ un huerto en Edén. (Gén. 2:8)

(a) _____ (b) _____ (c) _____ (d) _____

(10) הַבֵּט מִשָּׁמַיִם וּרְאֵה ¡ _____ desde el cielo, y contempla! (Isa. 63:15)

(a) _____ (b) _____ (c) _____ (d) _____

(11) וּבַמָּקוֹם הַזֶּה אֶתֵּן שָׁלוֹם Y _____ paz en este lugar. (Hag. 2:9)

(a) _____ (b) _____ (c) _____ (d) _____

(12) וְהִכֵּיתִי כָל־בְּכוֹר בְּאֶרֶץ מִצְרַיִם Y _____ a todo primogénito en la tierra de Egipto. (Ex. 12:12)

(a) _____ (b) _____ (c) _____ (d) _____

(13) וְרוּחַ קָדְשְׁךָ אַל־תִּקַּח מִמֶּנִּי Y no _____ de mí tu santo espíritu. (Sal. 51:13; esp. 51:11)

(a) _____ (b) _____ (c) _____ (d) _____

(14) וַתִּקַּח מִפִּרְיוֹ וַתֹּאכַל Y ella _____ de su fruto, y comió. (Gén. 3:6)

(a) _____ (b) _____ (c) _____ (d) _____

(15) יִשָּׂא יְהוָה פָּנָיו אֵלֶיךָ El Señor _____ sobre ti su rostro. (Núm. 6:26)

(a) _____ (b) _____ (c) _____ (d) _____

2. Cada uno de las oraciones a continuación presenta una forma del infinitivo de un verbo Pe Nun. En el enciso (a), indique su sistema; en (b), si es *constructo* o *absoluto*; y en (c), su tema.

(1) לָתֵת לָהֶם לֵב אֶחָד
… para darles un solo corazón. (2 Cr. 30:12)
(a) _____
(b) _____
(c) _____

(2) וַיְבַקְשׁוּ אֶת־נַפְשִׁי לְקַחְתָּהּ
Y me buscan para quitar la vida. (1 R. 19:10)
(a) _____
(b) _____
(c) _____

(3) וְעַתָּה אָרוּר אָתָּה מִן־הָאֲדָמָה אֲשֶׁר פָּצְתָה אֶת־פִּיהָ לָקַחַת אֶת־דְּמֵי אָחִיךָ מִיָּדֶךָ
Ahora, pues, maldito seas tú de la tierra, que abrió su boca para recibir de tu mano la sangre de tu hermano. (Gén. 4:11)
(a) _____
(b) _____
(c) _____

(4) בִּנְטֹתִי אֶת־יָדִי עַל־מִצְרָיִם
… cuando extienda mi mano sobre Egipto. (Ex. 7:5)
(a) _____
(b) _____
(c) _____

(5) וַיְמָאֵן הָאִישׁ לְהַכֹּתוֹ
Pero el hombre no quiso herirle. (1 R. 20:35)
(a) _____
(b) _____
(c) _____

(6) וַיֹּאמְרוּ אֶל־בָּרוּךְ הַגֵּד נַגִּיד לַמֶּלֶךְ אֵת כָּל־הַדְּבָרִים
(a) _____
(b) _____
(c) _____

425

הָאֵ֫לֶּה
Y le dijeron a Baruc, «Sin duda contaremos al rey todas estas palabras». (Jer. 36:16)

(7) לְהַגִּיד לְיַעֲקֹב פִּשְׁעוֹ וּלְיִשְׂרָאֵל חַטָּאתוֹ
... para denunciar a Jacob su rebelión, y a Israel su pecado. (Miq. 3:8)

(a) _____
(b) _____
(c) _____

(8) כִּי־אִתְּךָ אֲנִי לְהַצִּילֶךָ
Porque contigo estoy para librarte. (Jer. 1:8)

(a) _____
(b) _____
(c) _____

(9) וְאַל־יַבְטַח אֶתְכֶם חִזְקִיָּהוּ אֶל־יְהוָה לֵאמֹר הַצֵּל יַצִּילֵנוּ יְהוָה
Ni les haga Ezequías confiar en el Señor, diciendo, «Ciertamente el Señor nos librará». (Isa. 36:15)

(a) _____
(b) _____
(c) _____

(10) וְשָׁאוּל חָשַׁב לְהַפִּיל אֶת־דָּוִד בְּיַד־פְּלִשְׁתִּים
Y Saúl pensaba hacer caer a David en manos de los filisteos. (1 Sam. 18:25)

(a) _____
(b) _____
(c) _____

(11) הַכֵּה תַכֶּה אֶת־יֹשְׁבֵי הָעִיר הַהִוא לְפִי־חָרֶב
Irremisiblemente herirás a filo de espada a los moradores de aquella ciudad. (Deut. 13:16; esp. 13:15)

(a) _____
(b) _____
(c) _____

3. Completa las siguientes oraciones, escribiendo los pronombres y elementos verbales que faltan.

(1) אֶשָּׂא עֵינַי הֶהָרִים Alzar_____ _____ ojos a los montes. (Sal. 121:1)

(2) וְרוּחַ יְהוָה יִשָּׂאֲךָ Y el espíritu del Señor _____ llevará. (1 R. 18:12)

(3) וְאַתָּה נָשָׂאתָ עֲוֹן חַטָּאתִי Y _____ perdon_____ la maldad de _____ pecado. (Sal. 32:5)

(4) אָכֵן חֳלָיֵנוּ הוּא נָשָׂא Ciertamente _____ llev_____ _____ enfermedades. (Isa. 53:4)

(5) וָאֶפֹּל עַל־פָּנָי Y _____ postr_____ sobre _____ rostro. (Ezeq. 3:23)

(6) וְהִפַּלְתִּים בַּחֶרֶב לִפְנֵי אֹיְבֵיהֶם Y _____ har_____ caer a espada delante de _____ enemigos. (Jer. 19:7)

(7) כִּי הִצַּלְתָּ נַפְשִׁי מִמָּוֶת Porque ha____ librado _____ mi alma de la muerte. (Sal. 56:14; esp. 56:13)

(8) לְמַעַן הַצִּיל אֹתוֹ מִיָּדָם para librar_____ de _____ manos. (Gén. 37:22)

(9) בְּצִדְקָתְךָ תַּצִּילֵנִי ¡En _____ justicia, líbra_____! (Sal. 7:12)

(10) וַיֹּאמֶר מִי הִגִּיד לְךָ כִּי עֵירֹם אָתָּה Y _____ dij____, «¿Quién _____ enseñ_____ que estaba____ desnudo?» (Gén. 3:11)

(11) וְהִגִּידוּ אֶת־כְּבוֹדִי בַּגּוֹיִם Y _____ publicar_____ _____ gloria entre las naciones. (Isa. 66:19)

(12) וַיַּכּוּ אֹתוֹ וְאֶת־בָּנָיו וְאֶת־כָּל־עַמּוֹ Y _____ hi_____ a _____ y a _____ hijos y a toda _____ gente. (Núm. 21:35)

(13) וְנָטִיתִי אֶת־יָדִי עֲלֵיהֶם Y _____ extender_____ _____ mano contra _____. (Ezeq. 6:14)

(14) הַטּוּ אָזְנְכֶם וּלְכוּ אֵלַי שִׁמְעוּ וּתְחִי נַפְשְׁכֶם Inclinen _____ oído y vengan a _____; oigan, para que viva _____ alma. (Isa. 55:3)

(15) תְּנָה־לָּנוּ מֶלֶךְ לְשָׁפְטֵנוּ Da_____ un rey, que _____ juzgue. (1 Sam. 8:6)

4. Cada uno de las oraciones a continuación presenta una forma del imperativo de un verbo Pe Nun. Complete la traducción. En el enciso (a), indique su sistema; en (b), su persona, género y número; y en (c), su tema. Trabajo solo con los verbos que son Pe Nun.

(1) שָׂא נָא עֵינֶיךָ וּרְאֵה מִן־הַמָּקוֹם אֲשֶׁר אַתָּה שָׁם (a) _____
(b) _____
(c) _____
_____ ahora tus ojos, y mira desde el lugar donde estás. (Gén. 13:14)

(2) וְעַתָּה הַצִּילֵנוּ מִיַּד אֹיְבֵינוּ (a) _____
(b) _____
(c) _____
Y ahora, _____ nos de mano de nuestros enemigos. (1 Sam. 12:10)

(3) הַגֵּד אֶת־כָּל־אֲשֶׁר־אַתָּה רֹאֶה לְבֵית יִשְׂרָאֵל
_____ todo lo que ves a la casa de Israel. (Ezeq. 40:4)

(a) _____
(b) _____
(c) _____

(4) וַיֹּאמֶר הַגִּידָה־נָּא שְׁמֶךָ
Y dijo: _____ me ahora tu nombre. (Gén. 32:30; esp. 32:29)

(a) _____
(b) _____
(c) _____

(5) וַיֹּאמֶר אֵלָיו יִצְחָק אָבִיו גְּשָׁה־נָּא וַיִּגַּשׁ
Y le dijo Isaac su padre: _____ ahora, y se acercó. (Gén. 27:26–27)

(a) _____
(b) _____
(c) _____

(6) שְׁלַח־נָא יָדְךָ וְגַע בְּכָל־אֲשֶׁר־לוֹ
Pero extiende ahora tu mano y _____ todo lo que tiene. (Job 1:11)

(a) _____
(b) _____
(c) _____

(7) וַיֹּאמֶר הַבֶּט־נָה הַשָּׁמַיְמָה
_____ ahora los cielos. (Gén. 15:5)

(a) _____
(b) _____
(c) _____

(8) וַיֹּאמְרוּ תְּנוּ־לָנוּ מַיִם וְנִשְׁתֶּה
Y dijeron: _____ nos agua para que bebamos. (Éx. 17:2)

(a) _____
(b) _____
(c) _____

(9) לֹא לָנוּ יְהוָה לֹא לָנוּ כִּי־לְשִׁמְךָ תֵּן כָּבוֹד
No a nosotros, oh Señor, no a nosotros, sino a tu nombre _____ gloria. (Sal.

(a) _____
(b) _____
(c) _____

115:1)

(10) תְּנָה־אֶת־בִּתְּךָ לִבְנִי לְאִשָּׁה
_____ tu hija por mujer a mi hijo. (2 R 14:9)

(a) _____
(b) _____
(c) _____

(11) וַיֹּאמֶר יְהוָה אֶל־מֹשֶׁה אֱמֹר אֶל־אַהֲרֹן נְטֵה אֶת־מַטְּךָ
Entonces el Señor dijo a Moisés: Di a Aarón: _____ tu vara. (Éx. 8:12; esp. 8:16)

(a) _____
(b) _____
(c) _____

(12) וַיֹּאמֶר יְהוָה קַח־נָא אֶת־נַפְשִׁי מִמֶּנִּי כִּי טוֹב מוֹתִי מֵחַיָּי
Ahora pues, oh Jehová, te ruego que me _____ la vida; porque mejor me es la muerte que la vida. (Jonás 4:3)

(a) _____
(b) _____
(c) _____

(13) וְעַתָּה קְחוּ לָכֶם שְׁנֵי עָשָׂר אִישׁ מִשִּׁבְטֵי יִשְׂרָאֵל
Y ahora, _____ doce hombres de las tribus de Israel. (Josué 3:12)

(a) _____
(b) _____
(c) _____

(14) הַצִּילֵנִי נָא מִיַּד אָחִי מִיַּד עֵשָׂו
_____ me ahora de la mano de mi hermano, de la mano de Esaú. (Gén. 32:12)

(a) _____
(b) _____
(c) _____

(15) הַגִּידָה לִּי מֶה עָשִׂיתָה
_____ me lo que has hecho. (1 Sam. 14:43)

(a) _____
(b) _____
(c) _____

5. Practique pronunciando el hebreo, observando en particular los verbos Pe Nun. Tape la traducción y practique traduciendo el hebreo.

(1) וַיִּקָּחֵנִי יְהוָה מֵאַחֲרֵי הַצֹּאן וַיֹּאמֶר אֵלַי יְהוָה לֵךְ הִנָּבֵא אֶל־עַמִּי יִשְׂרָאֵל Y Jehová me tomó de detrás del ganado, y me dijo: Ve y profetiza a mi pueblo Israel. (Amós 7:15)

(2) לֹא תִשָּׂא אֶת־שֵׁם־יְהוָה אֱלֹהֶיךָ לַשָּׁוְא No tomarás el nombre de Jehová tu Dios en vano. (Éx. 20:7)

(3) שִׁבְטְךָ וּמִשְׁעַנְתֶּךָ הֵמָּה יְנַחֲמֻנִי Tu vara y tu cayado me infundirán aliento. (Sal. 23:4)

(4) וָאֶרְאֶה אֶת־אֲדֹנָי יֹשֵׁב עַל־כִּסֵּא רָם וְנִשָּׂא Y vi yo al Señor sentado sobre un trono alto y sublime. (Isa. 6:1)

(5) וַיֹּאמְרוּ לְכוּ וְנַפִּילָה גוֹרָלוֹת וַיַּפִּלוּ גוֹרָלוֹת וַיִּפֹּל הַגּוֹרָל עַל־יוֹנָה Y dijeron cada uno a su compañero: Venid y echemos suertes, para que sepamos por causa de quién nos ha venido este mal. Y echaron suertes, y la suerte cayó sobre Jonás. (Jonás 1:7)

(6) וַיֹּאמֶר דָּוִד יְהוָה אֲשֶׁר הִצִּלַנִי מִיַּד הָאֲרִי וּמִיַּד הַדֹּב יַצִּילֵנִי מִיַּד הַפְּלִשְׁתִּי הַזֶּה Añadió David: El Señor, que me ha librado de las garras del león y de las garras del oso, él también me librará de la mano de este filisteo. (1 Sam. 17:37)

(7) הַשָּׁמַיִם מְסַפְּרִים כְּבוֹד־אֵל וּמַעֲשֵׂה יָדָיו מַגִּיד הָרָקִיעַ Los cielos cuentan la gloria de Dios, Y el firmamento anuncia la obra de sus manos. (Sal. 19:2; esp. 19:1)

430

(8)	וַיִּגְּשׁוּ עֲבָדָיו וַיְדַבְּרוּ אֵלָיו וַיֹּאמְרוּ אָבִי דָּבָר גָּדוֹל הַנָּבִיא דִּבֶּר אֵלֶיךָ הֲלוֹא תַעֲשֶׂה	Mas sus criados se le acercaron y le hablaron diciendo: Padre mío, si el profeta te mandara alguna gran cosa, ¿no la harías? (2 R 5:13)
(9)	הַבִּיטוּ אֶל־אַבְרָהָם אֲבִיכֶם כִּי־אֶחָד קְרָאתִיו וַאֲבָרְכֵהוּ וְאַרְבֵּהוּ	Miren a Abraham vuestro padre, y a Sara que les dio a luz; porque cuando no era más que uno solo lo llamé, y lo bendije y lo multipliqué. (Isa. 51:2)
(10)	וַיֹּאמֶר יְהוָה אֶל־מֹשֶׁה רְאֵה נְתַתִּיךָ אֱלֹהִים לְפַרְעֹה וְאַהֲרֹן אָחִיךָ יִהְיֶה נְבִיאֶךָ	Y el Señor dijo a Moisés: Mira, yo te constituido dios para Faraón, y tu hermano Aarón será tu profeta. (Éx. 7:1)
(11)	רְאֵה נָתַתִּי לְפָנֶיךָ הַיּוֹם אֶת־הַחַיִּים וְאֶת־הַטּוֹב וְאֶת־הַמָּוֶת וְאֶת־הָרָע	Mira, yo he puesto delante de ti hoy la vida y el bien, la muerte y el mal. (Deut. 30:15)
(12)	אֵת אוּרִיָּה הַחִתִּי הִכִּיתָ בַחֶרֶב וְאֶת־אִשְׁתּוֹ לָקַחְתָּ לְּךָ לְאִשָּׁה	A Urías heteo heriste a espada, y tomaste por mujer a su mujer. (2 Sam. 12:9)
(13)	יוֹמָם הַשֶּׁמֶשׁ לֹא־יַכֶּכָּה וְיָרֵחַ בַּלָּיְלָה	El sol no te fatigará de día, ni la luna de noche. (Sal. 121:6)
(14)	וַיִּשְׁלַח אַבְרָהָם אֶת־יָדוֹ וַיִּקַּח אֶת־הַמַּאֲכֶלֶת לִשְׁחֹט אֶת־בְּנוֹ	Y extendió Abraham su mano y tomó el cuchillo para degollar a su hijo. (Gén. 22:10)

(15) יְהוָה נָתַן וַיהוָה לָקָח יְהִי שֵׁם יְהוָה מְבֹרָךְ El Señor dio, y el Señor quitó; sea el nombre del Señor bendito. (Job 1:21)

VOCABULARIO

(1) [נבט](Hif.) él vio, miró

(2) נָגַף él golpeó, hirió

(3) נָדַח él expulsó, echó fuera, desterró

(4) נָדַר él se juró, tomó un juramento

(5) [נהל](Pi.) él guió, dirigió, refrescó

(6) נָזָה salió en chorro, salpicó; (Hif.) roció

(7) נָטַע él sembró

(8) נָטַשׁ él dejó, abandonó

(9) [נסה]él probó

(10) נָסַע él partió, se marchó, emprendió viaje

(11) [נצב]él se paró, se ubicó; (Hif.) él estacionó, colocó, hizo pararse

(12) נָצַר él vigiló, guardó

(13) [נקה]él era limpio, inocente, sin culpa

(14) [נקם]él se vengó de, tomó

(15) [נשׂג](Hif.) él extendió, alcanzó, adquirió, sobrecogió venganza

(16) נָחַת él bajó, abatió

(17) חַיִל fuerza, fortaleza, riqueza, ejército

(18) נַחֲלָה (f) posesión, herencia, legado

Lección XXIX

74. Verbos débiles: los verbos 'Ayin Vav / 'Ayin Yod

74.1 *Definición*

Los verbos Ayin Vav/Ayin Yod también son conocidos como 'verbos de vocal media', 'verbos II-Vav/II-Yod', o 'verbos huecos'. Cualquiera que sea la designación, esta clase de verbos incluye aquellos cuya consonante media—vav o yod—perdió su función consonántica. La consonante media desaparece completamente o se combina con la vocal precedente para formar י, וֹ o וּ. En cualquier caso las formas resultantes del verbo esencialmente tienen dos consonantes en lugar de las tres acostumbradas.

Unos pocos verbos con consonantes medias vav o yod se resisten a esos cambios y mantienen sus tres consonantes. Los más importantes de ese grupo son גָוַע, 'él expiró, falleció'; [צוה], 'él mandó'; קָוָה, 'él esperó', הָיָה, 'él era, fue, había' y חָיָה, 'él vivió'.

En la inflexión del Qal perfecto de los verbos Ayin Vav/Ayin Yod, la media vav o la media yod generalmente desaparece. Por esta razón, los léxicos hebreos listan como el tema de esos verbos el Qal infinitivo constructo en vez de la acostumbrada forma Qal perfecto 3 ms.

74.2 *Una lista de algunos de los verbos 'Ayin Vav/'Ayin Yod que ocurren más frecuentemente.*

(1) Verbos con וּ como vocal media

(a) גּוּר residir temporalmente

(b) כּוּן estar firme, establecido, fijo

(c) מוּל circuncidar

(d) מוּת morir

433

(e)   נוּחַ (doblemente débil) descansar, reposar

(f)   נוּס huirse

(g)   נוּעַ (doblemente débil) temblar, tambalear

(h)   סוּר desviar

(i)   עוּר despertar(se)

(j)   פּוּץ estar disperso, esparcirse

(k)   קוּם levantarse, pararse, establecer

(l)   רוּם estar alto, exaltado

(m)   רוּץ correr

(n)   שׁוּב volver, volverse, arrepentirse

                  (2) Verbos con וֹ como vocal media

(a)   בּוֹא (doblemente débil) venir, ir, entrar

(b)   בּוֹשׁ avergonzarse

                  (3) Verbos con יִ como vocal media

(a)   בִּין discernir

(b)   גִּיל regocijarse

(c)   דִּין juzgar

(d)   רִיב luchar

(e)   שִׁיר cantar

(f) שִׁית poner, colocar

(4) Verbos con יְ o וּ como vocal media

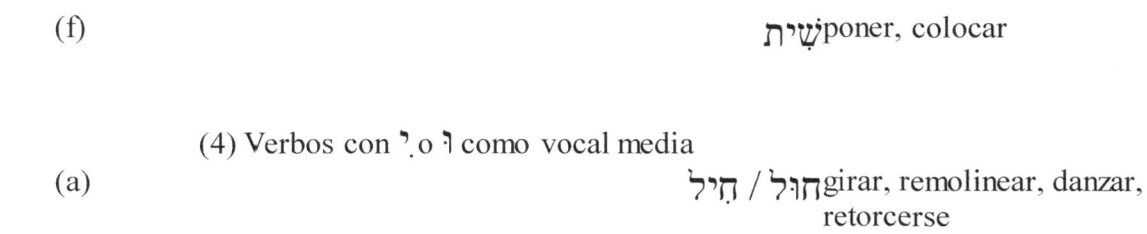

(a) חוּל / חִיל girar, remolinear, danzar, retorcerse

(b) לוּן / לִין morar, pasar la noche

(c) שׂוּם / שִׂים poner, colocar, estacionar

74.3 *La inflexión Qal de algunos verbos representativos 'Ayin Vav/'Ayin Yod*

(1) קוּם, 'levantarse'

	Perfecto		Imperfecto		Imperativo
3 ms	קָם	3 ms	יָקוּם		
3 fs	קָמָה	3 fs	תָּקוּם		
2 ms	קַמְתָּ	2 ms	תָּקוּם	2 ms	קוּם
2 fs	קַמְתְּ	2 fs	תָּקוּמִי	2 fs	קוּמִי
1 cs	קַמְתִּי	1 cs	אָקוּם		
3 cp	קָמוּ	3 mp	יָקוּמוּ		
		3 fp	תְּקוּמֶינָה		
2 mp	קַמְתֶּם	2 mp	תָּקוּמוּ	2 mp	קוּמוּ
2 fp	קַמְתֶּן	2 fp	תְּקוּמֶינָה	2 fp	קֹמְנָה
1 cp	קַמְנוּ	1 cp	נָקוּם		

| Infinitivo Constructo | קוּם | Participio Activo ms | קָם |
| Infinitivo Absoluto | קוֹם | mp | קָמִים |

fs	קָמָה
fp	קָמוֹת
Participio Pasivo	(No se usa.)

(A) Casi todos los verbos 'Ayin Vav/'Ayin Yod siguen el patrón de קוּם en la inflexión del Qal perfecto. Las excepciones incluyen el doblemente débil בּוֹא, 'ir', y los dos verbos de estado, בּוֹשׁ, 'avergonzarse' y מוּת, 'morir'.

(B) El Qal perfecto 3 ms y el Qal participio activo (ms) son idénticos en su forma. Solamente el contexto permitir

(B) El Qal perfecto 3 ms y el Qal participio activo (ms) son idénticos en su forma. Solamente el contexto permitirá al lector distinguir entre los dos.

(C) La única diferencia entre el Qal perfecto 3 fs y el Qal activo participio (fs) es la manera en la cual las dos formas son acentuadas. La forma perfecta es acentuada en la sílaba inicial, la forma participial es acentuada en la sílaba final.

Tema	Qal perf. 3 fs	Qal part.act. (fs)
קוּם	קָמָה	קָמָה
בּוֹא	בָּאָה	בָּאָה
מוּת	מֵתָה	מֵתָה
נוּחַ	נָחָה	נָחָה

(D) Los aformativos vocálicos normalmente atraen al acento hacia sí mismos, excepto cuando van inmediatamente después de una vocal inalterablemente larga. Sin embargo esto no ocurre en las dos formas perfectas con aformativos vocálicos. Antes de ambos aformativos, הָ en 3 fs y וּ de 3 cp, el acento se mantiene en la vocal del tema. Las formas resultantes son קָמָה y קָמוּ. Solamente en el sistema Hof'al de los verbos 'Ayin Vav/'Ayin Yod los aformativos vocálicos atraen a sí mismos el acento.

(E) En la inflexión Qal de קוּם, la vav media aparece en el imperfecto, el imperativo y el infinitivo constructo como וּ, y en el infinitivo absoluto como וֹ. Prácticamente todos los verbos 'Ayin Vav/'Ayin Yod siguen el mismo patrón. Dos excepciones notables son בּוֹא, 'ir', y בּוֹשׁ, 'avergonzarse'. Ambos substituyen וֹ en el lugar de וּ.

(F) Las vocales de los prefijos en el Qal imperfecto, el Nif'al perfecto y el Nif'al participio, así como también todas las formas del Hif'il y el Hof'al de los verbos 'Ayin Vav/'Ayin Yod quedan en sílabas abiertas y por lo tanto deben ser largas. Esas vocales normalmente siguen los siguientes patrones:

(a) qā́mĕṣ en Qal imperfecto, Nifʾal perfecto, Nifʾal participio, Hifʾil imperfecto, Hifʾil imperativo, Hifʾil infinitivo constructo y Hifʾil infinitivo absoluto.
(b) ṣḗrê en el Hifʾil perfecto y el Hifʾil participio.
(c) šū́rĕq en todas las formas del sistema Hofʾal.

(G) Una vocal conectiva es insertada generalmente antes de las terminaciones נָה del Qal imperfecto y antes de todos los aformativos consonánticos del Nifʾal perfecto y del Hifʾil perfecto de los verbos ʿAyin Vav/ʿAyin Yod. La vocal conectiva es יְ en el Qal imperfecto y וֹ en el Nifʾal perfecto y Hifʾil perfecto. Las vocales conectivas siempre atraen el acento hacia sí mismas, excepto antes de los sufijos pesados תֶּם y תֶּן. Esto causa la volatización de la vocal larga modificable precedente más cercana en una sílaba abierta. Así תְּקוּמֶינָה pasa a תָּקוּמֶינָה.

(2) שִׂים / שׂוּם, 'poner, colocar'

	Perfecto		Imperfecto		Imperativo
3 ms	שָׂם	3 ms	יָשִׂים		
3 fs	שָׂמָה	3 fs	תָּשִׂים		
2 ms	שַׂמְתָּ	2 ms	תָּשִׂים	2 ms	שִׂים
2 fs	שַׂמְתְּ	2 fs	תָּשִׂימִי	2 fs	שִׂימִי
1 cs	שַׂמְתִּי	1 cs	אָשִׂים		
3 cp	שָׂמוּ	3 mp	יָשִׂימוּ		
		3 fp	תְּשִׂימֶינָה		
2 mp	שַׂמְתֶּם	2 mp	תָּשִׂימוּ	2 mp	שִׂימוּ
2 fp	שַׂמְתֶּן	2 fp	תְּשִׂימֶינָה	2 fp	שִׂמְנָה
1 cs	שַׂמְנוּ	1 cp	נָשִׂים		

Infinitivo constructo	שׂוּם/שִׂים	Participio activo ms	שָׂם
Infinitivo absoluto	שׂוֹם	mp	שָׂמִים
		fs	שָׂמָה

437

| | | fp | שָׁמוֹת |

(A) Excepto por la presencia de יּ en las formas del imperfecto, imperativo e infinitivo constructo de este verbo, sigue el mismo patrón que el del Qal de קוּם. Es solamente la presencia de la יּ lo que indica que es un verbo ʿAyin Vav/ʿAyin Yod.

(B) No hay diferencia entre la forma de los verbos ʿAyin Vav/ʿAyin Yod en el Qal imperfecto y el Hifʾil imperfecto. Ejemplo: יָשִׂים puede ser Qal imperfecto 3 ms o Hifʾil imperfecto 3 ms. Algunas veces es necesario consultar un léxico o concordancia para identificar correctamente ésta y otras formas similares.

(3) מוּת, 'morir'

	Perfecto		Imperfecto		Imperativo
3 ms	מֵת	3 ms	יָמוּת		
3 fs	מֵתָה	3 fs	תָּמוּת		
2 ms	מַתָּה	2 ms	תָּמוּת	2 ms	מוּת
2 fs	מַתְּ	2 fs	תָּמוּתִי	2 fs	מוּתִי
1 cs	מַתִּי	1 cs	אָמוּת		
3 cp	מֵתוּ	3 mp	יָמוּתוּ		
		3 fp	תְּמוּתֶינָה		
2 mp	מַתֶּם	2 mp	תָּמוּתוּ	2 mp	מוּתוּ
2 fp	מַתֶּן	2 fp	תְּמוּתֶינָה	2 fp	מֹתְנָה
1 cs	מַתְנוּ	1 cp	נָמוּת		

Infinitivo constructo	מוּת	Participio activo	ms	מֵת
Infinitivo absoluto	מוֹת		mp	מֵתִים
			fs	מֵתָה
			fp	מֵתוֹת

438

(A) La vocal del tema de este verbo de estado es ṣērê en todas las terceras personas del Qal perfecto y en todas las formas del participio.

(B) La dagesh forte en ת en el Qal perfecto 2 ms, 2 fs, 1 cs, 2 mp y 2 fp indican que la ת del tema verbal ha sido combinada con la ת de los aformativos consonánticos. La regla pertinente es que, cuando la consonante final del tema es la misma que la consonante inicial del sufijo, la dos consonantes son combinadas haciendo una duplicación.

מֵתָה pasa a מָמְתָת

מֵת pasa a מָמַתְת

etc.

(C) El Qal imperativo 2 fp es aparentemente derivado de una forma alternativa del Qal imperfecto 2 fp (תָּמֹתְנָה; compare תִּבְשֶׁנָה)

(4) בּוֹשׁ, 'avergonzarse'

	Perfecto		Imperfecto		Imperativo
3 ms	בּוֹשׁ	3 ms	יֵבוֹשׁ		
3 fs	בּוֹשָׁה	3 fs	תֵּבוֹשׁ		
2 ms	בֹּשְׁתָּ	2 ms	תֵּבוֹשׁ	2 ms	בּוֹשׁ
2 fs	בֹּשְׁתְּ	2 fs	תֵּבוֹשִׁי	2 fs	בּוֹשִׁי
1 cs	בֹּשְׁתִּי	1 cs	אֵבוֹשׁ		
3 cp	בּוֹשׁוּ	3 mp	יֵבוֹשׁוּ		
		3 fp	תְּבֹשְׁנָה		
2 mp	בָּשְׁתֶּם	2 mp	תֵּבוֹשׁוּ	2 mp	בּוֹשׁוּ
2 fp	בָּשְׁתֶּן	2 fp	תְּבֹשְׁנָה	2 fp	בֹּשְׁנָה
1 cs	בֹּשְׁנוּ	1 cp	נֵבוֹשׁ		

Infinitivo constructo בּוֹשׁ   Participio activo ms בּוֹשׁ

Infinitivo absoluto	בּוֹשׁ		mp	בּוֹשִׁים
			fs	בּוֹשָׁה
			fp	בּוֹשׁוֹת

(A) La vocal del tema en el Qal perfecto 2 mp y 2 fp no es qā́mĕṣ sino qā́mĕṣ-ḥāṭûf, acortada a ḥṓlĕm. Debe ser corta porque está en una sílaba cerrada no acentuada.

(B) La vocal del prefijo en el Qal imperfecto de בּוֹשׁ es ṣērê en lugar de qā́mĕṣ.

(5) בּוֹא, 'venir, ir, entrar'

	Perfecto		Imperfecto		Imperativo
3 ms	בָּא	3 ms	יָבוֹא		
3 fs	בָּאָה	3 fs	תָּבוֹא		
2 ms	בָּאתָ	2 ms	תָּבוֹא	2 ms	בּוֹא
2 fs	בָּאת	2 fs	תָּבוֹאִי	2 fs	בּוֹאִי
1 cs	בָּאתִי	1 cs	אָבוֹא		
3 cp	בָּאוּ	3 mp	יָבוֹאוּ		
		3 fp	תְּבוֹאנָה		
2 mp	בָּאתֶם	2 mp	תָּבוֹאוּ	2 mp	בּוֹאוּ
2 fp	בָּאתֶן	2 fp	תְּבוֹאנָה	2 fp	בּוֹאנָה
1 cs	בָּאנוּ	1 cp	נָבוֹא		

Infinitivo constructo	בּוֹא		participio ms	בָּא
Infinitivo absoluto	בּוֹא		mp	בָּאִים

fs	בָּאָה
fp	בָּאוֹת

(A) El verbo בָּא es doblemente débil y presenta tanto las características de los verbos 'Ayin Vav/'Ayin Yod y como las de los Lamed 'Alef.

(B) Puesto que א nunca cierra una sílaba, la vocal precedente tiene que ser larga. La vocal es qāmĕṣ en todo el Qal perfecto y el Qal participio, y ḥōlĕm en todas las otras formas del Qal.

(6) נוּחַ, 'descansar, reposar, morar'

Perfecto		Imperfecto		Imperativo	
3 ms	נָח	3 ms	יָנוּחַ		
3 fs	נָחָה	3 fs	תָּנוּחַ		
2 ms	נַחְתָּ	2 ms	תָּנוּחַ	2 ms	-----
2 fs	נַחְתְּ	2 fs	תָּנוּחִי	2 fs	-----
1 cs	נַחְתִּי	1 cs	אָנוּחַ		
3 cp	נָחוּ	3 mp	יָנוּחוּ		
		3 fp	-----		
2 mp	נַחְתֶּם	2 mp	-----	2 mp	-----
2 fp	נַחְתֶּן	2 fp	-----	2 fp	-----
1 cp	נַחְנוּ	1 cp	-----		

Infinitivo constructo	נוּחַ / נוֹחַ	Participio activo ms	נָח
Infinitivo absoluto	נוֹחַ	mp	נָחִים
		fs	נָחָה
		fp	נָחוֹת

(A) Este verbo doblemente débil presenta las características de los verbos 'Ayin Vav/'Ayin Yod y los Lamed Gutural.

(B) Cuando ה está al final en una forma verbal tiene que ser precedida por una vocal de clase 'a'. Esta vocal es qā́mĕṣ en el Qal perfecto 3 ms y Qal participio activo (ms). Sin embargo, cuando la ה final es precedida por י o וֹ, las cuales son inalterablemente largas, una pắtăḥ furtiva tiene que ser insertada entre la ה final y la vocal precedente.

74.4 *La inflexión Nif'al de* כוּן, *el cual en Nif'al significa 'estar firme, establecido, fijo, preparado, dispuesto, listo'*

	Perfecto		Imperfecto		Imperativo
3 ms	נָכוֹן	3 ms	יִכּוֹן		
3 fs	נָכוֹנָה	3 fs	תִּכּוֹן		
2 ms	נְכוּנוֹתָ	2 ms	תִּכּוֹן	2 ms	הִכּוֹן
2 fs	נְכוּנוֹת	2 fs	תִּכּוֹנִי	2 fs	הִכּוֹנִי
1 cs	נְכוּנוֹתִי	1 cs	אֶכּוֹן		
3 cp	נָכוֹנוּ	3 mp	יִכּוֹנוּ		
		3 fp	תִּכּוֹנָה		
2 mp	נְכוּנוֹתֶם	2 mp	תִּכּוֹנוּ	2 mp	הִכּוֹנוּ
2 fp	נְכוּנוֹתֶן	2 fp	תִּכּוֹנָה	2 fp	הִכּוֹנָה
1 cs	נְכוּנוֹנוּ	1 cp	נִכּוֹן		

Infinitivo constructo	הִכּוֹן	Participio	ms	נָכוֹן
Infinitivo absoluto	הִכּוֹן		mp	נְכוֹנִים
			fs	נְכוֹנָה
			fp	נְכוֹנוֹת

(A) La vocal conectiva puesta antes de los sufijos consonánticos en el Nif'al perfecto es וֹ.

(B) Cuando los sufijos consonánticos son añadidos a las formas del Nif'al perfecto de los verbos 'Ayin Vav/'Ayin Yod, el acento se aleja de la vocal del tema וֹ. Esto produce que וֹ sea cambiada por וּ. Ejemplo: 2 ms נְכוֹנֹתָ pasa a ser נְכוּנֹתָ.

(C) Dagesh forte en la consonante inicial del tema del Nif'al imperfecto, imperativo, e infinitivo es precisamente lo que uno anticiparía en el sistema Nif'al.

(D) Por el hecho de que כוּן tiene n como la consonante final del tema, esta נ se asimila delante de terminaciones נָה. Ejemplo: Imperfecto 3 fp תִּכּוֹנֶנָה pasa a ser תִּכּוֹנָה.

74.5 La inflexión Hif'il de verbos representativos 'Ayin Vav/'Ayin Yod

(1) כוּן, el cual en Hif'il significa 'establecer, montar, preparar, alistar, arreglar'

	Perfecto		Imperfecto		Imperativo
3 ms	הֵכִין	3 ms	יָכִין		
3 fs	הֵכִינָה	3 fs	תָּכִין		
2 ms	הֲכִינוֹתָ	2 ms	תָּכִין	2 ms	הָכֵן
2 fs	הֲכִינוֹת	2 fs	תָּכִינִי	2 fs	הָכִינִי
1 cs	הֲכִינוֹתִי	1 cs	אָכִין		
3 cp	הֵכִינוּ	3 mp	יָכִינוּ		
		3 fp	תָּכֵנָּה		
2 mp	הֲכִינוֹתֶם	2 mp	תָּכִינוּ	2 mp	הָכִינוּ
2 fp	הֲכִינוֹתֶן	2 fp	תָּכֵנָּה	2 fp	הָכֵנָּה
1 cs	הֲכִינוֹנוּ	1 cp	נָכִין		

Infinitivo Constructo	הָכִין	Participio ms	מֵכִין
Infinitivo Absoluto	הָכֵן	mp	מְכִינִים
		fs	מְכִינָה
		fp	מְכִינוֹת

(A) La vocal conectiva insertada antes de los sufijos consonánticos en el Hif'il perfecto es וֹ.

(B) El acento se aleja de la vocal del tema יִ donde la vocal conectiva es insertada en las formas del perfecto. Esto produce que la vocal preformativa ṣērê (la vocal larga modificable más cercana en una sílaba abierta) se volatilice. Viene a ser ḥā́ṭĕf-pătăḥ, puesto que se mantiene debajo de la gutural ה.

(C) La נ final del tema verbal se combina con la נ de las terminaciones נָה por duplicación. Ejemplo: Imperfecto 3 fp תָּכְנֵנָה pasa a ser תָּכֵנָּה.

(2) בּוֹא, 'venir, ir, entrar', el cual en Hif'il significa 'traer, hacer llegar'

	Perfecto		Imperfecto		Imperativo
3 ms	הֵבִיא	3 ms	יָבִיא		
3 fs	הֵבִיאָה	3 fs	תָּבִיא		
2 ms	הֵבֵאתָ	2 ms	תָּבִיא	2 ms	הָבֵא
2 fs	הֵבֵאת	2 fs	תָּבִיאִי	2 fs	הָבִיאִי
1 cs	הֵבֵאתִי	1 cs	אָבִיא		
3 cp	הֵבִיאוּ	3 mp	יָבִיאוּ		
		3 fp	תְּבִיאֶינָה		
2 mp	הֲבֵאתֶם	2 mp	תָּבִיאוּ	2 mp	הָבִיאוּ
2 fp	הֲבֵאתֶן	2 fp	תְּבִיאֶינָה	2 fp	הָבֵאנָה
1 cs	הֲבֵאנוּ	1 cp	נָבִיא		

Infinitivo constructo	הָבִיא	Participio ms	מֵבִיא
Infinitivo absoluto	הָבֵא	mp	מְבִיאִים
		fs	מְבִיאָה
		fp	מְבִיאוֹת

(A) Este verbo doblemente débil es el único que rechaza la vocal conectiva delante de los aformativos consonánticos en el Hifʿil perfecto. El cambio que es evidente antes de los sufijos consonánticos en el Hifʿil perfecto es la alteración de la vocal del tema, de ḥîrĕq-yôd a ṣḗrê. Este cambio no se da, sin embargo, antes de los sufijos vocálicos.

(B) Una sᵉgôl-yôd (ֶי) acentuada es insertada como vocal conectiva antes de las terminaciones נָה en el Hifʿil imperfecto. Esto produce que la vocal qāmĕṣ del prefijo (la vocal larga modificable más cercana en una sílaba abierta) se volatilice.

(C) El imperativo 2 fp se asimila al patrón de una forma alternativa del imperfecto 2 fp.

74.6 La inflexión Hofʿal de מות, 'morir', el cual en el Hofʿal significa 'ser muerto, ejecutado (causado a morir)'

	Perfecto		Imperfecto
3 ms	הוּמַת	3 ms	יוּמַת
3 fs	הוּמְתָה	3 fs	תּוּמַת
2 ms	הוּמַתָּ	2 ms	תּוּמַת
2 fs	הוּמַתְּ	2 fs	תּוּמְתִי
1 cs	הוּמַתִּי	1 cs	אוּמַת
3 cp	הוּמְתוּ	3 mp	יוּמְתוּ
		3 fp	תּוּמַתְנָה
2 mp	הוּמַתֶּם	2 mp	תּוּמְתוּ
2 fp	הוּמַתֶּן	2 fp	תּוּמַתְנָה
1 cs	הוּמַתְנוּ	1 cp	נוּמַת

Infinitivo constructo	הוּמֵת	Participio pasivo	ms	מוּמָת
Infinitivo absoluto	הוּמֵת			

(A) Cuando la ת final del tema del verbo (מות) está antes de un sufijo consonántico que empieza con ת, las dos se combinan dejando dagesh forte (cf. XXIX.74.3[3], [B]). Ejemplo: perfecto 1 cs הוּמַתְתִּי pasa a ser הוּמַתִּי.

(B) La vocal del prefijo es šûrĕq en todo el sistema Hof'al de los verbos 'Ayin Vav/'Ayin Yod.

74.7 *Los sistemas intensivos y reflexivos de los verbos 'Ayin Vav/'Ayin Yod*

No hay formas Pi'el, Pu'al o Hitpa'el para los verbos 'Ayin Vav/'Ayin Yod, excepto unas pocas en el Hebreo Bíblico Tardío. Normalmente, el signo característico de estos sistemas es la duplicación de la consonante media del tema. Sin embargo, puesto que la consonante media de los verbos 'Ayin Vav/'Ayin Yod desapareció o se convirtió en una vocal larga, es imposible duplicarla.

Formas sustitutas de estos tres sistemas fueron creadas, repitiendo la consonante final del tema y supliendo las vocales apropiadas. Los sistemas resultantes son designados como Polel (para Pi'el), Polal (para Pu'al), y Hitpolel (para Hitpa'el).

(1) La inflexión Polel de כּוּן, 'armar, montar, establecer, hacer'

	Perfecto		Imperfecto		Imperativo
3 ms	כּוֹנֵן	3 ms	יְכוֹנֵן		
3 fs	כּוֹנְנָה	3 fs	תְּכוֹנֵן		
2 ms	כּוֹנַנְתָּ	2 ms	תְּכוֹנֵן	2 ms	כּוֹנֵן
2 fs	כּוֹנַנְתְּ	2 fs	תְּכוֹנְנִי	2 fs	כּוֹנְנִי
1 cs	כּוֹנַנְתִּי	1 cs	אֲכוֹנֵן		
3 cp	כּוֹנְנוּ	3 mp	יְכוֹנְנוּ		
		3 fp	תְּכוֹנֵנָּה		
2 mp	כּוֹנַנְתֶּם	2 mp	תְּכוֹנְנוּ	2 mp	כּוֹנְנוּ
2 fp	כּוֹנַנְתֶּן	2 fp	תְּכוֹנֵנָּה	2 fp	כּוֹנֵנָּה
1 cs	כּוֹנַנּוּ	1 cp	נְכוֹנֵן		

Infinitivo constructo כּוֹנֵן   Participio activo   ms   מְכוֹנֵן

Infinitivo absoluto   כּוֹנֵן

(A) Note la duplicación de la נ, la consonante final del tema. La vocal del tema es ḥólĕm-vāv, vocal inalterablemente larga la cual se repite en cada forma de este sistema.

(2) La inflexión Polal de שׁוּב, 'volver', el cual en el sistema Polal significa 'ser restaurado, devuelto'

	Perfecto		Imperfecto
3 ms	שׁוֹבַב	3 ms	יְשׁוֹבַב
3 fs	שׁוֹבְבָה	3 fs	תְּשׁוֹבַב
2 ms	שׁוֹבַבְתָּ	2 ms	תְּשׁוֹבַב
2 fs	שׁוֹבַבְתְּ	2 fs	תְּשׁוֹבְבִי
1 cs	שׁוֹבַבְתִּי	1 cs	אֲשׁוֹבַב
3 cp	שׁוֹבְבוּ	3 mp	יְשׁוֹבְבוּ
		3 fp	תְּשׁוֹבַבְנָה
2 mp	שׁוֹבַבְתֶּם	2 mp	תְּשׁוֹבְבוּ
2 fp	שׁוֹבַבְתֶּן	2 fp	תְּשׁוֹבַבְנָה
1 cs	שׁוֹבַבְנוּ	1 cp	נְשׁוֹבַב
Infinitivo constructo	שׁוֹבַב	Participio activo ms	מְשׁוֹבָב
Infinitivo absoluto	שׁוֹבַב		

(3) La inflexión Hitpolel de בִּין, 'comprender, discernir', el cual en el sistema Hitpolel significa 'estar atento, tener discernimiento'

	Perfecto		Imperfecto		Imperativo
3 ms	הִתְבּוֹנֵן	3 ms	יִתְבּוֹנֵן		
3 fs	הִתְבּוֹנְנָה	3 fs	תִּתְבּוֹנֵן		
2 ms	הִתְבּוֹנַנְתָּ	2 ms	תִּתְבּוֹנֵן	2 ms	הִתְבּוֹנֵן
2 fs	הִתְבּוֹנַנְתְּ	2 fs	תִּתְבּוֹנְנִי	2 fs	הִתְבּוֹנְנִי

1 cs	הִתְבּוֹנַנְתִּי	1 cs	אֶתְבּוֹנֵן		
3 cp	הִתְבּוֹנְנוּ	3 mp	יִתְבּוֹנְנוּ		
		3 fp	הִתְבּוֹנֵנָּה		
2 mp	הִתְבּוֹנַנְתֶּם	2 mp	תִּתְבּוֹנְנוּ	2 mp	הִתְבּוֹנְנוּ
2 fp	הִתְבּוֹנַנְתֶּן	2 fp	תִּתְבּוֹנֵנָּה	2 fp	הִתְבּוֹנֵנָּה
1 cs	הִתְבּוֹנַנּוּ	1 cp	נִתְבּוֹנֵן		

Infinitivo constructo	הִתְבּוֹנֵן	Participio reflexivo	מִתְבּוֹנֵן
Infinitivo absoluto	הִתְבּוֹנֵן		

La duplicación de נ ocurre antes de los sufijos consonánticos que empiezan con נ. Ejemplo: Perfecto 1 cp הִתְבּוֹנַנְנוּ pasa a ser הִתְבּוֹנַנּוּ.

EJERCICIOS

1. Cada una de las siguientes oraciones tiene una forma verbal 'Ayin Vav / 'Ayin Yod. Escriba la traducción de cada forma. En el inciso (a) escriba su sistema, en (b) su inflexión (perfecto, imperfecto), en (c) su persona, género y número y en (d) su tema. Aporte esta información solamente para aquellos verbos que son 'Ayin Vav / 'Ayin Yod.

(1) יְהוָה בַּשָּׁמַיִם הֵכִין כִּסְאוֹ El Señor _____ en los cielos su trono. (Sal. 103:19)

(a) _____ (b) _____ (c) _____ (d) _____

(2) וְכֹנַנְתִּי אֶת־כִּסְאוֹ עַד־עוֹלָם Y yo _____ su trono eternamente. (1 Crón. 17:12)

(a) _____ (b) _____ (c) _____ (d) _____

(3) לְמַעַן תָּבִינוּ כִּי־אֲנִי הוּא ... para que ustedes _____ que yo soy él. (Isa. 43:10)

(a) _____ (b) _____ (c) _____ (d) _____

(4) שִׁירוּ לַיהוָה בָּרְכוּ שְׁמוֹ _____ al Señor, bendigan su nombre. (Sal. 96:2)

(a) _____ (b) _____ (c) _____ (d) _____

(5) וְשַׂמְתִּי עֵינִי עֲלֵיהֶם לְטוֹבָה Y _____ mi ojo sobre ellos para bien. (Jer. 24:6)

(a) _____ (b) _____ (c) _____ (d) _____

(6) וַיַּךְ אֶת־הַפְּלִשְׁתִּי וַיְמִיתֵהוּ E hirió al filisteo y lo _____. (2 Sam. 21:17)

(a) _____ (b) _____ (c) _____ (d) _____

(7) וְאֵין אֱלֹהִים עִמָּדִי אֲנִי אָמִית וַאֲחַיֶּה Y no hay dioses conmigo; yo hago vivir. (Deut. 32:39)

(a) _____ (b) _____ (c) _____ (d) _____

(8) אִם־יָמוּת גֶּבֶר הֲיִחְיֶה Si el hombre _____, ¿volverá a vivir? (Job 14:14)

(a) _____ (b) _____ (c) _____ (d) _____

(9) הֲרִימֹתִי קוֹלִי וָאֶקְרָא Yo _____ mi voz y grité. (Gén. 39:15)

(a) _____ (b) _____ (c) _____ (d) _____

(10) נַפְשִׁי יְשׁוֹבֵב El _____ mi alma. (Sal. 23:3)

(a) _____ (b) _____ (c) _____ (d) _____

(11) וַיָּקָם קַיִן אֶל־הֶבֶל אָחִיו וַיַּהַרְגֵהוּ Y Caín _____ contra su hermano Abel, y lo mató. (Gén. 4:8)

(a) _____ (b) _____ (c) _____ (d) _____

(12) יָבֵשׁ חָצִיר נָבֵל צִיץ וּדְבַר־אֱלֹהֵינוּ יָקוּם לְעוֹלָ Seca la hierba, marchítase la flor; mas la palabra del Dios nuestro _____ para siempre. (Isa. 40:8)

(a) _____ (b) _____ (c) _____ (d) _____

(13) בֹּשְׁנוּ מְאֹד כִּי־עָזַבְנוּ אָרֶץ En gran manera hemos sido _____, porque abandonamos la tierra. (Jer. 9:18; esp. 9:19)

(a) _____ (b) _____ (c) _____ (d) _____

(14) הֵבִיא לָנוּ אִישׁ עִבְרִי לְצַחֶק בָּנוּ Nos ha _____ un hombre hebreo para que hiciese burla de nosotros.

(a) _____ (b) _____ (c) _____ (d) _____

(15) בָּא אֵלַי לִשְׁכַּב עִמִּי El _____ a mí para dormir conmigo. (Gén. 39:14)

(a) _____ (b) _____ (c) _____ (d) _____

2. Cada una de las siguientes oraciones presenta el imperativo de un verbo 'Ayin Vav / 'Ayin Yod. Traduzca el verbo. En el renglón (a), apunte su sistema, en (b) su persona, género y número y en (c) su tema.

(1) קוּמִי כִּי בָא אוֹרֵךְ
¡ _____, porque ha venido tu luz! (Isa. 60:1)
(a) _____
(b) _____
(c) _____

(2) וַיֹּאמֶר יְהוָה לְנֹחַ בֹּא־אַתָּה
(a) _____
(b) _____

	וְכָל־בֵּיתְךָ אֶל־הַתֵּבָה Y dijo el Señor a Noé, «_____ tú y toda tu casa al arca.» (Gén. 7:1)	(c) _____
(3)	בֹּאוּ שְׁעָרָיו בְּתוֹדָה ¡ _____ por sus puertas con acción de gracias! (Sal. 100:4)	(a) _____ (b) _____ (c) _____
(4)	קוּמוּ בָּרְכוּ אֶת־יְהוָה אֱלֹהֵיכֶם ¡ _____, bendigan al Señor, su Dios! (Neh. 9:5)	(a) _____ (b) _____ (c) _____
(5)	וַיֹּאמֶר לוֹ עֲלֵה הָקֵם לַיהוָה מִזְבֵּחַ Y le dijo, «Sube, y _____ al Señor un altar». (2 Sam. 24:18)	(a) _____ (b) _____ (c) _____
(6)	וַיֹּאמֶר לֹא־קָרָאתִי בְנִי שׁוּב שְׁכָב Y él dijo, «No llamé, hijo mío. ¡ _____, acuéstate»! (2 Sam. 3:6)	(a) _____ (b) _____ (c) _____
(7)	שׁוּבִי בְּתוּלַת יִשְׂרָאֵל ¡ _____, hija de Israel! (Jer. 31:21)	(a) _____ (b) _____ (c) _____
(8)	שֻׁבוּ עָדַי בְּכָל־לְבַבְכֶם ¡ _____ a mí con todo su corazón! (Joel 2:12)	(a) _____ (b) _____ (c) _____
(9)	הָשִׁיבָה לִּי שְׂשׂוֹן יִשְׁעֶךָ ¡ _____ a mí el gozo de tu salvación! (Sal. 51:14; esp.	(a) _____ (b) _____ (c) _____

51:12

(10) כַּשּׁוֹפָר הָרֵם קוֹלֶךָ
¡ _____ como trompeta tu voz! (Isa. 58:1)
(a) _____
(b) _____
(c) _____

(11) הָרִימִי בַכֹּחַ קוֹלֵךְ
¡ _____ fuertemente tu voz! (Isa. 40:9)
(a) _____
(b) _____
(c) _____

(12) שִׂימָה־לָּנוּ מֶלֶךְ לְשָׁפְטֵנוּ
¡ _____ nos un rey que nos juzgue! (1 Sam. 8:5)
(a) _____
(b) _____
(c) _____

(13) כִּי שָׁם שְׁאֵלוּנוּ שִׁירוּ לָנוּ מִשִּׁיר צִיּוֹן
Pues allí nos pedían, «¡ _____ nos algunos de los cánticos de Sión!» (Sal. 137:3)
(a) _____
(b) _____
(c) _____

(14) וְהָבִיאוּ אֶת־אֲחִיכֶם הַקָּטֹן אֵלַי
¡ Y _____ me a su hermano menor! (Gen. 42:19, 20 modificado)
(a) _____
(b) _____
(c) _____

(15) הֲשִׁיבֵנִי וְאָשׁוּבָה כִּי אַתָּה יְהוָה אֱלֹהָי
_____, y seré convertido, porque tú eres mi Dios! (Jer. 31:18)
(a) _____
(b) _____
(c) _____

3. Complete la traducción de los pronombres.

(1) וַיִּשָּׂאֵהוּ וַיְבִיאֵהוּ לְאִמּוֹ Y _____ tomó y _____ llevó a _____ madre. (2 R. 4:20)

(2) מִי אַתֶּם וּמֵאַיִן תָּבֹאוּ ¿Quiénes son _____, y de dónde vien____? (Jueces 9:8)

(3) וַתָּבוֹא בָהֶם הָרוּחַ וַיִּחְיוּ וַיַּעַמְדוּ עַל־רַגְלֵיהֶם חַיִל גָּדוֹל מְאֹד־מְאֹד Y entré en _____ espíritu, y vivi _____, y estuvieron sobre _____ pies, un ejército grande en extremo. (Ezeq. 37:10)

(4) בָּאנוּ־בָאֵשׁ וּבַמַּיִם Pasa____ por el fuego y por el agua. (Sal. 66:13)

(5) וְאַתָּה תָּבוֹא אֶל־אֲבֹתֶיךָ בְּשָׁלוֹם Y ____ vendr___ a _____ padres en paz. (Gén. 15:15)

(6) וַיְבִאֶהָ אֶל־הָאָדָם Y _____ traj_____ al hombre. (Gén. 2:22)

(7) וַיְבִיאֻהוּ יְרוּשָׁלַםִ וַיָּמָת שָׁם Y _____ llevar_____ a Jerusalén, donde mur_____. (Jueces 1:7)

(8) לָמָּה הֲבִיאוּ אֹתוֹ אֵלָי ¿Para qué _____ han traído _____ a ____? (1 Sam. 21:15)

(9) וַהֲקִימֹתִי אֶת־בְּרִיתִי אִתְּכֶם Y afirmar____ _____ pacto con _____. (Lev. 26:9)

(10) כִּי־עָפָר אַתָּה וְאֶל־עָפָר תָּשׁוּב Pues polvo _____, y al polvo volver_____. (Gén. 3:19)

(11) וַהֲשִׁבֹתִים עַל־הָאָרֶץ הַזֹּאת Y _____ volver____ a _____ tierra. (Jer. 24:6)

(12) מְבַקֵּשׁ שָׁאוּל אָבִי לַהֲמִיתֶךָ Saúl _____ padre procura matar_____. (1 Sam. 19:2)

(13) הֶעֱלִיתָנוּ מֵאֶרֶץ זָבַת חָלָב וּדְבַשׁ לַהֲמִיתֵנוּ בַּמִּדְבָּר ____ _____ ha hecho venir de una tierra que destila leche y miel, para hacer____ morir en un desierto. (Núm. 16:13)

(14) בַּהֲכִינוֹ שָׁמַיִם שָׁם אָנִי Cuándo _____ formaba los cielos, allí estaba _____. (Prov. 8:27)

(15) עַד־עוֹלָם אָכִין זַרְעֶךָ Para siempre confirmar____ _____ descendencia. (Sal. 89:5; esp. 89:4)

4. Subraya la forma correcta del participio.

(1) מָה אֵלֶּה (בָא / בָּאִים) לַעֲשׂוֹת
¿Qué vienen estos a hacer? (Zac. 2:4; esp. 1:21)

(2) וְהִנֵּה רָחֵל בִּתּוֹ (בָּאָה / בָּאָה) עִם־הַצֹּאן
Y he aquí Raquel su hija viene con las ovejas. (Gén. 29:6)

(3) וַיַּרְא וְהִנֵּה גְמַלִּים (בָּאוֹת / בָּאִים)
Y miró, y he aquí venían camellos. (Gén. 24:63)

(4) הִנֵּה יָמִים (בָּאוֹת / בָּאִים)
He aquí vienen días. (1 Sam. 2:31)

(5) מִי־זֶה (בָּא / בָּאָה) מֵאֱדוֹם
¿Quién es este que viene de Edom? (Isa. 63:1)

(6) הִנְנִי (מְבִיאִים / מֵבִיא) רָעָה עַל־יְרוּשָׁלַָם
He aquí yo traigo mal sobre Jerusalén. (2 R. 21:12)

(7) וְלָמָה יְהוָה (מְבִיאָה / מֵבִיא) אֹתָנוּ אֶל־הָאָרֶץ הַזֹּאת
¿Y por qué nos trae el Señor a esta tierra? (Núm. 14:3)

(8) הִנֵּה (מֵתָה / מֵת) שָׁאוּל
He aquí Saúl está muerto. (2 Sam. 4:10)

(9) כִּי אָמְרוּ כֻּלָּנוּ (מֵתִים / מֵתוֹת)
Porque decían, 'Todos somos muertos.' (Éx. 12:33)

(10) (נָכוֹן / נְכוֹנָה) יִהְיֶה הַר בֵּית־יְהוָה בְּרֹאשׁ הֶהָרִים
Confirmado será el monte de la casa del Señor en la cabeza de los montes. (Isa. 2:2)

5. Identifique cada una de las secuencias verbales a continuación en los encisos (a). En enciso (b) indique el sistema de los verbos y en (c) sus temas.

Ejemplo:

עֲלוּ הָהָר וַהֲבֵאתֶם עֵץ Suban al monte, y traigan madera. (Hag. 1:8)
(a) Secuencias Imperativo + Perfecto (b) Qal, Hif'il (c) בּוֹא, עָלָה

(1) אָבוֹא אֵלֶיךָ וּבֵרַכְתִּיךָ Vendré a ti y te bendeciré. (Éx. 20:24)
(a) secuencia _____ + _____ (b) _____, _____ (c) _____,
_____

(2) בֹּאוּ וְנָבוֹא יְרוּשָׁלַָם Vengan, y vamos a Jerusalén. (Jer. 35:11)
(a) secuencia _____ + _____ (b) _____, _____ (c) _____,
_____

(3) לְמַעַן תִּזְכְּרִי וָבֹשְׁתְּ ... para que te acuerdes y te avergüences. (Ezeq. 16:63)
(a) secuencia _____ + _____ (b) _____, _____ (c) _____,
_____

(4) וַיֹּאמְרוּ נָקוּם וּבָנִינוּ Y dijeron: «Levantémonos y edifiquemos ... » (Neh. 2:18)
(a) secuencia _____ + _____ (b) _____, _____ (c) _____,
_____

(5) הִנְנִי נֹתֵן בּוֹ רוּחַ וְשָׁמַע שְׁמוּעָה He aquí pondré yo en él un espíritu, y oirá rumor. (2 R 19:7)

(a) secuencia _____ + _____ (b) _____, _____ (c) _____,
_____

(6) הֲשִׁיבֵנִי וְאָשׁוּבָה כִּי אַתָּה יְהוָה אֱלֹהָי Conviérteme, y seré convertido, porque tú eres el Señor mi Dios. (Jer. 31:18)
(a) secuencia _____ + _____ (b) _____, _____ (c) _____,
_____

(7) גַּדְּלוּ לַיהוָה אִתִּי וּנְרוֹמְמָה שְׁמוֹ יַחְדָּו ¡Engrandezcan al Señor conmigo, y exaltemos a una su nombre! (Sal. 34:4; esp. 34:3).
(a) secuencia _____ + _____ (b) _____, _____ (c) _____,
_____

(8) וְהָבִיאוּ אֶת־אֲחִיכֶם הַקָּטֹן אֵלַי וְאֵדְעָה כִּי לֹא מְרַגְּלִים אַתֶּם Y tráiganme a su hermano el menor, para que yo sepa que no son espías. (Gén. 42:34)
(a) secuencia _____ + _____ (b) _____, _____ (c) _____,
_____

(9) שִׂים לֶחֶם לִפְנֵיהֶם וְיֹאכֵלוּ Pon delante de ellos pan, para que coman. (2 R 6:22)
(a) secuencia _____ + _____ (b) _____, _____ (c) _____,
_____

(10) יָדֶיךָ עָשׂוּנִי וַיְכוֹנְנוּנִי Tus manos me hicieron y me formaron. (Sal. 119:73)
(a) secuencia _____ + _____ (b) _____, _____ (c) _____,
_____

6. Practique pronunciando el hebreo, observando particularmente los verbos 'Ayin Vav / 'Ayin Yod. Tape la traducción y practique traduciendo el hebreo.

(1) וַיֹּאמֶר דָּוִד אֶל־הַפְּלִשְׁתִּי אַתָּה בָּא אֵלַי בְּחֶרֶב וְאָנֹכִי בָא־אֵלֶיךָ בְּשֵׁם יְהוָה צְבָאוֹת Entonces dijo David al filisteo: Tú vienes a mí con espada; mas yo vengo a ti en el nombre de Jehová de los ejércitos. (1 Sam. 17:45)

(2) וְהִנֵּה רוּחַ גְּדוֹלָה בָּאָה מֵהַמִּדְבָּר וַיִּגַּע בְּאַרְבַּע פִּנּוֹת הַבַּיִת וַיִּפֹּל עַל־הַנְּעָרִים וַיָּמוּתוּ Y he aquí, un gran viento vino del lado del desierto y azotó las cuatro esquinas de la casa, la cual cayó sobre los jóvenes, y murieron. (Job 1:19)

(3) בָּרוּךְ הַבָּא בְּשֵׁם יְהוָה בֵּרַכְנוּכֶם מִבֵּית יְהוָה Bendito el que viene en el nombre del Señor; Desde la casa del Señor les bendecimos a ustedes. (Sal.

118:26)

(4) שְׂאוּ שְׁעָרִים רָאשֵׁיכֶם וְיָבוֹא מֶלֶךְ הַכָּבוֹד Alcen, oh puertas, sus cabezas, para que entre el Rey de gloria. (Sal. 24:7)

(5) כִּי אַתָּה תָּבִיא אֶת־בְּנֵי יִשְׂרָאֵל אֶל־הָאָרֶץ אֲשֶׁר־נִשְׁבַּעְתִּי לָהֶם וְאָנֹכִי אֶהְיֶה עִמָּךְ Pues tú introducirás a los hijos de Israel en la tierra que les juré, y yo estaré contigo. (Deut. 31:23)

(6) וְלֹא־קָם נָבִיא עוֹד בְּיִשְׂרָאֵל כְּמֹשֶׁה Y nunca más se levantó profeta en Israel como Moisés. (Deut. 34:10)

(7) מִי־יַעֲלֶה בְהַר־יְהוָה וּמִי־יָקוּם בִּמְקוֹם קָדְשׁוֹ ¿Quién subirá al monte del Señor? ¿Y quién estará en su lugar santo? (Sal. 24:3)

(8) עַל־כֵּן לֹא־יָקֻמוּ רְשָׁעִים בַּמִּשְׁפָּט Por tanto, no se levantarán los malos en el juicio. (Sal. 1:5)

(9) וַיֹּאמֶר אֱלֹהִים אֶל־נֹחַ זֹאת אוֹת־הַבְּרִית אֲשֶׁר הֲקִמֹתִי בֵּינִי וּבֵין כָּל־בָּשָׂר אֲשֶׁר עַל־הָאָרֶץ Dijo, pues, Dios a Noé: Esta es la señal del pacto que he establecido entre mí y toda carne que está sobre la tierra. (Gén. 9:17)

(10) נָבִיא אָקִים לָהֶם מִקֶּרֶב אֲחֵיהֶם כָּמוֹךָ וְנָתַתִּי דְבָרַי בְּפִיו וְדִבֶּר אֲלֵיהֶם אֵת כָּל־אֲשֶׁר אֲצַוֶּנּוּ Profeta les levantaré de en medio de sus hermanos, como tú; y pondré mis palabras en su boca, y él les hablará todo lo que yo le mandare. (Deut. 18:18)

(11) כִּי עֶזְרָא הֵכִין לְבָבוֹ לִדְרוֹשׁ אֶת־תּוֹרַת יְהוָה וְלַעֲשֹׂת וּלְלַמֵּד בְּיִשְׂרָאֵל חֹק וּמִשְׁפָּט

Porque Esdras había preparado su corazón para inquirir la ley de Jehová y para cumplirla, y para enseñar en Israel sus estatutos y decretos. (Esdras 7:10)

(12) שִׁירוּ לַיהוָה שִׁיר חָדָשׁ תְּהִלָּתוֹ מִקְצֵה הָאָרֶץ

Canten al Señor un nuevo cántico, su alabanza desde el fin de la tierra. (Isa. 42:10)

(13) וַיִּהְיוּ הַמֵּתִים אֲשֶׁר הֵמִית בְּמוֹתוֹ רַבִּים מֵאֲשֶׁר הֵמִית בְּחַיָּיו

Y los que mató al morir fueron muchos más que los que había matado durante su vida. (Jueces 16:30)

(14) וְנָתַתָּ לְעַבְדְּךָ לֵב שֹׁמֵעַ לִשְׁפֹּט אֶת־עַמְּךָ לְהָבִין בֵּין־טוֹב לְרָע

Da, pues, a tu siervo corazón entendido para juzgar malo. a tu pueblo, y para discernir entre lo bueno y lo (1 R 3:9)

(15) כִּי־אֶרְאֶה יָרֵחַ וְכוֹכָבִים אֲשֶׁר כּוֹנָנְתָּ מָה־אֱנוֹשׁ כִּי־תִזְכְּרֶנּוּ וּבֶן־אָדָם כִּי תִפְקְדֶנּוּ

Cuando veo a luna y las estrellas que tú formaste, ¿Qué es el hombre, para que tengas de él memoria, y el hijo del hombre, para que lo visites? (Sal. 8:4–5; esp. 8:3–4)

(16) וּמֵעֵץ הַדַּעַת טוֹב וָרָע לֹא תֹאכַל מִמֶּנּוּ כִּי בְּיוֹם אֲכָלְךָ מִמֶּנּוּ מוֹת תָּמוּת

Mas del árbol de la ciencia del bien y del mal no comerás; porque el día que de él comieres, ciertamente morirás. (Gén. 2:17)

(17) וַיֹּאמְרוּ אֶל־מֹשֶׁה דַּבֵּר־אַתָּה

Y dijeron a Moisés: Habla tú

(18) וַיִּקַּח יְהוָה אֱלֹהִים אֶת־הָאָדָם וַיַּנִּחֵהוּ בְגַן־עֵדֶן לְעָבְדָהּ וּלְשָׁמְרָהּ Tomó, pues, el Señor Dios al hombre, y lo puso en el huerto de Edén, para que lo labrara y lo guardase. (Gén. 2:15)

עִמָּנוּ וְנִשְׁמָעָה וְאַל־יְדַבֵּר עִמָּנוּ אֱלֹהִים פֶּן־נָמוּת con nosotros, y nosotros oiremos; pero no hable Dios con nosotros, para que no muramos. (Éx. 20:19)

VOCABULARIO

(1) גּוּר residir temporalmente

(2) גִּיל regocijarse

(3) דִּין juzgar

(4) חוּל / חִיל girar, remolinear, danzar retorcerse

(5) לוּן / לִין morar, pasar la noche

(6) מוּל circuncidar

(7) נוּחַ descansar, reposar

(8) נוּס huir

(9) נוּעַ temblar, tambalear

(10) עוּר despertarse

(11) פּוּץ estar disperso

(12) רוּץ correr

(13) רִיב luchar, contender

(14) שִׁיר cantar

(15) שִׁית poner, colocar

(16) כָּשַׁל él tropezó

(17) לָכַד él tomó, capturó

(18) שָׁבַת él cesó, se detuvo, descansó

Lección XXX

75. Verbos débiles: los verbos Pe Vav / Pe Yod

75.1 *Definición*

Los verbos Pe Vav/Pe Yod incluyen todos los verbos cuya consonante inicial del tema, en su estado actual, es yôd. En temas básicos, por lo tanto, todos los verbos Pe Vav/Pe Yod se ven similares. Por ejemplo יָבֵשׁ, 'él se secó, se marchitó', y יָטַב, 'él era bueno', tienen temas que se ven similares (Qal perfecto 3 ms), aunque el primero es clasificado como Pe Vav y el segundo como Pe Yod. Los dos pueden ser distinguidos no por sus formas en el Qal sino por sus formas en otros sistemas, particularmente en el Nif'al y el Hif'il.

75.2 *Características distintivas de los verbos Pe Vav.*

(1) Algunos verbos Pe Vav tienen yôd como su consonante inicial del tema en la mayoría de las formas del Qal. Otra característica distintiva de los verbos en este grupo es que tienen pătăḥ como la vocal del tema en el Qal imperfecto. El grupo incluye:

(a) יָבֵשׁ 'él era seco, se marchitó'

(b) יָגַע 'él se hizo cansado'

(c) יָעַץ 'él aconsejó, asesoró'

(d) יָקַץ 'él despertó'

(e) יָרֵא 'él temía, tenía miedo'

(f) יָרַשׁ 'él poseyó, echó fuera'

(g) יָשֵׁן 'él se durmió, durmió'

(a) La consonante inicial del tema es yôd en todas las formas del Qal perfecto en esos y todos los otros verbos Pe Vav. El Qal perfecto tiene su inflexión en la manera acostumbrada, permitiendo por supuesto los cambios necesarios en los verbos doblemente débiles.

Qal perfecto de יָבֵשׁ y del doblemente débil יָרֵא

3 ms	יָבֵשׁ	יָרֵא
3 fs	יָבְשָׁה	יָרְאָה
2 ms	יָבַשְׁתָּ	יָרֵאתָ
2 fs	etc.	etc.

(b) La consonante inicial del tema es yôd en todas las formas del Qal imperfecto de este grupo de verbos Pe Vav. Note también que la vocal del tema es păṭăḥ. Puesto que yôd está precedida por un prefijo con una vocal ḥîrĕq, se combina con ḥîrĕq para formar ḥîrĕq-yôd, una vocal inalterablemente larga.

Qal imperfecto de יָבֵשׁ y יָרֵא

3 ms	יִיבַשׁ	יִירָא
3 fs	תִּיבַשׁ	תִּירָא
2 ms	תִּיבַשׁ	תִּירָא
2 fs	תִּיבְשִׁי	תִּירְאִי
1 cs	אִיבַשׁ	אִירָא
3 mp	יִיבְשׁוּ	יִירְאוּ
3 fp	תִּיבַשְׁנָה	תִּירֶאנָה
2 mp	תִּיבְשׁוּ	תִּירְאוּ
2 fp	תִּיבַשְׁנָה	תִּירֶאנָה

460

1 cp	נִירַשׁ	נִירָא

(c) Los dos verbos aquí presentados ejemplifican las distintas formas del Qal imperativo en el grupo de verbos que se llama Pe Vav. Algunos de estos verbos preservan la vāv (en la forma de yôd) en el Qal imperativo. A otros verbos, vāv se les pierde totalmente, un fenómeno que produce formas parecidas a los verbos Pe Nun (véase XXVIII.73.2[4]).

Qal imperativo de יָבֵשׁ y יָרַשׁ, él heredó, tomó posesión de'

2 ms	יְבַשׁ	רֵשׁ
2 fs	יִבְשִׁי	רְשִׁי
2 mp	יִבְשׁוּ	רְשׁוּ
2 fp	יְבַשְׁנָה	רַשְׁנָה

(d) Se manifiestan dos variantes en el Qal infinitivo de este grupo de verbos Pe Vav. Algunos verbos forman el Qal infinitivo constructo, preservando vāv (en la forma de yôd). A otros, se les pierde yôd al inicio de la forma, mientras agregan ת al final del verbo. Esto produce una forma segolada del verbo.

Qal infinitivo de יָרַשׁ y יָבֵשׁ

Qal infinitivo constructo	יְבֹשׁ	רֶשֶׁת
Qal infinitivo absoluto	יָבוֹשׁ	יָרוֹשׁ

(e) Los participios Qal de estos verbos Pe Vav, y de otros, se forman conforme a los ejemplos a continuación:

	ms	mp	fs	fp
Activo:	יוֹרֵשׁ	יוֹרְשִׁים		(no se usa)
	יוֹעֵץ	יוֹעֲצִים		
	יָרֵא	יְרֵאִים	יְרֵאָה	

Pasivo: יְעוּצָה   יְעוּצִים   יָעוּץ

(2) Un segundo grupo de verbos Pe Vav consiste en aquellos que pierden la consonante inicial del tema en el Qal imperfecto, Qal imperativo y Qal infinitivo constructo. Esos verbos preservan yôd como la consonante inicial del tema en todas las demás formas del Qal. En este grupo de verbos, la vocal preformativa de las formas del Qal imperfecto se aumenta de ḥîrĕq a ṣērê. La vocal de tema también es ṣērê, la que puede ser volatilizada delante de aformativos vocálicos o cambiada a păṭăḥ delante de terminaciones נָה.

Los verbos que siguen a continuación corresponden a este grupo:

יָדַע 'él sabía, conocía'

יָלַד 'él engendró'

יָסַף 'él aumentó, añadió'

יָצָא 'él salió'

יָרַד 'él bajó'

יָשַׁב 'él se sentó, habitó'

El verbo הָלַךְ, 'él fue, caminó', debe incluirse en esta categoría, pues en el Qal imperfecto, Qal imperativo, Qal infinitivo constructo y en todo el sistema Hifʻil, este verbo se trata como si fuera un verbo Pe Vav. Es probable que los verbos [יכח], 'él juzgó, corrigió, reprendió', [ישע], 'él salvó, rescató' y [יתר], 'él restó, se quedó' también correspondan a este grupo, aunque no aparecen en el sistema Qal.

(a) Qal imperfecto de יָדַע, הָלַךְ, יָצָא, יָשַׁב

Estos verbos pierden la consonante inicial del tema en el Qal imperfecto. En todas las formas del Qal imperfecto, la vocal preformativa es ṣērê. La vocal de tema también es ṣērê, excepto cuando se trata de יָדַע, pues la gutural final requiere păṭăḥ en lugar de ṣērê. Por el hecho de ser doblemente débil, יָצָא refleja varias de las características de los verbos Lamed 'Alef (véase XXVI.71).

	יָדַע	הָלַךְ	יָצָא	יָשַׁב
3 ms	יֵדַע	יֵלֵךְ	יֵצֵא	יֵשֵׁב
3 fs	תֵּדַע	תֵּלֵךְ	תֵּצֵא	תֵּשֵׁב

2 ms	תֵּשֵׁב	תֵּצֵא	תֵּלֵךְ	תֵּדַע
2 fs	תֵּשְׁבִי	תֵּצְאִי	תֵּלְכִי	תֵּדְעִי
1 cs	אֵשֵׁב	אֵצֵא	אֵלֵךְ	אֵדַע
3 mp	יֵשְׁבוּ	יֵצְאוּ	יֵלְכוּ	יֵדְעוּ
3 fp	תֵּשַׁבְנָה	תֵּצֶאנָה	תֵּלַכְנָה	תֵּדַעְנָה
2 mp	תֵּשְׁבוּ	תֵּצְאוּ	תֵּלְכוּ	תֵּדְעוּ
2 fp	תֵּשַׁבְנָה	תֵּצֶאנָה	תֵּלַכְנָה	תֵּדַעְנָה
1 cp	נֵשֵׁב	נֵצֵא	נֵלֵךְ	נֵדַע

(b) Qal imperativo

	יָשַׁב	יָצָא	הָלַךְ	יָדַע
2 ms	שֵׁב	צֵא	לֵךְ	דַּע
2 fs	שְׁבִי	צְאִי	לְכִי	דְּעִי
2 mp	שְׁבוּ	צְאוּ	לְכוּ	דְּעוּ
2 fp	שֵׁבְנָה	צֶאנָה	לֵכְנָה	דַּעְנָה

(c) Qal infinitivo constructo

יָשַׁב	יָצָא	הָלַךְ	יָדַע
(לָשֶׁבֶת) שֶׁבֶת	(לָצֵאת) צֵאת	(לָלֶכֶת) לֶכֶת	(לָדַעַת) דַּעַת

(3) Un tercer grupo de verbos Pe Vav consiste en aquellos que tienen צ (o alguna otra sibilante) como su consonante media (Véase I.1.13). Estos verbos se forman por analogía a los verbos Pe Nun (Véase XXVIII.73). Cuando vāv (yôd) sigue después de la sílaba preformativa, ella se pierde; dagesh se coloca en la consonante que sigue (en este caso, en el sibilante). De esta

manera, יִצֹק (Qal imperfecto 3 ms de יָצַק, 'él derramó') llega a ser יִצֹּק, הִצִּית (Hif'il perfecto 3 ms, de יָצַת, 'él prendió fuego') llega a ser הִצִּית y יַצִּיג (Hif'il imperfecto 3 ms, de יָצַג, 'él puso, colocó') llega a ser יַצִּיג.

(4) El verbo יָכֹל, 'él pudo', el que ocurre sólo en el sistema Qal, tiene una característica peculiar en el Qal imperfecto. Ahí preserva la vāv del tema verbal como šûrĕq después de cada uno de los preformativos imperfectos. Los gramáticos teorizan que el Qal imperfecto de este verbo originalmente podría haberse basado en el imperfecto del Pu'al o del Hof'al.

Las formas del Qal imperfecto de יָכֹל que aparecen en la Biblia Hebrea son:

3 ms	יוּכַל	3 mp	יוּכְלוּ
3 fs	תּוּכַל	3 fp	
2 ms	תּוּכַל	2 mp	תּוּכְלוּ
2 fs	תּוּכְלִי	2 fp	
1 cs	אוּכַל	1 cp	נוּכַל

(5) Verbos Pe Vav en el sistema Nif'al

La vav inicial de los verbos Pe Vav se porta como una consonante ordinaria en todas las formas Nif'al, excepto aquellas formas que pertenecen al perfecto y al participio del Nif'al. Ella combina con la vocal de clase 'a' (pătăḥ) y con el nun preformativo para formar el diptongo ḥólĕm (וֹ). Eso sucede en todas la clases de los verbos Pe Vav.

(a) יָלַד, 'él engendró'

	Perfecto		Imperfecto		Imperativo
3 ms	נוֹלַד	3 ms	יִוָּלֵד		
3 fs	נוֹלְדָה	3 fs	תִּוָּלֵד		
2 ms	נוֹלַדְתָּ	2 ms	תִּוָּלֵד	2 ms	הִוָּלֵד
2 fs	נוֹלַדְתְּ	2 fs	תִּוָּלְדִי	2 fs	הִוָּלְדִי
1 cs	נוֹלַדְתִּי	1 cs	אִוָּלֵד		
3 cp	נוֹלְדוּ	3 mp	יִוָּלְדוּ		

		3 fp	תִּוָּלַדְנָה		
2 mp	נוֹלַדְתֶּם	2 mp	תִּוָּלְדוּ	2 mp	הִוָּלְדוּ
2 fp	נוֹלַדְתֶּן	2 fp	תִּוָּלַדְנָה	2 fp	הִוָּלַדְנָה
1 cp	נוֹלַדְנוּ	1 cp	נִוָּלֵד		

Infinitivo constructo   הִוָּלֵד   Participio   ms   נוֹלָד

Infinitivo absoluto   הִוָּלֵד

(b) [יָשַׁע], 'él salvó, rescató'

	Perfecto		Imperfecto		Imperativo
3 ms	נוֹשַׁע	3 ms	יִוָּשַׁע		
3 fs	נוֹשְׁעָה	3 fs	תִּוָּשַׁע		
2 ms	נוֹשַׁעְתָּ	2 ms	תִּוָּשַׁע	2 ms	הִוָּשַׁע
2 fs	נוֹשַׁעְתְּ	2 fs	תִּוָּשְׁעִי	2 fs	הִוָּשְׁעִי
1 cs	נוֹשַׁעְתִּי	1 cs	אִוָּשַׁע		
3 cp	נוֹשְׁעוּ	3 mp	יִוָּשְׁעוּ		
		3 fp	תִּוָּשַׁעְנָה		
2 mp	נוֹשַׁעְתֶּם	2 mp	תִּוָּשְׁעוּ	2 mp	הִוָּשְׁעוּ
2 fp	נוֹשַׁעְתֶּן	2 fp	תִּוָּשַׁעְנָה	2 fp	הִוָּשַׁעְנָה
1 cp	נוֹשַׁעְנוּ	1 cp	נִוָּשַׁע		

Infinitivo constructo   הִוָּשֵׁעַ   Participio   ms   נוֹשָׁע

Infinitivo absoluto   הִוָּשֵׁעַ

(6) Verbos Pe Vav en los sistemas intensivos (Pi'el, Pu'al y Hitpa'el)

Los verbos Pe Yod usualmente tienen yod como la primera consonante del tema en los sistemas intensivos, aunque ocasionalmente tienen vav en el sistema Hitpa'el.

Ejemplos:

וַיְיַסֵּר Piel imperfecto 3ms de יָסַר, 'él castigó, corrigió'

וַיְיַשֵּׁר Piel imperfecto 3ms de יָשַׁר, 'él enderezó, hizo recto'

וַיִּתְיַצֵּב Hitpa'el imperfecto 3ms de יָצַב, 'el se plantó, se estacionó'

(7) Verbos Pe Vav en los sistemas causativos (Hif'il, Hof'al)

Los verbos Pe Yod conservan vav como ḥṓlĕm en todas las formas del sistema Hif'il, y como šū́rĕq en todas las formas del sistema Hof'al.

(a) יָשַׁב, 'él se sentó, habitó, vivió', el cual en el sistema Hif'il significa 'él causó a sentarse' o 'él causó a habitar'.

	Perfecto		Imperfecto		Imperativo
3 ms	הוֹשִׁיב	3 ms	יוֹשִׁיב	2 ms	הוֹשֵׁב
3 fs	הוֹשִׁיבָה	3 fs	תּוֹשִׁיב	2 fs	הוֹשִׁיבִי
2 ms	הוֹשַׁבְתָּ	2 ms	תּוֹשִׁיב	2 mp	הוֹשִׁיבוּ
			etc.	2 fp	הוֹשֵׁבְנָה

Infinitivo Constructo   הוֹשִׁיב   Participio   ms   מוֹשִׁיב

Infinitivo Absoluto   הוֹשֵׁב

(b) הָלַךְ, 'él fue, caminó', el cual en el sistema Hif'il significa 'él llevó, condujo, o trajo'.

	Perfecto		Imperfecto		Imperativo
3 ms	הוֹלִיךְ	3 ms	יוֹלִיךְ	2 ms	הוֹלֵךְ

3 fs	הוֹלִיכָה	3 fs	תּוֹלִיךְ	2 fs	הוֹלִיכִי
2 ms	הוֹלַכְתָּ	2 ms	תּוֹלִיךְ	2 mp	הוֹלִיכוּ
	etc.		etc.	2 fp	הוֹלֵכְנָה

Infinitivo constructo	הוֹלִיךְ	Participio	ms	מוֹלִיךְ
Infinitivo absoluto	הוֹלֵךְ		mp	מוֹלִיכִים
			fs	מוֹלִיכָה
			fp	מוֹלִיכוֹה

(c) יָצָא, 'él salió' (un verbo doblemente débil), el cual en el sistema Hif'il significa 'él sacó', 'él liberó'.

	Perfecto		Imperfecto		Imperativo
3 ms	הוֹצִיא	3 ms	יוֹצִיא	2 ms	הוֹצֵא
3 fs	הוֹצִיאָה	3 fs	תּוֹצִיא	2 fs	הוֹצִיאִי
2 ms	הוֹצֵאתָ	2 ms	תּוֹצִיא	2 mp	הוֹצִיאוּ
2 fs	הוֹצֵאת	2 fs	תּוֹצִיאִי	2 fp	הוֹצֵאנָה
1 cs	הוֹצֵאתִי		etc.		
3 cp	הוֹצִיאוּ				
2 mp	הוֹצֵאתֶם				
	etc.				

Infinitivo constructo	הוֹצִיא	Participio	ms	מוֹצִיא
Infinitivo absoluto	הוֹצֵא		mp	מוֹצִיאִים
			fs	מוֹצִיאָה

מוֹצִיאוֹת   fp

(d) יָרַד, 'él bajó, descendió', el cual en el sistema Hofʻal significa 'él fue derribado/humillado, él fue llevado hacia abajo'.

	Perfecto		Imperfecto
3 ms	הוּרַד	3 ms	יוּרַד
3 fs	הוּרְדָה	3 fs	תּוּרַד
2 ms	הוּרַדְתָּ	2 ms	תּוּרַד
	etc.		

Infinitivo constructo   הוּרַד   Participio pasivo   ms   מוּרָד

Infinitivo absoluto   הוּרֵד

75.3 *Las características distintivas de los verbos Pe Yod*

La cantidad de legítimos verbos Pe Yod en la Biblia Hebrea es muy restringida. Un legítimo verbo Pe Yod es aquel que conserva la yod como la consonante inicial del tema en todas sus formas. En las formas que no tienen prefijos, la yod se conserva como una consonante. En las formas que sí tienen prefijos, la yod se conserva como ḥîrĕq-yôd (en el Qal imperfecto) o como ṣērê-yôd (en todo el sistema Hifʻil).

(1) Tradicionalmente, seis verbos se clasifican como verbos Pe Yod. Ellos son:

יָטַב 'él era bueno'

יָלַל 'él aulló, gimió'

יָמַן 'él fue a la derecha'

יָנַק 'él mamó'

יָקַץ 'él se despertó'

יָשַׁר 'él era recto'

(2) La apariencia de estos verbos está limitada a los sistemas Qal y Hif'il. El verbo יָשַׁר es una excepción, pues ocurre también en los sistemas Pi'el y Pu'al.

(a) יָטַב, 'él era bueno'

	Perfecto		Imperfecto		Imperativo
3 ms		3 ms	יִיטַב		(No se usa.)
3 fs		3 fs	יִיטְבָה		תִּיתַב
2 ms		2 ms	יָטַבְתָּ		תִּיתַב
			etc.		etc.

Por ser un verbo de estado, la vocal del tema de יָטַב en el Qal imperfecto es pătăḥ.

Infinitivo constructo יְטֹב   Participio activo ms יֹטֵב

Infinitivo absoluto יָטוֹב

(b) יָטַב, 'él hizo bien, era bueno', el que en el sistema Hif'il significa 'él hizo una cosa buena, noble, justa, hermosa'

	Perfecto		Imperfecto		Imperativo
3 ms	הֵיטִיב	3 ms	יֵיטִיב	2 ms	הֵיטֵב
3 fs	הֵיטִיבָה	3 fs	תֵּיטִיב	2 fs	הֵיטִיבִי
2 ms	הֵיטַבְתָּ	2 ms	תֵּיטִיב	2 mp	הֵיטִיבוּ
	etc.		etc.	2 fp	הֵיטֵבְנָה

Infinitivo constructo הֵיטִיב   Participio Activo ms מֵיטִיב

Infinitivo absoluto הֵיטֵב

mp מֵיטִיבִים

fs מֵיטִיבָה

fp מֵיטִיבוֹת

EJERCICIOS

1. Cada uno de los siguientes ejemplos presenta una forma verbal Pe Vav / Pe Yod. Traduzca. En el inciso (a), apunte su sistema, en (b) la inflexión (perfecto, imperfecto o imperativo), en (c) su persona, género y número, y en (d) su tema.

(1) שׁוּב וְשֵׁב עִם־הַמֶּלֶךְ Vuélvete y _____ con el rey. (2 Sam. 15:19)

    (a) _____ (b) _____ (c) _____ (d) _____

(2) כִּי־אֵשֵׁב בַּחֹשֶׁךְ יְהוָה אוֹר לִי Aunque _____ en tinieblas, el Señor es mi luz. (Miq. 7:8)

    (a) _____ (b) _____ (c) _____ (d) _____

(3) וְאָנֹכִי יְהוָה אֱלֹהֶיךָ עֹד אוֹשִׁיבְךָ בָאֳהָלִים Pero yo soy el Señor tu Dios; aún te haré _____ en tiendas. (Os. 12:10; esp. 12:9)

    (a) _____ (b) _____ (c) _____ (d) _____

(4) אָנֹכִי אֵרֵד עִמְּךָ מִצְרַיְמָה Yo _____ contigo a Egipto (Gén. 46:4)

    (a) _____ (b) _____ (c) _____ (d) _____

(5) וְיוֹסֵף הוּרַד מִצְרַיְמָה Y José fue _____ a Egipto. (Gén. 39:1)

    (a) _____ (b) _____ (c) _____ (d) _____

(6) כְּעוֹף הַשָּׁמַיִם אוֹרִידֵם Les haré _____ como aves del cielo. (Os. 7:12)

    (a) _____ (b) _____ (c) _____ (d) _____

(7) הוֹרֵד אוֹתָם אֶל־הַמָּיִם Hazlos _____ a las aguas. (Jueces 7:4)

    (a) _____ (b) _____ (c) _____ (d) _____

(8) אַבְרָהָם הוֹלִיד אֶת־יִצְחָק Abraham _____ a Isaac. (Gén. 25:19)

(a) _____ (b) _____ (c) _____ (d) _____

(9) דְּעוּ כִּי־יְהוָה הוּא אֱלֹהִים _____ que el Señor es Dios. (Sal. 100:3)

(a) _____ (b) _____ (c) _____ (d) _____

(10) וְיֵדְעוּ כָּל־הָאָרֶץ כִּי יֵשׁ אֱלֹהִים לְיִשְׂרָאֵל ... y toda la tierra _____ que hay Dios en Israel. (1 Sam. 17:46)

(a) _____ (b) _____ (c) _____ (d) _____

(11) לֹא־אִירָא רָע כִּי־אַתָּה עִמָּדִי No _____ mal alguno, porque tú estás conmigo. (Sal. 23:4)

(a) _____ (b) _____ (c) _____ (d) _____

(12) הִתְיַצְּבוּ וּרְאוּ אֶת־יְשׁוּעַת יְהוָה _____, y vean la salvación del Señor. (Éx. 14:13)

(a) _____ (b) _____ (c) _____ (d) _____

(13) וַיֹּאמֶר אֵלַי יְהוָה לֵךְ הִנָּבֵא אֶל־עַמִּי יִשְׂרָאֵל Y el Señor me dijo: «_____, profetiza a mi pueblo Israel. (Amós 7:15)

(a) _____ (b) _____ (c) _____ (d) _____

(14) וְהוֹשִׁיעַ אֶת־עַמִּי מִיַּד פְּלִשְׁתִּים Y _____ a mi pueblo de mano de los filisteos. (1 Sam. 9:16)

(a) _____ (b) _____ (c) _____ (d) _____

(15) אֶזְעַק אֵלֶיךָ חָמָס וְלֹא תוֹשִׁיעַ Y te clamo «¡Violencia!», pero no
_____. (Hab. 1:2)

   (a) _____   (b) _____   (c) _____   (d) _____

2. Dos verbos Pe Vav frecuentemente van ligados a un infinitivo constructo, normalmente prefijado con una preposición inseparable. Se trata de יָכֹל ('él pudo, era capaz de') y יָסַף ('él añadió, repitió, hizo algo otra vez'). Cuando יָכֹל va ligado a un tal infinitivo constructo, esto significa la idea de ser capaz de hacer algo. En cambio, יָסַף más un infinitivo constructo se refiere a la repetición de una acción. Los siguientes ejemplos presentan estos dos verbos Pe Vav en conjunto con varios infinitivos constructos. En el inciso (a), copie el infinitivo constructo tal y como aparece; en (b), indique su sistema; y en (c), apunte el tema del verbo. Cuando un ejemplo tiene más de un infinitivo constructo, habrá incisos adicionales. Por supuesto, no todos los infinitivos constructos se derivan de verbos Pe Vav / Pe Yod.

וְלֹא־יָסַף שְׁמוּאֵל לִרְאוֹת אֶת־שָׁאוּל עַד־יוֹם מוֹתוֹ (a) לִרְאוֹת
Y Samuel no volvió a ver a Saúl en toda su vida. (1 Sam. 15:35) (b) Qal
  (c) רָאָה

(1) וַיֹּאמֶר יְהוָה אֶל־לִבּוֹ לֹא־אֹסִף עוֹד לְהַכּוֹת אֶת־כָּל־חַי כַּאֲשֶׁר עָשִׂיתִי
Y dijo Jehová en su corazón: No volveré más a destruir todo ser viviente, como he hecho. (Gén. 8:21)
(a) _____
(b) _____
(c) _____

(2) לָכֵן לֹא־אוֹסִיף לְהוֹשִׁיעַ אֶתְכֶם
Por tanto, yo no los libraré más a ustedes. (Jueces 10:13)
(a) _____
(b) _____
(c) _____

(3) לֹא אֹסֵף לִשְׁמֹעַ אֶת־קוֹל יְהוָה אֱלֹהָי
No vuelva yo a oír la voz del Señor mi Dios. (Deut. 18:16)
(a) _____
(b) _____
(c) _____

(4) לֹא אוֹסִיף לִהְיוֹת עִמָּכֶם (a) _____
No estaré más con ustedes. (b) _____
(Josué 7:12) (c) _____

(5) לֹא־תוֹסִיפִי לִשְׁתּוֹתָהּ עוֹד (a) _____
Nunca más lo beberás. (Isa. (b) _____
51:22) (c) _____

(6) וַיְשַׁלַּח אֶת־הַיּוֹנָה וְלֹא־יָסְפָה (a) _____
שׁוּב־אֵלָיו עוֹד (b) _____
Y envió la paloma, la cual no (c) _____
volvió ya más a él. (b)
_____ (Gén. 8:12)

(7) וַיֹּסִפוּ בְּנֵי יִשְׂרָאֵל לַעֲשׂוֹת (a) _____
הָרַע בְּעֵינֵי יְהוָה (b) _____
Y volvieron los hijos de (c) _____
Israel a hacer lo malo ante los
ojos del Señor. (Jueces 3:12)

(8) וְלֹא־יָכֹל מֹשֶׁה לָבוֹא אֶל־ (a) _____
אֹהֶל מוֹעֵד (b) _____
Y no podía Moisés entrar en (c) _____
el tabernáculo de reunión.
(Éx. 40:35)

(9) דָּוִד לֹא יָכֹל לִבְנוֹת בַּיִת (a) _____
לְשֵׁם יְהוָה אֱלֹהָיו (b) _____
David no pudo edificar casa (c) _____
al nombre del Señor su Dios.
(1 R 5:17; esp. 5:3)

(10) לֹא־אוּכַל עוֹד לָצֵאת וְלָבוֹא (a) _____
No puedo más salir ni entrar. (b) _____
(Deut. 31:2) (c) _____

(a) _____
(b) _____

473

(c) _____

(11) מִי יוּכַל לַעֲמֹד לִפְנֵי יְהוָה (a) _____
הָאֱלֹהִים הַקָּדוֹשׁ הַזֶּה (b) _____
¿Quién podrá estar delante (c) _____
del Señor, este Dios santo? (1
Sam. 6:20)

(12) מְלָאכָה גְדוֹלָה אֲנִי עֹשֶׂה (a) _____
וְלֹא אוּכַל לָרֶדֶת (b) _____
Yo estoy realizando una gran (c) _____
obra, y no puedo descender.
(Neh. 6:3)

(13) לֹא נוּכַל דַּבֵּר אֵלֶיךָ רַע אוֹ־ (a) _____
טוֹב (b) _____
No podemos hablarte malo ni (c) _____
bueno. (Gén. 24:50)

(14) וְלֹא יָכְלוּ בְּנֵי מְנַשֶּׁה (a) _____
לְהוֹרִישׁ אֶת־הֶעָרִים הָאֵלֶּה (b) _____
Mas los hijos de Manasés no (c) _____
pudieron tomar posesión de
estas ciudades. (Josué 17:12)

(15) כִּי מִי יוּכַל לִשְׁפֹּט אֶת־עַמְּךָ (a) _____
¿Porque quién podrá (b) _____
gobernar tu pueblo? (1 R 3:9) (c) _____

3. Complete la traducción de los verbos y pronombres.

(1) וִירִשְׁתָּ אֹתָם וְיָשַׁבְתָּ בְּאַרְצָם Y las (naciones) heredar_____, y habitar_____ en _____ tierra. (Deut. 12:29)

(2) לוֹ אֶהְיֶה וְאִתּוֹ אֵשֵׁב De _____ seré yo, y con _____ me quedaré. (2 Sam. 16:18)

(3) בָּתֵּי גָזִית בְּנִיתֶם וְלֹא־תֵשְׁבוּ בָם Edifica_____ casas de piedra labrada, mas no vivir_____ en _____. (Amós 5:11)

474

(4) וַיּוֹשִׁיבַנִי עַל־כִּסֵּא דָוִד אָבִי Y _____ _____ ha puesto sobre el trono de David _____ padre. (1 R 2:24)

(5) וַתֹּאמֶר אֶל־עֲבָדֶיךָ הוֹרִדֻהוּ אֵלָי וְאָשִׂימָה עֵינִי עָלָיו Y diji_____ a _____ siervos: Traigan_____, y pond_____ _____ ojos sobre _____. (Gén. 44:21)

(6) אָמַר אֵלַי בְּנִי אַתָּה אֲנִי הַיּוֹם יְלִדְתִּיךָ _____ _____ ha dicho: _____ hijo e_____; _____ _____ engendr_____ hoy. (Sal. 2:7)

(7) יְדַעְתִּיךָ בְשֵׁם וְגַם־מָצָאתָ חֵן בְּעֵינָי _____ _____ h_____ conocido por _____ nombre, y ha_____ hallado también gracia en _____ ojos. (Éx. 33:12)

(8) וְאֶת־שֵׁם קָדְשִׁי אוֹדִיעַ בְּתוֹךְ עַמִּי יִשְׂרָאֵל Y har_____ notorio _____ santo nombre en medio de _____ pueblo Israel. (Ez. 39:7)

(9) וַיֹּאמְרוּ לִי עֲשֵׂה־לָנוּ אֱלֹהִים אֲשֶׁר יֵלְכוּ לְפָנֵינוּ Y _____ _____ dij_____: Haz_____ dioses que vayan delante de _____. (Éx. 32:23)

(10) כִּי־אִתְּךָ אֲנִי לְהוֹשִׁיעֶךָ וּלְהַצִּילֶךָ Porque _____ est_____ con_____ para guardar_____ y para defender_____. (Jer. 15:20)

(11) וּמַלְאַךְ פָּנָיו הוֹשִׁיעָם Y el ángel de _____ faz _____ salvó. (Isa. 63:9)

(12) אָנֹכִי יְהוָה אֱלֹהֶיךָ אֲשֶׁר הוֹצֵאתִיךָ מֵאֶרֶץ מִצְרָיִם _____ s_____ el Señor _____ Dios, que _____ sa_____ de la tierra de Egipto. (Éx. 20:2)

(13) וַנִּצְעַק אֶל־יְהוָה וַיִּשְׁמַע קֹלֵנוּ וַיִּשְׁלַח מַלְאָךְ וַיֹּצִאֵנוּ מִמִּצְרָיִם Y clam_____ al Señor, y _____ o_____ _____ voz, y envi_____ un ángel, y _____ sa_____ de Egipto. (Núm. 20:16)

(14) וַיֹּאמֶר אֶת־קֹלְךָ שָׁמַעְתִּי בַּגָּן וָאִירָא כִּי־עֵירֹם אָנֹכִי וָאֵחָבֵא Y _____ respond_____: O_____ _____ voz en el huerto, y tuv_____ miedo, porque estab_____ desnudo; y _____ escond_____. (Gén. 3:10)

(15) יְהוָה אוֹרִי וְיִשְׁעִי מִמִּי אִירָא El Señor es _____ luz y _____ salvación; ¿de quién temer_____? (Sal. 27:1)

(16) וְאָזְנֶיךָ תִּשְׁמַעְנָה דָבָר מֵאַחֲרֶיךָ לֵאמֹר זֶה הַדֶּרֶךְ לְכוּ בוֹ Entonces _____ oídos oirán a _____ espaldas palabra que diga: Este es el camino, anden por _____. (Isa. 30:21)

(17) וְאֶת־נְבִיאֶיךָ הָרְגוּ בַחֶרֶב וָאִוָּתֵר אֲנִי לְבַדִּי וַיְבַקְשׁוּ אֶת־נַפְשִׁי לְקַחְתָּהּ Y _____ h_____ matado a espada a _____ profetas; y sólo

_____ h_____ quedado, y _____ busca_____ para quitar_____ la vida. (1 R 19:10)

(18) כִּי יְהוָה שֹׁפְטֵנוּ יְהוָה מְחֹקְקֵנוּ יְהוָה מַלְכֵּנוּ הוּא יוֹשִׁיעֵנוּ Porque el Señor es _____ juez, el Señor es _____ legislador, el Señor es _____ Rey; _____ mismo _____ salvar_____. (Isa. 33:22)

4. Subraya la forma participial correcta.

(1) וְהִיא (יוֹשֶׁבֶת / יוֹשֵׁב) בַּשָּׂדֶה
Y ella estaba sentada en el campo. (Jueces 13:9)

(2) וּבְתוֹךְ עַם־טְמֵא שְׂפָתַיִם אָנֹכִי (יוֹשֵׁב / יוֹשְׁבִים)
Y estoy habitando en medio de pueblo que tiene labios inmundos. (Isa 6:5)

(3) וְהִנֵּה מַלְאֲכֵי אֱלֹהִים (יֹרְדִים / יֹרְדוֹת) בּוֹ
Y he aquí ángeles de Dios estaban descendiendo por ella. (Gén. 28:12)

(4) (יוֹרֵד / יוֹרְדֵי) הַיָּם בָּאֳנִיּוֹת הֵמָּה רָאוּ מַעֲשֵׂי יְהוָה
Los que descienden al mar en naves, ellos han visto las obras del Señor. (Sal. 107:23, 24)

(5) שָׂרָה אִשְׁתְּךָ (יֹלֵד / יֹלֶדֶת) לְךָ בֵּן
Sara tu mujer te dará a luz un hijo. (Gén. 17:19)

(6) הִנֵּה־בֵן (נוֹלָד / נוֹלָדִים) לְבֵית־דָּוִד
He aquí que a la casa de David nacerá un hijo. (1 R. 13:2)

(7) וִהְיִיתֶם כֵּאלֹהִים (יֹדְעֵי / יֹדְעוֹת) טוֹב וָרָע
Y ustedes serán como Dios, sabiendo el bien y el mal. (Gén. 3:5)

(8) מַדּוּעַ אַתְּ (הוֹלֵךְ / הֹלֶכֶת) אֵלָיו הַיּוֹם
¿Para qué vas a verle hoy? (2 R 4:23)

(9) וַיֹּאמֶר עֵשָׂו הִנֵּה אָנֹכִי (הוֹלֵךְ / הֹלֶכֶת) לָמוּת
Entonces dijo Esaú: He aquí yo me voy a morir. (Gén. 25:32)

(10) הָעָם (הַהֹלְכוֹת / הַהֹלְכִים) בַּחֹשֶׁךְ רָאוּ אוֹר גָּדוֹל
El pueblo que andaba en tinieblas vio gran luz. (Isa. 9:1)

5. En las siguientes cláusulas y oraciones, identifique (a) la secuencia verbal (véase XXI.63), (b) los sistemas verbales y (c) los temas.

(1) בְּנֵה־לְךָ בַיִת בִּירוּשָׁלַםִ וְיָשַׁבְתָּ שָּׁם Edifícate una casa en Jerusalén y mora ahí. (1 R 2:36)
(a) secuencia _____ + _____ (b) _____, _____ (c) _____, _____

(2) קוּם וְיָרַדְתָּ בֵּית הַיּוֹצֵר Levántate y vete a casa del alfarero. (Jer. 18:2)
(a) secuencia _____ + _____ (b) _____, _____ (c)
_____, _____

(3) שָׂרָה אִשְׁתְּךָ יֹלֶדֶת לְךָ בֵּן וְקָרָאתָ אֶת־שְׁמוֹ יִצְחָק Sara tu mujer te dará a luz un hijo, y llamarás su nombre Isaac. (Gén. 17:19)
(a) secuencia _____ + _____ (b) _____, _____ (c)
_____, _____

(4) וְאֶת־בְּנוֹתֵיכֶם תְּנוּ לַאֲנָשִׁים וְתֵלַדְנָה בָּנִים וּבָנוֹת Y den a sus hijas a hombres, para que tengan hijos e hijas. (Jer. 29:6)
(a) secuencia _____ + _____ (b) _____, _____ (c)
_____, _____

(5) כֵּן אוֹשִׁיעַ אֶתְכֶם וִהְיִיתֶם בְּרָכָה Así les salvaré a ustedes y serán una bendición. (Zac. 8:13)
(a) secuencia _____ + _____ (b) _____, _____ (c)
_____, _____

(6) צֵא וְעָמַדְתָּ בָהָר לִפְנֵי יְהוָה Sal fuera, y ponte en el monte delante del Señor. (1 R 19:11)
(a) secuencia _____ + _____ (b) _____, _____ (c)
_____, _____

(7) אֶחָד הָיָה אַבְרָהָם וַיִּירַשׁ אֶת־הָאָרֶץ Abraham era uno, y poseyó la tierra. (Ezeq. 33:24)
(a) secuencia _____ + _____ (b) _____, _____ (c)
_____, _____

(8) עָלֹה נַעֲלֶה וְיָרַשְׁנוּ אֹתָהּ Subamos luego, y tomemos posesión de ella. (Núm. 13:30)
(a) secuencia _____ + _____ (b) _____, _____ (c)
_____, _____

(9) לְמַעַן יִיטַב לָךְ וְיָרַשְׁתָּ אֶת־הָאָרֶץ הַטֹּבָה … para que te vaya bien, y entres y poseas la buena tierra. (Deut. 6:18)
(a) secuencia _____ + _____ (b) _____, _____ (c)
_____, _____

(10) פֶּן־יָבוֹא וְהִכַּנִי … no venga acaso y me hiera. (Gén. 32:11)
(a) secuencia _____ + _____ (b) _____, _____ (c)
_____, _____

(11) וְאָנֹכִי אֶהְיֶה עִם־פִּיךָ וְהוֹרֵיתִיךָ Y yo estaré con tu boca, y te enseñaré. (Éx. 4:12)
(a) secuencia _____ + _____ (b) _____, _____ (c)
_____, _____

(12) אִם־תֵּלְכִי עִמִּי וְהָלָכְתִּי Si tú fueres conmigo, yo iré. (Jueces 4:8)
(a) secuencia _____ + _____ (b) _____, _____ (c) _____, _____

6. Practique pronunciando el hebreo, observando en particular los verbos Pe Vav/Pe Yod. Tape la traducción y practique traduciendo el hebreo.

(1) אַחַת שָׁאַלְתִּי מֵאֵת־יְהוָה אוֹתָהּ אֲבַקֵּשׁ שִׁבְתִּי בְּבֵית־יְהוָה כָּל־יְמֵי חַיַּי Una cosa he demandado al Señor, ésta buscaré; Que esté yo en la casa del Señor todos los días de mi vida. (Sal. 27:4)

(2) אַךְ טוֹב וָחֶסֶד יִרְדְּפוּנִי כָּל־יְמֵי חַיָּי Ciertamente el bien y la misericordia me perseguirán todos los días de mi vida. (Sal. 23:6)

(3) וַיֵּרֶד יְהוָה לִרְאֹת אֶת־הָעִיר אֶת־הַמִּגְדָּל אֲשֶׁר בָּנוּ בְּנֵי הָאָדָם Y descendió el Señor para ver la ciudad y la torre que edificaban los hijos de los hombres. (Gén. 11:5)

(4) כִּי־יֶלֶד יֻלַּד־לָנוּ בֵּן נִתַּן־לָנוּ Porque un niño nos es nacido, hijo nos es dado. (Isa. 9:5; esp. 9:6)

(5) כִּי־יוֹדֵעַ יְהוָה דֶּרֶךְ צַדִּיקִים וְדֶרֶךְ רְשָׁעִים תֹּאבֵד Porque el Señor conoce el camino de los justos; Mas la senda de los malos perecerá. (Sal. 1:6)

(6) כִּי לֹא־תֵדַע מַה־יֵּלֶד יוֹם Porque no sabes qué dará de sí el día. (Prov. 27:1)

(7) וַיֹּאמֶר אָכֵן יֵשׁ יְהוָה בַּמָּקוֹם הַזֶּה וְאָנֹכִי לֹא יָדָעְתִּי Y él dijo, 'Ciertamente el Señor está en este lugar, yo no lo sabía'. (Gén. 28:16)

(8) וַיָּקָם מֶלֶךְ־חָדָשׁ עַל־מִצְרָיִם אֲשֶׁר לֹא־יָדַע אֶת־יוֹסֵף Entretanto, se levantó sobre Egipto un nuevo rey que no conocía a José. (Éx. 1:8)

(9) וּמִי יוֹדֵעַ אִם־לְעֵת כָּזֹאת הִגַּעַתְּ לַמַּלְכוּת ¿Y quién sabe si para esta hora has llegado al reino? (Ester 4:14)

(10) וַיִּיקֶץ נֹחַ מִיֵּינוֹ וַיֵּדַע אֵת אֲשֶׁר־עָשָׂה־לוֹ בְּנוֹ הַקָּטָן Y despertó Noé de su embriaguez, y supo lo que le había hecho su hijo más joven. (Gén. 9:24)

(11) וָאֵרָא אֶל־אַבְרָהָם אֶל־יִצְחָק וְאֶל־יַעֲקֹב בְּאֵל שַׁדָּי וּשְׁמִי יְהוָה לֹא נוֹדַעְתִּי לָהֶם Y aparecí a Abraham, a Isaac y a Jacob como Dios Omnipotente, mas en mi nombre el Señor no me di a conocer a ellos. (Éx. 6:3)

(12) פְּנוּ־אֵלַי וְהִוָּשְׁעוּ כָּל־אַפְסֵי־אָרֶץ כִּי אֲנִי־אֵל וְאֵין עוֹד Miren a mí, y sean salvos, todos los términos de la tierra, porque yo soy Dios, y no hay más. (Isa. 45:22)

(13) כֵּן יִהְיֶה דְבָרִי אֲשֶׁר יֵצֵא מִפִּי לֹא־יָשׁוּב אֵלַי רֵיקָם Así será mi palabra que sale de mi boca; no volverá a mí vacía. (Isa. 55:11)

(14) יָבֵשׁ חָצִיר נָבֵל צִיץ וּדְבַר־אֱלֹהֵינוּ יָקוּם לְעוֹלָם Séquese la hierba, marchítese la flor; mas la palabra del Dios nuestro permanece para siempre. (Isa. 40:8)

(15) וַיֹּאמֶר אֲלֵיהֶם עִבְרִי אָנֹכִי וְאֶת־יְהוָה אֱלֹהֵי הַשָּׁמַיִם אֲנִי יָרֵא אֲשֶׁר־עָשָׂה אֶת־הַיָּם Y él les respondió: Soy hebreo, y temo al Señor, Dios de los cielos, que hizo el mar y la tierra. (Jonás 1:9)

וְאֶת־הַיַּבָּשָׁה

(16) וְהָלְכוּ גּוֹיִם רַבִּים וְאָמְרוּ לְכוּ וְנַעֲלֶה אֶל־הַר־יְהוָה וְאֶל־בֵּית אֱלֹהֵי יַעֲקֹב וְיוֹרֵנוּ מִדְּרָכָיו וְנֵלְכָה בְּאֹרְחֹתָיו כִּי מִצִּיּוֹן תֵּצֵא תוֹרָה וּדְבַר־יְהוָה מִירוּשָׁלָםִ Vendrán muchas naciones, y dirán: Vengan, subamos al monte del Señor, y a la casa del Dios de Jacob; y nos enseñará en sus caminos, y andaremos por sus veredas; porque de Sión saldrá la ley, y de Jerusalén la palabra del Señor. (Miq. 4:2)

(17) וַיֹּאמֶר מֹשֶׁה אֶל־הָאֱלֹהִים מִי אָנֹכִי כִּי אֵלֵךְ אֶל־פַּרְעֹה וְכִי אוֹצִיא אֶת־בְּנֵי יִשְׂרָאֵל מִמִּצְרָיִם Entonces Moisés respondió a Dios: ¿Quién soy para que vaya a Faraón, y saque de Egipto a hijos de Israel? (Éx. 3:11)

(18) בֹּאוּ שְׁעָרָיו בְּתוֹדָה חֲצֵרֹתָיו בִּתְהִלָּה הוֹדוּ־לוֹ בָּרֲכוּ שְׁמוֹ Entren por sus puertas con acción de gracias, Por sus atrios con alabanza; Alábenle, bendigan su nombre. (Sal. 100:4)

VOCABULARIO

(1) יָבֵשׁ él se secó, estaba seco

(2) יָגַע él laboró, se cansó

(3) [ידה] (Hifʾil) él alabó, confesó, dio gracias

(4) חוּל/חִיל girar, danzar retorcerse

(5) לוּן/לִין morar, pasar la noche

(6) מוּל circuncidar

(7) נוּחַ descansar, reposar

(8) נוּס huir

(9) נוּעַ temblar, tambalear

(10) [יצב] (Hitpa'el) él se estacionó, se plantó

(11) יָצַק

(12) רוּץ correr

(13) רִיב luchar, contender

(14) שִׁיר cantar

(15) שִׁית poner, colocar

(16) כָּשַׁל él tropezó

(17) לָכַד él tomó, capturó

(18) שָׁבַת él cesó, descansó

Lección XXXI

76. Verbos débiles: los verbos Doble 'Ayin

76.1 *Definición*

Los verbos Doble 'Ayin son aquellos donde la segunda consonante del tema ha sido duplicada. También son conocidos como verbos geminados.

En el diccionario la forma de los verbos Doble 'Ayin es Qal perfecto 3 ms, la cual usualmente se escribe en su forma completa (por ejemplo: סָבַב, 'él rodeó', קָלַל, 'él era veloz, rápido, ligero, insignificante' y תָּמַם, 'él era completo, perfecto'). En la Biblia Hebrea, sin embargo, muchos de los verbos Doble 'Ayin se encuentran en forma monosilábica. Así סָבַב es escrito como סַב, קָלַל como קַל y תָּמַם como תַּם. Sufijos y prefijos son añadidos a estas formas cortas para determinar la inflexión de los varios temas.

Muchos verbos cuyas segunda y tercera consonantes son idénticas tienen una inflexión idéntica a los verbos fuertes. Nuestro interés en esta lección no se ubica en ese grupo de verbos, sino en aquellos que muestran tal divergencia con el patrón de verbos fuertes, que deben ser clasificados como débiles.

76.2 *El sistema Qal de los verbos Doble 'Ayin*

La formación del sistema Qal de los verbos Doble 'Ayin es complicada. La principal razón de esto es que los verbos transitivos e intransitivos (verbos de estado) tienen diferente inflexión en el Qal perfecto y en el Qal imperfecto. Para complicar las cosas aún más, los verbos transitivos no siempre tienen la misma inflexión de forma consistente en el Qal perfecto y en el imperfecto. El Qal perfecto de sus formas de las terceras personas algunas veces se escribe completamente (3 ms סָבַב; 3 fs סָבְבָה; 3 cp סָבְבוּ), mientras en otras ocasiones se escribe defectivamente (3 ms סַב; 3 fs סַבָּה; 3 cp סַבּוּ). Estos verbos transitivos también podrían tener dos formas diferentes en el Qal imperfecto, una forma análoga a los verbos 'Ayin Vav/'Ayin Yod y la otra análoga a los verbos Pe Nun.

(1) Los siguientes verbos Doble 'Ayin están entre aquellos clasificados como transitivos. Los verbos transitivos son aquellos que toman complementos directos.

(a) אָרַר él maldijo

(b) בָּלַל él mezcló, confundió

(c) גָּלַל él enrolló

(d) מָדַד él midió

(e) סָבַב él rodeó

(f) שָׁדַד él devastó, destruyó

(2) Las peculiaridades de estos verbos en el sistema Qal pueden ser ilustradas en la inflexión de סָבַב, 'él rodeó, sitió'.

	Perfecto		Imperfecto		Imperativo
3 ms	סַב(סָבַב)	3 ms	יָסֹב יִסֹּב		
3 fs	סַבָּה(סָבְבָה)	3 fs	תָּסֹב (תִּסֹּב)		
2 ms	סַבּוֹתָ	2 ms	תָּסֹב תִּסֹּב	2 ms	סֹב

2 fs	סַבּוֹת		2fs	תָּסֹבִּי	2 fs תִּסְבִּי	סֹבִּי
1 cs	סַבּוֹתִי		1 cs	אָסֹב	אֶסֹב	
3 cp	סַבּוּ(סָבְבוּ)		3 mp	יָסֹבּוּ	יִסְבּוּ	
			3 fp	תְּסֻבֶּינָה תְּסֹבְנָה		
2 mp	סַבּוֹתֶם		2 mp	תָּסֹבּוּ	2 mp תִּסְבּוּ	סֹבּוּ
2 fp	סַבּוֹתֶן		2 fp	תְּסֻבֶּינָה תְּסֹבְנָה	2 fp תִּסְבֶּינָה	סֻבֶּינָה
1 cp	סַבּוֹנוּ		1 cp	נָסֹב	נִסֹב	
Infinitivo constructo	סֹב		Participio activo ms			סוֹבֵב
Infinitivo absoluto	סָבוֹב		Participio pasivo ms			סָבוּב

(A) Una vocal conectiva es insertada antes de aformativos consonánticos en este y todos los otros temas de los verbos Doble ʿAyin. Estas serán ḥólĕm-vāv antes de aformativos consonánticos del perfecto (todos los sistemas), y sᵉgôl-yôd antes de aformativos consonánticos del imperfecto y del imperativo (todos los sistemas). Ḥólĕm-vāv atrae el acento hacia sí misma, excepto antes de los aformativos consonánticos pesados תֶּם y תֶּן. Sᵉgôl-yôd es siempre acentuada cuando aparece como la vocal conectiva antes de aformativos consonánticos del imperfecto y el imperativo.

(B) Aformativos vocálicos en el Qal perfecto, imperfecto e imperativo, no son acentuados como en otra clases de verbos. En cambio, el acento permanece en la vocal precedente del tema y, por lo tanto, debe ser marcado.

(C) La adición de cualquier aformativo, ya sea vocálico o consonántico, requiere de duplicación (por dagesh forte) de la consonante precedente del tema.

(D) El Qal imperfecto de 3 fp y 2 fp תְּסֻבֶּינָה viene de la adición de יְנָה a תָּסֹב. Esto resulta en תְּסֹבֶינָה. Dos cambios toman lugar, porque el acento se ha trasladado. La vocal más cercana en la sílaba abierta fue volatilizada: תָּ pasa a ser תְּ. Entonces ḥólĕm-vāv, dejada en una sílaba cerrada sin acentuar, fue acortada a qĭbbûṣ. Esto resulta en תְּסֻבֶּינָה.

(E) Un conjunto de formas del Qal imperfecto de verbos Doble ʿAyin es construido de forma análoga a los verbos Pe Nun (3 ms, יִסֹב; 3 fs, תִּסֹב; etc.). Por ejemplo, יִדֹּם (Qal imperfecto 3 ms, de דָּמַם, 'él estaba silencioso, sin hablar') que se encuentra en Amós 5:13, es idéntico en estructura a יִפֹּל (Qal imperfecto 3 ms, de נָפַל, 'él cayó') que se encuentra en 1 Samuel 14:45. El estudiante principiante podría confundirse con estas dos formas, al no saber si se trata de verbos

Pe Nun o verbos Doble 'Ayin. La mejor manera de tener la certeza acerca de la localización e interpretación de formas verbales como éstas es consultar una buena concordancia o un buen léxico del hebreo.

(3) Los siguientes verbos Doble 'Ayin' pertenecen al grupo de los intransitivos (verbos de estado). Verbos intransitivos no tienen complementos directos.

(a) חָתַת él fue despedazado, consternado

(b) מָרַר él se amargó

(c) צָרַר él era afligido

(d) קָלַל él era rápido, ágil, liviano, insignificante, (Pi'el) él maldijo

(e) רָבַב él era numeroso

(f) רָעַע él era malo, malvado

(g) שָׁמֵם él era pasmado, devastado

(h) תָּמַם él era completo, terminado

(4) תָּמַם, 'él era completo, terminado', ejemplifica las particularidades de los verbos Doble 'Ayin que son intransitivos.

	Perfecto		Imperfecto		Imperativo
3 ms	תַּם	3 ms	יֵתַם		יִתֹּם
3 fs	תַּמָּה	3 fs	תֵּתַם		תִּתֹּם
2 ms	תַּמּוֹתָ	2 ms	תֵּתַם	2 ms	תֹּם
2 fs	תַּמּוֹת	2 fs	תֵּתַמִּי	2 fs	תַּמִּי
1 cs	תַּמּוֹתִי	1 cs	אֵתַם		
3 cp	תַּמּוּ	3 mp	יֵתַמּוּ		יִתֹּמּוּ

484

		3 fp	תִּתַמֶּינָה			
2 mp	תַּמוֹתֶם	2 mp	תִּתַמּוּ	2 mp	תִּתַמּוּ	תַּמוּ
2 fp	תַּמוֹתֶן	2 fp	תִּתַמֶּינָה	2 fp		תָּמְנָה
1 cp	תַּמְנוּ	1 cp	נֵתַם			
Infinitivo constructo		Participio activo תָּם	ms			תָּם
Infinitivo absoluto		תֹּם		mp		תָּמִים
				fs		תָּמָה
				fp		תָּמוֹת

(A) La vocal preformativa en el Qal imperfecto es ṣērê, alargada de ḥîrĕq, en virtud del hecho de que aparece en una sílaba abierta no acentuada.
(B) La vocal de tema en el Qal imperfecto e imperativo es păt̯āḥ en lugar de ḥōlĕm; esta última es la vocal que se encuentra en los verbos transitivos de esta clase.
(C) Las reglas que gobiernan la adición de aformativos y la acentuación son las mismas que se encuentran en la inflexión Qal de los verbos transitivos.

76.3 *El Sistema Nif'al de los Verbos Doble 'Ayin*

Todos los verbos Doble 'Ayin se inflexionan igual en el sistema Nif'al. Las particularidades de estas formas se pueden ver en la inflexión Nif'al de סָבַב, 'él rodeó', el cual significa en el sistema Nif'al, 'él viró, él dio vuelta'.

	Perfecto		Imperfecto		Imperativo
3 ms	נָסַב	3 ms	יִסַּב		
3 fs	נָסַבָּה	3 fs	תִּסַּב		
2 ms	נְסַבּוֹתָ	2 ms	תִּסַּב	2 ms	הִסַּב
2 fs	נְסַבּוֹת	2 fs	תִּסַּבִּי	2 fs	הִסַּבִּי
1 cs	נְסַבּוֹתִי	1 cs	אֶסַּב		
3 cp	נָסַבּוּ	3 mp	יִסַּבּוּ		

485

		3 fp	תִּסַּבֶּינָה		
2 mp	נְסַבּוֹתֶם	2 mp	תִּסַּבּוּ	2 mp	הִסַּבּוּ
2 fp	נְסַבּוֹתֶן	2 fp	תִּסַּבֶּינָה	2 fp	תִּסַּבֶּינָה
1 cp	נְסַבּוֹנוּ	1 cp	נִסַּב		

Infinitivo constructo הִסַּב   Participio ms activo נָסָב

Infinitivo absoluto הִסֹּב

(A) Todas las formas Nif'al de los verbos Doble 'Ayin son formas cortas.
(B) La consonante final del tema se duplica delante de todos los aformativos, consonánticos y vocálicos.
(C) Las vocales conectivas delante de los aformativos consonánticos son las mismas que se encuentran en el Qal (וֹ delante de los aformativos perfectos, y ֶי delante de los aformativos imperfectos e imperativos).
(D) Las vocales conectivas atraen el acento a sí mismas, excepto delante de תֶּם y תֶּן.
(E) Los aformativos vocálicos nunca tienen el acento.
(F) La vocal preformativa del Nif'al perfecto y de las formas participiales es qāmeṣ en lugar de ḥîreq (éste aparece en el verbo fuerte). Qāmeṣ se volatiliza cuando el acento se mueve de la vocal del tema.
(G) La vocal de tema del Nif'al imperfecto, imperativo, e infinitivo constructo es pătăḥ en lugar de ṣērê (éste aparece en el verbo fuerte).
(H) Dagesh forte en la primera consonante del tema del Nif'al imperfecto, imperativo, e infinitivo resulta de la asimilación de la nûn de los temas Nif'al (יִנְסַב pasa a ser יִסַּב; יִנְסַבּוּ pasa a ser יִסַּבּוּ; etc.).

76.4 Los sistemas intensivos (Pi'el, Pu'al, y Hitpa'el) de la mayoría de los verbos Doble 'Ayin se inflexionan como los verbos fuertes. Sin embargo, a veces un verbo Doble 'Ayin tiene formas intensivas alternativas que se construyen por analogía con los verbos 'Ayin Vav/'Ayin Yod. Por ejemplo, puede haber formas Po'el además de las formas Pi'el, formas Po'al además de las formas Pu'al, y formas Hitpo'el además de las formas Hitpa'el. Un buen ejemplo de esto ocurre con las formas intensivas de הָלַל, 'él era jactancioso, él alabó',

Sinopsis de הָלַל en los sistemas intensivos

	Pi'el	Po'el	Pu'al	Po'al	Hitpa'el	Hitpo'el
Perf. 3ms	הִלֵּל	הוֹלֵל	הֻלַּל	הוֹלַל	הִתְהַלֵּל	הִתְהוֹלֵל

Imperf. 3ms	יְהַלֵל	יְהוֹלֵל	יְהֻלַל	יְהוֹלַל	יִתְהַלֵל	יִתְהֹלֵל	
Imperat. 2ms	הַלֵל	הוֹלֵל			הִתְהַלֵל	הִתְהֹלֵל	
Infin. Constr.	הַלֵל	הוֹלֵל	הֻלַל	הוֹלַל	הִתְהַלֵל	הִתְהֹלֵל	
Infin. Abs.	הַלֵל	הוֹלֵל		הוֹלַל	הִתְהַלֵל	הִתְהֹלֵל	
Part. Act.	מְהַלֵל	מְהוֹלֵל			מִתְהַלֵל	מִתְהֹלֵל	
Part Pas.			מְהוֹלָל	מְהֻלָל			

76.5 *El sistema Hif'il de los verbos Doble 'Ayin*

Las particularidades del sistema Hif'il se pueden ilustrar, prestando atención a la formas verbales Hif'il de סָבַב, 'él rodeó'.

	Perfecto		Imperfecto		Imperativo	
3 ms	הֵסֵב	3 ms	יָסֵב (יַסֵב)			
3 fs	הֵסֵבָּה	3 fs	תָּסֵב			
2 ms	הֲסִבּוֹתָ	2 ms	תָּסֵב	2 ms	הָסֵב	
2 fs	הֲסִבּוֹת	2 fs	תָּסֵבִּי	2 fs	הָסֵבִּי	
1 cs	הֲסִבּוֹתִי	1 cs	אָסֵב			
3 cp	הֵסֵבּוּ	3 mp	יָסֵבּוּ (יַסֵבּוּ)			
		3 fp	תְּסֻבֶּינָה			
2 mp	הֲסִבּוֹתֶם	2 mp	תָּסֵבּוּ	2 mp	הָסֵבּוּ	
2 fp	הֲסִבּוֹתֶן	2 fp	תְּסֻבֶּינָה	2 fp	הֲסֻבֶּינָה	
1 cp	הֲסִבּוֹנוּ	1 cp	נָסֵב			

Infinitivo constructo	הָסֵב	Participio ms activo	מֵסֵב
Infinitivo absoluto	הָסֵב		

(A) La vocal preformativa de las formas perfectas y participiales es ṣérê.
(B) La vocal conectiva delante de los aformativos consonánticos es ḥólĕm-vāv en el perfecto y sᵉgôl-yôd en el imperfecto e imperativo.
(C) Las vocales conectivas atraen el acento a sí mismas, excepto delante de תֶּם y תֶּן. Esto causa que la vocal preformativa, la que es la vocal anterior más cercana en una sílaba abierta, se volatilice. Esta vocal se reduce a shevá debajo de las no guturales y a ḥáṭéf-pátāḥ debajo de las guturales (הַ). Además, su vocal larga (ṣérê) tiene que reducirse a ḥîrĕq, dado que la sílaba del tema es una sílaba cerrada y ya no porta el acento delante de las vocales conectivas.
(D) La vocal del tema en todas las formas Hif'il es ṣérê. Se acorta a ḥîrĕq cuando pierde su acento (delante de todos los aformativos consonánticos).
(E) La vocal del tema ṣérê está acentuada delante de todos los aformativos vocálicos.
(F) La consonante final del tema se duplica delante de todos los aformativos, tantos los vocálicos como los consonánticos.

76.6 *El sistema Hof'al de los verbos Doble 'Ayin*

El sistema Hof'al de los verbos Doble 'Ayin se forma en analogía con los verbos 'Ayin Vav/'Ayin Yod. Una comparación de las sinopsis de סָבַב, 'él rodeó', y קוּם, 'levantarse', ilustra los paralelos que existen entre estas dos clases de verbos débiles. (סָבַב en el Hof'al significa 'él estaba rodeado'. El Hof'al de קוּם significa 'él estaba levantado'.

Sinopsis del Hof'al

	סָבַב	קוּם
Perfecto 3 ms	הוּסַב	הוּקַם
Imperfecto 3 ms	יוּסַב	יוּקַם
Imperativo 2 ms		
Infinitivo constructo	הוּסַב	הוּקַם
Infinitivo absoluto	הוּסַב	הוּקַם
Participio pasivo	מוּסָב	מוּקָם

76.7 *Ejemplos del Qal y Hifʾil de* רָעַע, *'él era malo, malvado'; en el sistema Hifʾil, este verbo significa 'el lesionó, daño, actuó de manera malvada'.*

רָעַע es un verbo Doblemente débil (Doble ʿAyin y ʿAyin Gutural). Esto explica la presencia de păṭăḥ (o de păṭăḥ furtiva) delante de ʿAyin cuando ésta es la última consonante del tema. Observe que a continuación se incluyen solamente aquellas formas que aparecen en la Biblia Hebrea.

	Qal perfecto		Qal imperfecto	
3 ms	רַע	3 ms	יֵרַע
3 fs	רָעָה	3 fs	תֵּרַע
		3 mp	יֵרְעוּ

	Hifʾil imperfecto		Hifʾil perfecto	
3 ms	הֵרַע	3 ms	יָרַע
2 ms	הֲרֵעֹתָ	2 ms	תָּרַע
1 cs	הֲרֵעֹתִי	1 cs	אָרַע
3 cp	הֵרֵעוּ	3 mp	יָרֵעוּ
2 mp	הֲרֵעֹתֶם	2 mp	תָּרֵעוּ
		1 cp	נָרַע

Hifʾil infinitivo constructo	הָרַע
Hifʾil infinitivo absoluto	הָרֵעַ
Hifʾil participio ms	מֵרַע
Hifʾil participio mp	מְרֵעִים

EJERCICIOS

1. Cada uno de las oraciones a continuación presenta una forma del perfecto de un verbo Doble ʻAyin. En el enciso (a), indique su sistema; en (b), su persona, género y número; y en (c), su tema.

(1) בַּיּוֹם הַשְּׁבִיעִי סָבְבוּ אֶת־הָעִיר שֶׁבַע פְּעָמִים
Al séptimo día, dieron vuelta a la ciudad siete veces. (Jos. 6:15)
(a) _____
(b) _____
(c) _____

(2) תַּמּוּ דִבְרֵי אִיּוֹב
(Aquí) terminan las palabras de Job. (Job 31:40)
(a) _____
(b) _____
(c) _____

(3) וְשַׁדַּי הֵרַע לִי
Y el Todopoderoso me ha afligido. (Rut 1:21)
(a) _____
(b) _____
(c) _____

(4) לָמָה הֲרֵעֹתָ לְעַבְדֶּךָ
¿Por qué has hecho mal a tu siervo? (Núm. 11:11)
(a) _____
(b) _____
(c) _____

(5) וְלֹא־הֵסֵב יֹאשִׁיָּהוּ פָנָיו מִמֶּנּוּ
Mas Josías no se retiró de él. (2 Crón. 35:22)
(a) _____
(b) _____
(c) _____

(6) חַתּוּ וַיֵּבֹשׁוּ
Fueron acobardados y confundidos. (2 R. 19:26)
(a) _____
(b) _____
(c) _____

(7) נָשַׁמָּה כָּל־הָאָרֶץ
Fue asolada toda la tierra. (Jer. 12:11)
(a) _____
(b) _____
(c) _____

(8) וְנָשַׁמּוּ הַכֹּהֲנִים
Y los sacerdotes estarán atónitos. (Jer. 4:9)
(a) _____
(b) _____
(c) _____

(9) וַהֲשִׁמֹּתִי אֲנִי אֶת־הָאָרֶץ
(a) _____
(b) _____

	Y asolaré también la tierra. (Lev. 4:9)	(c) _____
(10)	שֶׁבַע בַּיּוֹם הִלַּלְתִּיךָ Siete veces al día te alabaré. (Sal. 119:164)	(a) _____ (b) _____ (c) _____

2. Una forma del imperfecto de un verbo Doble 'Ayin aparece en cada una de las siguientes oraciones o cláusulas. En el inciso (a), indique su sistema, en (b) su persona, género y número, y en (c) su tema.

(1)	וַיָּסֹבּוּ אֶת־הָעִיר בַּיּוֹם הַשֵּׁנִי פַּעַם אַחַת Y dieron vuelta a la ciudad una vez en el segundo día. (Jos. 6:14)	(a) _____ (b) _____ (c) _____
(2)	הַיַּרְדֵּן יִסֹּב לְאָחוֹר El Jordán se volvió atrás. (Sal. 114:3)	(a) _____ (b) _____ (c) _____
(3)	אָקוּמָה נָּא וַאֲסוֹבְבָה בָעִיר (Y dije), «Me levantaré ahora, y recorreré la ciudad.» (Cant. 3:2)	(a) _____ (b) _____ (c) _____
(4)	וַיַּסֵּב חִזְקִיָּהוּ פָּנָיו אֶל־הַקִּיר Y volvió Ezequías su rostro a la pared. (Isa. 38:2)	(a) _____ (b) _____ (c) _____
(5)	וַתִּתְפַּלֵּל חַנָּה Y Ana oró. (1 Sam. 2:1)	(a) _____ (b) _____ (c) _____
(6)	לֹא תָאֹר אֶת־הָעָם No maldigas al pueblo. (Núm. 22:12)	(a) _____ (b) _____ (c) _____
(7)	בַּמִּדְבָּר הַזֶּה יִתַּמּוּ וְשָׁם יָמֻתוּ En este desierto serán	(a) _____ (b) _____ (c) _____

consumidos, y ahí morirán. (Jer. 12:11)

(8) וַיַּרְא יְהוָה וַיֵּרַע בְּעֵינָיו
Y vio el Señor, y era malo a sus ojos. (Isa. 59:15)

(a) _____
(b) _____
(c) _____

(9) וְהָיָה מִסְפַּר בְּנֵי־יִשְׂרָאֵל כְּחוֹל הַיָּם אֲשֶׁר לֹא־יִמַּד וְלֹא יִסָּפֵר
Y el número de los hijos de Israel será como la arena del mar, que no se puede medir ni contar. (Os. 2:1; esp. 1:10)

(a) _____
(b) _____
(c) _____

(10) וְלֹא־יִירְאוּ עוֹד וְלֹא־יֵחַתּוּ
Y no temerán más, ni se amedrentarán. (Jer. 23:4)

(a) _____
(b) _____
(c) _____

(11) וַיַּרְא כָּל־הָעָם וַיָּרֹנּוּ
Y (lo) vio todo el pueblo, y gritaron. (Lev. 9:24)

(a) _____
(b) _____
(c) _____

(12) יָשֹׁמּוּ יְשָׁרִים עַל־זֹאת
Los rectos se asombran por esto. (Job 17:8)

(a) _____
(b) _____
(c) _____

(13) וָאֶתְפַּלְלָה לַיהוָה אֱלֹהָי
Y oré al Señor mi Dios. (Dan. 9:4)

(a) _____
(b) _____
(c) _____

(14) וַיֹּאמֶר יְהוָה אֵלַי אַל־תִּתְפַּלֵּל בְּעַד־הָעָם הַזֶּה לְטוֹבָה
Y me dijo el Señor, «No ruegues por este pueblo para bien.» (Jer. 14:11)

(a) _____
(b) _____
(c) _____

(15) וַיַּעֲמֹד פִּינְחָס וַיְפַלֵּל

(a) _____
(b) _____

	Y se levantó Finees y oró. (Sal. 106:30)	(c) _____
(16)	אֲהַלְלָה שִׁמְךָ לְעוֹלָם וָעֶד Alabaré tu nombre eternamente y para siempre. (Sal. 145:2)	(a) _____ (b) _____ (c) _____
(17)	וַיֹּאמְרוּ כָל־הַקָּהָל אָמֵן וַיְהַלְלוּ אֶת־יְהוָה Y respondió toda la congregación, «¡Amén!», y alabaron al Señor. (Jer. 23:4)	(a) _____ (b) _____ (c) _____
(18)	בַּיהוָה תִּתְהַלֵּל נַפְשִׁי En el Señor mi alma se gloría. (Sal. 34:3; esp. 34:2)	(a) _____ (b) _____ (c) _____

3. Una forma del imperativo de un verbo Doble 'Ayin aparece en cada una de las siguientes oraciones o cláusulas. En el inciso (a), indique su sistema, en (b) su persona, género y número, y en (c) su tema.

(1)	עִבְרוּ וְסֹבּוּ אֶת־הָעִיר Pasen, y rodeen la ciudad. (Jos. 6:7)	(a) _____ (b) _____ (c) _____
(2)	הָקֵל מִן־הָעֹל אֲשֶׁר־נָתַן אָבִיךָ עָלֵינוּ Disminuye algo del yugo que tu padre puso sobre nosotros? (1 R 12:9)	(a) _____ (b) _____ (c) _____
(3)	רָנִּי בַּת־צִיּוֹן הָרִיעוּ יִשְׂרָאֵל ¡Canta, oh hija de Sión! ¡Da voces de júbilo, oh Israel! (Sof. 3:14)	(a) _____ (b) _____ (c) _____
(4)	שֹׁמּוּ שָׁמַיִם עַל־זֹאת ¡Espántense, cielos, sobre esto! (Jer. 2:12)	(a) _____ (b) _____ (c) _____

(5) הִתְפַּלֵּל בַּעֲדֵנוּ אֶל־יְהוָה אֱלֹהֵינוּ
Ora por nosotros al Señor, nuestro Dios. (1 Sam. 2:1)
(a) _____
(b) _____
(c) _____

(6) הַלְלוּ אֶת־יְהוָה מִן־הַשָּׁמַיִם
¡Alaben al Señor desde los cielos! (Sal. 148:1)
(a) _____
(b) _____
(c) _____

(7) הַלְלוּהוּ שֶׁמֶשׁ וְיָרֵחַ
¡Alabadle, sol y luna! (Sal. 148:3)
(a) _____
(b) _____
(c) _____

(8) הַלְלוּ־אֵל בְּקָדְשׁוֹ
¡Alaben a Dios en su santuario! (Sal. 150:1)
(a) _____
(b) _____
(c) _____

(9) הַלְלוּ־יָהּ
¡Alaben al Señor! (Sal. 104:35)
(a) _____
(b) _____
(c) _____

(10) הַלְלִי נַפְשִׁי אֶת־יְהוָה
¡Alabe, alma mía, al Señor! (Sal. 146:1)
(a) _____
(b) _____
(c) _____

4. Una forma participial de un verbo Doble ʿAyin aparece en cada una de las siguientes oraciones o cláusulas. En el inciso (a), indique su sistema, en (b) su género y número y en (c) su tema.

(1) וּמְקַלֵּל אָבִיו וְאִמּוֹ מוֹת יוּמָת
Y el que maldijere a su padre o a su madre, morirá. (Éx. 21:17)
(a) _____
(b) _____
(c) _____

(2) כִּי מְבֹרָכָיו יִירְשׁוּ אָרֶץ וּמְקֻלָּלָיו יִכָּרֵתוּ
Porque los benditos de él heredarán la tierra; Y los
(a) _____
(b) _____
(c) _____

maldito de él serán destruidos. (Sal. 37:22)

(3) וַאֲבָרֲכָה מְבָרְכֶיךָ וּמְקַלֶּלְךָ אָאֹר
Y bendeciré a los que te bendijeren, y a los que te maldijeren maldeciré. (Gén. 12:3)
(a) _____
(b) _____
(c) _____

(4) אָרוּר הַיּוֹם אֲשֶׁר יֻלַּדְתִּי בּוֹ
Maldito el día en que nací. (Jer. 20:14)
(a) _____
(b) _____
(c) _____

(5) וְצֹרְרֵי יְהוּדָה יִכָּרֵתוּ
Y los enemigos de Judá serán destruidos. (Isa. 11:13)
(a) _____
(b) _____
(c) _____

(6) וּמִתְפַּלְלִים אֶל־אֵל לֹא יוֹשִׁיעַ
… y los que ruegan a un dios que no salva. (Isa. 45:20)
(a) _____
(b) _____
(c) _____

(7) גָּדוֹל יְהוָה וּמְהֻלָּל מְאֹד
Grande es el Señor, y digno de suprema alabanza. (Sal. 145:3)
(a) _____
(b) _____
(c) _____

5. Complete la traducción de los verbos y pronombres. Usen los pronombres como sujetos, aún cuando el verbo hace este elemento redundante en español.

(1) יְהַלְלוּ אֶת־שֵׁם יְהוָה כִּי הוּא צִוָּה וְנִבְרָאוּ ¡Que _____ alab_____ el nombre del Señor, porque _____ mand_____, y _____ fu_____ creados. (Sal. 148:5)

(2) וַנִּתְפַּלֵּל אֶל־אֱלֹהֵינוּ Entonces _____ or_____ a _____ Dios (Neh. 4:3; esp. 4:9)

(3) וּקְרָאתֶם אֹתִי וַהֲלַכְתֶּם וְהִתְפַּלַּלְתֶּם אֵלָי וְשָׁמַעְתִּי אֲלֵיכֶם Entonces _____ _____ invocar_____, y vendr_____ y orar_____ a ____, y _____ _____ oir_____. (Jer. 29:12)

(4) וְיִתְפַּלֵּל אֵלָיו וְיֹאמַר הַצִּילֵנִי כִּי אֵלִי אָתָּה Y _____ _____ rueg_____ diciendo: Líbra_____, porque _____ dios e_____ _____. (Isa. 44:17)

(5) הֵמָּה יִשְׂאוּ קוֹלָם יָרֹנּוּ _____ alzar_____ _____ voz, cantar_____. (Isa. 24:14)

(6) וָאֹמַר אָנָה אַתָּה הֹלֵךְ וַיֹּאמֶר אֵלַי לָמֹד אֶת־יְרוּשָׁלָיִם Y _____ _____ dij___: ¿A dónde v_____? Y _____ _____ respond_____: A medir a Jerusalén. (Zac. 2:6; esp. 2:2)

(7) וַיֵּרְדוּ אֲבֹתֵינוּ מִצְרַיְמָה וַנֵּשֶׁב בְּמִצְרַיִם יָמִים רַבִּים וַיָּרֵעוּ לָנוּ מִצְרַיִם וְלַאֲבֹתֵינוּ Y _____ padres descend_____ a Egipto, y _____ estuv_____ en Egipto largo tiempo, y los egipcios _____ maltratar_____, y a n _____ padres; (Núm. 20:15)

(8) הֵרֵעוּ מֵאֲבוֹתָם Y _____ hici_____ peor que _____ padres. (Jer. 7:26)

(9) בְּפִיו יְבָרֵכוּ וּבְקִרְבָּם יְקַלְלוּ Con su boca _____ bend_____, pero mald_____ en _____ corazón. (Sal. 62:5; esp. 62:4)

(10) חֶבְלֵי שְׁאוֹל סַבֻּנִי Las ligaduras del Seol _____ rodear_____. (2 Sam. 22:6)

6. En las siguientes cláusulas y oraciones, identifique (a) la secuencia verbal (véase XXI.63), (b) los sistemas verbales y (c) los temas.

   Ejemplo:
   אָנֹכִי עָשִׂיתִי אֶת־הָאָרֶץ וּנְתַתִּיהָ לַאֲשֶׁר יָשַׁר בְּעֵינָי Yo hice la tierra y la di a quien yo quise. (Jer. 27:5)
   (a) secuencia perfecto + perfecto (b) Qal, Qal (c) נָתַן, עָשָׂה

   (1) בָּקַע יָם וַיַּעֲבִירֵם Dividió el mar y los hizo pasar. (Sal. 78:13)
   (a) secuencia _____ + _____ (b) _____, _____ (c) _____, _____

   (2) וְאֶת־מִשְׁפָּטַי תִּשְׁמְרוּ וַעֲשִׂיתֶם אֹתָם Y ustedes guardarán mis ordenanzas, y las pondrán por obra. (Lev. 25:18)
   (a) secuencia _____ + _____ (b) _____, _____ (c) _____, _____

   (3) הַאֵלֵךְ וְקָרָאתִי לָךְ אִשָּׁה מֵינֶקֶת מִן הָעִבְרִיֹּת ¿Iré a llamarte una nodriza de las hebreas. (Éx. 2:7)

(a) secuencia _____ + _____ (b) _____ , _____ (c) _____ , _____

(4) לְמַעַן תִּזְכְּרוּ וַעֲשִׂיתֶם אֶת־כָּל־מִצְוֹתָי ... para que ustedes se acuerden, y hagan todos mis mandamientos. (Núm. 15:40)
(a) secuencia _____ + _____ (b) _____ , _____ (c) _____ , _____

(5) שְׁמֹר מִצְוֺתַי וֶחְיֵה Guarda mis mandamientos, y vivirás. (Prov. 4:4)
(a) secuencia _____ + _____ (b) _____ , _____ (c) _____ , _____

(6) הֲרִימֹתִי קוֹלִי וָאֶקְרָא Yo alcé la voz y grité. (Gén. 39:15)
(a) secuencia _____ + _____ (b) _____ , _____ (c) _____ , _____

(7) הַאֶעֱלֶה עַל־פְּלִשְׁתִּים וּנְתַתָּם בְּיָדִי ¿Subiré contra los filisteos? (1 Cr. 14:10)
(a) secuencia _____ + _____ (b) _____ , _____ (c) _____ , _____

(8) שׁוּבוּ אֶל־הַמֶּלֶךְ וְדִבַּרְתֶּם אֵלָיו Vuelvan al rey y díganle (2 R 1:6)
(a) secuencia _____ + _____ (b) _____ , _____ (c) _____ , _____

(9) שְׂאוּ שְׁעָרִים רָאשֵׁיכֶם וְיָבוֹא מֶלֶךְ הַכָּבוֹד Alcen, oh puertas, sus cabezas, y entrará el Rey de gloria. (Sal. 24:7)
(a) secuencia _____ + _____ (b) _____ , _____ (c) _____ , _____

(10) שִׁמְעוּ וּתְחִי נַפְשְׁכֶם Oigan, para que viva su alma. (Isa. 55:3)
(a) secuencia _____ + _____ (b) _____ , _____ (c) _____ , _____

7. Practique pronunciando el hebreo, observando en particular los verbos Doble 'Ayin. Tape la traducción y practique traduciendo el hebreo.

(1) סֹבּוּ צִיּוֹן סִפְרוּ מִגְדָּלֶיהָ Anden alrededor de Sión, cuenten sus torres. (Sal. 48:13; esp. 48:12)

(2) וַתָּבֹא אֵלָיו הַיּוֹנָה לְעֵת עֶרֶב וַיֵּדַע נֹחַ כִּי־קַלּוּ הַמַּיִם מֵעַל הָאָרֶץ Y la paloma volvió a él a la hora de la tarde, y entendió Noé que las aguas se habían retirado de sobre la tierra. (Gén. 8:11)

(3) וַיֹּאמֶר יְהוָה אֶל־לִבּוֹ לֹא־אֹסִף לְקַלֵּל עוֹד אֶת־הָאֲדָמָה בַּעֲבוּר הָאָדָם וְלֹא־אֹסִף עוֹד לְהַכּוֹת אֶת־כָּל־חַי כַּאֲשֶׁר עָשִׂיתִי

Y dijo el Señor en su corazón: No volveré más a maldecir la tierra por causa del hombre ni volveré más a destruir todo ser viviente, como he hecho. (Gén. 8:21)

(4) וַיֵּרַע הַדָּבָר אֲשֶׁר־עָשָׂה דָוִד בְּעֵינֵי יְהוָה

Mas esto que David había hecho, fue desagradable ante los ojos del Señor. (2 Sam. 11:27)

(5) וְהַכֹּהֲנִים נֹשְׂאֵי הָאָרוֹן עֹמְדִים בְּתוֹךְ הַיַּרְדֵּן עַד תֹּם כָּל־הַדָּבָר אֲשֶׁר־צִוָּה יְהוָה אֶת־יְהוֹשֻׁעַ לְדַבֵּר אֶל־הָעָם

Y los sacerdotes que llevaban el arca se pararon en medio del Jordán hasta que se hizo todo lo que el Señor había mandado a Josué que dijese al pueblo. (Josué 4:10)

(6) וְעַתָּה לְכָה־נָּא אָרָה־לִּי אֶת־הָעָם הַזֶּה כִּי־עָצוּם הוּא מִמֶּנִּי אוּלַי אוּכַל נַכֶּה־בּוֹ וַאֲגָרְשֶׁנּוּ מִן־הָאָרֶץ כִּי יָדַעְתִּי אֵת אֲשֶׁר־תְּבָרֵךְ מְבֹרָךְ וַאֲשֶׁר תָּאֹר יוּאָר

Ven pues, ahora, te ruego, maldíceme este pueblo, porque es más fuerte que yo; quizá yo pueda herirlo y echarlo de la tierra; pues yo sé que el que tú bendigas será bendito, el que tú maldigas será maldito. (Núm. 22:6)

(7) וַתִּתְּנֵם בְּיַד צָרֵיהֶם וַיָּצֵרוּ לָהֶם וּבְעֵת צָרָתָם יִצְעֲקוּ אֵלֶיךָ וְאַתָּה מִשָּׁמַיִם תִּשְׁמָע וּכְרַחֲמֶיךָ הָרַבִּים תִּתֵּן לָהֶם מוֹשִׁיעִים וְיוֹשִׁיעוּם מִיַּד צָרֵיהֶם

Entonces los entregaste en mano de sus enemigos, los cuales los afligieron. Pero en el tiempo de su tribulación clamaron a ti, y tú desde los cielos los oíste; y según tu gran misericordia les enviaste libertadores para que los salvasen de mano de sus enemigos. (Neh. 9:27)

(8) וּכְכַלּוֹת שְׁלֹמֹה לְהִתְפַּלֵּל וְהָאֵשׁ יָרְדָה מֵהַשָּׁמַיִם וַתֹּאכַל הָעֹלָה וְהַזְּבָחִים וּכְבוֹד יְהוָה מָלֵא אֶת־הַבָּיִת

Cuando Salomón acabó de orar, descendió fuego de los cielos, y consumió el holocausto y las víctimas; y la gloria de el Señor llenó la casa. (2 Cr. 7:1)

(9) וְעַתָּה הָשֵׁב אֵשֶׁת־הָאִישׁ כִּי־נָבִיא הוּא וְיִתְפַּלֵּל בַּעַדְךָ וֶחְיֵה וְאִם־אֵינְךָ מֵשִׁיב דַּע כִּי־מוֹת תָּמוּת אַתָּה וְכָל־אֲשֶׁר־לָךְ

Ahora, pues, devuelve la mujer a su marido; porque es profeta, y orará por ti, y vivirás. Y si no la devolvieres, sabe que de cierto morirás tú, y todos los tuyos. (Gén. 20:7)

(10) וַיֹּאמְרוּ כָל־הָעָם אֶל־שְׁמוּאֵל הִתְפַּלֵּל בְּעַד־עֲבָדֶיךָ אֶל־יְהוָה אֱלֹהֶיךָ וְאַל־נָמוּת כִּי־יָסַפְנוּ עַל־כָּל־חַטֹּאתֵינוּ רָעָה לִשְׁאֹל לָנוּ מֶלֶךְ

Entonces dijo todo el pueblo a Samuel: Ruega por tus siervos al Señor tu Dios, para que no muramos; porque a todos nuestros pecados hemos añadido este mal de pedir rey para nosotros. (1 Sam. 12:19)

(11) וְדִרְשׁוּ אֶת־שְׁלוֹם הָעִיר אֲשֶׁר הִגְלֵיתִי אֶתְכֶם שָׁמָּה וְהִתְפַּלְלוּ בַעֲדָהּ אֶל־יְהוָה כִּי בִשְׁלוֹמָהּ יִהְיֶה לָכֶם שָׁלוֹם

Y procuren la paz de la ciudad a la cual les hice transportar, y rueguen por ella al Señor; porque en su paz ustedes tendrán paz. (Jer. 29:7)

(12) אַל־יִתְהַלֵּל חָכָם בְּחָכְמָתוֹ וְאַל־יִתְהַלֵּל הַגִּבּוֹר בִּגְבוּרָתוֹ אַל־יִתְהַלֵּל עָשִׁיר בְּעָשְׁרוֹ

No se alabe el sabio en su sabiduría, ni en su valentía se alabe el valiente, ni el rico se alabe en sus riquezas. (Jer. 9:22; esp. 9:23)

(13) אַל־תִּתְהַלֵּל בְּיוֹם מָחָר כִּי לֹא־תֵדַע מַה־יֵּלֶד יוֹם

No te jactes del día de mañana, porque no sabes qué

(14) בַּיהוָה תִּתְהַלֵּל נַפְשִׁי יִשְׁמְעוּ עֲנָוִים וְיִשְׂמָחוּ En el Señor se gloriará mi alma; Lo oirán los mansos, y se alegrarán. (Sal. 34:3; esp. 34:2)

(15) בָּרֲכִי נַפְשִׁי אֶת־יְהוָה Bendice, alma mía, al Señor. Aleluya. (Sal. 104:35)

VOCABULARIO

(1) בָּזַז él saqueó, destruyó

(2) בָּלַל él mezcló, confundió

(3) דָּמַם él estaba silente, estupefacto

(4) [הלל] (Pi'el, Hitpa'el) él alabó

(5) [חלל] (Nif'al) él estaba contaminado (Hif'il) él empezó, inició

(6) חָנַן él era misericordioso, mostró favor, gracia

(7) חָתַת él quedó despedazado, consternado

(8) מָדַד él midió

(9) נָדַד él huyó

(10) סָבַב él rodeó, anduvo alrededor de

(11) צָרַר él estaba atribulado, angustiado

(12) רָנַן él gritó de júbilo, clamó

(13) שָׁדַד él quedó devastado,

(14) שָׁמֵם él quedó pasmado, destruido, devastado

(15) תָּמַם él era completo, completado, acabado

(16) גְּבוּל frontera, borde

(17) גִּבּוֹר héroe, hombre fuerte

(18) קֶשֶׁת (f) arco

VOCABULARIO

[Los corchetes precisan los temas verbales que no ocurren en el sistema Qal.]

אָב	padre, antepasado
אָכַד	él pereció
אָבָה	él quería, estaba dispuesto
אָבִיב	mazorca, mes del año (marzo/abril)
אֶבְיוֹן	el pobre
אָבַל	él se enlutó, lloró
אֶבֶן	(f) piedra
אָדָם	hombre, humanidad, gente
אֲדָמָה	(f) tierra, suelo
אָדוֹן	amo, señor, cabeza
אֲדֹנָי	Señor
אָהַב	él amó
אַהֲבָה	amor
אֹהֶל	tienda de campaña
אוֹ	o
[אוה]	él deseó, añoró, codició

אוֹי	¡ay!
אוּלַי	quizás, tal vez
אָוֶן	tribulación, angustia, maldad
אוֹצָר	tesoro, bodega
אוֹר	estar brillante, dar luz, iluminar, brillar
אוֹת	señal
אָז	entonces, en ese momento
אֹזֶן	(f) oído
[אזן]	él escuchó, oyó
אָח	hermano (אֲחִי; constr.)
אֶחָד	uno, אַחַת (f)
אָחוֹת	(f) hermana
אָחַז	él agarró, tomó posesión de
אַחֵר	otro
אַחַר	después de, detrás de
אָחוֹר	parte trasera, posterior
אַחֲרֵי	después de, detrás de
אַחֲרִית	(f) parte final, final, resto
אִי	costa, frontera, región
אִי	(אַי) (¿dónde?)
אַיֵּה	¿dónde?
אֵיךְ	¿cómo?
אָיַב	él era un enemigo, adversario; él odiaba, detestaba
אַיִל	carnero
אַיִן	nada, nulo
אֵין	no hay (constructivo de אַיִן)
אֵיפָה	(f) efa
אִישׁ	hombre, esposo
אֵיתָן	(adj.) perenne, constante
אַךְ	seguramente, solamente
אָכַל	él comió
אֵל	Dios
אֶל	a, hacia, para
אַל	no
אֵלָה	(f) terebinto, encina, roble

אֵלֶּה	estos, estas
אָלָה	(f) juramento
אֵלוֹן	(f) terebinto
אֱלֹהִים	Dios
אַלּוֹן	roble
[אלם]	él era mudo, no podía hablar
אַלְמָנָה	(f) viuda
אֶלֶף	buey, mil
אֵם	(f) madre
אִם	si
אָמָה	(f) doncella
אַמָּה	(f) codo (una medida)
אֱמוּנָה	(f) fidelidad, lealtad
[אמן]	(Nif'al) él era fiel (Hif'il) él creyó
אָמֵץ	él era fuerte, firme, audaz
אָמַר	él dijo
אֱמֶת	(f) verdad
אָנַשׁ	él estaba enfermo, era débil
אֱנוֹשׁ	la humanidad, el hombre
אָנֹכִי, אֲנִי	yo
אֲנַחְנוּ	nosotros
אָסַף	él recogió, quitó
אָסַר	él amarró, encarceló
אַף	nariz, cara, rostro, enojo, ira
אַף	¡de hecho!, es más, también
אָפָה	él horneó
אֵפוֹד	efod (una vestimenta sacerdotal)
אֵפֶר	ceniza(s)
אֶצְבַּע	(f) dedo
אֵצֶל	cerca de, a la par de
אָרַב	él emboscó
אֲרֻבָּה	(f) celosía, ventana, ventanilla
אַרְבַּע	cuatro, אַרְבָּעָה (f)
אַרְגָּמָן	púrpura
אֲרוֹן	arca

אֶרֶז	cedro
אֹרַח	camino, sendero
אֲרִי	león
אַרְיֵה	león
אָרַךְ	él extendió, prolongó
אַרְמוֹן	ciudadela, castillo, palacio
אֶרֶץ	(f) tierra
אָרַר	él maldijo
אֵשׁ	(f) fuego
אִשָּׁה	(f) mujer, esposa
אָשֵׁם	él cometió una falta, él era culpable
אָשָׁם	culpa, ofensa, trasgresión, ofrenda de trasgresión
אַשְׁמָה	(f) culpa, culpabilidad
אֲשֶׁר	quien, él que, la que, lo que
אֶשֶׁר	(solo plural constructivo אַשְׁרֵי) alegría, bendición, contentamiento
אֲשֵׁרָה	(f) Asera, árbol sagrado
אֵת	con
אֵת	signo del complemento directo (no se traduce)
אַתְּ	usted, tú.
אָתָה	él vino (poético); (Hif'il) él trajo
אַתָּה	tú (m)
אַתֶּם	ustedes, vosotros (mp)
אֶתְמוֹל	antes, anteriormente
אַתֵּן	ustedes, vosotros (fp)
בְּאֵר	(f) cisterna, pozo
בָּאַשׁ	él olía mal
בָּבֶל	Babilonia
בָּגַד	él traicionó, actuó infielmente
בֶּגֶד	ropa
בַּד	separación (siempre con לְ)
[בדל]	él separó, dividió, distinguió
בֹּהוּ	vacío
[בהל]	él se apuró, precipitó, aterrorizó
בְּהֵמָה	(f) ganado

בּוֹא	venir, ir, entrar
בּוּז	despreciar
בּוּס	él pisó, pisoteó
בּוֹר	cisterna, pozo, hueco
בּוֹשׁ	avergonzarse, confundirse
בָּזָה	él despreció
בָּזַז	él pilló, saqueó, destruyó
בַּז	pillaje, saqueo
בָּחַן	él probó, examinó, intentó
בָּחַר	él escogió
בָּטַח	él confió
בֶּטֶן	(f) barriga, vientre
בֵּין	entre
בִּין	entender, discernir
בִּינָה	(f) entendimiento, discernimiento
בַּיִת	casa, hogar, familia (בֵּית, constr.)
בָּכָה	él lloró
בְּכִי	llanto
בְּכוֹר	primogénito, más Viejo
בִּכּוּרִים	primicias
בַּל	no, sin
בָּלָה	él se gastó, se desgastó
בְּלִי	sin, por falta de
בְּלִיַּעַל	sin valor
בָּלַל	él mezcló, confundió
בָּלַע	él tragó, consumió
בִּלְעֲדֵי	aparte de, excepto, sin
בָּמָה	(f) lugar alto (cúltico)
בֵּן	hijo
בָּנָה	él construyó, edificó
בַּעַד	lejos de, en lugar de
בַּעַל	esposo, amo, dueño, señor, Baal
בָּעַר	él quemó, incendió
בָּצַר	él cortó, hizo inaccesible, encerró
בָּקַע	él partió

בִּקְעָה	(f) valle, llanura, plano
בָּקָר	Ganado
בֹּקֶר	mañana
[בקשׁ]	(Pi'el) él buscó, inquirió
בָּרָא	él creó, hizo
בָּרָד	él hizo granizo
בְּרוֹשׁ	ciprés o abeto
בַּרְזֶל	hierro
בָּרַח	él huyó
בְּרִיחַ	palanca, tranca
בְּרִית	(f) pacto
[ברך]	él bendijo
בָּרָק	rayo, relámpago
בֶּרֶךְ	(f) rodilla
בְּרָכָה	(f) bendición
בָּרַר	él purgó, purificó
בֹּשֶׂם	especia, bálsamo
[בשׂר]	(Pi'el) él trajo buenas nuevas, predicó
בָּשָׂר	carne
בָּשַׁל	él hirvió, estaba furioso
בֹּשֶׁת	(f) vergüenza, cosa vergonzosa
בַּת	(f) hija
בְּתוֹךְ	en medio de
בְּתוּלָה	(f) virgen
גָּאַל	él redimió
גּוֹאֵל	redentor
גָּאוֹן	majestad, excelencia
גָּבַהּ	él era/estaba alto, orgulloso
גְּבוּל	frontera, límite
גָּבַר	él era fuerte, el prevaleció
גִּבּוֹר	héroe
גִּבְעָה	(f) colina
גָּדַל	él era (llegó a ser) grande
גָּדוֹל	grande

גָּדַע	él taló, cortó
גּוֹי	nación, pueblo
גּוּר	él estaba presente como extranjero
גֵּר	extranjero, foráneo
גָּזַז	él esquiló
גָּזַל	él rasgó, robó, arrebató
גַּיְא	valle (גֵּי o גֵּיְא, constructo)
גִּיל	regocijar(se)
גָּלָה	él descubrió, reveló, quitó la cobertura
גּוֹלָה	(f) exilio(s), comunidad del exilio
גַּל	montón, pila, ola,
גָּלַל	él rodó, fue rodando
גִּלּוּלִים	(pl) ídolos
גַּם	también, además, es más
גָּמַל	él trató con generosidad, recompensó
גְּמוּל	recompensa, beneficio
גָּמָל	camello
גַּן	huerta, jardín
גָּנַב	él hurtó, robó
גָּעַר	él reprendió
גֶּפֶן	(f) viña
[גרה]	él entró en conflicto, provocó conflicto
גּוֹרָל	(m y f) suerte
גָּרוֹן	cuello, garganta
גֹּרֶן	lugar donde el grano se trilla
גָּרַע	él disminuyó, restringió se retiró
גֶּשֶׁם	lluvia, llovizno
גַּת	(f) prensa de uvas, lagar
דֹּב	(m y f) oso
דָּבַק	pegarse, aferrarse, agarrarse
דָּבָר	palabra
[דבר]	Pi'el (él dijo)
דְּבַשׁ	miel
דָּג	pez, pescado, דָּגָה (f)

דָּגָן	grano, trigo, maíz
דּוֹד	amado/a, tío
דּוּשׁ	pisar, trillar
דָּחָה	él empujó
דַּי	suficiencia, bastante (דֵּי, constr.)
דִּין	juzgar, arbitrar
[דכא]	él aplastó, machacó
דַּל	(adj.) bajo, débil, pobre, desamparado
דָּלַל	él fue humillado, languideció
דֶּלֶת	(f) puerta
דָּם	sangre
דָּמָה	él se parecía a, era similar a
דְּמוּת	(f) semejanza, imagen
דָּמַם	él era silente, atónito
דַּעַת	ciencia, conocimiento
דַּק	(adj) delgado, fino, pequeño
דָּקַק	él aplastó, machacó, pulverizó
דָּרַךְ	él pisó, marchó
דֶּרֶךְ	(m y f) camino
דָּרַשׁ	él buscó, inquirió
דֶּשֶׁא	hierba, zacate
דָּת	(f) decreto, ley
הֶבֶל	vapor, suspiro, vanidad
הָגָה	él gimió, gruñó, dijo, susurró
הֲדַס	mirto, murta
הָדַף	él empujó, impelió
הָדַר	él honró, adornó
הָדָר	resplandor, honor, adorno
הוּא	él
הוֹד	resplandor, majestad
הַוָּה	(f) deseo (usualmente malo), destrucción
הוֹי	¡Ay!
הִים, הוּם	murmurar, rugir, bramar
הוֹן	riqueza, suficiencia

הָיָה	él era, estaba, llegó a ser
הַיּוֹם	hoy (lit. 'el día')
הֵיכָל	templo, palacio
הִיא	(f) ella
הִין	hin (una medida)
הָלַךְ	él caminó, fue
הָלַל	él era jactancioso, él alabó
הֵם, הֵמָּן	ellos
הֵן, הֵנָּה	(f) ellas
הָמָה	él murmuró, rugió, bramó era estrepitoso
הָמוֹן	sonido, murmura, rugido, bramido, multitud, abundancia
הָמַם	él hizo un ruido, función, perturbó
הִנֵּה, הֵן	he aquí
הֵנָּה	hacia acá
הַס	¡chito!, ¡silencio!
הָפַךְ	él vertió, cambió; Nif'al él fue cambiado, derrotado
הַר	montaña
הָרַג	él mató, asesinó
הָרָה	(usado en femenino) ella concibió quedó embarazada
הָרַס	él derribó, destruyó
זְאֵב	lobo
זֹאת	(f) esta
זָבַח	él sacrificó, mató
זֶבַח	sacrificio
זֵד	(adj) insolente, presuntuoso
זָדוֹן	insolencia, presunción
זֶה	este
זָהָב	oro
[זהר]	él instruyó, enseño, advirtió
זוּב	fluir, salir en chorros
זוּד, זִיד	él hirvió, bulló; actuó orgullosamente, presuntuosamente
זַיִת	olivo, olivera; oliva, aceituna
זָכָר	macho
זָכַר	él recordó, se acordó

זִכָּרוֹן	memorial, remembranza
זִמָּה	(f) plan, maldad
זָמַם	él consideró, el resolvió
[זמר]	él produjo una melodía, hizo la música, canto
זָנָה	él cometió adulterio, fornicó
זוֹנָה	(f) ramera, prostituta, puta
זָנַח	él rechazó, desdeñó
זָעַם	él se indignó
זָעַק	él gritó, clamó
זְעָקָה	(f) grito, clamor
זָקֵן	él era viejo, se envejeció
זָקָן	(m y f) barba
זָקֵן	(adj) viejo) solamente de personas)
זָר	extranjero, foráneo; (adj) extraño
זָרָה	él esparció, aventó
זָרַח	él se levantó, salió, apareció
זָרַע	él sembró
זְרֹעַ	(f) brazo, fuerza
זָרַק	él echó, tiró, esparció
[חבא]	él escondió, retiró
חָבָה	él escondió, retiró
חָבַל	(1) él (se) comprometió
	(2) él actuó de manera corrupta, destruyó
חֶבֶל	cuerda, soga, mecate, lote
חָבַק	él abrochó, encorchetó
חָבַר	él (se) unió, juntó
חֶבֶר	compañía, asociación
חָבֵר	asociado, compañero
חָבַשׁ	él amarró, enjaezó
חַג	fiesta, festival
חָגַג	él realizó un peregrinaje, asistió un festival religioso
חָגַר	él amarró, ató, ciñó
חָדַל	él cesó, dejó de
חֶדֶר	cámara, habitación

חָדָשׁ	(adj.) nuevo
[חִדֵּשׁ]	(Pi'el) él renovó, reparó
חֹדֶשׁ	luna nueva, mes
חוֹל	arena
חוֹמָה	(f) muro
חוּץ	un lugar fuera de la casa, calle
חוּשׁ	apurarse
חָזָה	él vio (en una visión)
חֹזֶה	vidente, profeta
חָזוֹן	visión, oráculo, profecía
חָזַק	él era (llegó a ser) fuerte
חָזָק	(adj) fuerte
חָטָא	él pecó, no dio en el punto
חֵטְא	pecado
חַטָּאת	(f) pecado
חִטָּה	(f) trigo
חִידָה	(f) acertijo, enigma
חַי	(adj) vivo, viviente
חָיָה	él vivió, revivió, resucitó
חַיָּה	(f) ser viviente, animal
חַיִּים	vida
חַיִל	fuerza, capacidad, riqueza ejército (חֵיל constr.)
חוּל, חִיל	girar, remolinear, bailar, retorcerse
חֵךְ	paladar
חָכַם	él era sabio
חָכָם	(adj.) sabio, hábil
חָכְמָה	(f) sabiduría
חָלָב	leche
חֵלֶב	grasa
חָלָה	él era enfermo, débil
חֳלִי	enfermedad
חֲלוֹם	sueño
חַלּוֹן	(m y f) ventana
[חָלַל]	(Nif'al) él era contaminado, corrupto (Hif'il) él inició, empezó
חָלַף	él (se) pasó, (se) cambió

חָלַץ	(1) él se quitó, se retiró, rescató
	(2) él se preparó, se capacitó (para la guerra)
חָלַק	él dividió, repartió, distribuyó, asignó
חֵלֶק	porción, terreno, territorio
חֶלְקָה	(f) porción de terreno
חָמַד	él deseó, se complació en
חֵמָה	(f) calor, rabia
חֲמוֹר	asno
חָמַל	él tuvo compasión de, se compadeció de
חָמָס	violencia
חָמֵץ	aquello que tiene levadura
חֹמֶר	(1) cemento, mortero
	(2) una medida de grano
חָמֵשׁ	cinco, חֲמִשָּׁה (f)
חָנָה	él acampó
חֲנִית	lanza
חֲנֻכָּה	(f) dedicación, consagración
חָנַן	él mostró gracia, favor
חֵן	favor, gracia, aceptación
חִנָּם	en vano, sin propósito, gratuitamente
חָנֵף	él era contaminado, profanado, impío
חֶסֶד	bondad, generosidad, amabilidad
חָסִיד	amable, piadoso
חָסָה	él buscó refugio, se refugió
חָסֵר	le faltaba, necesitaba, disminuía
חָפֵץ	se deleitó, deseó
חֵפֶץ	deleite, placer
חָפַר	él cavó, buscó, investigó
חָפֵר	él se avergonzó
חָפַשׂ	él buscó
חֵץ	flecha
חָצַב	él tajó, cortó
חָצָה	él dividió, partió
חֲצִי	mitad
חָצֵר	(m y f) cercamiento, encerramiento cercado

Hebreo	Español
הָצִיר	pasto
חֵק, חֵיק	seno
חָקַק	él talló, entalló, cinceló
חֹק	estatua
חֻקָּה	(f) decreto, estatuto
חָקַר	él buscó, examinó, escudriñó
חֶרֶב	(f) espada
חָרֵב	él era seco, desolado
חָרְבָּה	(b) desolación, ruina
חָרַד	él tembló, estaba horrorizado
חָרָה	(su ira) era caliente, quemaba
חָרוֹן	ira ardiente, cólera, rabia
[חרם]	(Hif'il) él proscribió, desaprobó exterminó, dedicó para destrucción
חֵרֶם	algo destinado a ser destruido
חָרַף	él reprochó, recriminó, ridiculizó
חָרַץ	él cortó, agudizó, decidió
חֶרְפָּה	(f) reproche, mofa, burla
חֹרֶף	otoño, tiempo de cosecha
חָרַץ	él cortó, grabó, aró, labor
חָרָשׁ	grabador, carpintero, metalista
חָרֵשׁ	él era silente, sordo, mudo, atónito
חֵרֵשׁ	(adj) sordo
חָשַׂךְ	él retuvo
חָשַׂף	él descortezó, desnudó,
חָשַׁב	él pensó, diseñó
חָשָׁה	él era silente, inactivo, inerte
חָשַׁךְ	se oscurecía
חֹשֶׁךְ	oscuridad, tinieblas
חָתַם	él selló
חֹתָם	sello, sortija con sello
חֹתֵן	el padre de una esposa, suegro
חָתַר	él cavó, impelió al remo
חָתַת	él quedó destrozado, despedazado consternado
טָבַח	él mató, masacró
טָבַל	él metió (en líquido), mojó, humedeció, bañó

טָבַע	se hundió, se sumergió, se declinó
טַבַּעַת	(f) sello, signáculo, timbre, anillo
טָהֵר	él era limpio, puro
טָהוֹר	(adj) limpio, puro
טוֹב	(adj) bueno
[טוּל]	lanzar, arrojar, tirar, echar
טוּר	fila (de joyas), mampuesta, hilada (de ladrillos, piedras)
טַל	rocío, llovizno
טָמֵא	él era inmundo
טָמֵא	(adj) inmundo, corrupto
טָמַן	él escondió, ocultó
טָעַם	él gusto, percibió, paladeó
טַף	(sustantivo colectivo) niños, pequeños
טֶרֶם	todavía no, antes de, antes que
טָרַף	él arrojó, desgarró, arrancó
טֶרֶף	presa, botín, despojo
[יָאַל]	(Hif'il) él estuvo dispuesto a, se complacía en, se resolvió a hacer (algo)
יְאוֹר, יְאֹר	arroyo, canal, el río Nilo
[יָבַל]	(Hif'il) él condujo, llevó
יָשֵׁב	él se secó, era seco, se marchitó
יַבָּשָׁה	(f) tierra seca
יָד	(f) mano
[יָדָה]	(Hif'il) él alabó, confesó, dio gracias a
יָדַע	él conoció, supo
יָהַב	él dio gloria a
יְהוָה	el Señor
יָבֵל, יוֹבֵל	carnero, cuerno de carnero, corneta
יוֹם	día
יוֹמָם	diariamente, de día
יוֹנָה	(f) paloma
יוֹצֵר	alfarero
יוֹשֵׁב	habitante
יַחְדָּו	juntos
[יָחַל]	él esperó, se detuvo, anticipó

514

יָטַב	él hizo bien, era bueno
יַיִן	vino
[יכח]	(Hif'il) él reprendió
יָכֹל	él pudo, permaneció, prevaleció
יָלַד	él engendró (hijos)
יֶלֶד	niño
[ילל]	(Hif'il) él aulló
יָם	mar
יָמִין	(f) mano derecha, lado derecho, sur
יָנָה	él oprimió, maltrató
יָנַק	él mamó
יָסַד	él fundó, estableció
יָסַף	él añadió, agregó
יָסַר	él amonestó
יָעַד	él puso, se reunión en un lugar designado
יָעַץ	él aconsejó, avisó, asesoró
יַעַר	bosque
יָפֶה	(adj) hermoso, guapo, יָפָה (f)
יָצָא	él salió
יָצַב	(Hitpa'el) él se paró, se estacionó, tomó su lugar
[יצג]	(Hif'il) él puso
יִצְהָר	aceite fresco de oliva
יָצַק	él derramó
יָצַר	él formó
יָצַת	él incendió, prendió fuego a
יָקַר	él era precioso, estimado
יָקָר	(adj) precioso, raro, espléndido, caro
יָרֵא	él tenía miedo de, temía
יִרְאָה	(f) temor, miedo
יָרַד	él bajó, descendió
יָרָה	él enseñó, instruyó
יָרֵךְ	(f) muslo, costado
יְרוּשָׁלַיִם, יְרוּשָׁלַיִם	Jerusalén
יָרַשׁ	él poseyó, heredó, sujetó
יֵשׁ	hay

יָשַׁב	él se sentó, moró, habitó
כַּאֲשֶׁר	de acuerdo a que, como, en la manera en que
כָּבֵד	él era (llegó a ser) pesado (Pi'el) el fue honrado, glorificado
כָּבָה	él se apagó, se extinguió
[כבס]	él limpió, lavó
כֶּבֶשׂ	cordero
כָּבַשׁ	él subyugó, sujetó, esclavizó
כֹּה	así, tal y como
כָּהָה	él se opacó, (se) desmayó
כֹּהֵן	sacerdote
כּוֹכָב	estrella
[כּוּל]	comprender, contener, apoyar, nutrir
[כּוּן]	él se fijó, se estableció, quedó firme
כּוֹס	(f) copa
כָּזַב	él mintió, fue mentiroso
כָּזָב	mentiroso, falsedad
[כחד]	él escondió, destruyó
כּוֹחַ, כֹּחַ	fuerza, poder
כָּחַשׁ	él era decepcionante, el decepcionó, falló
כִּי	porque, pues, cuando
כִּיוֹר, כִּיֹר	olla, caldera
כָּכָה	así
כֹּל	todo(s) (כָּל־, constr.)
כָּלָא	él se calló, se restringió, se retuvo
כֶּלֶב	perro
כָּלָה	él era completo, acabado
כָּלָה	(f) cumplimiento, destrucción, aniquilación
כַּלָּה	(f) nuera, novia
כְּלִי	herramienta, arma, recipiente
כְּלָיוֹת, כִּלְיָה	(f) riñones (כִּלְיוֹת, constr.)
כָּלַל	él terminó, completó, perfeccionó
[כלם]	él humilló, avergonzó
כְּלִמָּה	(f) insulta, reproche, ignominia
כֵּן	así

כִּנּוֹר	lira
[כנע]	él se humilló, fue humillado, sujetado
כָּנָף	(f) ala, falda, extremidad
כִּסֵּה, כִּסֵּא	silla de honor, trono
כָּסָה	él cubrió, ocultó
כֶּסֶף	plata
כָּעַס	él enojó, incitó
כַּף	(f) palma de la mano, planta del pie
כְּפִיר	león joven
[כפר]	(Pi'el) él cubrió, expió
כָּרָה	(1) él cavó; (2) él adquirió, compró
כְּרוּב	querubín, ser celestial
כֶּרֶם	viña
כַּרְמֶל	plantación, tierra de jardines, paraíso
כָּרַע	él se arrodilló, se postró
כָּרַת	él cortó
כָּשַׁל	tropezó, tambaleó
כָּתַב	él escribió
כְּתֹנֶת	(f) túnica, toga
כָּתֵף	(f) hombro, costado
כָּתַת	él martilló
לֹא	no
לְאוֹם, לְאֹם	pueblo
לֵב	corazón, mente, volición
לֵבָב	corazón, mente, volición
לְבַד	solo (בַּד + לְ)
לְבִלְתִּי	para que no
לָבָן	blanco
לָבַשׁ	se vistió
לַהַב	llama, לֶהָבָה (f)
לָהַט	ardió, llameó
לוּא, לוּ	si, ojala, ¡Quién …!
לוּלֵא	a menos que, excepto que

לוּחַ	tabla
לְחִי	mandíbula, mejilla
[לחם]	él peleó
לֶחֶם	pan, comida
לַיְלָה	noche
לוּן, לִין	hospedarse, pasar la noche, morar
לִיץ	desdeñar, despreciar
לָכַד	él tomó, capturó
לָכֵן	por lo tanto
לָמַד	él aprendió
לָעַג	él se burló, desdeño, se mofó
לַפִּיד	antorcha, rayo
לִפְנֵי	delante de, en la presencia de
לָקַח	él tomó
לָשׁוֹן	lengua
מְאֹד	muy, excesivamente
מֵאָה	(f) cien
מֵאַיִן	¿de dónde? (אַיִן + מִן)
[מאן]	(Pi'el) él se negó de, rehusó
מָאַס	él rechazó, desdeñó
מַבּוּל	inundación, diluvio
מִבְצָר	fortaleza
מָגֵן	(m y f) escudo
מִגְרָשׁ	desierto
מָדַד	él midió
מִדָּה	(f) medida
מָדוֹן	rivalidad, contienda
מַדּוּעַ	¿por qué? ¿para qué?
מָה	¿qué?
[מהר]	él se apuró
מוּג	derretir
מוֹט	tambalear, deslizarse, sacudirse
מוֹל, מוּל	delante de
מוּל	circuncidar

מוּסָר	disciplina, corrección
מוֹעֵד	tiempo o lugar indicado
מוֹפֵת	prodigio, señal, maravilla
מוֹקֵשׁ	carnada
מוּר	cambiar
מִישׁ, מוּשׁ	partir, remover
מוֹשָׁב	asiento, morada
מוֹשִׁיעַ	salvador, rescatador
מוּת	morir
מִזְבֵּחַ	altar, lugar de sacrificio
מְזוּזָה	(f) poste de una puerta, marco
מְזִמָּה	(f) propósito, discreción, esquema
מִזְמוֹר	melodía, salmo
מִזְרָח	salida del sol, este
מָחָה	él borró, aniquiló
מְחִיר	precio, alquilar
מַחֲגֶה	(m y f) campamento
מָחַץ	él hirió
מָחָר	mañana, futuro
מָחֳרָת	(f) el día siguiente, posterior
מַחֲשָׁבָה	(f) pensamiento, plan, propósito
מַטֶּה	bastón, rama, tribu
מִטָּה	(f) cama
מָטָר	lluvia
מִי	¿quién?
מַיִם	agua
מִין	especie, clase
מַכָּה	(f) golpe, herida, masacre
מָכַר	él vendió
מִכְשׁוֹל	causa de tropiezo
מָלֵא	él estaba lleno de
מָלֵא	(adj) lleno (מְלֵא, constr.)
מְלוֹא, מְלֹא	plenitud, llenura, contenido, lo que llena
מַלְאָךְ	ángel, mensajero
מְלָאכָה	(f) ocupación, trabajo, labor

מִלָּה	(f) palabra, dicho, oráculo
מֶלַח	sal
מִלְחָמָה	(f) guerra, batalla
[מלט]	él escapó
מָלַךְ	él reinó, fue entronizado
מֶלֶךְ	rey
מַלְכָּה	reina
מַלְכוּת	(f) reinado
מַמְלָכָה	(f) reinado, dominio, reino
מֶמְשָׁלָה	(f) reinado, dominio, reino
מִן	de, desde
מְנֻחָה, מְנוּחָה	posada, descanso
מְנֹרָה, מְנוֹרָה	(f) lámpara
מִנְחָה	(f) ofrenda, tributo, don, regalo
מָנַע	él retiró
מַס	(sustantivo colectivo) trabajadores, grupo de esclavos o trabajadores obligados
מָסָךְ	cobertura, partición
מַסֵּכָה	(f) metal fundido, imagen, libación
מְסִלָּה	(f) carretera
מִסְפֵּד	lamentación, gemido, sollozo
מִסְפָּר	número, conteo
מָעַט	él disminuyó, se hizo pequeño
מְעַט	pequeño, poco(s)
מֵעִים	(pl) intestinos (מְעֵי, constr.)
מַעְיָן	ojo de agua, fuente
מָעַל	él fue infiel, desleal, traicionó
מַעַל	(1) con מִן, encima de; (2) מַעְלָה hacia arriba
מַעֲלָה	(f) paso, escalera, grado
מֵעַל	(מִן + עַל) desde encima de
מַעַן	(solo con לְ) en razón de, para que
מַעֲשֶׂה	trabajo, hecho
מַעֲשֵׂר	la décima parte de, diezmo
מָצָא	él descubrió, encontró
מַצֵּבָה	(f) piedra sagrada, pilar

מְצוּדָה	(f) fortaleza
מַצָּה	(f) pan sin levadura
מָצוֹר	sitio, cerco, asedio
מִצְוָה	(f) mandamiento (מִצְוַת, constr.)
מִצְרַיִם	Egipto
מָקוֹם	lugar
מַקֵּל	bastón, palo
מִקְנֶה	ganado
מִקְרָא	convocación, lectura
מַר	(adj) amargo, מָרָה (f)
מַרְאֶה	visión, aparición, vistazo
מָרַד	él se rebeló
מָרָה	él fue desobediente, rebelde, testarudo
מָרוֹם	altitud, elevación
מָרַט	él alisó, bruñó, pulió,
מֶרְכָּבָה	(f) carroza
מִרְמָה	(f) decepción, traición
מַרְפֵּה, מַרְפֵּא	cura, sanidad, salud
מָרַר	él se amargó
מַשָּׂא	oráculo
מַשְׂאֵת	(f) sublevación, declaración, porción
מָשׂוֹשׂ	gozo, júbilo
מֹשֶׁה	Moisés
מָשַׁח	él ungió
מִשְׁכָּב	cama
מִשְׁכָּן	morada, tabernáculo
מָשִׁיחַ	el ungido, príncipe mesiánico
מָשַׁךְ	él sacó, llevó, arrastró
מָשַׁל	(1) él era parecido a, similar a; (2) él habló en parábolas (3) él reinó
מָשָׁל	proverbio, parábola
מִשְׁמֶרֶת	(f) guarda, turno, función
מִשְׁפָּחָה	(f) familia, clan
מִשְׁפָּט	juicio, justicia

מִשְׁקָל	peso
מִשְׁתֶּה	(1) banquete
	(2) bebida
מָתַי	¿cuándo?
מְתִים	(pl) hombres (מְתֵי, constr.)
מַתָּנָה	(f) regalo
מָתְנַיִם	(dual) lomo
מָתֹק	él era dulce, agradable
מָתוֹק	(adj) dulce
נָא	particular de rogación, exhortación
נְאֻם	declaración, oráculo
נָאַף	él cometió adulterio
[נבא]	él profetizó
[נבט]	(Hif'il) él vio, se fijó en
נָבִיא	profeta
נֶבֶל	(1) odre, bota de vino, cuero
	(2) arpa, laúd, guitarra
נָבָל	(adj) necio, tonto
נָבֵל	él descendió, cayó palediceó
נְבֵלָה	(f) cadáver
נָבַע	él flujo, se chorreó
נֶגֶב	Neguev, tierra seca, sur
[נגד]	(Hif'il) él dijo, declaró
נֶגֶד	delante de
נָגַע	él tocó, hirió
נֶגַע	golpe, plaga, herida
נָגַף	él hirió, golpeó, plagó
נָגַשׂ	él apretó, forzó, oprimió
נָגַשׁ	él se acercó
נָדַב	él incitó, impelió
נְדָבָה	(f) acto voluntario, ofrenda voluntaria
נָדַד	él huyó, retiró
נָדַח	él expulsó, echo
נָדַר	él se juró
נֶדֶר גֵדֶר	juramento

נָהַג	él impulsó, condujo, guió
[נהל]	(Pi'el) él llevó, guió, refrescó
נָהָר	río, arroyo
נוּד	moverse de acá para allá, vagar, aletear, revolotear
נָוֶה	morada de un pastor, morada de ovejas, pasto, prado, pradera
נוּחַ	descansar
נוּס	huir, escapar
נוּעַ	temblar, retemblar, tambalear
נוּף	mover de acá para allá, ondear, sacudir
נָזָה	él salió en chorro, salpicó, (Hif'il) roció
נָזִיר	un hombre consagrado, dedicado; un nazareo
נָזַל	él flujo, goteó, chorreó, cayó
[נזר]	él dedicó, consagró
נֶזֶר	consagración, corona, estado de ser un nazareo
נָחָה	él guió, condujo
נַחַל	torrente, arroyo, wadi
נַחֲלָה	(f) posesión, herencia
[נחם]	él se arrepintió, tuvo compasión de sufrió luto
נָחָשׁ	serpiente
[נחשׁ]	él practicó adivinación, escudriño portentos
נְחֹשֶׁת	bronce, cobre
נָחֵת	bajó, descendió
נָטָה	él extendió
נָטַף	él cayó, goteó; él predicó, profetizó
נָטַשׁ	él abandonó, desamparó
[נכה]	(Hif'il) él hirió, mató
נֹכַח	delante de
[נכר]	él consideró, reconoció, observó
נָכְרִי	extranjero, foráneo, extraño, desconocido
נֵס	estandarte, pabellón, señal
[נסה]	(Pi'el) él probó, puso a prueba
נָסַךְ	él derramó (como ofrenda)
נֶסֶךְ	ofrenda de bebida
נָסַע	él se marchó, partió, se fue, viajó
נַעַל	(f) sandalia, zapato

נָעַר	él sacudió
נַעַר	joven, muchacho
נַעֲרָה	(f) joven, doncella
נְעוּרִים	juventud
נָפַח	él aspiró sobre, sopló
נָפַל	él cayó
נֶפֶשׁ	(f) ser, deseo, apetito, vida, alma
[נצב]	(Nif'al) él se estacionó, se paró, tomó su lugar; (Hif'il) él ubicó, puso, causó a parar
נֵצַח	eminencia, perpetuidad, permanencia (לָנֶצַח, para siempre)
[נצל]	(Hif'il) él rescató, salvo
נָצַר	él miró, observó, guardó
נָקַב	él atravesó, traspasó
נְקֵבָה	(f) hembra
[נקה]	él era puro, limpio, inocente, eximido
נָקִי	(adj) inocente, limpio, inocente, eximido
[נקם]	él se vengó de
נָקָם	venganza, נְקָמָה (f)
נָקַף	él rodeo, completo un circuito
נֵר	lámpara
נָשָׂא	él alzó, llevó
[נשׂג]	(Hif'il) él alcanzó, sobrellevó, logró
נָשָׁא	(1) él presto por intereses; (2) (Hif'il) él engañó
נָשַׁךְ	él mordió
נְשָׁמָה	soplo, aspiración
נָשַׁק	é besó
נֶשֶׁר	buitre, águila
נָתִיב	senda, sendero, נְתִיבָה (f)
נָתַךְ	él derramó, chorreó
נָתַן	él dio, puso, colocó
נָתַץ	él derribó
נָתַק	él despedazó, arrancó
נָתַשׁ	él desterró
סָבַב	él rodeo, circunvaló

סָבִיב	alrededor de
סָגַר	él cerró
סוּג (שׂוּג)	él se retiró, se fue, se marchó, fue hacia atrás
סוֹד	concilio, asamblea, compañía, consejo
סִיךְ, סוּךְ	(1) derramar, ungir; (2) cercar
סוּס	caballo
סוּף	cesar, dejar de
סוּפָה	(f) viento tempestuoso
סוּף	caña, junco, junquera
סוּר	desviarse, marcharse; (Hif'il) quitar, remover
[סוּת]	(Hif'il) incitar, instigar
סָחַר	él fue de allá para acá, viajó,
סִינַי	Sinaí
סִיר	(m y f) olla, caldere
סֻכָּה	(f) matorral, barraca, casilla
סָכַךְ	él sobrevino
סָלַח	él perdonó
סָלַל	él alzó
סֶלַע	farallón, peñasco
סֹלֶת	(f) harina
סָמַךְ	él inclinó, descansó, apoyó
סָעַד	él apoyó, sostuvo
סָעַר	él tempesteó, bramó
סַעַר	tempestad, סְעָרָה (f)
סַף	(1) vasija, copa (2) umbral, tranco
סָפַד	él aulló, lamentó
סָפָה	él fue barrido, destruido
[ספר]	(Pi'el) él dijo, narró
סוֹפֵר, סֹפֵר	escriba, secretario
סֵפֶר	libro, documento, rollo, escrito
סָקַל	él apedreó
סָרִיס	eunuco
סֶרֶן	tirano, oficial filisteo

סָרַר	él fue terco, rebelde
סָתַם	él taponó, rellenó
[סתר]	él ocultó, escondió
סֵתֶר	cobertura, escondite, secreto
עָב	nube oscura, masa de nubes
עָבַד	él trabajó, sirvió
עֶבֶד	siervo, esclavo
עֲבֹדָה	(f) labor, servicio
עָבַר	él pasó, a través de
עֶבְרָה	(f) rebosadura, arrogancia, furia
עִבְרִי	hebreo
עֲבוּר	(solo en la forma: בַּעֲבוּר) por consideración de, para que
עֲבֹת	(m y f) cuerda, mecate, soga
עֻגָה	(f) pan
עֵגֶל	ternero, becerro, עֶגְלָה (f)
עֲגָלָה	(f) carreta
עַד	(1) hasta
	(2) perpetuidad, para siempre (véase לָעַד)
עוּד	(Hif'il) testificar
עֵד	testigo, testimonio, evidencia
עֵדָה	(f) congregación
עֵדוּת	(f) testimonio
עֵדֶר	rebaño, manada
עוֹד	de nuevo, todavía
עָוֶל	injusticia (עוֹלָה)
עוֹל	yugo
עוֹלָל, עוֹלֵל	niño
עוֹלָם	eternidad, larga duración, antigüedad
עָוֹן	iniquidad, culpa, castigo por iniquidad
עוּף	volar
עוֹף	pájaro(s)
עוּר	despertar, animar
עוֹר	piel
עִוֵּר	(adj) ciego

עָזַב	él abandonó, dejó, desamparó
עַזָּה	Gaza
עָזַז	él era fuerte
עוֹז, עֹז	fuerza
עַז	(adj) fuerte
עֵז	(f) la hembra de la cabra
עָזַר	él ayudó
עֶזְרָתָה, עֶזְרָה, עֵזֶר	ayuda, rescate
עָטָה	él se enrolló, se envolvió
עָטַף	él era débil, enfermizo
עֲטָרָה	(f) corona
עַיִן	(f) ojo, fuente (עֵין constr.)
עָיֵף	(adj) débil, enfermizo, agotado
עִיר	(f) ciudad
עַל	sobre, encima de, alrededor de
עַל־פְּנֵי	sobre, sobre la faz de
עָלָה	él subió, trepó
עֹלָה	(f) ofrenda quemada entera o íntegra
עֲלִיָּה	(f) cámara de techo
עֶלְיוֹן	Altísimo (véase אֵל עֶלְיוֹן, tradicionalmente: Dios Altísimo
עָלַם	él ocultó
עַלְמָה	(f) mujer joven
עִם	con
עַם	pueblo
עָמַד	él (se) paró
עַמֶּד, עַמּוּד	pilar, columna
עָמָל	labor, perturbación, agitación, fatiga
עָמֹק	él era hondo, profundo (Hifʻil) él profundizó, hizo hondo
עֵמֶק	valle, bajura
עֵנָב	uva(s)
עָנָו	(sustantivo) pobre, afligido, humilde manso
עָנִי	(adj) pobre, afligido, humilde
עֳנִי	aflicción, pobreza
עָנָה	(1) él contestó, respondió (2) él estaba postrado, afligido

	(3) él cantó
עָנָן	nube
עָפָר	polvo
עֵץ	árbol(es), bosque
עָצֵב	él era/estaba dolido, enlutado, con dolor
עֵצָה	(f) consejo, asesoramiento
עָצוּם	(adj) fuerte, numeroso
עֶצֶם	(f) hueso, sustancia, uno mismo
עָצַר	él restringió, detuvo, estorbó
עָקֵב	talón, calcañal, huella
עֵקֶב	en consecuencia de, por el hecho que
עֶרֶב	atardecer, anochecer
עָרַב	(1) él tomó o dio como prenda, cambió (2) él era dulce, agradable
עֲרָבָה	(f) desierto
[ערה]	él era desnudo, derramado
עֶרְוָה	(f) desnudez, inmundicia
עָרַךְ	él arregló, ordenó, colocó en orden
עֵרֶךְ	orden, fila, estimado
עָרֵל	(adj) no circuncido
עָרְלָה	(f) prepucio
עֹרֹם, עָרוֹם	desnudo
עֹרֶף	cuello
עֲרָפֶל	nube, nube espesa
עָרַץ	él causó a temblar, asombro
עָרִיץ	asombroso, aterrorizante
עֵשֶׂב	hierba
עָשָׂה	él hizo
עֶשֶׂר	diez, עֲשָׂרָה (f)
עָשַׁק	él oprimió, maltrató, extorsionó
עָשֹׁם, עֵישֹׁם	desnudez
עָשָׁן	humo
עָשַׁר	él era rico, llegó a ser rico
עָשִׁיר	(adj) rico
עֵת	(f) tiempo

עַתָּה	ahora, ya
עָתַר	él oró, suplicó
פֵּאָה	(f) esquina, costado
[פאר]	él embelleció, glorificó
פָּגַע	él topó con, intercedió
פֶּגֶר	cadáver
פָּגַשׁ	él topó con, encontró
פָּדָה	él redimió, rescató
פֹּה	aquí
פֶּה	boca
פּוּחַ	aspirar, soplar
פּוּץ	ser esparcido
פַּח	trampa para pájaros
פָּחַד	él estaba asombrado
פַּחַד	temor, asombro
פֶּחָה	gobernante
פָּטַר	él quitó, liberó
[פלא]	él era extraordinario, maravilloso inescrutable
פֶּלֶא	maravilla, sorpresa
פִּלֶגֶשׁ	(f) concubina
פָּלַט	él escapó, causó a escapar, liberó
פָּלִיט	escapado, fugitivo
פְּלֵיטָה	(f) liberación, escape
[פלל]	(Hitpa'el) él oró, intercedió
פֶּן	a menos que, para que no
פִּנָּה	(f) esquina
פָּנִים	rostro(s) (פְּנֵי, constr.)
פֶּסַה	pascua
פִּסֵחַ	(adj) cojo, renco
פֶּסֶל	ídolo, imagen
פָּעַל	él hizo
פֹּעַל	hecho, acto
פַּעַם	(f) pie, paso, tiempo, ocurrencia
פָּצָה	él abrió, partió

פָּקַד	él visitó, colocó, puso, asignó
פְּקֻדָּה	(f) visitación (para castigar), supervisión, responsabilidad, supervisor
פָּקִיד	diputado, supervisor
פָּקַה	él abrió (ojos o oídos)
פַּר	toro joven
פָּרַד	él dividió, separó, distinguió
פֶּרֶד	mula, פִּרְדָּה (f)
פָּרָה	él dio fruto
פְּרִי	fruto, fruta
פָּרַח	brotó, retoñó, germinó
פָּרַס (פָּרֹשׂ)	se partió en dos, se dividió en dos
פָּרַץ	se abrió con violencia, traspasó con violencia
פֶּרֶץ	brecha, ruptura
פָּרַק	él arrancó, despedazó
[פרר]	él quebró, frustró
פָּרַשׂ	él extendió, desenvolvió
פְּרָת	el río Éufrates
פָּשַׁט	él arrojó, atacó
פָּשַׁע	él rebeló, trasgredió
פֶּשַׁע	rebeldía, trasgresión
פַּת	(f) fragmento, pedazo
פָּתָה	él era simple, tonto
פֶּתִי	(adj) simple, tonto
פָּתַח	él abrió
פֶּתַח	puerta, entrada
פִּתְאֹם	de repente
צֹאן	rebaño, ovejas
צָבָא	ejército, guerra
צְבָאוֹת	huestes, ejércitos, יְהוָה צְבָאוֹת, él Señor de los Ejércitos
צְבִי	(1) belleza, honor (2) gacela
צַד	costado
צָדֵק, צָדַק	él era justo
צַדִּיק	el justo, un hombre justo

צֶדֶק	justicia
צְדָקָה	(f) justicia
צָהֳרַיִם	(pl) mediodía
צַוָּאר	cuello
צוּד	cazar
[צוה]	(Pi'el) él mandó
צוּם	ayunar, abstener de comer
צוֹם	ayuno
צוּר	amarrar, sitiar
צוּר	roca
צָחַק	él rió
צִיּוֹן	Sión
צֵל	sombra
צָלַח	(1) él apuró (2) él avanzó, prosperó
צֶלֶם	imagen, semejanza
צֵלָע	(f) costilla, costado
צָמֵא	él tenía sed
צָמַח	él brotó, retoñó
צֶמֶר	lana
צִנָּה	(f) escudo grande
צָעִיר	(adj) pequeño, insignificante, joven
צָעַק	él clamó
צְעָקָה	(f) clamor
צָפָה	(1) él vigiló, espió (2) él enchapó, sobrepuso
צָפַן	él escondió, atesoró
צָפוֹן	(f) norte
צִפּוֹר, צִפֹּר	(f) pájaro
צַר	(1) apuro, aprieto, congoja, צָרָה (f); (2) adversario, enemigo
צֹר, צוּר	Tiro
צָרַעַת	(f) lepra
צָרַף	él fundió, refinó, purgó, probó
צָרַר	(1) él fue amarrado, restringido (b) él acosó, afligió, angustió

קָבַץ	él recogió
קָבַר	él enterró
קֶבֶר	sepulcro, lugar de entierro
קֶדֶם	delante, frente, este, tiempos antiguos
[קדם]	él confrontó, topó con, fue delante de, precedió
קָדִים	este, viento del este
קָדַשׁ	él era santo, consagrado, apartado
קָדוֹשׁ	(adj) santo, sagrado
קֹדֶשׁ	santidad
קָהָל	asamblea, convocación, congregación
[קהל]	él convocó, llamó a una convocación
קַו	medida, línea para medir
קָוָה	él esperó, anticipó
קוֹל	voz, sonido
קוּם	levantar, parar
קוֹמָה	(f) altura
קָטָן	(adj) pequeño, joven, sin importancia
קָטֹן	(adj) pequeño, insignificante
[קטר]	él quemó (ofreció) incienso, causó a generar humo
קְטֹרֶת	(f) humo (de sacrificio), incienso
קִינָה	(f) elegía, endecha, canto lúgubre
[קיץ]	(Hif'il) despertar
קִיר	muro
קָלַל	era liviano, insignificante, poco estimado o valorado
קְלָלָה	(f) maldición
[קנא]	(Pi'el) él era celoso
קִנְאָה	ardor, celo
קָנֶה	caña
קָנָה	él adquirió, tomó posesión de, compró
קָסַם	él practicó adivinación
קֶסֶם	adivinación
קֵץ	extremo, final
קָצֶה	extremo, final, extremidad
קָצָה	(m y f) final, extremo
קָצַף	él era enojado, furioso

קֶצֶף	ira, cólera, enojo
קָצַר	(1) él era corto (2) él cosechó
קָצִיר	cosecha, tiempo de la cosecha
קָרָא	(1) él llamó, proclamó, leyó (2) él encontró, topó, pasó
קֶרֶב	medio, entraña
קָרַב	él se acercó, (Hif'il) él ofreció, presentó (una ofrenda)
קָרְבָּן	ofrenda, regalo
קָרָה	él encontró, topó con, pasó
קָרוֹב	cercano
קָרַח	él hizo calvo
קִרְיָה	(f) pueblo, aldea, ciudad
קֶרֶן	cuerno
קָרַע	él arrancó, arrojó
קָשַׁב	él inclinó (sus oídos), presto atención
קָשָׁה	él era duro, severo, feroz
קָשֶׁה	(adj) duro, difícil, קָשָׁה (f)
קָשַׁר	él juntó fuerzas con, conspiró
קֶשֶׁר	conspiración
קֶשֶׁת	arco
רָאָה	él vio
רֹאשׁ	cabeza
רִאשׁוֹן	(adj) anterior, antecesor, primero, principal
רֵאשִׁית	(f) inicio, principal
רָבַב	él se multiplicó, llegó a ser grande, mucho(s)
רָבָה	él llegó a ser muchos, se multiplicó
רַב	(adj) mucho, grande, רַבָּה (f)
רֹב	multitud, abundancia, grandeza
רָבַץ	él se acostó, se agachó
רָגַז	él era agitado, perturbado
רָגַל	él caminó, espió
רֶגֶל	(f) pie
רֶגַע	momento
רָדָה	él tenía dominio sobre, dominaba

רָדַף	él persiguió
רוֹאֶה	vidente, profeta
רָוָה	él era saturado, bebió hasta ser satisfecho
רוּחַ	(f) viento, espíritu
רוּם	ser/estar alto, exaltado
[רוּעַ]	(Hif'il) gritar, levantar alarma
רוֹעֶה	pastor
רוּץ	correr
רָחַב	él era grande, engrandeció, amplió
רֹחַב	anchura
רָחָב	(adj) ancho, רְחָבָה (f)
רְחוֹב	(f) plaza
רַחַם, רֶחֶם	vientre
רַחֲמִים	(pl) compasión
[רחץ]	él lavó, bañó
רָחַק	él era/estaba lejos, distante
רָחוֹק	lejano, distante
רִיב	contender, pelear
רִיב	disputa, contienda, caso legal
[רִיק]	(Hif'il) vaciar
רֵק	(adj) vacío, vano
רָכַב	él montó
רֶכֶב	carroza
רָמַס	él pisoteó
רָנַן	él gritó de júbilo, clamó
רִנָּה	(f) grito de júbilo
רֵעַ	amigo, compasión
רַע	(adj) malo, malvado, רָעָה (f)
רַע	maldad, miseria, calamidad, רָעָה (f)
רֹעַ	maldad
רָעֵב	él tenía hambre
רָעָב	hambruna, hambre
רָעֵב	(adj) hambriento, רְעֵבָה (f)
רָעָה	él pastoreó, cuidó un rebaño
רַעֲנָן	(adj) lujoso, fresco

רָעַע	(1) él era malo
	(2) él quebró
רָעַשׁ	él se sacudió, tembló
רַעַשׁ	terremoto, temblor
רָפָא	él sanó, curó
רָפָה	él descendió, quedó blando
רָצָה	él se deleitó en, se complació en
רָצוֹן	favor, beneficencia, aceptación
רָצַח	él mató, asesinó
רָצַץ	él machacó, aplastó
רַק	(1) (adj) delgado, flaco
	(2) (adv) solo, solamente, de seguro, ciertamente
רָקִיעַ	expansión, firmamento
רָקַע	él martilló, extendió
רָשַׁע	él era malvado, actuó de manera malvada
רָשָׁע	(adj) malvado, culpable
רֶשַׁע	maldad, רִשְׁעָה (f)
רֶשֶׁת	red
שָׂבַע	él estaba satisfecho
שָׂגַע	él estuvo en alto, exaltado
שָׂדֶה	campo (שְׂדֵה, constr.)
שֶׂה	(m y f) oveja o cabra
שׂוּם, שִׂים	regocijarse
שָׂחַק	él rió, jugó
שָׂטָן	adversario, Satanás
שֵׂיבָה	(f) pelo gris, vejez
שִׂיחַ	quejarse, meditar sobre
שִׂיחַ	queja, meditación, שִׂיחָה (f)
שָׂכַל	él era astuto, prudente, exitoso
שָׂכַר	él alquiló, contrató
שָׂכָר	pago, compensa, premio
שָׂכִיר	(adj) alquilado
שְׂמֹאול, שְׂמֹאל	izquierdo/a, norte
שָׂמַח	él se gozó, se regocijo
שָׂמֵחַ	(adj) gozoso, שִׂמְחָה (f)

שִׂמְחָה	(f) gozo, alegría
שִׂמְלָה	(f) ropa, vestimenta
שָׂנֵא	él odió
שֵׂעָר	pelo
שָׂעִיר	cabra macho
שְׂעֹרָה	(f) cebada
שָׂפָה	(f) labio, orilla
שַׂק	saco, arpillera
שַׂר	jefe, gobernante, oficial, príncipe, שָׂרָה (f)
שָׂרִיד	sobreviviente
שָׂרַף	él quemó, incendió
שָׂשׂוֹן	gozo, exultación

Tabla de verbos 1

El verbo fuerte

	Qal	Nif'al	Pi'el	Pu'al	Hitpa'el	Hif'il	Hof'al
			Perfecto				
3 ms	שָׁמַר	נִשְׁמַר	שִׁמֵּר	שֻׁמַּר	הִשְׁתַּמֵּר	הִשְׁמִיר	הָשְׁמַר
3 fs	שָׁמְרָה	נִשְׁמְרָה	שִׁמְּרָה	שֻׁמְּרָה	הִשְׁתַּמְּרָה	הִשְׁמִירָה	הָשְׁמְרָה
2 ms	שָׁמַרְתָּ	נִשְׁמַרְתָּ	שִׁמַּרְתָּ	שֻׁמַּרְתָּ	הִשְׁתַּמַּרְתָּ	הִשְׁמַרְתָּ	הָשְׁמַרְתָּ
2 fs	שָׁמַרְתְּ	נִשְׁמַרְתְּ	שִׁמַּרְתְּ	שֻׁמַּרְתְּ	הִשְׁתַּמַּרְתְּ	הִשְׁמַרְתְּ	הָשְׁמַרְתְּ
1 cs	שָׁמַרְתִּי	נִשְׁמַרְתִּי	שִׁמַּרְתִּי	שֻׁמַּרְתִּי	הִשְׁתַּמַּרְתִּי	הִשְׁמַרְתִּי	הָשְׁמַרְתִּי
3 cp	שָׁמְרוּ	נִשְׁמְרוּ	שִׁמְּרוּ	שֻׁמְּרוּ	הִשְׁתַּמְּרוּ	הִשְׁמִירוּ	הָשְׁמְרוּ
2 mp	שְׁמַרְתֶּם	נִשְׁמַרְתֶּם	שִׁמַּרְתֶּם	שֻׁמַּרְתֶּם	הִשְׁתַּמַּרְתֶּם	הִשְׁמַרְתֶּם	הָשְׁמַרְתֶּם

2 fp	הִשְׁמַרְתֶּן	הִשְׁתַּמַּרְתֶּן	וֹשְׁמַרְתֶּן	שֻׁמַּרְתֶּן	נִשְׁמַרְתֶּן	שְׁמַרְתֶּן
1 cp	הִשְׁמַרְנוּ	הִשְׁתַּמַּרְנוּ	שִׁמַּרְנוּ	שֻׁמַּרְנוּ	נִשְׁמַרְנוּ	שָׁמַרְנוּ

Imperfecto

3 ms	יָשְׁמַר	יַשְׁמִיר	יִשְׁתַּמֵּר	יְשֻׁמַּר	יְשַׁמֵּר	יִשָּׁמֵר	יִשְׁמֹר
3 fs	תָּשְׁמַר	תַּשְׁמִיר	תִּשְׁתַּמֵּר	תְּשֻׁמַּר	תְּשַׁמֵּר	תִּשָּׁמֵר	תִּשְׁמֹר
2 ms	תָּשְׁמַר	תַּשְׁמִיר	תִּשְׁתַּמֵּר	תְּשֻׁמַּר	תְּשַׁמֵּר	תִּשָּׁמֵר	תִּשְׁמֹר
2 fs	תָּשְׁמְרִי	תַּשְׁמִירִי	תִּשְׁתַּמְּרִי	תְּשֻׁמְּרִי	תְּשַׁמְּרִי	תִּשָּׁמְרִי	תִּשְׁמְרִי
1 cs	אָשְׁמַר	אַשְׁמִיר	אֶשְׁתַּמֵּר	אֲשֻׁמַּר	אֲשַׁמֵּר	אֶשָּׁמֵר	אֶשְׁמֹר
3 mp	יָשְׁמְרוּ	יַשְׁמִירוּ	יִשְׁתַּמְּרוּ	יְשֻׁמְּרוּ	יְשַׁמְּרוּ	יִשָּׁמְרוּ	יִשְׁמְרוּ
3 fp	תָּשְׁמַרְנָה	תַּשְׁמֵרְנָה	תִּשְׁתַּמֵּרְנָה	תְּשֻׁמֵּרְנָה	תְּשַׁמֵּרְנָה	תִּשָּׁמַרְנָה	תִּשְׁמֹרְנָה
2 mp	תָּשְׁמְרוּ	תַּשְׁמִירוּ	תִּשְׁתַּמְּרוּ	תְּשֻׁמְּרוּ	תְּשַׁמְּרוּ	תִּשָּׁמְרוּ	תִּשְׁמְרוּ
2 fp	תָּשְׁמַרְנָה	תַּשְׁמֵרְנָה	תִּשְׁתַּמֵּרְנָה	תְּשֻׁמֵּרְנָה	תְּשַׁמֵּרְנָה	תִּשָּׁמַרְנָה	תִּשְׁמֹרְנָה
1 cp	נָשְׁמַר	נַשְׁמִיר	נִשְׁתַּמֵּר	נְשֻׁמַּר	נְשַׁמֵּר	נִשָּׁמֵר	נִשְׁמֹר

Imperativo

2 ms	הַשְׁמֵר	הִשְׁתַּמֵּר	שַׁמֵּר	הִשָּׁמֵר	שְׁמֹד
2 fs	הַשְׁמִירִי	הִשְׁתַּמְּרִי	שַׁמְּרִי	הִשָּׁמְרִי	שִׁמְרִי
2 mp	הַשְׁמִירוּ	הִשְׁתַּמְּרוּ	שַׁמְּרוּ	הִשָּׁמְרוּ	שִׁמְרוּ

2 fp	שְׁמֹרְנָה	הִשָּׁמַרְנָה	שַׁמֵּרְנָה	הִשְׁתַּמֵּרְנָה	הַשְׁמֵרְנָה	

Infinitivo constructo

שְׁמֹר הִשָּׁמֵר שַׁמֵּר (שַׁמֵּר) הִשְׁתַּמֵּר הַשְׁמִיר (הִשָּׁמֵר)

Infinitivo absoluto

שָׁמוֹר הִשָּׁמֵר שָׁמֹר שַׁמֵּר הִשְׁתַּמֵּר הַשְׁמֵר הָשְׁמֵר

Alt. נִשְׁמֹר Alt. שַׁמֵּר

Participio activo

ms	שֹׁמֵר	מְשַׁמֵּר	מַשְׁמִיר מִשְׁתַּמֵּר
mp	שֹׁמְרִים	מְשַׁמְּרִים	מַשְׁמִירִים מִשְׁתַּמְּרִים
fs	שֹׁמְרָה	מְשַׁמְּרָה	מַשְׁמִירָה מִשְׁתַּמְּרָה
fp	שֹׁמְרוֹת	מְשַׁמְּרוֹת	מַשְׁמִירוֹת מִשְׁתַּמְּרוֹת

Participio pasivo

ms	שָׁמוּר נִשְׁמָר	מְשֻׁמָּר	מָשְׁמָר
mp	שְׁמוּרִים נִשְׁמָרִים	מְשֻׁמָּרִים	מָשְׁמָרִים
fs	שְׁמוּרָה נִשְׁמָרָה	מְשֻׁמָּרָה	מָשְׁמָרָה

| fp | מִשְׁמָרוֹת שְׁמוּרוֹת | מִשְׁמָרוֹת | מָשְׁמָרוֹת |

Tabla de verbos 2
Pe Gutural

	Qal (activo)	Qal (de estado)	Nifʻal	Hifʻil	Hofʻal
			Perfecto		
3 ms	עָמַד	חָזַק	נֶעֱמַד	הֶעֱמִיד	הָעֳמַד
3 fs	עָמְדָה	חָזְקָה	נֶעֶמְדָה	הֶעֱמִידָה	הָעָמְדָה
2 ms	עָמַדְתָּ	חָזַקְתָּ	נֶעֱמַדְתָּ	הֶעֱמַדְתָּ	הָעֳמַדְתָּ
2 fs	עָמַדְתְּ	חָזַקְתְּ	נֶעֱמַדְתְּ	הֶעֱמַדְתְּ	הָעֳמַדְתְּ
1 cs	עָמַדְתִּי	חָזַקְתִּי	נֶעֱמַדְתִּי	הֶעֱמַדְתִּי	הָעֳמַדְתִּי
3 cp	עָמְדוּ	חָזְקוּ	נֶעֶמְדוּ	הֶעֱמִידוּ	הָעָמְדוּ
2 mp	עֲמַדְתֶּם	חֲזַקְתֶּם	נֶעֱמַדְתֶּם	הֶעֱמַדְתֶּם	הָעֳמַדְתֶּם
2 fp	עֲמַדְתֶּן	חֲזַקְתֶּן	נֶעֱמַדְתֶּן	הֶעֱמַדְתֶּן	הָעֳמַדְתֶּן
1 cp	עָמַדְנוּ	חָזַקְנוּ	נֶעֱמַדְנוּ	הֶעֱמַדְנוּ	הָעֳמַדְנוּ
			Imperfecto		
3 ms	יַעֲמֹד	יֶחֱזַק	יֵעָמֵד	יַעֲמִיד	יָעֳמַד
3 fs	תַּעֲמֹד	תֶּחֱזַק	תֵּעָמֵד	תַּעֲמִיד	תָּעֳמַד

2 ms	תַּעֲמֹד	תֶּחֱזַק	תַּעֲמֵד	תַּעֲמִיד	תָּעֳמַד
2 fs	תַּעַמְדִי	תֶּחֶזְקִי	תַּעֲמְדִי	תַּעֲמִידִי	תָּעֳמְדִי
1 cs	אֶעֱמֹד	אֶחֱזַק	אַעֲמֵד	אַעֲמִיד	אָעֳמַד
3 mp	יַעַמְדוּ	יֶחֶזְקוּ	יַעֲמְדוּ	יַעֲמִידוּ	יָעֳמְדוּ
3 fp	תַּעֲמֹדְנָה	תֶּחֱזַקְנָה	תַּעֲמֵדְנָה	תַּעֲמֵדְנָה	תָּעֳמַדְנָה
2 mp	תַּעַמְדוּ	תֶּחֶזְקוּ	תַּעֲמְדוּ	תַּעֲמִידוּ	תָּעֳמְדוּ
2 fp	תַּעֲמֹדְנָה	תֶּחֱזַקְנָה	תַּעֲמֵדְנָה	תַּעֲמֵדְנָה	תָּעֳמַדְנָה
1 cp	נַעֲמֹד	נֶחֱזַק	נַעֲמֵד	נַעֲמִיד	נָעֳמַד

Imperativo

2 ms	עֲמֹד	חֲזַק	הַעֲמֵד	הַעֲמֵד
2 fs	עִמְדִי	חִזְקִי	הַעֲמִדִי	הַעֲמִידִי
2 mp	עִמְדוּ	חִזְקוּ	הַעֲמִדוּ	הַעֲמִידוּ
2 fp	עֲמֹדְנָה	חֲזַקְנָה	הַעֲמֵדְנָה	הַעֲמֵדְנָה

Infinitivo constructo

	עֲמֹד		הַעֲמֵד	הַעֲמִיד

Infinitivo absoluto

הַעֲמֵד	הֶעָמֵד	הֵעָמֵד	עָמוֹד

Participio activo

ms	מַעֲמִיד	עֹמֵד
mp	מַעֲמִידִים	עֹמְדִים
fs	מַעֲמִידָה	עֹמֶדֶת
fp	מַעֲמִידוֹת	עֹמְדוֹת

Participio pasivo

ms	מָעֳמָד	נֶעֱמָד	עָמוּד
mp	מָעֳמָדִים	נֶעֱמָדִים	עֲמוּדִים
fs	מָעֳמָדָה	נֶעֱמָדָה	עֲמוּדָה
fp	מָעֳמָדוֹת	נֶעֱמָדוֹת	עֲמוּדוֹת

Tabla de verbos 3

Pe 'Alef
Qal perfecto

3 ms	אָמַר	אָכַל

3 fs	אָכְלָה	אָמְרָה	
2 ms	אָכַלְתָּ	אָמַרְתָּ	
2 fs	אָכַלְתְּ	אָמַרְתְּ	
1 cs	אָכַלְתִּי	אָמַרְתִּי	
3 cp	אָכְלוּ	אָמְרוּ	
2 mp	אֲכַלְתֶּם	אֲמַרְתֶּם	
2 fp	אֲכַלְתֶּן	אֲמַרְתֶּן	
1 cp	אָכַלְנוּ	אָמַרְנוּ	

Qal imperfecto

3 ms	יֹאכַל	יֹאמַר	(וַיֹּאמֶר)
3 fs	תֹּאכַל	תֹּאמַר	(וַתֹּאמֶר)
2 ms	תֹּאכַל	תֹּאמַר	(וַתֹּאמֶר)
2 fs	תֹּאכְלִי	תֹּאמְרִי	(וַתֹּאמְרִי)
1 cs	אֹכַל	אֹמַר	(וָאֹמַר)
3 mp	יֹאכְלוּ	יֹאמְרוּ	(וַיֹּאמְרוּ)
3 fp	תֹּאכַלְנָה	תֹּאמַרְנָה	(וַתֹּאמַרְנָה)
2 mp	תֹּאכְלוּ	תֹּאמְרוּ	(וַתֹּאמְרוּ)
2 fp	תֹּאכַלְנָה	תֹּאמַרְנָה	(וַתֹּאמַרְנָה)

1 cp	(וַנֹּאמֶר)	נֹאמַר	נֹאכַל

Qal imperativo

2 ms	אֱמֹר	אֱכֹל
2 fs	אִמְרִי	אִכְלִי
2 mp	אִמְרוּ	אִכְלוּ
2 fp	אֱמֹרְנָה	אֱכֹלְנָה

Qal infinitivo constructo

אֱמֹר	אֱכֹל

Qal infinitivo absoluto

אָמוֹר	אָכוֹל

Qal participio activo

ms	אֹמֵר	אֹכֵל
mp	אֹמְרִים	אֹכְלִים
fs	אֹמְרָה	אֹכְלָה
	o אֹמֶרֶת	o אֹכֶלֶת
fp	אֹמְרוֹת	אֹכְלוֹת

Qal participio pasivo

ms	אָכוּל
mp	אֲכוּלִים
fs	אֲכוּלָה
fp	אֲכוּלוֹת

Tabla de verbos 4
ʻAyin Gutural

	Qal	Nifʻal	Piʻel	Puʻal	Hitpaʻel	Hifʻil	Hofʻal
			Perfecto				
3 ms	גָּאַל	נִגְאַל	בֵּרֵךְ	בֹּרַךְ	הִתְבָּרֵךְ	הִגְאִיל	הָגְאַל
3 fs	גָּאֲלָה	נִגְאֲלָה	בֵּרְכָה	בֹּרְכָה	הִתְבָּרְכָה	הִגְאִילָה	הָגְאֲלָה
2 ms	גָּאַלְתָּ	נִגְאַלְתָּ	בֵּרַכְתָּ	בֹּרַכְתָּ	הִתְבָּרַכְתָּ	הִגְאַלְתָּ	הָגְאַלְתָּ
2 fs	גָּאַלְתְּ	נִגְאַלְתְּ	בֵּרַכְתְּ	בֹּרַכְתְּ	הִתְבָּרַכְתְּ	הִגְאַלְתְּ	הָגְאַלְתְּ
1 cs	גָּאַלְתִּי	נִגְאַלְתִּי	בֵּרַכְתִּי	בֹּרַכְתִּי	הִתְבָּרַכְתִּי	הִגְאַלְתִּי	הָגְאַלְתִּי
3 cp	גָּאֲלוּ	נִגְאֲלוּ	בֵּרְכוּ	בֹּרְכוּ	הִתְבָּרְכוּ	הִגְאִילוּ	הָגְאֲלוּ
2 mp	גְּאַלְתֶּם	נִגְאַלְתֶּם	בֵּרַכְתֶּם	בֹּרַכְתֶּם	הִתְבָּרַכְתֶּם	הִגְאַלְתֶּם	הָגְאַלְתֶּם
2 fp	גְּאַלְתֶּן	נִגְאַלְתֶּן	בֵּרַכְתֶּן	בֹּרַכְתֶּן	הִתְבָּרַכְתֶּן	הִגְאַלְתֶּן	הָגְאַלְתֶּן

| 1 cp | הָגְאַלְנוּ | הִתְבָּרַכְנוּ | בֹּרַכְנוּ | בֵּרַכְנוּ | נִגְאַלְנוּ | גָּאַלְנוּ |

Imperfecto

3 ms	יָגְאַל	יַגְאִיל	יִתְבָּרֵךְ	יְבֹרַךְ	יְבָרֵךְ	יִגָּאֵל	יִגְאַל
3 fs	תָּגְאַל	תַּגְאִיל	תִּתְבָּרֵךְ	תְּבֹרַךְ	תְּבָרֵךְ	תִּגָּאֵל	תִּגְאַל
2 ms	תָּגְאַל	תַּגְאִיל	תִּתְבָּרֵךְ	תְּבֹרַךְ	תְּבָרֵךְ	תִּגָּאֵל	תִּגְאַל
2 fs	תָּגְאֲלִי	תַּגְאִילִי	תִּתְבָּרְכִי	תְּבֹרְכִי	תְּבָרְכִי	תִּגָּאֲלִי	תִּגְאֲלִי
1 cs	אָגְאַל	אַגְאִיל	אֶתְבָּרֵךְ	אֲבֹרַךְ	אֲבָרֵךְ	אֶגָּאֵל	אֶגְאַל
3 mp	יָגְאֲלוּ	יַגְאִילוּ	יִתְבָּרְכוּ	יְבֹרְכוּ	יְבָרְכוּ	יִגָּאֲלוּ	יִגְאֲלוּ
3 fp	תָּגְאַלְנָה	תַּגְאֵלְנָה	תִּתְבָּרַכְנָה	תְּבֹרַכְנָה	תְּבָרֵכְנָה	תִּגָּאַלְנָה	תִּגְאַלְנָה
2 mp	תָּגְאֲלוּ	תַּגְאִילוּ	תִּתְבָּרְכוּ	תְּבֹרְכוּ	תְּבָרְכוּ	תִּגָּאֲלוּ	תִּגְאֲלוּ
2 fp	תָּגְאַלְנָה	תַּגְאֵלְנָה	תִּתְבָּרַכְנָה	תְּבֹרַכְנָה	תְּבָרֵכְנָה	תִּגָּאַלְנָה	תִּגְאַלְנָה
1 cp	נָגְאַל	נַגְאִיל	נִתְבָּרֵךְ	נְבֹרַךְ	נְבָרֵךְ	נִגָּאֵל	נִגְאַל

Imperativo

2 ms	הָגְאֵל		הִתְבָּרֵךְ		בָּרֵךְ	הִגָּאֵל	גְּאַל
2 fs	הָגְאִילִי		הִתְבָּרְכִי		בָּרְכִי	הִגָּאֲלִי	גַּאֲלִי
2 mp	הָגְאִילוּ		הִתְבָּרְכוּ		בָּרְכוּ	הִגָּאֲלוּ	גַּאֲלוּ
2 fp	הַגְאֵלְנָה		הִתְבָּרַכְנָה		בָּרֵכְנָה	הִגָּאַלְנָה	גְּאַלְנָה

Infinitivo constructo

הָגְאַל　הַגְאִיל　הִתְבָּרֵךְ　בֹּרַךְ　בָּרֵךְ　הִגָּאֵל　גְּאֹל

Infinitivo absoluto

הָגְאֵל　הַגְאֵל　הִתְבָּרֵךְ　　בָּרֵךְ　נִגְאֹל　גָּאוֹל

Participio activo

ms	מַגְאִיל　מִתְבָּרֵךְ	מְבָרֵךְ		גֹּאֵל
mp	מַגְאִילִים　מִתְבָּרְכִים	מְבָרְכִים		גֹּאֲלִים
fs	מַגְאִילָה　מִתְבָּרְכָה	מְבָרְכָה		גֹּאֲלָה
fp	מַגְאִילוֹת　מִתְבָּרְכוֹת	מְבָרְכוֹת		גֹּאֲלוֹת

Participio pasivo

ms	מָגְאָל	מְבֹרָךְ	נִגְאָל　גָּאוּל	
mp	מָגְאָלִים	מְבֹרָכִים	נִגְאָלִים　גְּאוּלִים	
fs	מָגְאָלָה	מְבֹרָכָה	נִגְאָלָה　גְּאוּלָה	
fp	מָגְאָלוֹת	מְבֹרָכוֹת	נִגְאָלוֹת　גְּאוּלוֹת	

Tabla de verbos 5
Lamed gutural

	Qal	Nif'al	Pi'el	Pu'al	Hitpa'el	Hif'il	Hof'al

Perfecto

3 ms	שָׁלַח	נִשְׁלַח	שִׁלַּח	שֻׁלַּח	הִשְׁתַּלַּח	הִשְׁלִיחַ	הָשְׁלַח
3 fs	שָׁלְחָה	נִשְׁלְחָה	שִׁלְּחָה	שֻׁלְּחָה	הִשְׁתַּלְּחָה	הִשְׁלִיחָה	הָשְׁלְחָה
2 ms	שָׁלַחְתָּ	נִשְׁלַחְתָּ	שִׁלַּחְתָּ	שֻׁלַּחְתָּ	הִשְׁתַּלַּחְתָּ	הִשְׁלַחְתָּ	הָשְׁלַחְתָּ
2 fs	שָׁלַחַתְּ	נִשְׁלַחַתְּ	שִׁלַּחַתְּ	שֻׁלַּחַתְּ	הִשְׁתַּלַּחַתְּ	הִשְׁלַחַתְּ	הָשְׁלַחַתְּ
1 cs	שָׁלַחְתִּי	נִשְׁלַחְתִּי	שִׁלַּחְתִּי	שֻׁלַּחְתִּי	הִשְׁתַּלַּחְתִּי	הִשְׁלַחְתִּי	הָשְׁלַחְתִּי
3 cp	שָׁלְחוּ	נִשְׁלְחוּ	שִׁלְּחוּ	שֻׁלְּחוּ	הִשְׁתַּלְּחוּ	הִשְׁלִיחוּ	הָשְׁלְחוּ
2 mp	שְׁלַחְתֶּם	נִשְׁלַחְתֶּם	שִׁלַּחְתֶּם	שֻׁלַּחְתֶּם	הִשְׁתַּלַּחְתֶּם	הִשְׁלַחְתֶּם	הָשְׁלַחְתֶּם
2 fp	שְׁלַחְתֶּן	נִשְׁלַחְתֶּן	שִׁלַּחְתֶּן	שֻׁלַּחְתֶּן	הִשְׁתַּלַּחְתֶּן	הִשְׁלַחְתֶּן	הָשְׁלַחְתֶּן
1 cp	שָׁלַחְנוּ	נִשְׁלַחְנוּ	שִׁלַּחְנוּ	שֻׁלַּחְנוּ	הִשְׁתַּלַּחְנוּ	הִשְׁלַחְנוּ	הָשְׁלַחְנוּ

Imperfecto

3 ms	יִשְׁלַח	יִשָּׁלַח	יְשַׁלַּח	יְשֻׁלַּח	יִשְׁתַּלַּח	יַשְׁלִיחַ	יָשְׁלַח
3 fs	תִּשְׁלַח	תִּשָּׁלַח	תְּשַׁלַּח	תְּשֻׁלַּח	תִּשְׁתַּלַּח	תַּשְׁלִיחַ	תָּשְׁלַח
2 ms	תִּשְׁלַח	תִּשָּׁלַח	תְּשַׁלַּח	תְּשֻׁלַּח	תִּשְׁתַּלַּח	תַּשְׁלִיחַ	תָּשְׁלַח
2 fs	תִּשְׁלְחִי	תִּשָּׁלְחִי	תְּשַׁלְּחִי	תְּשֻׁלְּחִי	תִּשְׁתַּלְּחִי	תַּשְׁלִיחִי	תָּשְׁלְחִי
1 cs	אֶשְׁלַח	אֶשָּׁלַח	אֲשַׁלַּח	אֲשֻׁלַּח	אֶשְׁתַּלַּח	אַשְׁלִיחַ	אָשְׁלַח

3 mp	יִשְׁלְחוּ	יְשֻׁלְּחוּ	יִשְׁתַּלְּחוּ	יַשְׁלִיחוּ	יָשְׁלְחוּ	
3 fp	תְּשְׁלַחְנָה	תְּשֻׁלַּחְנָה	תִּשְׁתַּלַּחְנָה	תַּשְׁלַחְנָה	תָּשְׁלַחְנָה	
2 mp	תִּשְׁלְחוּ	תְּשֻׁלְּחוּ	תִּשְׁתַּלְּחוּ	תַּשְׁלִחוּ	תָּשְׁלְחוּ	
2 fp	תִּשְׁלַחְנָה	תְּשֻׁלַּחְנָה	תִּשְׁתַּלַּחְנָה	תַּשְׁלַחְנָה	תָּשְׁלַחְנָה	
1 cp	נִשְׁלַח	נְשַׁלַּח	נִשְׁתַּלַּח	נַשְׁלִיחַ	נָשְׁלַח	

Imperativo

2 ms	הַשְׁלַח	הִשְׁתַּלַּח		שַׁלַּח	הִשָּׁלַח	שְׁלַח
2 fs	הַשְׁלִיחִי	הִשְׁתַּלְּחִי		שַׁלְּחִי	הִשָּׁלְחִי	שִׁלְחִי
2 mp	הַשְׁלִיחוּ	הִשְׁתַּלְּחוּ		שַׁלְּחוּ	הִשָּׁלְחוּ	שִׁלְחוּ
2 fp	הַשְׁלַחְנָה	הִשְׁתַּלַּחְנָה		שַׁלַּחְנָה	הִשָּׁלַחְנָה	שְׁלַחְנָה

Infinitivo constructo

הָשְׁלַח הַשְׁלִיחַ הִשְׁתַּלַּח שַׁלַּח הִשָּׁלַח שְׁלֹחַ

Infinitivo absoluto

הָשְׁלַח הַשְׁלִיחַ הִשְׁתַּלַּח שַׁלֵּחַ שַׁלֹּחַ נִשְׁלוֹחַ שָׁלוֹחַ

הִשָּׁלֵחַ

Participio activo

ms	שֹׁלֵחַ	מְשַׁלֵּחַ	מִשְׁתַּלֵּחַ מַשְׁלִיחַ	
mp	שֹׁלְחִים	מְשַׁלְּחִים	מִשְׁתַּלְּחִים מַשְׁלִיחִים	
fs	שֹׁלְחָה	מְשַׁלְּחָה	מִשְׁתַּלְּחָה מַשְׁלִיחָה	
fp	שֹׁלְחוֹת	מְשַׁלְּחוֹת	מִשְׁתַּלְּחוֹת מַשְׁלִיחוֹת	

Participio pasivo

ms	שָׁלוּחַ נִשְׁלָח	מְשֻׁלָּח	מָשְׁלָח
mp	שְׁלוּחִים נִשְׁלָחִים	מְשֻׁלָּחִים	מָשְׁלָחִים
fs	שְׁלוּחָה כנִשְׁלָחָה	מְשֻׁלָּחָה	מָשְׁלָחָה
fp	שְׁלוּחוֹת נִשְׁלָחוֹת	מְשֻׁלָּחוֹת	מָשְׁלָחוֹת

Tabla de verbos 6

Lamed 'Alef

	Qal	Nif'al	Pi'el	Pu'al	Hitpa'el	Hif'il	Hof'al
			Perfecto				
3 ms	מָצָא	נִמְצָא	מִצֵּא	מֻצָּא	הִתְמַצֵּא	הִמְצִיא	הֻמְצָא
3 fs	מָצְאָה	נִמְצְאָה	מִצְּאָה	מֻצְּאָה	הִתְמַצְּאָה	הִמְצִיאָה	הֻמְצְאָה
2 ms	מָצָאתָ	נִמְצֵאתָ	מִצֵּאתָ	מֻצֵּאתָ	הִתְמַצֵּאתָ	הִמְצֵאתָ	הֻמְצֵאתָ

2 fs	מָצֵאת	נִמְצֵאת	מֻצֵאת	הִתְמַצֵּאת	מִצֵּאת	הִמְצֵאת	הָמְצֵאת
1 cs	מָצֵאתִי	נִמְצֵאתִי	מֻצֵאתִי	הִתְמַצֵּאתִי	מִצֵּאתִי	הִמְצֵאתִי	הָמְצֵאתִי
3 cp	מָצְאוּ	נִמְצְאוּ	מֻצְאוּ	הִתְמַצְּאוּ	מִצְּאוּ	הִמְצִיאוּ	הָמְצְאוּ
2 mp	מְצָאתֶם	נִמְצֵאתֶם	מֻצֵּאתֶם	הִתְמַצֵּאתֶם	מִצֵּאתֶם	הִמְצֵאתֶם	הָמְצֵאתֶם
2 fp	מְצָאתֶן	נִמְצֵאתֶן	מֻצֵּאתֶן	הִתְמַצֵּאתֶן	מִצֵּאתֶן	הִמְצֵאתֶן	הָמְצֵאתֶן
1 cp	מָצָאנוּ	נִמְצֵאנוּ	מֻצֵּאנוּ	הִתְמַצֵּאנוּ	מִצֵּאנוּ	הִמְצֵאנוּ	הָמְצֵאנוּ

Imperfecto

3 ms	יִמְצָא	יִמָּצֵא	יֻמְצָא	יִתְמַצֵּא	יְמַצֵּא	יַמְצִיא	יָמְצָא
3 fs	תִּמְצָא	תִּמָּצֵא	תֻּמְצָא	תִּתְמַצֵּא	תְּמַצֵּא	תַּמְצִיא	תָּמְצָא
2 ms	תִּמְצָא	תִּמָּצֵא	תֻּמְצָא	תִּתְמַצֵּא	תְּמַצֵּא	תַּמְצִיא	תָּמְצָא
2 fs	תִּמְצְאִי	תִּמָּצְאִי	תֻּמְצְאִי	תִּתְמַצְּאִי	תְּמַצְּאִי	תַּמְצִיאִי	תָּמְצְאִי
1 cs	אֶמְצָא	אֶמָּצֵא	אֻמְצָא	אֶתְמַצֵּא	אֲמַצֵּא	אַמְצִיא	אָמְצָא
3 mp	יִמְצְאוּ	יִמָּצְאוּ	יֻמְצְאוּ	יִתְמַצְּאוּ	יְמַצְּאוּ	יַמְצִיאוּ	יָמְצְאוּ
3 fp	תִּמְצֶאנָה	תִּמָּצֶאנָה	תֻּמְצֶאנָה	תִּתְמַצֶּאנָה	תְּמַצֶּאנָה	תַּמְצֶאנָה	תָּמְצֶאנָה
2 mp	תִּמְצְאוּ	תִּמָּצְאוּ	תֻּמְצְאוּ	תִּתְמַצְּאוּ	תְּמַצְּאוּ	תַּמְצִיאוּ	תָּמְצְאוּ
2 fp	תִּמְצֶאנָה	תִּמָּצֶאנָה	תֻּמְצֶאנָה	תִּתְמַצֶּאנָה	תְּמַצֶּאנָה	תַּמְצֶאנָה	תָּמְצֶאנָה
1 cp	נִמְצָא	נִמָּצֵא	נֻמְצָא	נִתְמַצֵּא	נְמַצֵּא	נַמְצִיא	נָמְצָא

Imperativo

2 ms	מְצָא	הִמָּצֵא	מַצֵּא	הִתְמַצֵּא	הַמְצֵא	
2 fs	מִצְאִי	הִמָּצְאִי	מַצְּאִי	הִתְמַצְּאוּ	הַמְצִיאִי	
2 mp	מִצְאוּ	הִמָּצְאוּ	מַצְּאוּ	הִתְמַצְּאוּ	הַמְצִיאוּ	
2 fp	מְצֶאנָה	הִמָּצֶאנָה	מַצֶּאנָה	הִתְמַצֶּאנָה	הַמְצֶאנָה	

Infinitivo constructo

מְצֹא הִמָּצֵא מַצֵּא הִתְמַצֵּא הַמְצִיא הַמְצֵא

Infinitivo absoluto

מָצוֹא נִמְצֹא מַצֹּא מַצֵּא הִתְמַצֵּא הַמְצֵא הַמְצֵא

Participio activo

ms	מֹצֵא	מְמֻצָּא	מִתְמַצֵּא	מַמְצִיא
mp	מֹצְאִים	מְמֻצָּאִים	מִתְמַצְּאִים	מַמְצִיאִים
fs	מֹצֵאת	מְמֻצֵּאת	מִתְמַצֵּאת	מַמְצִיאָה
		מְמֻצָּאָה	מִתְמַצְּאָה	
fp	מֹצְאוֹת	מְמֻצָּאוֹת	מִתְמַצְּאוֹת	מַמְצִיאוֹת

Participio pasivo

ms	מָצוּא	נִמְצָא	מְמֻצָּא	מְמֻצָּא
mp	מְצוּאִים	נִמְצָאִים	מְמֻצָּאִים	מְמֻצָּאִים
fs	מְצוּאָה	נִמְצֵאת	מְמֻצָּאָה	מְמֻצָּאִים
				נִמְצָאָה
fp	מְצוּאוֹת	נִמְצָאוֹת	מְמֻצָּאוֹת	מְמֻצָּאוֹת

Tabla de verbos 7

Lamed He

	Qal	Nifʻal	Piʻel	Puʻal	Hitpaʻel	Hifʻil	Hofʻal
			Perfecto				
3 ms	גָּלָה	נִגְלָה	גִּלָּה	גֻּלָּה	הִתְגַּלָּה	הִגְלָה	הָעְגְלָה
3 fs	גָּלְתָה	נִגְלְתָה	גִּלְּתָה	גֻּלְּתָה	הִתְגַּלְּתָה	הִגְלְתָה	הָגְלְתָה
2 ms	גָּלִיתָ	נִגְלֵיתָ	גִּלִּיתָ	גֻּלֵּיתָ	הִתְגַּלִּיתָ	הִגְלֵיתָ	הָגְלֵיתָ
2 fs	גָּלִית	נִגְלֵית	גִּלִּית	גֻּלֵּית	הִתְגַּלִּית	הִגְלֵית	הָגְלֵית
1 cs	גָּלִיתִי	נִגְלֵיתִי	גִּלִּיתִי	גֻּלֵּיתִי	הִתְגַּלִּיתִי	הִגְלֵיתִי	הָגְלֵיתִי
3 cp	גָּלוּ	נִגְלוּ	גִּלּוּ	גֻּלּוּ	הִתְגַּלּוּ	הִגְלוּ	הָגְלוּ
2 mp	גְּלִיתֶם	נִגְלֵיתֶם	גִּלִּיתֶם	גֻּלֵּיתֶם	הִתְגַּלִּיתֶם	הִגְלִיתֶם	הָגְלִיתֶם

2 fp	הָגְלִיתֶן	הִגְלִיתֶן	הִתְגַּלִּיתֶן	גֻּלֵּיתֶן	גִּלִּיתֶן	נִגְלֵיתֶן	גְּלִיתֶן
1 cp	הָגְלֵינוּ	הִגְלֵינוּ	הִתְגַּלִּינוּ	גֻּלֵּינוּ	גִּלִּינוּ	נִגְלֵינוּ	גָּלִינוּ

Imperfecto

3 ms	יָגְלֶה	יַגְלֶה	יִתְגַּלֶּה	יְגֻלֶּה	יְגַלֶּה	יִגָּלֶה	יִגְלֶה
3 fs	תָּגְלֶה	תַּגְלֶה	תִּתְגַּלֶּה	תְּגֻלֶּה	תְּגַלֶּה	תִּגָּלֶה	תִּגְלֶה
2 ms	תָּגְלֶה	תַּגְלֶה	תִּתְגַּלֶּה	תְּגֻלֶּה	תְּגַלֶּה	תִּגָּלֶה	תִּגְלֶה
2 fs	תָּגְלִי	תַּגְלִי	תִּתְגַּלִּי	תְּגֻלִּי	תְּגַלִּי	תִּגָּלִי	תִּגְלִי
1 cs	אָגְלֶה	אַגְלֶה	אֶתְגַּלֶּה	אֲגֻלֶּה	אֲגַלֶּה	אֶגָּלֶה	אֶגְלֶה
3 mp	יָגְלוּ	יַגְלוּ	יִתְגַּלּוּ	יְגֻלּוּ	יְגַלּוּ	יִגָּלוּ	יִגְלוּ
3 fp	תָּגְלֶינָה	תַּגְלֶינָה	תִּתְגַּלֶּינָה	תְּגֻלֶּינָה	תְּגַלֶּינָה	תִּגָּלֶינָה	תִּגְלֶינָה
2 mp	תָּגְלוּ	תַּגְלוּ	תִּתְגַּלּוּ	תְּגֻלּוּ	תְּגַלּוּ	תִּגָּלוּ	תִּגְלוּ
2 fp	תָּגְלֶינָה	תַּגְלֶינָה	תִּתְגַּלֶּינָה	תְּגֻלֶּינָה	תְּגַלֶּינָה	תִּגָּלֶינָה	תִּגְלֶינָה
1 cp	נָגְלֶה	נַגְלֶה	נִתְגַּלֶּה	נְגֻלֶּה	נְגַלֶּה	נִגָּלֶה	נִגְלֶה

Imperativo

2 ms	גְּלֵה	הַגְלֵה	גַּלֵּה	הִתְגַּלֵּה	הִגָּלֵה
2 fs	גְּלִי	הַגְלִי	גַּלִּי	הִתְגַּלִּי	הִגָּלִי
2 mp	גְּלוּ	הַגְלוּ	גַּלּוּ	הִתְגַּלּוּ	הִגָּלוּ
2 fp	גְּלֶינָה	הַגְלֶינָה	גַּלֶּינָה	הִתְגַּלֶּינָה	הִגָּלֶינָה

Infinitivo constructo

הָגְלוֹת　הַגְלֹת　הִתְגַּלּוֹת　גֻּלּוֹת　גַּלּוֹת　הִגָּלוֹת　גְּלוֹת

Infinitivo absoluto

הָגְלֵה　הַגְלֵה　הִתְגַּלֹּה　גֻּלֹּה　גַּלֹּה　נִגְלֹה　גָּלֹה

Participio activo

ms	מַגְלֶה	מִתְגַּלֶּה	מְגַלֶּה	גֹּלֶה
mp	מַגְלִים	מִתְגַּלִּים	מְגַלִּים	גֹּלִים
fs	מַגְלָה	מִתְגַּלָּה	מְגַלָּה	גֹּלָה
fp	מַגְלוֹת	מִתְגַּלּוֹת	מְגַלּוֹת	גֹּלוֹת

Participio pasivo

ms	מָגְלֶה	מְגֻלֶּה	נִגְלֶה	גָּלוּי
mp	מָגְלִים	מְגֻלִּים	נִגְלִים	גְּלוּיִים
fs	מָגְלָה	מְגֻלָּה	נִגְלָה	גְּלוּיָה
fp	מָגְלוֹת	מְגֻלּוֹת	נִגְלוֹת	גְּלוּיוֹת

Tabla de verbos 8
Lamed He

	Qal	Nifʻal	Piʻel	Puʻal	Hitpaʻel	Hifʻil	Hofʻal

Perfecto

	Qal	Nifʻal	Piʻel	Puʻal	Hitpaʻel	Hifʻil	Hofʻal
3 ms	נָפַל	נִגַּשׁ	נָתַן	לָקַח	נִגַּשׁ	הִגִּישׁ	הֻגַּשׁ
3 fs	נָפְלָה	נִגְּשָׁה	נָתְנָה	לָקְחָה	נִגְּשָׁה	הִגִּישָׁה	הֻגְּשָׁה
2 ms	נָפַלְתָּ	נִגַּשְׁתָּ	נָתַתָּ	לָקַחְתָּ	נִגַּשְׁתָּ	הִגַּשְׁתָּ	הֻגַּשְׁתָּ
2 fs	נָפַלְתְּ	נִגַּשְׁתְּ	נָתַתְּ	לָקַחְתְּ	נִגַּשְׁתְּ	הִגַּשְׁתְּ	הֻגַּשְׁתְּ
1 cs	נָפַלְתִּי	נִגַּשְׁתִּי	נָתַתִּי	לָקַחְתִּי	נִגַּשְׁתִּי	הִגַּשְׁתִּי	הֻגַּשְׁתִּי
3 cp	נָפְלוּ	נִגְּשׁוּ	נָתְנוּ	לָקְחוּ	נִגְּשׁוּ	הִגִּישׁוּ	הֻגְּשׁוּ
2 mp	נְפַלְתֶּם	נִגַּשְׁתֶּם	נְתַתֶּם	לְקַחְתֶּם	נִגַּשְׁתֶּם	הִגַּשְׁתֶּם	הֻגַּשְׁתֶּם
2 fp	נְפַלְתֶּן	נִגַּשְׁתֶּן	נְתַתֶּן	לְקַחְתֶּן	נִגַּשְׁתֶּן	הִגַּשְׁתֶּן	הֻגַּשְׁתֶּן
1 cp	נָפַלְנוּ	נִגַּשְׁנוּ	נָתַנּוּ	לָקַחְנוּ	נִגַּשְׁנוּ	הִגַּשְׁנוּ	הֻגַּשְׁנוּ

Imperfecto

	Qal	Nifʻal	Piʻel	Puʻal	Hitpaʻel	Hifʻil	Hofʻal
3 ms	יִפֹּל	יִגַּשׁ	יִתֵּן	יִקַּח	יִנָּגֵשׁ	יַגִּישׁ	יֻגַּשׁ
3 fs	תִּפֹּל	תִּגַּשׁ	תִּתֵּן	תִּקַּח	תִּנָּגֵשׁ	תַּגִּישׁ	תֻּגַּשׁ
2 ms	תִּפֹּל	תִּגַּשׁ	תִּתֵּן	תִּקַּח	תִּנָּגֵשׁ	תַּגִּישׁ	תֻּגַּשׁ
2 fs	תִּפְּלִי	תִּגְּשִׁי	תִּתְּנִי	תִּקְּחִי	תִּנָּגְשִׁי	תַּגִּישִׁי	תֻּגְּשִׁי
1 cs	אֶפֹּל	אֶגַּשׁ	אֶתֵּן	אֶקַּח	אֶנָּגֵשׁ	אַגִּישׁ	אֻגַּשׁ

3 mp	יִפְּלוּ	יִגְּשׁוּ	יִתְּנוּ	יִקְחוּ	יַנְגִּשׁוּ	יַגִּישׁוּ	יִגְּשׁוּ
3 fp	תִּפֹּלְנָה	תִּגַּשְׁנָה	תִּתֵּנָּה	תִּקַּחְנָה	תֻּנַּגַּשְׁנָה	תַּגֵּשְׁנָה	תִּגַּשְׁנָה
2 mp	תִּפְּלוּ	תִּגְּשׁוּ	תִּתְּנוּ	תִּקְחוּ	תֻּנְגְּשׁוּ	תַּגִּישׁוּ	תִּגְּשׁוּ
2 fp	תִּפֹּלְנָה	תִּגַּשְׁנָה	תִּתֵּנָּה	תִּקַּחְנָה	תֻּנַּגַּשְׁנָה	תַּגֵּשְׁנָה	תִּגַּשְׁנָה
1 cp	נִפֹּל	נִגַּשׁ	נִתֵּן	נִקַּח	נֻנַּגַּשׁ	נַגִּישׁ	נִגַּשׁ

Imperativo

2 ms	נְפֹל	גַּשׁ	תֵּן	קַחַת	הִנָּגֵשׁ	הַגֵּשׁ	
2 fs	נִפְלִי	גְּשִׁי	תְּנִי	קְחִי	הִנָּגְשִׁי	הַגִּישִׁי	
2 mp	נִפְלוּ	גְּשׁוּ	תְּנוּ	קְחוּ	הִנָּגְשׁוּ	הַגִּישׁוּ	
2 fp	נְפֹלְנָה	גַּשְׁנָה	תֵּנָּה	קַחְנָה	הִנָּגַשְׁנָה	הַגֵּשְׁנָה	

Infinitivo constructo

נְפֹל	גֶּשֶׁת	תֵּת	קַחַת	הִנָּגֵשׁ	הַגִּישׁ	הַגֵּשׁ

Infinitivo absoluto

נָפוֹל	נָגוֹשׁ	נָתוֹן	לָקוֹחַ	הִנָּגֵשׁ	הַגֵּשׁ	הַגֵּשׁ

Participio activo

ms	נֹפֵל	נֹגֵשׁ	נֹתֵן	לֹקֵחַ	מַגִּישׁ
mp	נֹפְלִים	נֹגְשִׁים	נֹתְנִים	לֹקְחִים	מַגִּישִׁים
fs	נֹפְלָה	נֹגְשָׁה	נֹתְנָה	לֹקְחָה	מַגִּישָׁה
fp	נֹפְלוֹת	נֹגְשׁוֹת	נֹתְנוֹת	לֹקְחוֹת	מַגִּישׁוֹת

Participio pasivo

ms	נָפוּל		נִגָּשׁ	מֻגָּשׁ
mp	נְפוּלִים		נִגָּשִׁים	מֻגָּשִׁים
fs	נְפוּלָה		נִגָּשָׁה	מֻגָּשָׁה
fp	נְפוּלוֹת		נִגָּשׁוֹת	מֻגָּשׁוֹת

Tabla de verbos 9

ʿAyin Vav/ʿAyin Yod

	Qal	Qal	Qal	Qal	Qal

Perfecto

	קוּם (שִׂים, שׂוֹם)	בּוֹא	בּוֹשׁ	מוּת
3 ms	קָם שָׂם	בָּא	בּוֹשׁ	מֵת
3 fs	קָמָה שָׂמָה	בָּאָה	בּוֹשָׁה	מֵתָה

2 ms	קַמְתָּ	שַׂמְתָּ	בָּאתָ	בֹּשְׁתָּ	מַתָּה
2 fs	קַמְתְּ	שַׂמְתְּ	בָּאת	בֹּשְׁתְּ	מַתְּ
1 cs	קַמְתִּי	שַׂמְתִּי	בָּאתִי	בֹּשְׁתִּי	מַתִּי
3 cp	קָמוּ	שָׂמוּ	בָּאוּ	בֹּשׁוּ	מֵתוּ
2 mp	קַמְתֶּם	שַׂמְתֶּם	בָּאתֶם	בָּשְׁתֶּם	מַתֶּם
2 fp	קַמְתֶּן	שַׂמְתֶּן	בָּאתֶן	בָּשְׁתֶּן	מַתֶּן
1 cp	קַמְנוּ	שַׂמְנוּ	בָּאנוּ	בֹּשְׁנוּ	מַתְנוּ

Imperfecto

3 ms	יָקוּם	יָשִׂים	יָבוֹא	יֵבוֹשׁ	יָמוּת
3 fs	תָּקוּם	תָּשִׂים	תָּבוֹא	תֵּבוֹשׁ	תָּמוּת
2 ms	תָּקוּם	תָּשִׂים	תָּבוֹא	תֵּבוֹשׁ	תָּמוּת
2 fs	תָּקוּמִי	תָּשִׂימִי	תָּבוֹאִי	תֵּבוֹשִׁי	תָּמוּתִי
1 cs	אָקוּם	אָשִׂים	אָבוֹא	אֵבוֹשׁ	אָמוּת
3 mp	יָקוּמוּ	יָשִׂימוּ	יָבוֹאוּ	יֵבוֹשׁוּ	יָמוּתוּ
3 fp	תְּקוּמֶינָה	תְּשִׂימֶינָה	תָּבוֹאנָה	תֵּבוֹשְׁנָה	תְּמוּיֶנָה
2 mp	תָּקוּמוּ	תָּשִׂימוּ	תָּבוֹאוּ	תֵּבוֹשׁוּ	תָּמוּתוּ
2 fp	תְּקוּמֶינָה	תְּשִׂימֶינָה	תָּבוֹאנָה	תֵּבוֹשְׁנָה	תְּמוּתֶינָה
1 cp	נָקוּם	נָשִׂים	נָבוֹא	נֵבוֹשׁ	נָמוּת

Imperativo

	קוּם (שִׂים, שׂוּם)	בּוֹא	בּוֹשׁ	מוּת
2 ms	קוּם	שִׂים	בּוֹא	בּוֹשׁ	מוּת
2 fs	קוּמִי	שִׂימִי	בּוֹאִי	בּוֹשִׁי	מוּתִי
2 mp	קוּמוּ	שִׂימוּ	בּוֹאוּ	בּוֹשׁוּ	מוּתוּ
2 fp	קֹמְנָה	שִׂמְנָה	בּוֹאנָה	בָּשְׁנָה	מֹתְנָה

Infinitivo constructo

קוּם (שִׂים, שׂוּם)	בּוֹא	בּוֹשׁ	מוּת

Infinitivo absoluto

קוֹם	שׂוֹם	בּוֹא	בּוֹשׁ	מוֹת

Participio activo

	קָם	שָׂם	בָּא	בּוֹשׁ	מֵת
ms	קָם	שָׂם	בָּא	בּוֹשׁ	מֵת
mp	קָמִים	שָׂמִים	בָּאִים	בּוֹשִׁים	מֵתִים
fs	קָמָה	שָׂמָה	בָּאָה	בּוֹשָׁה	מֵתָה
fp	קָמוֹת	שָׂמוֹת	בָּאוֹת	בּוֹשׁוֹת	מֵתוֹת

	Nif'al	Polel	Hif'il	Hof'al
		Perfecto		
	כּוּן	כּוּן	קוּם	מוּת
3 ms	נָכוֹן	כּוֹנֵן	הֵקִים	הוּמַת
3 fs	נָכוֹנָה	כּוֹנְנָה	הֵקִימָה	הוּמְתָה
2 ms	נְכוּנוֹתָ	כּוֹנַנְתָּ	הֲקִימוֹתָ	הוּמַתָּ
2 fs	נְכוּנוֹת	כּוֹנַנְתְּ	הֲקִימוֹת	הוּמַתְּ
1 cs	נְכוּנוֹתִי	כּוֹנַנְתִּי	הֲקִימוֹתִי	הוּמַתִּי
3 cp	נָכוֹנוּ	כּוֹנְנוּ	הֵקִימוּ	הוּמְתוּ
2 mp	נְכוּנוֹתֶם	כּוֹנַנְתֶּם	הֲקִימוֹתֶם	הוּמַתֶּם
2 fp	נְכוּנוֹתֶן	כּוֹנַנְתֶּן	הֲקִימוֹתֶן	הוּמַתֶּן
1 cp	נְכֹנֹנוּ	כּוֹנַנּוּ	הֲקִימוֹנוּ	הוּמַתְנוּ
		Imperfecto		
3 ms	יִכּוֹן	יְכוֹנֵן	יָקִים	יוּמַת
3 fs	תִּכּוֹן	תְּכוֹנֵן	תָּקִים	תּוּמַת
2 ms	תִּכּוֹן	תְּכוֹנֵן	תָּקִים	תּוּמַת
2 fs	תִּכּוֹנִי	תְּכוֹנְנִי	תָּקִימִי	תּוּמְתִי
1 cs	אֶכּוֹן	אֲכוֹנֵן	אָקִים	אוּמַת

3 mp	יִכּוֹנוּ	יְכוֹנְנוּ	יָקִימוּ	יוּמְתוּ
3 fp	תִּכּוֹנֶנָּה	תְּכוֹנֵנָּה	תָּקֵמְנָה	תּוּמַתְנָה
2 mp	תִּכּוֹנוּ	תְּכוֹנְנוּ	תָּקִימוּ	תּוּמְתוּ
2 fp	תִּכּוֹנֶנָּה	תְּכוֹנֵנָּה	תָּקֵמְנָה	תּוּמַתְנָה
1 cp	נִכּוֹן	נְכוֹנֵן	נָקִים	נוּמַת

Imperativo

	כּוֹן	כּוֹנֵן	קוּם	מוּת
2 ms	הִכּוֹן		כּוֹנֵן	קוּם
2 fs	הִכּוֹנִי		כּוֹנְנִי	הָקִימִי
2 mp	הִכּוֹנוּ		כּוֹנְנוּ	הָקִימוּ
2 fp	הִכּוֹנֶנָּה		כּוֹנֵנָּה	הָקֵמְנָה

Infinitivo constructo

הִכּוֹן	כּוֹנֵן	הָקִים	הוּמַת

Infinitivo absoluto

הִכּוֹן	כּוֹנֵן	הָקֵם	הוּמַת

Participio activo

561

ms	מְכוֹנֵן	מֵקִים
mp	מְכוֹנְנִים	מְקִימִים
fs	מְכוֹנְנָה	מְקִימָה
fp	מְכוֹנְנוֹת	מְקִימוֹת

Tabla de verbos 10
Pe Vav/Pe Yod

	Qal	Qal	Nifʿal	Hifʿil	Hofʿal	Qal	Hifʿil
				Perfecto			
	יָשֵׁב	יָרֵא	יָשַׁב	יָשַׁב	יָשַׁב	יָטַב	יָטַב
3 ms	יָשֵׁב	יָרֵא	נוֹשַׁב	הוֹשִׁיב	הוּשַׁב	יָטַב	הֵיטִיב
3 fs	יָשְׁבָה	יָרְאָה	נוֹשְׁבָה	הוֹשִׁיבָה	הוּשְׁבָה	יָטְבָה	הֵיטִיבָה
2 ms	יָשַׁבְתָּ	יָרֵאתָ	נוֹשַׁבְתָּ	הוֹשַׁבְתָּ	הוּשַׁבְתָּ	יָטַבְתָּ	הֵיטַבְתָּ
2 fs	יָשַׁבְתְּ	יָרֵאת	נוֹשַׁבְתְּ	הוֹשַׁבְתְּ	הוּשַׁבְתְּ	יָטַבְתְּ	הֵיטַבְתְּ
1 cs	יָשַׁבְתִּי	יָרֵאתִי	נוֹשַׁבְתִּי	הוֹשַׁבְתִּי	הוּשַׁבְתִּי	יָטַבְתִּי	הֵיטַבְתִּי
3 cp	יָשְׁבוּ	יָרְאוּ	נוֹשְׁבוּ	הוֹשִׁיבוּ	הוּשְׁבוּ	יָטְבוּ	הֵיטִיבוּ
2 mp	יְשַׁבְתֶּם	יְרֵאתֶם	נוֹשַׁבְתֶּם	הוֹשַׁבְתֶּם	הוּשַׁבְתֶּם	יְטַבְתֶּם	הֵיטַבְתֶּם
2 fp	יְשַׁבְתֶּן	יְרֵאתֶן	נוֹשַׁבְתֶּן	הוֹשַׁבְתֶּן	הוּשַׁבְתֶּן	יְטַבְתֶּן	הֵיטַבְתֶּן

1 cp	הֵיטַבְנוּ	יָטַבְנוּ	הוֹשַׁבְנוּ	נוֹשַׁבְנוּ	יָרֵאנוּ	יָשַׁבְנוּ		

Imperfecto

3 ms	יֵיטִיב	יִיטַב	יוֹשִׁיב	יוּשַׁב	יִוָּשֵׁב	יִירָא	יֵשֵׁב	
3 fs	תֵּיטִיב	תִּיטַב	תּוֹשִׁיב	תּוּשַׁב	תִּוָּשֵׁב	תִּירָא	תֵּשֵׁב	
2 ms	תֵּיטִיב	תִּיטַב	תּוֹשִׁיב	תּוּשַׁב	תִּוָּשֵׁב	תִּירָא	תֵּשֵׁב	
2 fs	תֵּיטִיבִי	תִּיטְבִי	תּוֹשִׁיבִי	תּוּשְׁבִי	תִּוָּשְׁבִי	תִּירְאִי	תֵּשְׁבִי	
1 cs	אֵיטִיב	אִיטַב	אוֹשִׁיב	אוּשַׁב	אִוָּשֵׁב	אִירָא	אֵשֵׁב	
3 mp	יֵיטִיבוּ	יִיטְבוּ	יוֹשִׁיבוּ	יוּשְׁבוּ	יִוָּשְׁבוּ	יִירְאוּ	יֵשְׁבוּ	
3 fp	תֵּיטֵבְנָה	תִּיטַבְנָה	תּוֹשֵׁבְנָה	תּוּשַׁבְנָה	תִּוָּשַׁבְנָה	תִּירֶאנָה	תֵּשַׁבְנָה	
2 mp	תֵּיטִיבוּ	תִּיטְבוּ	תּוֹשִׁיבוּ	תּוּשְׁבוּ	תִּוָּשְׁבוּ	תִּירְאוּ	תֵּשְׁבוּ	
2 fp	תֵּיטֵבְנָה	תִּיטַבְנָה	תּוֹשֵׁבְנָה	תּוּשַׁבְנָה	תִּוָּשַׁבְנָה	תִּירֶאנָה	תֵּשַׁבְנָה	
1 cp	נֵיטִיב	נִיטַב	נוֹשִׁיב	נוּשַׁב	נִוָּשֵׁב	נִירָא	נֵשֵׁב	

Imperativo

2 ms	הֵיטֵב	יְטַב		הוֹשֵׁב	הִוָּשֵׁב	יְרָא	שֵׁב	
2 fs	הֵיטִיבִי	יִטְבִי		הוֹשִׁיבִי	הִוָּשְׁבִי	יִרְאִי	שְׁבִי	
2 mp	הֵיטִיבוּ	יִטְבוּ		הוֹשִׁיבוּ	הִוָּשְׁבוּ	יִרְאוּ	שְׁבוּ	
2 fp	הֵיטֵבְנָה	יְטַבְנָה		הוֹשַׁבְנָה	הִוָּשַׁבְנָה	יְרֶאנָה	שְׁבְנָה	

Infinitivo constructo

הֵיטִיב　יְטֹב　הוֹשִׁיב　הוֹשֵׁב　הִוָּשֵׁב　יִרְאָה　שֶׁבֶת

Infinitivo absoluto

הֵיטֵב　יָטוֹב　הוֹשֵׁב　הוֹשֵׁב　הִוָּשֵׁב　　יָשׁוֹב

Participio activo

ms	מֵיטִיב　יֹטֵב	מוֹשִׁיב	יָרֵא	יֹשֵׁב	
mp	מֵיטִיבִים　יֹטְבִים	מוֹשִׁיבִים		יֹשְׁבִים	
fs	מֵיטִיבָה　יֹטְבָה	מוֹשִׁיבָה		יֹשְׁבָה	
fp	מֵיטִיבוֹת　יֹטְבוֹת	מוֹשִׁיבוֹת		יֹשְׁבוֹת	

Participio pasivo

ms	מוּשָׁב	נוֹשָׁב
mp	מוּשָׁבִים	נוֹשָׁבִים
fs	מוּשָׁבָה	נוֹשָׁבָה
fp	מוּשָׁבוֹת	נוֹשָׁבוֹת

GLOSARIO

Acentos: las indicaciones no vocálicas ubicadas encima y debajo de las consonantes que indican la sílaba acentuada primaria y las sílabas acentuadas secundarias. Los acentos guían el cantor del texto en la sinagoga, y sirven como puntuación para indicar los segmentos sintácticos de un versículo. Aproximadamente las dos terceras partes de los acentos son disyuntivos (es decir, separan) y la tercera parte es conjuntiva (es decir, unen). Existen sistemas distintos para la prosa y la poesía, aunque a veces traslapan. Los acentos para poesía se encuentran principalmente en Salmos, Job y Proverbios. La inserción de los acentos en el texto consonántico de la Biblia Hebrea fue obra de los masoretas, quienes ejercieron su labor entre 500 y 1000, d.C.

Acuerdo: el fenómeno de que dos o más elementos del discurso comparten características gramaticales. Por ejemplo, los adjetivos atributivos están de acuerdo con los nombres que ellos describen con respecto a género, número y estado de definición. Los adjetivos predicativos (que se utilizan en oraciones sin verbo) están de acuerdo con los sustantivos de sus sujetos con respecto a género y número. Sin embargo, ellos nunca toman el artículo definido, aún cuando el sustantivo del sujeto es definido. Las formas inflexionadas de los verbos también están de acuerdo con sus sujetos con respecto a persona, género y número. Los participios están de acuerdo con sus sujetos solamente con respecto a género y número.

(1) Acuerdo del adjetivo atributivo con el sustantivo que describe:

אִשָּׁה טוֹבָה 'una mujer buena'

הָאִשָּׁה הַטּוֹבָה 'la mujer buena'

(2) Acuerdo del adjetivo predicativo con el sustantivo de sujeto:

זָקֵן הָאִישׁ 'el hombre (era) viejo'

הָאֲנָשִׁים טֹבִים 'los hombres (eran) buenos'

(3) Acuerdo entre la forma verbal inflexionada y su sujeto:

בָּרָא אֱלֹהִים 'Dios creó'

אָמְרָה הָאִשָּׁה 'la mujer dijo'

Adjetivo: (Véase **Adjetivo atributivo** y **Adjetivo predicativo**.)

Adverbio: una palabra que modifica o describe un verbo, un adjetivo u otro adverbio. El adverbio puede especificar donde, cuando, como o para qué una acción dada ocurre, o una condición dada existe. Los adverbios hebreos son pocos, en comparación con los lenguajes modernos. Ellos incluyen verbos *de lugar* (פֹּה, 'aquí', שָׁם, 'allí', חוּץ, 'afuera', etc.); adverbios *de extremo* (מְאֹד, 'muy', מְעַט, 'poco', תָּמִיד, 'constantemente, continuamente', עוֹד, 'otra vez, todavía', etc.); adverbios *de tiempo* (עַתָּה, 'ahora', אָז, 'entonces, en aquel tiempo', טֶרֶם 'antes, todavía no', עוֹלָם, 'para siempre', הַיּוֹם, 'hoy', etc.); y adverbios *de manera* (פִּתְאֹם, 'de repente', יַחְדָּו, 'juntos, en conjunto', חִנָּם, 'en vano, para nada', etc.)

Aformativo: (Véase **Sufijo**.)

Estado absoluto: la forma simple y ordinaria de los sustantivos. Esta es la forma que sirve de referencia en los diccionarios. Los sustantivos tienen una forma alterada cuando ellos se ubican en el estado constructo, debido principalmente a la pérdida de tono.

Sílaba acentuada: la sílaba que lleva el acento principal de una palabra. A veces se llama 'sílaba de tono' o 'sílaba tónica'. Normalmente, la sílaba que lleva el tono es la última de una palabra. En esta gramática, se coloca el acento munaḥ (ְ) debajo de una sílaba acentuada que no es la última.

Voz activa: la clasificación de la inflexión verbal en la que el sujeto del verbo realiza la acción del verbo. La forma opuesta se llama 'voz pasiva'.[1]

---

[1] Kelley, P. H. (1992). *El Hebreo Bíblico: una gramática introductoria*. Grand Rapids, MI: Wm. B. Eerdmans Publishing Co.

Made in the USA
Columbia, SC
15 August 2025